Christa Jansohn (Hrsg.)
unter Mitwirkung von Werner Habicht, Dieter Mehl

Shakespeare unter den Deutschen

Vorträge des Symposiums vom 15. bis 17. Mai 2014
in der Akademie der Wissenschaften und der Literatur | Mainz

AKADEMIE DER WISSENSCHAFTEN UND DER LITERATUR

Abhandlungen der
Geistes- und sozialwissenschaftlichen Klasse
Jahrgang 2015 · Nr. 2

Christa Jansohn (Hrsg.)

unter Mitwirkung von Werner Habicht, Dieter Mehl
und Philipp Redl

Shakespeare unter den Deutschen

Vorträge des Symposiums vom 15. bis 17. Mai 2014
in der Akademie der Wissenschaften und der Literatur | Mainz

Mit
CD-Beilage
zur Ausstellung des
LyrikLabors Mainz:
»Shakespeare by Numbers.
Ein intermedialer
Rundgang durch die
Sonette«

AKADEMIE DER WISSENSCHAFTEN UND DER LITERATUR · MAINZ
FRANZ STEINER VERLAG · STUTTGART

Schutzumschlag:

Das Foto auf der Vorderseite (aufgenommen von Christa Jansohn) zeigt das Terracotta-Relief eines Putto am Stegmannschen Haus in Weimar, Carl-August-Allee 9. Es verweist auf den Theaterintendanten Franz Dingelstedt, der auf Vermittlung von Franz Liszt 1857 nach Weimar kam und 1864 anlässlich der Gründung der Deutschen Shakespeare-Gesellschaft den gesamten Historien-Zyklus von Shakespeare am Nationaltheater inszenierte.

Das Logo auf der Rückseite wurde entworfen von Frau Aline Deicke, Digitale Akademie Mainz.

Bibliografische Information der Deutschen Nationalbibliothek

Die Deutsche Nationalbibliothek verzeichnet diese Publikation in der Deutschen Nationalbibliografie; detaillierte bibliografische Daten sind im Internet über <http://dnb.d-nb.de> abrufbar.

ISBN: 978-3-515-11000-6

Druck: Druckerei & Verlag Steinmeier GmbH & Co. KG, Deiningen
Gedruckt auf säurefreiem, chlorfrei gebleichtem Papier

Printed in Germany

Inhalt

Inhalt 7

Danksagung

Mit dem vorliegenden Konferenzband möchte die Mainzer Akademie der Wissenschaften und Literatur Anstoß zu weiterer, vertiefender Beschäftigung mit ›Shakespeare unter den Deutschen‹ geben, ein Thema, das nach wie vor durch allzu stereo-
type Aussagen gekennzeichnet ist.

Vor, während und nach der Tagung wurde das Symposium vorzüglich betreut
von den Mitarbeiter/innen der Akademie, namentlich von Aline Deicke, Claudius
Geisler, Alexander Krings, Rabea Lucht, Norbert Miller, Petra Plättner und Torsten
Schrade. Schließlich gilt mein Dank dem Präsidenten der Akademie, Herrn Gernot
Wilhelm, der mit großer Begeisterung das Unternehmen unterstützte, sowie meinen anglistischen, in dem Bereich der deutschen Shakespeare-Rezeption besonders
versierten Kollegen Werner Habicht und Dieter Mehl. Ein besonderes Dankeschön
auch an Philipp Redl, mit dem es Freude bereitete, das Symposium von Anfang
bis zur Drucklegung durchzuführen. Herr Olaf Meding hat rasch und kompetent
die Endformatierung des Manuskripts vorgenommen. Herrn Nikolai Beland und
Herrn Stefan Eick sowie Frau Elisabeth Herrmann gilt Dank für umsichtiges Kor-
rekturlesen.

Die Schirmherrschaft für die Veranstaltung übernahm der Britische Botschafter,
Exzellenz Simon McDonald, CMG. Großzügig unterstützt wurde das Symposium
durch die Akademie der Wissenschaften und Literatur sowie durch einen Zuschuss
der Fritz Thyssen Stiftung.

Anlässlich des Shakespeare-Jubiläumsjahres 2014 zeigte die Akademie zudem
die Ausstellung ›Shakespeare by numbers‹ des LyrikLabors Mainz in Kooperation mit der Fachhochschule Mainz und der Mainzer Wissenschaftsallianz. Dabei
wurden die Besucher und Besucherinnen intermedial durch alle 154 Sonette von
William Shakespeare geführt. Die dem vorliegenden Konferenzband beigefügte CD
gibt einen kleinen Einblick in diese Ausstellung, die vom 15. Mai bis zum 4. Juni
2014 im Foyer der Akademie zu sehen war und auf ein sehr positives Echo stieß.

Zudem bereitete die Akademie der Wissenschaften und Literatur die zweisprachige Digitalisierung eines prächtig gestalteten Fotoalbums mit Porträts und Autogrammen von 109 deutschen Persönlichkeiten aus dem 19. Jahrhundert vor, die
sich um die Vermittlung und Pflege Shakespeares in Deutschland verdient gemacht

hatten. Das Album war ein Geschenk des Berliner Shakespeare-Forschers Friedrich August Leo (1820–98) an die Bibliothek der Stadt Birmingham. Das Fotoalbum, biographische Einträge zu den Persönlichkeiten sowie ein Beitrag von Werner Habicht wurden im Laufe des Jahres 2013 von Mitarbeitern der Mainzer Akademie, des Lehrstuhls für Britische Kultur in Bamberg und der Theatersammlung der Universität Köln bearbeitet und digitalisiert. Die technische Realisierung und Eingliederung des Projektes in einen Digital Humanities-Kontext erfolgte durch das Team der Digitalen Akademie der Mainzer Akademie, wofür Herrn Torsten Schrade besonderer Dank gebührt. Seit dem 23. April 2014 ist es abrufbar unter: www.shakespearealbum.de/informationen.html.

Bamberg, im September 2014   Christa Jansohn
                                          Vorsitzende der Kommission
                                          für Englische Philologie

Grußwort

Meine sehr geehrten Damen und Herren,

ich freue mich, heute hier zu sein und in Vertretung des britischen Botschafters Simon McDonald ein Grußwort zu sprechen. Er selbst ist diese Woche in London, wo er an der jährlichen Botschafterkonferenz teilnimmt, und bedauert es sehr, nicht da sein zu können.

2014 ist ein wichtiges Jahr im britisch-deutschen Kalender. Im Juni feiern wir den 300. Jahrestag der Personalunion zwischen Hannover und Großbritannien. Und im August jährt sich der Ausbruch des Ersten Weltkriegs zum 100. Male. An dieser Gedenkveranstaltung werden auch Bundespräsident Gauck und Mitglieder der britischen Königlichen Familie teilnehmen.

2014 feiern wir aber auch den 450. Geburtstag von William Shakespeare – der Anlass für Ihr Symposium ›Shakespeare unter den Deutschen‹. Die Deutschen hatten immer ein besonderes Verhältnis zu Shakespeare. Meine Kollegen von der britischen Fremdenverkehrsbehörde ›Visit Britain‹ haben mir versichert, dass die Deutschen mit die größte Ausländergruppe unter den 450.000 Touristen stellen, die Shakespeares Geburtsstadt Stratford-upon-Avon pro Jahr besuchen.

Es ist in der Tat erstaunlich, auf welche Begeisterung Shakespeare im Allgemeinen und Hamlet im Besonderen in Deutschland stoßen. Das Deutsche Theatermuseum in München zeigt gerade eine Ausstellung mit dem Titel ›Tell My Story – Hamlet und das deutsche Theater‹. Die große Attraktion ist eine Bühne, auf der die Besucher die Totengräberszene aus dem fünften Akt spielen können, wobei sie von einem Teleprompter ablesen wie bei einer Karaoke-Show. Die Ausstellungschefin Claudia Bank erklärte in einem Interview, gerade bei Schülern sei dieser interaktive *Hamlet* ein voller Erfolg, aber ältere Damen seien auch nicht zu bremsen. Offensichtlich haben sich die Zeiten geändert, seit Ferdinand Freiligrath 1844 in seinem berühmten Gedicht schrieb: »Deutschland ist Hamlet! – Ernst und stumm […]«.

Die erste Aufführung des *Hamlet* in Deutschland – 1776 im Hamburger Comödienhaus – löste ein regelrechtes *Hamlet*-Fieber aus. Goethe schrieb in *Dichtung und Wahrheit*: »Die Hauptstellen wußte ein Jeder auswendig und rezitierte sie gern, und Jedermann glaubte, er dürfe ebenso melancholisch sein, als der Prinz von Dänemark«. Goethe selbst ließ sich von *Hamlet* inspirieren, als er seinen Bildungsroman *Wilhelm Meister* schrieb. Dort bezeichnet die Figur Jarno Shakespeare als den »außerordentlichsten und wunderbarsten aller Schriftsteller«.

Durch die Übersetzungen von August Wilhelm Schlegel and Ludwig Tieck im frühen 19. Jahrhundert übte Shakespeare einen enormen Einfluss auf die deutsche Literatur und Sprache aus. Leo Tolstoi behauptete gar, Shakespeare sei nichts als eine Erfindung der Deutschen. Schlegel bezeichnete Shakespeare als einen »in der Fremde gebohrne[n] Landsmann«. Shakespeare wurde gewissermaßen von Deutschland adoptiert – oder gekidnappt, wie manche sagen. Der erste Präsident der Deutschen Shakespeare-Gesellschaft, Hermann Ulrici, wollte ihn 1867 sogar »gleichsam entenglisieren […] und […] verdeutschen«.

Nationalismus war im späten 19. und frühen 20. Jahrhundert in Europa weit verbreitet. Ganz im Zeichen dieses Nationalgefühls schwärmte auch Gerhart Hauptmann 1915: »Es gibt kein Volk, auch das englische nicht, das sich ein Anrecht wie das deutsche auf Shakespeare erworben hätte. Shakespeares Gestalten sind ein Teil unserer Welt, seine Seele ist eins mit unserer geworden; und wenn er in England geboren und begraben ist, so ist Deutschland das Land, wo er wahrhaftig lebt.«

Der Shakespeare-Übersetzer Frank Günther zitiert in seinem neuesten Buch *Unser Shakespeare* eine interessante Statistik: pro Tag werden weltweit 15 wissenschaftliche Aufsätze über Shakespeares Werke veröffentlicht. Sie sehen: die Deutschen sind nicht die einzigen, die Shakespeare lieben – der Rest der Welt liebt ihn auch. Shakespeare ist inzwischen zu einem globalen Phänomen geworden.

Shakespeares gesamtes Werk ist inzwischen in über 80 Sprachen erhältlich – von Arabisch bis Zulu. In mehr als der Hälfte aller Sekundarschulen weltweit steht Shakespeare auf dem Lehrplan. 2012 brachte das Londoner Globe Theatre als Teil der ›Kulturolympiade‹ vor den Olympischen Spielen alle 37 Dramen in 37 verschiedenen Sprachen auf die Bühne. Aufgeführt wurden sie von Theatergruppen aus aller Welt: *Romeo und Julia* in brasilianischem Portugiesisch, und die drei Stücke über Heinrich VI. als Balkan-Trilogie, gespielt von den Nationaltheatern von Serbien, Albanien und Mazedonien.

Der British Council plant ein großes internationales Shakespeare-Programm, das von 2014 bis 2016 reicht, also von seinem 450. Geburtstag bis zu seinem 400. Todestag. Das Motto: Shakespeare ist ein lebender Schriftsteller, der für die gesamte Menschheit und alle Nationen spricht.

Sir Kenneth Branagh ist nicht nur Ehrenpräsident der Deutschen Shakespeare-Gesellschaft, sondern auch einer der besten Shakespeare-Darsteller seiner Generation. Die Verfilmung von *Heinrich V.* mit ihm in der Hauptrolle hat mir Shakespeare persönlich besonders nahegebracht. Branagh hat Shakespeares weltweite Beliebtheit in einem Interview in der *ZEIT* so begründet: »Shakespeare hält den Spiegel der Natur vor. Es liegt in der Natur des Menschen, überraschend zu sein, widersprüchlich, oft enttäuschend. Shakespeares Charaktere und Stücke erlauben uns, das zu erkennen – und wie viel Traurigkeit in der Welt ist. Wir sehen Shakespeare und verstehen, dass wir nicht allein sind mit unseren Enttäuschungen. Bei ihm findet sich alles, was den Menschen ausmacht. Er ist, auf umfassende Weise, wir.«

Wie relevant Shakespeare auch heute noch ist, zeigt sich auch darin, dass das Hogarth Shakespeare Projekt von Penguin Random House renommierte Autoren beauftragt hat, Romane nach Shakespeare-Stücken zu schreiben. Mit dabei sind unter anderem Anne Tyler, Margaret Atwood und der norwegische Bestseller-Krimiautor Jo Nesbø, der sich den *Macbeth* vornehmen will.

Aber zurück zu *Hamlet*, dem Shakespeare-Drama, das auf deutschen Bühnen am häufigsten zu sehen ist. Legendär sind die Aufführungen mit Gustaf Gründgens, Bernhard Minetti und Klaus Maria Brandauer. Eine andere Inszenierung wird in Berlin wieder aktuell werden, wenn wir 2014 ein anderes Ereignis feiern – den 25. Jahrestag des Falls der Berliner Mauer. Die Proben für diesen *Hamlet* unter der Regie von Heiner Müller im Deutschen Theater begannen im August 1989, und die Premiere fand im März 1990 statt. In der Zwischenzeit wurde die DDR durch eine friedliche Revolution hinweggefegt. In jedem Fall muss der berühmte Ausspruch »Es ist etwas faul im Staate Dänemark« (1.4) in den Ohren der ostdeutschen Zuschauer einen besonderen Klang gehabt haben.

Meine Damen und Herren, wie sagte der Barde in *Wie es Euch gefällt*?: »Die ganze Welt ist eine Bühne« (2.7). Die Bühne gehört jetzt Ihnen, und ich wünsche Ihnen ein anregendes und fruchtbares Symposium und dem daraus entstehenden Band viele Leser und Leserinnen.

WILLIAM GATWARD
1. Botschaftssekretär der Britischen Botschaft in Deutschland, Berlin

Verwendete Literatur:

Ferdinand Freiligrath: »Hamlet«. In: Ders.: Ein Glaubensbekenntniß. Zeitgedichte. Mainz 1844, S. 253-257, hier S. 253. – Johann Wolfgang Goethe: Sämtliche Werke nach Epochen seines Schaffens. Münchner Ausgabe. Hrsg. von Karl Richter u. a. Bd. 16: Dichtung und Wahrheit. Hrsg. von Peter Sprengel. München 1985, S. 616. – Ebenda, Bd. 5: Wilhelm Meisters Lehrjahre. Ein Roman. Hrsg. von Hans-Jürgen Schings. München 1988, S. 190. – Leo Tolstoi: »On Shakespeare and the Drama [1903]«, Fortnightly Review 86 (1906), S. 963–983 und 87 (1907), S. 62–91. – August Wilhelm Schlegel: Vorlesungen über dramatische Kunst und Literatur. Kritische Ausgabe. Hrsg. von Giovanni Vittorio Amoretti. Bonn u. a. 1923. Bd. 2, S. 117. – Hermann Ulrici: »Jahresbericht«, Shakespeare-Jahrbuch 2 (1867), S. 1–15, hier S. 3. – Gerhart Hauptmann: »Deutschland und Shakespeare«, Shakespeare-Jahrbuch 51 (1915), S. VII–XII, hier S. XII. – Frank Günther: Unser Shakespeare. Einblicke in fremd-verwandte Zeiten. München 2014, S. 7.

MARK-GEORG DEHRMANN

Urgermanisch oder eingebürgert?
Wie Shakespeare im 19. Jahrhundert zum ›Deutschen‹ wird

Shakespeare unter den Deutschen – der Titel des Bandes ruft die rasante Rezeptionsgeschichte Shakespeares in Deutschland auf. Schillernd spielt er an auf die alte Formulierung vom deutschen Shakespeare, von einem Shakespeare, der den Deutschen irgendwie angehöre. Und er verleiht diesem eifersüchtig verteidigten Topos des 19. und frühen 20. Jahrhunderts eine gute Portion Ambivalenz. Ist Shakespeare ›unter den Deutschen‹ als Einheimischer oder als Fremder – und hat ›unter‹ nicht noch andere Nuancen als ›inmitten‹? Vielleicht ist Shakespeare ja ›unter‹ die Deutschen gekommen, wie man ›unter die Räder‹ von etwas gerät? Auch das kann ja durchaus Folge einer zu heftigen, zu eifersüchtigen Liebe sein.

Die folgenden Ausführungen beschäftigen sich näher mit dieser eifersüchtigen, eifernden Seite der – ja entschieden einseitigen – Beziehung zwischen den Deutschen und Shakespeare. Sie wollen verschiedenen Argumentationsvarianten nachgehen, die den Topos vom ›deutschen Shakespeare‹ im 19. und frühen 20. Jahrhundert begründen. Abstrakt betrachtet, erlaubt die ›übergriffige‹ Formulierung vom ›deutschen Shakespeare‹ unterschiedliche Interpretationen. Ist Shakespeare zum Deutschen geworden, indem man ihn sich – wie auch immer – angeeignet, indem man ihn eingebürgert hat? Oder meint die Formulierung, dass Shakespeare bereits selbst ›ein Deutscher‹ sei, ein germanischer Dichter? Beide Varianten dieses Aneignungstopos erkennt jeder leicht wieder, der einen Blick in die Shakespeare-Rezeption des 19. und frühen 20. Jahrhunderts getan hat. Die Gedankenfiguren, die ihnen zugrundeliegen, sind auch darüber hinaus zentral für das Denken dieser Zeit. Sie betreffen den Umgang mit vielen anderen Gegenständen, die die Deutschen besonders lieben, nicht zuletzt etwa mit den Griechen.[1]

Beide Topoi entstammen dem philologisch-historischen Denken dieser Zeit. Man sollte dabei jedoch keineswegs an einen scharf abgegrenzten akademischen Sektor denken, der von Literatur, Kultur und auch Politik gleichsam elfenbeinturmartig abgeschlossen wäre. Das philologisch-historische Denken prägt die Kul-

---

1 Vgl. etwa Manfred Landfester: »Griechen und Deutsche: Der Mythos einer ›Wahlverwandt-schaft‹«. In: Helmut Berding (Hrsg.): Mythos und Nation. Studien zur Entwicklung des kollektiven Bewußtseins in der Neuzeit 3. Frankfurt am Main 1996, S. 198–219.

tur vielmehr fundamental, nicht zuletzt über das Bildungssystem – vor allem in Gymnasien und Universitäten. Es stützt auch die jeweiligen – letztlich politischen – Selbstpositionierungen ›Deutschlands‹ in der Geschichte oder zu den anderen Nationen und Völkern.[2]

Beide Topoi sind eng mit dem modernen Nationalismus des 19. und 20. Jahrhunderts verbunden.[3] Natürlich gewinnen sie bei unterschiedlichen Autoren in unterschiedlichen historischen Konstellationen auch unterschiedliche Funktionen, indem sie sich je anders auf verschiedene konkrete gesellschaftliche, kulturelle und politische Situationen beziehen.[4] Auf einer stärker abstrahierten Ebene aber reichen diese Topoi durch die gesamte Diskussion, und hierauf soll der Akzent dieses Beitrags liegen. Die Wurzeln jener Denkfiguren gehen zum Teil zurück in die Frühe Neuzeit.

Ist also Shakespeare durch Einbürgerung zum Deutschen geworden, oder war er immer schon ein deutscher, ein germanischer Dichter? Beide Varianten wirken auf den ersten Blick konträr. Die Vorstellung vom ›Germanen‹ Shakespeare trägt deutlich den Geruch eines engen völkischen Nationalismus an sich, der auf Verwandtschaften des Stammes, des Blutes, bald ja auch der Rasse pocht. Sie setzt die seit der Frühen Neuzeit übliche, freilich prekäre Gleichung ›germanisch ist deutsch‹[5]

---

2   Vgl. zu diesem Aspekt ausführlich Mark-Georg Dehrmann: Studierte Dichter. Zum Spannungsverhältnis von Dichtung und philologisch-historischen Wissenschaften im 19. Jahrhundert. Berlin u. a. 2015.

3   Hansjürgen Blinn etwa setzt »chauvinistisches Denken« insgesamt als Rahmen für die deutsche Vereinnahmung Shakespeares im 19. Jahrhundert an. Vgl. Ders.: »Einführung: Shakespeare in Deutschland 1790–1830«. In: Ders. (Hrsg.): Shakespeare-Rezeption. Die Diskussion um Shakespeare in Deutschland. Bd. 2. Berlin 1982, S. 9–66, hier S. 64f. Zur Shakespeare-Rezeption in der ersten Hälfte des 20. Jahrhunderts siehe Ruth von Ledebur: Der Mythos vom deutschen Shakespeare. Die Deutsche Shakespeare-Gesellschaft zwischen Politik und Wissenschaft 1918–1945. Köln u. a. 2002.

4   Grundlegend zum 19. Jahrhundert sind: Werner Habicht: »Topoi of the Shakespeare Cult in Germany«. In: Péter Dávidházi und Judith Karafiáth (Hrsg.): Literature and its Cults. An Anthropological Approach. Budapest 1994, S. 47–65; hier S. 58–61 zu den verschiedenen Aneignungsgesten; Ders.: Shakespeare and the German Imagination. Stratford-upon-Avon 1994; und Ders.: »Shakespeare und die Gründer«, Shakespeare-Jahrbuch 136 (2000), S. 74–89; Roger Paulin: The Critical Reception of Shakespeare in Germany 1682–1914. Native Literature and Foreign Genius. Hildesheim 2003; Christine Roger: La réception de Shakespeare en Allemagne de 1815 à 1850. Propagation et assimilation de la référence étrangère. Bern u. a. 2008. Roger erschließt vor allem die bis dahin wenig beachtete Präsenz Shakespeares in Almanachen, Illustrationen und anderen Gattungen. Zur wichtigen editions- und buchgeschichtlichen Dimension vgl. auch Christa Jansohn: »The Making of a National Poet: Shakespeare, Carl Joseph Meyer and the German Book-Market in the Nineteenth Century«, Modern Language Review 90 (1995), S. 545–555.

5   Vgl. die Beiträge in: Heinrich Beck (Hrsg.): Zur Geschichte der Gleichung ›germanisch – deutsch‹. Sprache und Namen, Geschichte und Institutionen. Berlin u. a. 2004.

voraus. Die Variante der Einbürgerung dagegen wirkt kosmopolitisch; sie scheint Wert auf den geistigen Handelsverkehr der Nationen zu legen, doppelte und vielleicht vielfache Staatsbürgerschaften für möglich und wünschenswert zu halten.

Aus heuristischen Gründen sollen beide Argumente zunächst tatsächlich getrennt voneinander dargestellt werden, zuerst der Verwandtschaftstopos, zweitens der des aneignenden Studiums. Ein dritter Abschnitt soll dann jedoch skizzieren, wie sie in der Rezeption meistens miteinander verbunden werden.

I. Der Topos vom germanisch-deutschen Shakespeare

Wer sich in der Shakespeare-Rezeption des 19. Jahrhunderts umschaut, wird schon bald auf die Vereinnahmung Shakespeares als eines Germanen im völkischen Sinne treffen. »Shakspere ist seit der altenglischen Periode der erste unter den großen englischen Dichtern, in dem das germanische Element sich mit übermächtiger Gewalt wieder geltend macht«.[6] So schreibt 1888 Bernhard ten Brink, der seit 1872 in Straßburg eines der ersten Ordinariate mit der Denomination ›Englische Philologie‹ überhaupt innehatte.[7] Der Germanist und ehemalige Breslauer Privatdozent Gustav Freytag lässt seine *Technik des Dramas* von 1863 um zwei Muster kreisen: Sophokles und Shakespeare. Und während Sophokles dem antiken Drama seine höchste Gestalt gegeben habe, sei Shakespeare die ihm entsprechende »zweite geniale Kraft«: »Er schuf das Drama der Germanen«.[8]

Nicht zufällig sind ten Brink und Freytag von Haus aus Philologen. Aber beide Zitate stammen nicht aus akademischen Arbeiten; Freytag schreibt eine Poetik des Dramas, ten Brink hält öffentliche Vorträge in Frankfurt am Main, veranstaltet vom Freien Deutschen Hochstift.[9] Die Vorstellungen vom nationalen Geist, die beide aufrufen, gehören zu den fatalen Leitideen des 19. Jahrhunderts. Gerade diese Leitideen aber werden maßgeblich vom zeitgenössischen philologisch-historischen Denken gespeist. Sie basieren auf einer historischen Ideenlehre,[10] die den Stämmen und Völkern einen jeweils unterschiedlichen Charakter zuweist, ausgeprägt – wie es

---

6　Bernhard ten Brink: Shakspere. Fünf Vorlesungen aus dem Nachlaß. Straßburg ²1894 [¹1893], S. 22.

7　Vgl. Thomas Finkenstaedt: Kleine Geschichte der Anglistik in Deutschland. Eine Einführung. Darmstadt 1983, S. 54-59.

8　Gustav Freytag: Die Technik des Dramas. Leipzig 1863, S. 5. Vgl. Roger Paulin: Shakespeare in Germany (Anm. 4), S. 421f.

9　Vgl. die Einleitung von Edward Schröder in: Bernhard ten Brink: Shakspere (Anm. 6), S. V.

10　Vgl. dazu etwa Horst Walter Blanke: »Historismus als Wissenschaftsparadigma. Einheit und Mannigfaltigkeit«. In: Jürgen Fohrmann und Wilhelm Voßkamp (Hrsg.): Wissenschaft und Nation. Studien zur Entwicklung der deutschen Literaturwissenschaft. München 1991, S. 217–231, insbesondere S. 223f.

im Programm des *Shakespeare-Jahrbuchs* von 1865 heißt – in »Blut, Sprache und Denkweise«.[11] Dieser Charakter halte sich konstant durch die geschichtlichen Zeitläufte hindurch. Modern soziologisch formuliert, gehört seine Rekonstruktion zu den ›Funktionen‹, die die philologisch-historische Forschung der Zeit für ihre Gesellschaft hat. Die nationale Identitätsstiftung für die Gegenwart bedient sich einer ›Invention of Tradition‹,[12] die die Wanderungen und Vermischungen der Stämme und Völker im Laufe der Zeiten rekonstruiert, um darin die Transmission des Unveränderlichen aufzufinden, hier eben des Germanischen.

Die Konstanz des Blutes und der Denkweise manifestiert sich für dieses Denken nicht zuletzt in der Konstanz der Sprache. Als vorzügliches Mittel der Überlieferung gebe sie von Geist und Sitten vergangener Völker Zeugnis. Der Buchstabe – seine Deutung, Genealogisierung und Totalisierung – ist daher auch das bevorzugte Medium, um im steten Wandel auf die Konstanz des Geistes zu stoßen.[13]

Deutlich formuliert dies 1842 ein anderer deutscher Philologe, der, wie Freytag, gleichzeitig zu den populären Autoren des Jahrhunderts gehört: Karl Simrock. Shakespeare, so seine Fassung des Verwandtschafts-Topos, sei »unserm Geist, Sinn und Gemüth auf das Nächste verwandt und wenigstens eben so sehr ein Deutscher als ein Engländer gewesen.« Doch nicht nur Shakespeare, sondern alle Engländer seien eigentlich Deutsche. Er beruft sich einerseits auf völkische Verwandtschaft, denn einstmals seien schließlich die Sachsen vom Festland auf die Insel hinübergewandert. Die Ankunft der Normannen im 11. Jahrhundert habe zwar auch deren »Blut« vermischt – aber für Simrock sind auch diese »von ihrer nordischen Heimat her Germanen«. Einen »schlagenderen Beweis« aber als das Blut gebe die »englische Sprache an die Hand«. Sie sei »ihrer ganzen Structur nach deutsch«.[14] Verwandtschaft des Bluts zeigt sich durch Verwandtschaft der Sprache, die nachzuweisen eben Aufgabe der Philologen ist.

Diese kurz skizzierte Konstellation ist zweifelsohne typisch für das 19. Jahrhundert. Es scheint wenig verwunderlich, dass mit dem modernen Nationalismus und seiner Lehre von Seele und Charakter der Völker und bald der Rassen auch der Topos vom ›deutschen Shakespeare‹ auf das Blut eingeschworen wird, sich gleichsam naturalisiert und verhärtet. Allerdings grundiert die Identifikation Shakespeares als eines Deutschen auch schon seine frühere Rezeption. Einer der wichtigen Mark-

---

11 Vorstand der Shakespeare-Gesellschaft: »Programm«, Shakespeare-Jahrbuch 1 (1865), S. XIX–XXII, hier S. XX.

12 Vgl. den Band von Eric Hobsbawm und Terence Ranger (Hrsg.): The Invention of Tradition. Cambridge 1983.

13 Vgl. Horst Walter Blanke: »Historismus« (Anm. 10), S. 224.

14 Karl Simrock: Shakspere als Vermittler zweier Nationen. Probeband: Macbeth. Stuttgart u. a. 1842, alle Zitate S. VI.

steine der Shakespeare-Rezeption ist Herders Shakespeare-Aufsatz von 1773.[15] Er stellt, wie Freytag 80 Jahre später, Sophokles und Shakespeare gegenüber, das antike, griechische Genie und das Genie einer neueren Zeit, vor allem aber der ›nordischen‹ Dichtung. Der Begriff des ›Nordischen‹ impliziert die Konstruktion einer auch völkischen Genealogie, die der Titel der Sammlung, in der Herders Aufsatz erschien, auf den Punkt bringt: *Von deutscher Art und Kunst.* Zwar buchstabiert Herder hier die genealogische Gleichung nordisch – germanisch – deutsch nicht aus. Aber dies unterbleibt nicht deshalb, weil sie bei ihm zwar angelegt wäre, aber erst im Kontext eines späteren, modernen Nationalismus ausgefaltet würde. Vielmehr lässt sich vermuten, dass die Identifikationskette nordisch – germanisch – deutsch für Herder zu selbstverständlich ist, um sie eigens zu erwähnen. Denn sie gehört bereits dem Sprach- und Nationendenken der Frühen Neuzeit an. Als gelehrter Gemeinplatz grundiert sie Herders Einordung Shakespeares in den Norden und die Zuspitzung dieses Nordens auf das Germanische.

Die Verwandtschaften der unterschiedlichen Sprachen zueinander zu rekonstruieren, ist bereits eine zentrale Übung der frühneuzeitlichen philologisch-historischen Gelehrsamkeit, namentlich der Grammatik bzw. Etymologie. Es handelt sich keineswegs um eine bloße Grille philologischer Pedanten. Vielmehr werden mit der Rekonstruktion sprachlicher Abhängigkeiten politische und nationale Ansprüche ausgetragen.[16] Ziel ist es, nachzuweisen, welche der Sprachen – nicht zuletzt der noch lebenden – die älteste sei. Denn für eine große Partei frühneuzeitlicher Gelehrter sind die Wörter nicht arbiträr. Vom Paradies oder von Babel her bewahrten sie vielmehr in ihren Wurzeln ein besonders wertvolles, den Dingen adäquates Wissen auf.[17] Die frühneuzeitliche Sprachtheorie nennt solche vermeintlich alten Wörter ›Stammwörter‹, und sie versucht, sie in den noch lebenden Sprachen zu identifizieren, indem sie vor allem etymologische Verbindungen zu anderen Sprachen herstellt.[18] In diesem Paradigma eines Sprachdenkens, das der biblischen Universalgeschichte verpflichtet ist, wird in der Frühen Neuzeit eine Konkurrenz der

---

15 Vgl. [Johann Gottfried Herder:] »Shakespear«. In: Von deutscher Art und Kunst. Hamburg 1773, S. 73–118.

16 Vgl. etwa die wichtige Studie von John Considine: Dictionaries in Early Modern Europe. Lexicography and the Making of Heritage. Cambridge 2008.

17 Einführend Jürgen Trabant: Mithridates im Paradies. Kleine Geschichte des Sprachdenkens. München 2003.

18 Es gibt kaum Studien, die sich auf die Eigenlogik der frühneuzeitlichen Etymologie einlassen; eine Ausnahme ist George J. Metcalf: »The Indo-European Hypothesis in the Sixteenth and Seventeenth Centuries«. In: Dell Hymes (Hrsg.): Studies in the History of Linguistics. Traditions and Paradigms. Bloomington u. a. 1974, S. 233–257. Zur frühneuzeitlichen Sprachwissenschaft einführend Andreas Gardt: Geschichte der Sprachwissenschaft in Deutschland. Vom Mittelalter bis ins 20. Jahrhundert. Berlin u. a. 1999, besonders S. 94–229.

Sprachen, Völker und Nationen ausgetragen, die entschieden in die Vorgeschichte des modernen Nationalismus gehört.[19]

Shakespeare ist den kontinentaleuropäischen Gelehrten zu dieser Zeit freilich kein bzw. kaum ein Begriff – wohl aber England und die englische Sprache. Bezogen auf sie finden sich Argumentationsfiguren, von denen eine direkte Linie zum philologisch-historischen Denken des 19. Jahrhunderts verläuft. Wenige Beispiele müssen genügen, um die weitreichenden, aber in der Forschung noch kaum rekonstruierten grammatischen Kriege der Frühen Neuzeit anzudeuten, hier in Bezug auf das Englische und das Deutsche.

Daniel Georg Morhofs *Unterricht von der Teutschen Sprache und Poesie* von 1682 ist ein typisches Beispiel für dieses kombattante Sprachdenken. Er steht schon in einer langen Tradition.[20] Morhof will nachweisen, dass die deutsche Sprache eine der ältesten der Welt sei. Dies soll einerseits Ansporn sein, die deutsche Sprache und Dichtung besonders zu pflegen. Andererseits aber reklamiert dieses Argument auch eine besondere Hochachtung für die deutsche Sprache, Dichtung und Nation bei den anderen Völkern. Bei seiner historischen Einordnung der englischen Sprache und Dichtung greift Morhof auf den Topos der sächsischen Eroberung zurück. Aus dem »Angelsächsische[n]« hervorgegangen, sei das Englische im Grunde dem Deutschen zuzuschlagen. Allerdings sei es durch »Vermischung / und Weibische *pronuntiation*« im Laufe der Zeiten »verdorben« worden, und man könne die gegenwärtige Sprache nur noch als »bastard-teutsche« auffassen.[21] Gleichwohl bleibe das alte deutsche Erbe noch in ihr präsent, so dass man, »was aber gutes an ihr ist / eintzig und allein der Teutschen / die ihre Mutter ist / zuschreiben muß.«[22]

Bei allen fundamentalen Unterschieden in der Art und Weise, wie Sprache, Etymologie, Sprachverwandtschaft und anderes konzipiert werden – die Logik der Sprach*ableitung* verläuft analog zu derjenigen des 19. Jahrhunderts. Die Sprache dient als Zeichen der Nation bzw. der Volkszugehörigkeit. Das gegenwärtige Deutsche wird dabei im Wesen identifiziert mit – modern gesprochen – den älteren Sprachen und Sprachstufen, aus denen es entstanden ist. Da sich diese alten Sprachstufen historisch weit zurückverfolgen zu lassen scheinen, erklärt man andere Sprachen zu Ablegern dieser ›Hauptsprache‹, zu Kindern der deutschen »Mutter«. Diese Verwandtschaft zeige sich noch in der Gegenwart, auch wenn sich die Kinder nicht

---

19 Zur kontroversen Forschungsdiskussion über ›Nationalismus‹ in der Frühen Neuzeit vgl. Mark-Georg Dehrmann: »Der Dichter als philologischer Priester. Geschichte, Nation und Tacitusrezeption in Friedrich Gottlieb Klopstocks Hermann-Trilogie«, DVjs 86 (2012), S. 224–271, bes. S. 228–232.

20 Vgl. zur Tradition Jürgen Trabant: Mithridates (Anm. 17).

21 Zitiert nach der zweiten Ausgabe von 1700: Daniel Georg Morhofens Unterricht von der teutschen Sprache und Poesie. Hrsg. von Henning Boetius. Bad Homburg u. a. 1969, S. 120.

22 Ebenda, S. 120f.

ebenso rein zu erhalten vermocht hätten wie die ältere Mutter. Gleichwohl kann in diesem genealogischen Modell alles, was an der Tochtersprache gut erscheint, der Mutter als ›eigentliches‹ Eigentum zugeschrieben werden.

Was Morhof hier formuliert, gehört für seine Zeit durchaus zur ›normal science‹. Gelehrte anderer Länder leiten freilich die Sprachen auf andere Weise auseinander ab. Meist verfolgen sie das Ziel, ihre jeweils eigene Sprache zu einer besonders alten ›Hauptsprache‹ zu machen. Aber sie operieren mit denselben Mitteln der Etymologie und auf der Basis der gleichen Prämissen.[23] Im deutschsprachigen Raum findet sich fast durchgehend das Lob der alten Hauptsprache ›Teutsch‹, ihre Substantialisierung zu einem alten Stamm, der konstant durch die Geschichte reiche. Germanen und Deutsche werden damit in eine unmittelbare Kontinuität gestellt. Ein weiteres Beispiel: Auch Leibniz, der ja umfangreiche etymologische und sprachtheoretische Forschungen betrieben hat, geht selbstverständlich von einer solchen Genealogie aus. In seinen *Unvorgreiflichen Gedanken* (entstanden zwischen 1704 und 1709) heißt es zur Stellung der deutschen Sprache in Europa: »Es ist handgreiflich und zugestanden, daß die Franzosen, Welschen und Spanier (der Engländer, so halb Deutsch, zu geschweigen) sehr viele Worte von den Deutschen haben und also den Ursprung ihrer Sprachen guten Teils bei uns suchen müssen. Es gibt also die Untersuchung der deutschen Sprache nicht nur ein Licht für uns, sondern auch für ganz Europa, welches unserer Sprache zu nicht geringem Lob gereicht.«[24]

Konstant hält sich in der Sprachtheorie des 18. Jahrhunderts diese Subsumption des Englischen unter das Deutsche, sei es als Tochter unter die Mutter, sei es als Ast vom germanischen Stamm. Lessing, der sich zeitlebens intensiv mit etymologischen Fragen und den gegenseitigen Abhängigkeiten der Sprachen auseinandergesetzt hat, ist diese Gedankenfigur vertraut. Der späte Dialog zwischen Ernst und Falk über die Freimaurerei geht nicht zufällig auch auf die Etymologie des Wortes »Masonry« bzw. »Masony« ein. Falk erklärt dieses Wort für ein angelsächsisches, das jedoch auch in der Sprache der »Goten und Franken« vorkomme.[25] »Folglich«, so sein Schluss, sei es ein »ursprünglich deutsches Wort«,[26] denn Lessing hält das Deutsche für die Wurzel dieser drei Sprachen.[27] Auch die Verwandtschaft zwischen

---

23 Vgl. John Considine: Dictionaries (Anm. 16).

24 Gottfried Wilhelm Leibniz: Unvorgreifliche Gedanken, betreffend die Ausübung und Verbesserung der deutschen Sprache. Hrsg. von Uwe Pörksen. Stuttgart 1983, S. 21.

25 Gotthold Ephraim Lessing: »Ernst und Falk. 5. Gespräch«. In: Ders.: Werke. 8 Bde. Hrsg. von Herbert G. Göpfert. München 1970–1979. Bd. 8: Theologiekritische Schriften 3. Philosophische Schriften. Hrsg. von Helmut Göbel (1979), S. 484.

26 Ebenda.

27 Die Grundlage zu dieser Theorie findet sich bei Johann Georg Wachter: Glossarium Germanicum […]. Leipzig 1737. Lessing notiert Wachters Ableitung in seinen Collectaneen unter dem Stichwort ›Sprache‹; vgl. Gotthold Ephraim Lessings Sämtliche Schriften. Hrsg. von Karl Lachmann. Dritte auf's neue durchgesehene und vermehrte Ausgabe besorgt durch

Deutschen und Engländern ist Lessing selbstverständlich präsent. Sie grundiert seine berühmte Stellungnahme für Shakespeare im 17. ›Literaturbrief‹ von 1759. Wenn er Gottsched vorhält, dieser hätte untersuchen sollen, ob das »französierende Theater der deutschen Denkungsart angemessen sei, oder nicht«; wenn er schreibt, dass »wir« Deutschen »mehr in den Geschmack der Engländer, als der Franzosen einschlagen«,[28] so liegt es nahe, dies vor dem Hintergrund des frühneuzeitlichen Sprachdenkens zu verstehen. Auch die sogenannten altdeutschen Barden, für die sich Lessing in diesen Jahren interessiert, sind ein alter Topos frühneuzeitlicher Sprachpolitik, der in diesen Jahren zu besonderer Virulenz kommt.[29] Nicht zufällig zieht Lessing in diesen Jahren eine direkte Linie von den »nordischen Skalden« über die germanischen »Barden« und die »Barden aus dem schwäbischen Zeitalter« – die Minnedichter – bis hin zu Gleims *Preußischen Kriegsliedern.*[30] Hier findet sich die Linie nordisch – germanisch – deutsch, deren Teil auch England wäre.

　　Dieses frühneuzeitliche Sprachdenken also ist der Horizont, der die Reklamation Shakespeares als eines Deutschen um 1800 erst möglich macht. Auch für Herder bildet es einen selbstverständlichen Hintergrund. Er expliziert ihn zwar nicht in seinem Shakespeare-Aufsatz, aber doch in der wenig später entstandenen Abhandlung *Von Ähnlichkeit der mittlern englischen und deutschen Dichtkunst* (erschienen 1777). Gleich zu Beginn konstatiert er die Verwandtschaft der Angelsachsen und ihrer Sprache mit den Deutschen: Wir wissen, so schreibt er, »daß die Angelsachsen ursprünglich Deutsche waren, mithin der Stamm der Nation an Sprache und Denkart deutsch ward.«[31] Daraus zieht er den Schluss: »ist nicht auch England recht ein Kernhalt nordischer Poesie und Sprache […] worden?«[32] Und auch der Besitzanspruch bleibt nicht aus: Der »ungeheure Schatz der angelsächsischen Sprache in England ist also mit unser«.[33] Shakespeare, der später zur Sprache kommt, ist für

---

　　　Franz Muncker. 23 Bde. Stuttgart u. a. 1886–1924, Bd. 15: Entwürfe und unvollendete Schriften (1900), S. 376.

28　Gotthold Ephraim Lessing: Werke (Anm. 25). Bd. 5: Literaturkritik, Poetik und Philologie. Hrsg. von Jörg Schönert (1973), S. 71.

29　Der Mythos germanischer ›Barden‹ resultierte aus einer Fehllektüre von Tacitus' *Germania* (Kapitel 3). Er wird in der Frühen Neuzeit zur Konstruktion der Völkerverwandtschaften genutzt (vgl. beispielsweise die Diskussion von Daniel Georg Morhof: Unterricht [Anm. 21], S. 149f.), verstärkt sich mit der Ossian-Rezeption und hält sich bis in die Zeit um 1800.

30　Vgl. Gotthold Ephraim Lessing: »[Rezension von] Preußische Kriegslieder [erschienen 1757]«. In: Ders.: Werke. Bd. 5 (Anm. 28), S. 17f.

31　Johann Gottfried Herder: »Von Ähnlichkeit der mittlern englischen und deutschen Dichtkunst, nebst Verschiednem, das daraus folget«. In: Ders.: Werke in zehn Bänden. Bd. 2. Hrsg. von Gunter E. Grimm. Frankfurt am Main 1993, S. 550-562, hier S. 550. Der Aufsatz ging aus den geplanten Vorreden für die erste Volksliedersammlung hervor.

32　Ebenda.

33　Ebenda.

Herder ebenfalls noch Teil dieses angelsächsischen deutschen Erbes, sei er doch aus den englischen Volkstraditionen hervorgegangen, in denen die Bezüge zum alten deutschen Erbe in Form von Mythologie, Volksliedern und Märchen noch lebten.[34]

Zwar ändern sich in den Jahrzehnten um 1800 grundlegend die Zuordnungen verschiedener alter Stämme und Völker. Neue Wanderungsbewegungen werden konstruiert, nicht zuletzt, nachdem Indien und das Sanskrit in den Fokus der Forschung gekommen sind. Scythen, Goten, Kelten, Geten – allesamt wechselnde Favoriten der Frühen Neuzeit, wenn es um die Verortung urgermanischer Dinge ging – werden anders angeordnet, anders gedeutet. Dies geschieht auf der Grundlage eines anderen Geschichtsverständnisses und neuer kritisch-hermeneutischer Verfahren, die die moderne Philologie begründen. Aber das Paradigma einer national-völkischen Identität, die sich an der Genealogie der Sprachen ablesen lasse, bleibt bestehen. Mit neuer Energie setzt man beispielsweise die Formulierung eines nordischen Raums fort, der sprachlich, völkisch und kulturell zusammenhänge – und der im Kern germanisch und damit deutsch sei.[35]

Die Frage der Ursprünge und Wanderungen der Völker konstituiert im 19. Jahrhundert die Gegenstandsbereiche der entstehenden Neuphilologien entscheidend mit. Bei aller philologisch-kritischen Neubewertung einzelner Quellen, bei allen Revolutionen in Etymologie, Sprachtheorie etc. – die Energie, die beispielsweise die Grimms, Friedrich Heinrich von der Hagen oder die beiden Schlegels in die Rekonstruktion der Ur- und Frühgeschichte der Sprache investieren, setzt ein altes Erbe fort. Es zeigt sich beispielsweise in Simrocks oben zitiertem Verweis auf die dreifach germanisch geprägte englische Sprache und ihren ›eigentlich‹ deutschen Charakter. Darauf kann hier jedoch nicht weiter eingegangen werden. Es mag genügen, an den wissenschaftssystematischen Status der englischen Philologie im 19. Jahrhundert zu erinnern. Wo die akademische Beschäftigung mit englischer Sprache und Dichtung stattfindet, wird sie noch bis weit in die zweite Hälfte des Jahrhunderts als Teil der germanischen Philologie verstanden.[36] Zwar richtet sich die Forschung – wie in den Neuphilologien insgesamt – meist auf alt- und mittelenglische Zeugnisse. Aber der Besitzanspruch, der sich aus deren Identifikation als ›germanisch‹ und ›deutsch‹ ableitet, kann problemlos noch bis auf Shakespeare ausgeweitet werden. Bezeich-

---

34 Vgl. ebenda, S. 558 und S. 553.

35 Vgl. etwa Klaus von See: Deutsche Germanen-Ideologie. Frankfurt am Main 1970.

36 Zur Situation um 1850 vgl. etwa Wilhelm G. Busse: »Jacob Grimm und die Englische Philologie«. In: Frank Fürbeth, Pierre Krügel, Ernst E. Metzner und Olaf Müller (Hrsg.): Zur Geschichte und Problematik der Nationalphilologien in Europa. 150 Jahre Erste Germanistenversammlung in Frankfurt am Main (1846–1996). Tübingen 1999, S. 269–276. Die Spannungen zwischen dieser deutschen Englischen Philologie und den English Studies behandelt Richard Utz: »Englische Philologie vs. English Studies. A Foundational Conflict«. In: Christoph König (Hrsg.): Das Potential europäischer Philologien. Geschichte, Leistung, Funktion. Göttingen 2009, S. 34–44.

nend ist vielleicht, dass der Artikel *Englische Sprache*, den Friedrich Kluge 1891 für Hermann Pauls *Grundriss der germanischen Philologie* schreibt, mit der »Loslösung der Angelsachsen aus dem Westgerm[anischen]« beginnt und »mit dem Zeitalter Shakespeares« abschließt.[37]

II. Der Topos von der Aneignung des Fremden

Verglichen mit der völkischen Verwandtschaft, die zur Identitätskonstitution nach genealogischen Verbindungen sucht, wirkt der zweite Topos intrikat, ja geradezu paradox. Wie soll gerade etwas Fremdes oder historisch fremd Gewordenes das Eigene ausbilden helfen? Diese kontraintuitive Denkfigur entsteht um 1800, und zwar gleichursprünglich mit den modernen Philologien, mit ihren Begriffen von Geschichte und historischer Kritik, ihrer Hermeneutik als Lehre des Verstehens.[38] Auch hier müssen wenige Andeutungen genügen. Aber es ist eine günstige Koinzidenz, dass gerade die beiden Schlegels, die ja auch für die Shakespeare-Rezeption so wichtig sind, diese Denkfigur maßgeblich mit ausgeprägt haben. Sie sind schließlich nicht nur bedeutende Frühromantiker, sondern auch wichtige Exponenten des neuen Verständnisses von Philologie.[39] Beides gehört engstens zusammen.

Wie also kann etwas Fremdes die eigene Identität mit konstituieren? In seinem Aufsatz *Etwas über William Shakespeare bey Gelegenheit Wilhelm Meisters* kündigt August Wilhelm Schlegel nicht nur seine Übersetzung an, sondern denkt auch über das nach, was man ›Verstehen‹ nennen könnte. Als höchste Form benennt er »das nahe und unmittelbare Anschauen fremder Eigenthümlichkeit, als wäre sie mit im eignen Bewußtseyn begriffen«.[40] Verstehen wird hier als Vermittlung von Fremdem und Eigenem gefasst. Es reproduziert idealerweise das Fremde im eigenen Bewusstsein; diese Reproduktion der fremden Eigentümlichkeit aber führt gleichzeitig zu deren Integration: »als wäre sie mit im eignen Bewußtseyn begriffen«. Und weil die Perspektive des Anderen aus der eigenen Perspektive konstruiert wird, geschieht hier gleichzeitig eine Aneignung der fremden Eigenthümlichkeit. Der Irrealis, das

---

37 Friedrich Kluge: »Geschichte der englischen Sprache«. In: Grundriss der germanischen Philologie. Hrsg. von Hermann Paul. Bd. 1. Strassburg 1891, S. 780–930, hier S. 781.

38 Vgl. etwa Robert S. Leventhal: The Disciplines of Interpretation. Lessing, Herder, Schlegel and Hermeneutics in Germany 1750–1800. Berlin u. a. 1994, S. 239f.

39 Zu Friedrich Schlegel vgl. ebenda, S. 280–295. Die Bedeutung Schlegels für die Entstehung der modernen Philologie arbeiten heraus Christian Benne und Ulrich Breuer (Hrsg.): Antike – Philologie – Romantik. Friedrich Schlegels altertumswissenschaftliche Manuskripte. Paderborn 2011; sowie Ulrich Breuer, Remigius Bunia und Armin Erlinghagen (Hrsg.): Friedrich Schlegel und die Philologie. Paderborn 2013.

40 August Wilhelm Schlegel: »Etwas über William Shakespeare bey Gelegenheit Wilhelm Meisters«, Die Horen 6 (1796), S. 57–112, hier S. 60.

›Als ob‹, hält die Grenze zwischen dem Eigenen und dem Fremden einerseits auf-
recht, andererseits aber unterläuft er sie auch.

An der zitierten Stelle setzt August Wilhelm zwar das begriffliche Verstehen der
Kritik etwas auf Kosten des unmittelbaren Anschauens herab. Gleichwohl liegt diese Konzeption des Verstehens sowohl bei ihm als auch bei seinem Bruder gerade
auch der Konzeption von Philologie, Kritik und Geschichtswissenschaft zugrunde.
Insgesamt transformieren sich diese Wissensgebiete um 1800, indem sie sozusagen die Eigenheit und damit tendenzielle Fremdheit ihrer Gegenstände entdecken.
Eine historische Epoche, ein anderes Volk, ältere Literatur – sie müssen zunächst in
ihrer Eigenheit und Andersheit begriffen werden, damit man sie verstehen und sich
schließlich aneignen kann.[41]

Zentral in diesem Zusammenhang ist der Begriff des ›Studiums‹. August Wilhelm begründet in dem schon zitierten Aufsatz, also bereits 1796, die besondere
Beziehung der Deutschen zu Shakespeare damit, dass dieser von keinem Volk »im
Original und in der Kopie so viel gelesen, so tief studirt, so warm geliebt, und so
einsichtsvoll bewundert« werde.[42] Zur gleichen Zeit entfaltet sein Bruder Friedrich den Begriff des Studiums theoretisch. In seinem Aufsatz *Über das Studium
der griechischen Poesie* entwickelt er eine komplexe, aber fundamentale Gedankenfigur. Sie bezieht sich hier auf die Antike, ist aber ohne weiteres übertragbar. Das
philologisch-historische Studium der Antike sei demnach die Voraussetzung dafür,
dass die ihr ganz entgegengesetzten Modernen zu einer genuin eigenen Kunst kä-
men. Sie könnten damit ihre noch unabgeschlossene historische Epoche zu einem
Höhepunkt führen, der dem der Antike gleichwertig sei. Auch hier ist gerade die
fundamentale Fremdheit der Antike entscheidend. Nicht um Kopie und Imi-
tation der Oberflächenstruktur geht es, denn diese gehören der fremd gewordenen,
vergangenen Epoche an. Aber das Studium erlaube es den Modernen, zum Geist
der Antike vorzudringen und in seiner Individualität gerade das zu erkennen, was
allgemeingültig sei. Diese Erkenntnis aber nennt Friedrich ›Zueignung‹. Gerade
dies sei der spezifische Weg, auf dem die Moderne zu ihrer eigenen Identität und
Vollendung finden könne. Studium des Fremden, dessen Verstehen und Aneignung
sorgen also keineswegs dafür, dass man sich dem Eigenen entfremdet. Vielmehr
bringt die Erweiterung des Horizonts das Eigene erst voll zur Entfaltung. »Vielsei-
tigkeit«, so schreibt Friedrich, ist »ein echter Fortschritt der ästhetischen Bildung,
und ein naher Vorbote der Allgemeingültigkeit«.[43]

---

41 Zu diesem Komplex – vor allem bei Friedrich Schlegel – ausführlich Mark-Georg Dehrmann:
    Studierte Dichter (Anm. 2).

42 A. W. Schlegel: Etwas über Shakespeare (Anm. 40), S. 79.

43 Friedrich Schlegel: »Über das Studium der Griechischen Poesie [1797]«. In: Kritische
    Friedrich-Schlegel-Ausgabe. Hrsg. von Ernst Behler, fortgeführt von Andreas Arndt und

Eine entscheidende Pointe für diese Konzeptionen liegt in Folgendem: Für die Modernen ist gerade dieses Studium nicht nur ein Mittel, sondern vielmehr integraler Teil ihres Charakters. Man geht kaum zu weit, wenn man behauptet, dass die Moderne für die Schlegels geradezu das Zeitalter des Verstehens, der Kritik, der Philologie und der Geschichte sei. Entsprechend projektieren sie bekanntermaßen eine genuin moderne Poesie, die alles dieses in sich aufgenommen haben werde. Erinnert sei nur an Friedrichs berühmtes *Athenaeum*-Fragment, nach dem die »romantische Poesie [...] eine progressive Universalpoesie« ist, in der sich »Poesie und Prosa, Genialität und Kritik, Kunstpoesie und Naturpoesie bald mischen, bald verschmelzen«, eine Poesie, die gerade aufgrund ihres bewusst-reflexiven Charakters immer »im Werden« ist.[44]

Das Werden wird hier als Grundstruktur der Moderne verstanden, weil sie einen bewussten Überblick über die Geschichte hat, weil es ihr aufgegeben ist, diese Geschichte – und eben auch die historisch fremden Dichter und die fremden Geschichtsepochen – aneignend mitzureflektieren. Letztlich ist die Moderne im Werden, weil sie auch sich selbst immer schon historisch reflektiert, mit anderen Worten: weil sie ihren eigenen Weg in die Zukunft so eigentätig wie bewusst gestalten kann und muss. Dies geschieht nicht zuletzt durch die Erkenntnis und Aneignung der Geschichte.

Philologie, Kritik, Übersetzung – sie wären damit zentrale Aufgaben der Moderne, die sich das historisch Fremde und Alte aneignet und es so in sich aufnimmt. Das Verstehen impliziert damit einen Besitzanspruch, der zunächst nicht völkisch ist, sondern geistig. Aber dieser Besitzanspruch ist nicht weniger entschieden, denn erst die geistige Leistung des Verstehens hat schließlich den Geist des Gegenstandes rekonstruiert und ihn damit im eigenen Bewusstsein konstruiert. In gewisser Weise hat erst diese geistige Leistung – um mit einem Topos der Hermeneutik zu sprechen – den toten Buchstaben belebt, und zwar im Bewusstsein des Studierenden. Das Fremde lebt gleichsam in denen, die es sich angeeignet haben.

Ohne zunächst weitere Beispiele für die Präsenz dieser Denkfigur im Shakespeare-Diskurs zu geben, sei nun zum dritten Punkt übergeleitet, zu den Verflechtungen und Vermischungen der Topoi.

Ulrich Breuer. Paderborn u. a. 1958ff. Bd. 1: Studien des klassischen Altertums. Hrsg. von Ernst Behler (1979), S. 217–367, hier S. 259.

44 Friedrich Schlegel: [Athenaeum-Fragment Nr. 116]. In: Kritische Friedrich-Schlegel-Ausgabe (Anm. 43). Bd. 2: Charakteristiken und Kritiken. Hrsg. von Hans Eichner. Paderborn u. a. 1967, S. 182.

III. Urgermanisch und eingebürgert: nationale Heilsgeschichte

Hier lässt sich etwas Interessantes beobachten. Denn die meisten Inanspruchnahmen Shakespeares im 19. und frühen 20. Jahrhundert werden gerade von solchen Vermischungen geprägt.

Eine wirklich tendenziell kosmopolitische Lesart findet sich 1823 bei Franz Horn. Er legt an dieser Stelle Wert darauf, die Möglichkeit der Aneignung durch Studium auch für andere Nationen offen zu halten: »Wir wollen streben, daß Shakspeare ganz der unsrige werde; doch weil dieses Wort leicht gemisdeutet werden könnte, auch gern hinzusetzen: daß wir ihn, wie sich ohnehin von selbst versteht, niemandem rauben wollen, ja daß wir sehr wünschen, *alle* Nationen möchten streben, ihn den Ihrigen nennen zu dürfen.«[45] In einem offenen Wettkampf der Nationen scheinen die Deutschen aufgrund ihres Fleißes temporär das Feld anzuführen, ohne sonst besonders privilegiert zu sein.

Öfter noch als diese Aufforderung zu einem kosmopolitischen, gleichsam sportlich-fairen Agon findet sich jedoch eine andere Denkfigur. August Wilhelm Schlegel vertritt sie mit Entschiedenheit in seinen Berliner Vorlesungen zur Geschichte der romantischen Literatur von 1802/03. Er stellt hier am Beispiel Shakespeares die ›Studienleistung‹ der Deutschen heraus: »Verstehen wir die großen Denker und Dichter des Auslandes ganz in ihrem originellen Geiste, so sind sie auch die unsrigen, so haben sie vielleicht das in ihrer Heimat durch die Kleinheit des Zeitalters verlorene Vaterland bei uns wiedergefunden.«[46] Soweit der Grundgedanke des Studiums. Dass es aber gerade die Deutschen seien, bei denen die großen Geister des Auslandes eine neue Heimat fänden, hält Schlegel keineswegs für zufällig. Denn andere Völker verblieben in der »einseitigen Befangenheit« ihres Nationalstolzes. Als »echt deutsche Gesinnung« erscheint es Schlegel dagegen, »gar nicht zu fragen, ob etwas deutsch oder ausländisch, sondern ob es echt, groß und gediegen sei«.[47] Gerade die Aufnahmefähigkeit und der Mangel an eigenem, engem Nationalstolz erklärt er zu genuin deutschen Eigenschaften. Und dazu gehört nicht zuletzt auch die Offenheit für das Studium des Fremden, also die philologisch-kritische Disposition, die ja am Grunde dieser Aneignungsfähigkeit steht. Die Deutschen hält Schlegel daher für das Volk der Zukunft. Ihnen sei es aufgegeben, »die Vorzüge der verschiedensten Nationalitäten zu vereinigen, sich in alle hineinzudenken und hineinzufühlen, und so einen kosmopolitischen Mittelpunkt für den menschlichen

---

45 Franz Horn: Shakespeare's Schauspiele. Erster Theil. Leipzig 1823, S. 44.
46 August Wilhelm Schlegel: Kritische Schriften und Briefe. Hrsg. von Edgar Lohner. Stuttgart 1962–1977. Bd. 4: Geschichte der romantischen Literatur (1965), S. 28.
47 Ebenda, S. 27.

Geist zu stiften.«[48] »Universalität, Kosmopolitismus«, so heißt es dann knapp, »ist die wahre deutsche Eigentümlichkeit.«[49]

Genauso entschieden vertritt Friedrich Schlegel diesen Gedanken, beispielsweise in seinen Kölner und Pariser Vorlesungen von 1803/04:

> Die neuere Literatur beginnt [...] mit der christlich-lateinischen; dann folgt die altfranzösische, die Quelle der italienischen und spanisch-portugiesischen, die nordische als Mittelquelle aller dieser Literaturen, die englische und endlich die deutsche, die alle diese Literaturen umfaßt, sie alle verschlungen hat; die einzige, die noch in freiester lebendiger Kraft fortblüht und von der allein eine bedeutende fruchtbare Epoche zu erwarten ist.[50]

Diese Wendung des Studium-Gedankens findet sich in den folgenden Jahrzehnten immer wieder mit unterschiedlichen Pointierungen. Hermann Ulrici etwa schreibt 1867, ironischerweise gleich nach dem Deutsch-Dänischen Krieg: Die »kosmopolitische Ader [...]« gehört *wesentlich* zu unserer Volksthümlichkeit«.[51] Sie prägt sich auch für ihn nicht zuletzt im Studium und in dessen philologisch-hermeneutischer Grundlage aus. Gerade durch die Erkenntnis und Aneignung von »*Geist* und *Sinn*« könne der deutsche Geist »eine höhere Stufe der Bildung« erklimmen.[52] Auch Karl Elze beruft sich im gleichen Jahr auf die »kosmopolitische[...] Leichtigkeit«, mit der sich die Deutschen »in alle poetischen und andern Voraussetzungen und Standpunkte hineinzuleben verstehen«.[53] Und auch Elze betont, dass es gerade die Methode der modernen Philologie sei, die den Deutschen diese Universalität erlaube und die – umgekehrt – damit vielleicht auch genuin deutsch wäre: »Das deutsche Volk [...] ist der Atlas, welcher die Philologie der Welt auf seinen Schultern trägt.«[54]

Die potentiell kosmopolitische Gedankenfigur einer geistigen Aneignung also kann ohne weiteres nationalisiert werden. Aber sie steht dem von vornherein nationalen Topos eines völkisch verwandten, germanisch-deutschen Shakespeare auch in anderer Hinsicht nicht entgegen. Friedrich Schlegel beispielsweise, der ja die Theorie des aneignenden Studiums maßgeblich mit entwickelt hat, kombiniert mit der Zeit immer entschiedener diese geistige mit der völkischen Dimension. In den

---

48 Ebenda, S. 36.

49 Ebenda.

50 Kritische Friedrich-Schlegel-Ausgabe (Anm. 43). Bd. 11: Wissenschaft der europäischen Literatur. Vorlesungen, Aufsätze und Fragmente aus der Zeit von 1795–1804. Hrsg. von Ernst Behler (1958), S. 140.

51 Hermann Ulrici: »Jahresbericht. Vorgelegt der General-Versammlung der Deutschen Shakespeare-Gesellschaft am 8. October 1865«, Shakespeare-Jahrbuch 2 (1867), S. 1–15, hier S. 5.

52 Ebenda, S. 4.

53 Karl Elze: »Shakespeare's Geltung für die Gegenwart«, Shakespeare-Jahrbuch 2 (1867), S. 96–123, hier S. 104.

54 Ebenda, S. 119.

schon zitierten Vorlesungen von 1803/04 heißt es: »Uns Deutschen aber ist unter allen romantischen Dichtern keiner so nahe verwandt, keiner sowohl der äußeren Form der Behandlung als dem inneren Geiste nach so ganz deutsch wie er.«[55] In den folgenden Jahren hält Schlegel Vorlesungen zur Universalgeschichte, in denen er seine Theorie von den Wanderungsbewegungen der Germanen aus Indien entfaltet und auch die germanische Eroberung Englands behandelt.[56] In einer weiteren Vorlesung rekonstruiert er die Genealogien der Sprachen, mit der wohlbekannten Annahme: »auch in England Schweden Dänemark Island Holland Flandern [spricht man] doch eigentlich Deutsch«;[57] 1812 dann, wenige Jahre später, schreibt er in seinem Aufsatz *Über nordische Dichtkunst* ausführlicher zu Shakespeare. Das Wesentliche an der nordischen, germanischen Poesie sei »der darin athmende freye Naturgeist, die in unser aller Herzen tief eingewurzelte und *eigenthümliche nordische Gefühlsweise*«. Und gerade sie »tritt uns viel näher noch im *Shakespeare* entgegen, greift unmittelbar ein in unsere Welt, und wird wieder Leben und Gegenwart.«[58]

Dass Friedrich Schlegel – und in geringerem Maße auch sein Bruder –[59] den Topos des Studiums und den der völkischen Verwandtschaft kombiniert, ist weder ein Zufall noch ein Einzelfall. Gerade ihre Verbindung scheint vielmehr der Normalfall zu sein, wo es im 19. und frühen 20. Jahrhundert um den deutschen Shakespeare geht. Wie beide Argumente ineinandergreifen können, wird beispielhaft deutlich bei August Koberstein. In einer *Rede zur Shakespeare-Feier in Pforta am 23. April 1864*, abgedruckt im ersten Band des *Shakespeare-Jahrbuchs*, gibt er der Sache folgende Wendung:

> Shakespeare ist uns kein fremder Dichter; er ist unter allen alten und neuen Dichtern des Auslandes bei uns nicht allein der populärste, er ist auch mehr, als es irgend ein anderer hat werden *können*, ein Eigenthum des deutschen Volkes

---

55 Friedrich Schlegel: Wissenschaft der europäischen Literatur (Anm. 50), S. 171.

56 Vgl. Kritische Friedrich-Schlegel-Ausgabe (Anm. 43). Bd. 14: Vorlesungen über Universalgeschichte. Hrsg. von Jean-Jacques Anstett. München (1960), passim, etwa S. 47–54 und S. 183–188. Schlegel hielt die Vorlesung 1805/06 in Köln.

57 Kritische Friedrich-Schlegel-Ausgabe (Anm. 43). Bd. 15: Über deutsche Sprache und Literatur (1807). Hrsg. von Hans Dierkes (2006), S. 4. Die Vorlesung wurde 1807 in Köln gehalten.

58 Friedrich Schlegel: »Über nordische Dichtkunst«, Deutsches Museum 1 (1812), S. 162–195, hier S. 189.

59 Die Verweise bei August Wilhelm Schlegel sind wesentlich seltener, aber doch vorhanden; angedeutet beispielsweise im oben zitierten Shakespeare-Aufsatz von 1796 (Anm. 40), S. 79: »Nein, er ist uns nicht fremd: wir brauchen keinen Schritt aus unserm Charakter herauszugehen, um ihn ganz unser nennen zu dürfen.« Auf die Kombination beider Topoi in diesem Aufsatz weist hin Wolfgang G. Müller: »Formen der Aneignung Shakespeares in der deutschen Literatur- und Kulturgeschichte«. In: Bernd Engler und Isabell Klaiber (Hrsg.): Kulturelle Leitfiguren. Figurationen und Refigurationen. Berlin 2007, S. 115–131, hier S. 124f.

geworden, in welches England sich mit uns theilen muss. Wir haben, indem wir verstanden, ihn unserer Literatur und unserer Bühne nach und nach einzubürgern, ihn uns darum so vollständig anzuzeigen vermocht, weil er, seiner urgermanischen Natur nach schon von vorn herein dem deutschen Geiste innerlich verwandt, in seiner vollen Kraft, Fülle, und Tonart nur unsere Sprache zu reden brauchte, um diese innere Verwandtschaft in jedem Wort zu bezeugen und auf die Eigenart unserer geistigen Natur Wirkungen auszuüben, als ob er in unserm Lande geboren und erzogen wäre, als ob er aus den innersten Tiefen, eben dieser unserer unverkümmerten und von fremden Anwüchsen befreiten geistigen Natur seine unsterblichen Werke unmittelbar herausgebildet hätte.[60]

Kobersteins Begründung, warum Shakespeare kein »fremder Dichter« sei, verbindet beide Topoi auf intrikate Weise. Einerseits hören wir, dass die Deutschen es verstanden hätten, Shakespeare »einzubürgern«, ihn unter sich ›populär‹ zu machen, dass er ein »Eigenthum des deutschen Volkes« erst »geworden« sei. Aber diese Transformation Shakespeares zu einem Deutschen, diese ›Aneignung‹ konnte eben nur deshalb so »vollständig« sein, weil Shakespeare »schon von vorn herein dem deutschen Geist innerlich verwandt« gewesen, weil er selbst bereits »urgermanische[] Natur« sei. Beide Aspekte der Aneignungsgeste greifen komplementär ineinander. Der Gedanke des Studiums schließt nicht aus, dass man auch andere Dichter, etwa ganz fremde, bei sich einbürgern könnte. Aber mit Shakespeare ist es eben etwas Besonderes. Die Aneignung bezieht sich hier auf ein altes Eigentum. Das ›Werden‹ eines deutschen Shakespeare vollzieht sich auf dem Hintergrund eines bereits bestehenden Seins.

Gerade diese Kombination erlaubt es, dem Topos vom deutschen Shakespeare eine besondere Wendung zu geben: Mit seinem Studium eigne man sich auch erst den ureigenen völkischen Charakter wieder zu, der in der Gegenwart nicht mehr und noch nicht vollständig realisiert sei. Dahinter steht eine geschichtsphilosophische Figur vom germanischen Volksgeist, von seinem Schwinden in der Gegenwart und der Erwartung seiner Wiederkehr in der Zukunft. Auf dem scheinbaren Umweg in die Fremde kann man vollständig *werden*, was man eigentlich, aber in defizitärer Weise schon *ist*. Konsequenterweise spricht Koberstein dann davon, dass das progressive Studium Shakespeares die Deutschen »zur Natur, zur Unmittelbarkeit im dichterischen Hervorbringen zurückgeführt« habe.[61] Das Studium wird zur Wiederentdeckung der Vergangenheit, die zu einer neuen nationalen Zukunft führt.

Diese Koppelung beider Topoi ist, wie schon gesagt, keine Ausnahme, sondern eher der Normalfall. Sie zeigt, dass sich beide Vorstellungen vom ›deutschen Shake-

---

60　August Koberstein: »Shakespeare in Deutschland. Rede zur Shakespearefeier in Pforta den 23. April 1864«, Shakespeare-Jahrbuch 1 (1865), S. 1–17, hier S. 2f.

61　Ebenda, S. 8.

speare‹ zwar in ihrer Herkunft und Funktionsweise trennen lassen. Sie erweisen sich dann aber als äußerst flexibel: Es kann die eine oder die andere Auslegung stärker pointiert werden, und beide lassen sich ohne Schwierigkeiten miteinander kombinieren. Ob nun aber Shakespeare ein Deutscher immer schon gewesen oder ob er es mit der Rezeption erst geworden sei – über beides wird man heute nicht mehr diskutieren wollen. Aber eines lässt sich doch sagen: Die ausgeklügelte Art und Weise, wie unterschiedlichste Aneignungsgesten helfen sollen, den eigenen Nationalcharakter zu manifestieren – zumindest das erscheint als recht spezifischer Zug des deutschen Nationalismus im 19. und 20. Jahrhundert. An Shakespeare unter den Deutschen tritt er mustergültig hervor.

STEFAN KNÖDLER

»Am Shakspeare ist weder für meinen Ruhm noch meine Wissenschaft etwas zu gewinnen«

August Wilhelm Schlegels Shakespeare nach 1801

Die Shakespeare-Übertragung von August Wilhelm Schlegel und Ludwig Tieck ist für die deutsche Übersetzungskunst ungefähr das singuläre Meisterwerk, das Goethes *Faust* für die deutsche Dichtung ist. Noch heute ist der sogenannte ›Schlegel/Tieck‹ der gültige Text im Buchhandel, und auch auf dem Theater lässt er sich von moderneren Übertragungen wie denen von Erich Fried (ab 1962) oder Frank Günther (ab 1995) nur schwer verdrängen. Begonnen wurde der ›Schlegel/Tieck‹ im Jahr 1796 allerdings als ein Unternehmen von Schlegel allein. Schlegel hatte ursprünglich vor, alle Stücke Shakespeares – er ging von 36 aus[1] – ins Deutsche zu übertragen, dazu unter den ›spurious plays‹ diejenigen, die er sicher Shakespeare zuschreiben zu können glaubte – eine Ausgabe also von insgesamt 21 Bänden, die er bis 1807 fertiggestellt haben wollte.[2] Es wurde bekanntlich nichts daraus, nach acht Bänden mit je zwei Stücken stockte das Unternehmen im Jahr 1801, nach einem weiteren Halbband mit *Richard III* im Jahr 1810 hörte es ganz auf. Erst 15 Jahre später wurde aus diesem Ausgabenfragment dann der ›Schlegel/Tieck‹, der erst 1833, wiederum acht Jahre später, in seiner ersten Gestalt abgeschlossen vorliegen sollte.

Schlegels Übersetzung und ihre Entstehungsgeschichte ist bereits von Michael Bernays und Rudolph Genée anhand der Handschriften gründlich untersucht worden;[3] zum ›Schlegel/Tieck‹ ist in den letzten Jahren von Werner Habicht, Kenneth E. Larson und Christine Roger Wichtiges gesagt worden,[4] zu Schlegels Shake-

---

1 Vgl. August Wilhelm Schlegel: »Etwas über William Shakespeare bey Gelegenheit Wilhelm Meisters«. In: Die Horen (1796), St. 4, S. 57–112, hier S. 109.

2 Vgl. den Brief August Wilhelm Schlegels an Ludwig Tieck vom 7. Mai 1801. In: Ludwig Tieck und die Brüder Schlegel. Briefe. Hrsg. von Edgar Lohner. München 1972, S. 67.

3 Michael Bernays: Zur Entstehungsgeschichte des Schlegelischen Shakespeare. Leipzig 1872; Rudolph Genée: A. W. Schlegel und Shakespeare. Ein Beitrag zur Würdigung der Schlegelschen Übersetzungen. Mit drei faksimilierten Seiten seiner Handschrift des Hamlet. Berlin 1903.

4 Werner Habicht: »The Romanticism of the Schlegel-Tieck Shakespeare and the History of Nineteenth-Century German Shakespeare Translation«. In: Dirk Delabastita und Lieven

speare-Bild wiederum von Christine Roger und Roger Paulin.[5] Hier soll es darum gehen, die Geschichte dieser Übersetzung aus der Perspektive Schlegels zu erzählen, die in der Forschung bis jetzt nur unzureichend berücksichtigt wurde. Die Tatsache, dass Schlegel spätestens 1810 aufhört, Shakespeare zu übersetzen, wird darin einfach hingenommen. Nach den Gründen für seine jahrelange Passivität wird nicht gefragt, auch nicht nach seinem Umgang mit einem Werk, das losgelöst von ihm immerhin 35 Jahre lang ein Eigenleben führt, das er doch nicht akzeptieren kann: »[I]ch kann ihn weder aufgeben, noch zu Ende fördern«,[6] schreibt Schlegel einmal über seinen Shakespeare. Nachfolgend soll plausibel gemacht werden, warum Schlegels Shakespeare ein Torso geblieben ist: Es gibt einen doppelten Bruch in Schlegels Leben und Werk, nach dem er das Interesse für Shakespeare verloren hat.

Der Anfang von Schlegels Beschäftigung mit Shakespeare ist so selbstbewusst wie unbeschwert: In seinem Aufsatz *Etwas über William Shakespeare bey Gelegenheit Wilhelm Meisters*, der in Schillers *Horen* im Jahr 1796 erschienen ist, verkündet er, dass die Deutschen – »wir« – Shakespeare nun »ganz unser« nennen dürften.[7] Er meint damit zweierlei: Zum einen den Besitz gleich zweier qualitätvoller Übertragungen mit denen Wielands und Eschenburgs, zum andern die Aneignung von Shakespeares Eigenart und Charakter durch das deutsche Publikum, das sich, so Schlegel, vor anderen Nationen dadurch auszeichne, dass es sich leicht »in fremde Denkarten und Sitten«[8] einfühlen könne. Darauf aufbauend sei nun als ein letzter Schritt eine Übersetzung möglich – und nötig –, die nicht nur den Inhalt von Shakespeares Stücken, sondern auch deren poetische Qualitäten ins Deutsche übertrage, eine metrische Übersetzung also, die die beiden existierenden prosaischen ersetzen soll. Schlegel vermeidet es, darauf hinzuweisen, dass er an einer solchen poetischen Übersetzung bereits arbeitet, er verweist lediglich auf die bald erscheinende Bearbeitung des *Sturms* von Ludwig Tieck.[9] Dennoch zeigt der Kontext von

---

D'Hulst (Hrsg.): European Shakespeares. Translating Shakespeare in the Romantic Age. Amsterdam 1993, S. 45–53; Kenneth E. Larson: »The Origins of the ›Schlegel/Tieck‹ Shakespeare in the 1820s«, The German Quarterly 60 (1987), S. 19–37; Christine Roger: »Von ›bequemen und wohlfeilen Nebenbuhlern‹. Die ›Schlegel-Tiecksche‹ Shakespeare-Übersetzung und die Konkurrenz«. In: Institut für deutsche Literatur der Humboldt-Universität zu Berlin (Hrsg.): »Lasst uns, da es uns vergönnt ist, vernünftig seyn!« Ludwig Tieck (1773–1853). Bern u. a. 2004, S. 277–296.

5   Christine Roger und Roger Paulin: »August Wilhelm Schlegel«. In: Roger Paulin (Hrsg.): Voltaire, Goethe, Schlegel, Coleridge. Great Shakespeareans. Bd. 3. London 2010, S. 92–127.

6   Brief August Wilhelm Schlegels an Ludwig Tieck vom 4. April 1809. In: Ludwig Tieck und die Brüder Schlegel (Anm. 2), S. 167.

7   August Wilhelm Schlegel: »Etwas über William Shakespeare bey Gelegenheit Wilhelm Meisters«. In: Die Horen (Anm. 1), S. 79.

8   Ebenda.

9   Vgl. ebenda, S. 12. Hinter dem von Schlegel genannten »Verehrer Shakespeare's« verbirgt

Programmatik und Probe, in dem sein Aufsatz in den *Horen* steht, ziemlich deutlich, was Schlegel vorhat: Im Stück davor war ein Ausschnitt aus seiner Übertragung von *Romeo and Juliet* erschienen, wenig später danach folgen Proben aus dem *Sturm* und der Aufsatz *Ueber Shakespeares Romeo und Julie* im 6. Stück der *Horen* 1797 wird flankiert von einer Szene aus *Julius Cäsar*.[10] Zu diesem Zeitpunkt ist der erste Band seiner eigenen Übertragung bereits erschienen. Er enthält mit *Romeo und Julia* und *Ein Sommernachtstraum* gerade die beiden Stücke, in denen laut Schlegel »die Reime einen bedeutenden Anteil«[11] haben und die sich daher besonders zur Rechtfertigung einer Übersetzung in Versen eignen.

Von 1797 bis 1801 erscheinen bei Unger in Berlin in schneller Folge acht Bände mit 16 Dramen. Im Frühjahr 1801 findet Schlegel jedoch heraus, dass Unger von dem ausverkauften ersten Band eine Nachauflage von 300 Stück hat drucken lassen, ohne Schlegel zu informieren und vor allem ohne ihn dafür zu honorieren; Schlegel habe Unger, so erzählt er es selbst, zur Rede gestellt, der sei heftig geworden und habe ihm den Vertrag mit dem Erscheinen des gerade gedruckten achten Bandes aufgekündigt. Schlegel verklagt Unger daraufhin auf Zahlung des ausstehenden Honorars. Parallel dazu hat Schlegel bereits Johann Friedrich Cotta um Rat gefragt, selbstverständlich in der Hoffnung, dass der nach Schlegels *Gedichten* von 1800 nun auch den Verlag des Shakespeare übernehmen werde.[12] Cotta hat jedoch kein Interesse, weil er dazu sämtliche vorhandenen Bände von Unger übernehmen müsste – auch sonst sieht sich dazu kein Verleger in der Lage. Den Prozess verliert Schlegel außerdem, weil es für solche Nachdrucke noch keine rechtliche Handhabe gibt. Im Urteilsspruch des königlichen Kammergerichts in Berlin heißt es »[i]n Sachen des Professors Schlegel Kläger, an einem, gegen den Professor Unger Verklagten am andern Theile«: »daß es bei der Erklärung des Verklagten die in Rede seyende 300 Exemplare des ersten Theils der vom Kläger herausgegebenen Uebersetzung der dramatischen Werke des Shakspear's welche Verklagter in diesem Jahre hat abdru-

---

sich Tieck; vgl. William Shakspeare: Der Sturm. Ein Schauspiel, für das Theater bearbeitet von Ludwig Tieck. Nebst einer Abhandlung über Shakspear's Behandlung des Wunderbaren. Leipzig 1796.

10 August Wilhelm Schlegel: »Scenen aus Romeo und Julie von Shakespeare«. In: Die Horen (1796), St. 3, S. 92–104; Ders.: »Szenen aus Shakespeare. Der Sturm«. In: Die Horen (1796), St. 6, S. 61–82; Ders.: »Ueber Shakespeares Romeo und Julie«. In: Die Horen (1797), St. 6, S. 18–49; Ders.: »Aus Shakespeares Julius Cäsar«. In: Die Horen (1797), St. 4, S. 17–42.

11 August Wilhelm Schlegel: »Etwas über William Shakespeare bey Gelegenheit Wilhelm Meisters«. In: Die Horen (Anm. 1), S. 87.

12 Vgl. den Brief August Wilhelm Schlegels an Johann Friedrich Cotta vom 23. April 1801 (Deutsches Literaturarchiv Marbach, Cotta-Archiv, Briefe: Schlegel); vgl. den ganz ähnlichen Brief Schlegels an Johann Wolfgang von Goethe vom 28. April 1801. In: August Wilhelm und Friedrich Schlegel im Briefwechsel mit Schiller und Goethe. Hrsg. von Josef Körner und Ernst Wieneke. Leipzig [1926], S. 117.

cken laßen, in Gegenwart des Klägers oder seines Bevollmächtigten vernichten zu wollen, sein Bewenden habe; übrigens Kläger mit der Klage abzuweisen, und dem Verklagten die Prozeßkosten […] zu erstatten verbunden.«[13] Tieck, der dem ganzen Prozess skeptisch gegenübersteht, urteilt differenzierter als das Gericht: »Unger hat Unrecht, und du nicht so ganz Recht«.[14] Das Urteil des Berliner Kammergerichts bedeutet das Ende von Schlegels Shakespeare – »[d]er eigentliche Leidtragende«, bemerkt Josef Körner, »in dieser an sich geringfügigen Angelegenheit wurde das deutsche Schrifttum; sie bewirkte eine nie wieder gut zu machende Unterbrechung von Schlegels großartigem Übersetzungswerk, verstümmelte es zum Torso.«[15]

Nach dem verlorenen Prozess ist Schlegel zunächst entschlossen, »[d]ie Fortsetzung des Shakspeare […] auf Pränumeration und in Kommission herauszugeben«,[16] also auf eigene Kosten, aber ernsthaft scheint er diese Idee nie angegangen zu sein. Wenig später, Ende 1801, hat er schon wieder Kontakt zu Unger, teilt ihm mit, dass er nun vorhabe, »das Versäumte am Sh. nachzuholen«, und er fragt an, ob es Unger »gelegen seyn könnte, nächste Ostern 2 Bände auf einmal zu geben.«[17] Obwohl Unger Schlegel, um die gerichtlich geforderte Vernichtung der 300 Exemplare zu vermeiden, zugesagt hat, Schlegel zu vergüten, wird daraus nichts.[18] Schlegel wendet sich anderen Aufgaben zu. Zwischen 1801 und 1804 hält er jeweils in den Winterhalbjahren in Berlin seine *Vorlesungen über schöne Literatur und Kunst*, im Sommer 1803 außerdem die *Vorlesungen über Encyklopädie*. Außerdem hat er einen anderen Dramatiker entdeckt, dessen Werke er zu übersetzen anfängt: Calderón. Er beginnt eine auf mehrere Bände angelegte Reihe mit dem Titel *Spanisches Theater*, deren erster Band mit drei Stücken 1803 ebenfalls in Berlin, im Verlag der Realschulbuchhandlung, also bei Georg Andreas Reimer, der später auch den ›Schlegel/Tieck‹ verlegen wird, erscheint.[19]

---

13 Entscheid des Königlichen Kammergerichts in Berlin vom 30. Juli 1801 […] (Staatsbibliothek Berlin, Nachlass Tieck [A. W. Schlegel] 41, Mappe 2, 4v–5r, hier 4v).

14 Brief Ludwig Tiecks an August Wilhelm Schlegel von Anfang Juni 1801. In: Ludwig Tieck und die Brüder Schlegel (Anm. 2), S. 70.

15 Briefe von und an August Wilhelm Schlegel. Gesammelt und erläutert durch Josef Körner. 2 Bde. Zürich [1930], Bd. 2, S. 61.

16 Brief August Wilhelm Schlegels an Johann Friedrich Cotta vom 20. September 1801. In: Maria Fehling (Hrsg.): Briefe an Cotta. Das Zeitalter Goethes und Napoleons 1794–1815. Stuttgart 1925, S. 260.

17 Briefkonzept August Wilhelm Schlegels an Johann Friedrich Unger von Ende 1801. In: Briefe von und an August Wilhelm Schlegel (Anm. 15), Bd. 1, S. 143.

18 Vgl. den Brief August Wilhelm Schlegels an Johann Friedrich Cotta vom 13. März 1802 (Deutsches Literaturarchiv Marbach, Cotta-Archiv, Briefe: Schlegel).

19 August Wilhelm Schlegel: Spanisches Theater Bd. 1: Schauspiele von Don Pedro Calderon de la Barca. Berlin 1803 (Bd. 2 erschien erst 1809).

Am Shakespeare scheint ihm nicht mehr viel zu liegen. An Unger schreibt er, dass durchaus auch ein anderer den Shakespeare-Torso fertigstellen könne, er bezweifle allerdings, »ob das Publicum geneigt seyn würde, dieß als eine Fortsetzung *meiner* Übersetzung gelten zu lassen«.[20] Das ist übrigens bis auf weiteres der nicht gerade eindeutige Standpunkt Schlegels: Einerseits ist er stolz auf seine Leistung und will die Übersetzung unbedingt fertig stellen, andererseits hat er nichts dagegen, wenn andere das tun. De facto stellt *er* sie nicht fertig. Wenig später versucht Schlegel allerdings dennoch, die Werkherrschaft über den ganzen deutschen Shakespeare wieder an sich zu reißen. In einer Notiz *An das Publicum* am Ende der unpaginierten Verlagsanzeigen in den *Neuen Schauspielen* von Joseph Marius Babo bei Unger macht Schlegel dem Publikum bekannt, dass »zufällige Umstände und anderweitige Arbeiten« ihn abgehalten hätten, die für die Übersetzung notwendige Ruhe zu finden, dass er aber nun gewillt sei, nicht nur die beiden angekündigten Bände 9 und 10 schnell zu liefern, sondern überhaupt alle weiteren, also auch »die von einigen Englischen Kunstrichtern für unächt erklärten Stücke, deren Ächtheit ich befriedigend darthun zu können hoffe, zugleich der Sammlung einverleiben, und so bald die Übersetzung vollendet ist, soll sich ein historisch kritischer Versuch über Shakspeare und seine Werke, für welchen ich die Zwischenzeit möglichst zu Studien benutzen werde, an sie anschließen.«[21] Schlegels Notiz ist auf »April 1804« datiert. In diesem April des Jahres 1804 ändert sich Schlegels Leben von Grund auf: Nach einigem Zögern entschließt er sich, mit der von Napoleon exilierten Madame de Staël als Lehrer ihrer Kinder in die Schweiz zu gehen.[22] Er bleibt bis zu ihrem Tod im Juli 1817 bei ihr und reist in diesen Jahren durch halb Europa.

Im Dezember desselben Jahres 1804 stirbt außerdem der Verleger von Schlegels Shakespeare, Johann Friedrich Unger. Schlegel, der sich zu diesem Zeitpunkt mit Madame de Staël auf einer Italienreise befindet, meldet sich mit einer in »Mayland, im Januar 1805« gezeichneten Anzeige erneut beim deutschen Publikum, diesmal in der *Staats- und gelehrten Zeitung des Hamburgischen unabhängigen Correspondenten*. Er bedauert, dass »[e]ine unvorhergesehene Reise nach der Schweiz und Italien« es ihm »bis jetzt unmöglich gemacht« habe, »den schon auf vorigen Ostern angekündigten 9ten Theil meiner Uebersetzung des Shakespeare zu liefern«, und er versichert, »daß ich diese Lieblings-Arbeit, zu deren Vollendung ich mich anhei-

---

20 Brief August Wilhelm Schlegels an Johann Friedrich Unger wohl vom Sommer 1803. In: Briefe von und an August Wilhelm Schlegel (Anm. 15), Bd. 1, S. 160.

21 August Wilhelm Schlegel: »An das Publicum«. In: [Joseph Marius] Babo: Neue Schauspiele. Der Puls. Genua und Rache. Berlin 1804, o. S. Vgl. Anselm Maler: »Literarische Arbeit als hermeneutisches Problem. Zu einer Annonce von August Wilhelm Schlegel«, Arcadia 12 (1977), S. 297–302.

22 Vgl. Pauline Gräfin de Pange: August Wilhelm Schlegel und Frau von Staël. Eine schicksalhafte Begegnung. Hamburg 1949, besonders S. 57–72.

schig gemacht, niemals aus den Augen verliere und bald das versäumte nachzuholen hoffe.«[23] Dass Schlegel seinen Shakespeare nicht aus den Augen verliert, stimmt, dass er das Versäumte nachholt, nicht: Es geschieht weiterhin nichts, und in der Folge werden die unvollendeten Übersetzungen des Shakespeare und des Calderón immer mehr zur Belastung für Schlegel. So schreibt er im März 1806 an Fouqué:

> Von Shakespeare und Calderon habe ich die versprochenen folgenden Bände immer noch nicht fertig. Sie drücken mich auf dem Herzen wie Marmelsteine und fügen mir ein wahres Uebel zu. Meine Reisen und andere Zerstreuungen ziehen mich von anhaltender Arbeit daran ab, und doch läßt der Gedanke, daß dieses zuvörderst geleistet werden muß, mich nicht mit ungetheiltem Geist andere Pläne ausbilden. […] Das poetische Uebersetzen ist eine Kunst, die man sehr schwer lernt und äußerst leicht verlernt; wenn man nicht beständig in das Joch eingezwängt ist, weiß man es nicht mehr zu tragen.[24]

Je länger er schweigt, desto mehr wird er bedrängt, zunächst von seinem Verleger, Unger, der 1804 noch mehrmals Band 9/1 mit *Richard III* fordert.[25] Die Übersetzung des Stücks ist damals bereits fertig, erscheint jedoch erst sechs Jahre später. Nach Ungers Tod übernimmt dessen Frau, die Schriftstellerin Friederike Helene Unger, die Verlagsgeschäfte. Sie versucht ebenfalls in zahlreichen Briefen, Schlegel zur Fortsetzung des Shakespeare zu bringen, erst mit dem Hinweis: »das sonst so indolente Publikum erwartet ihn mit Ungeduld«,[26] schließlich fast verzweifelt mit dem Ausruf: »Sie versündigen sich am Vaterland, an sich selbst, an [der] Deutsche[n] Litteratur, daß Sie so stumm sind!«[27] Alles, was sie ihm abringt, ist eben der Halbband 9/1 mit dem bereits fertigen *Richard III*; die für Band 9/2 vorgesehene Übertragung von *Heinrich VIII* stellt Schlegel nie fertig.[28]

Die Konkurrenz ist nicht untätig. Aus Rücksicht auf den schweigenden Schlegel übersetzt man zunächst die Stücke, die dieser noch nicht ins Deutsche gebracht hat.

---

23 Briefe von und an August Wilhelm Schlegel (Anm. 15), Bd. 2, S. 82.

24 August Wilhelm Schlegel an Fouqué. Genf, 12. März 1806. In: August Wilhelm Schlegel: Sämmtliche Werke. Hrsg. von Eduard Böcking. 12 Bde. Leipzig 1846/1847, Bd. 8, S. 142–153, hier S. 151f.

25 Vgl. die Briefe Johann Friedrich Ungers an August Wilhelm Schlegel vom 9. Juli 1804 und 6. November 1804. In: Josef Körner (Hrsg.): Krisenjahre der Frühromantik. Briefe aus dem Schlegelkreis. 3 Bde. Bd. 1/2: Bern/München ²1969, Bd. 3: ¹Bern/München 1958, Bd. 1, S. 119 und S. 169.

26 Brief Friederike Helene Ungers an August Wilhelm Schlegel vom 6. Juli 1805 (Sächsische Landesbibliothek – Staats- und Universitätsbibliothek Dresden, Mscr. Dresd. App. 2712, B IVe, 4, S. 2).

27 Brief Friederike Helene Ungers an August Wilhelm Schlegel vom 9. Dezember 1808. In: Krisenjahre der Frühromantik (Anm. 25), Bd. 1, S. 652.

28 Vgl. August Wilhelm Schlegel an Heinrich Voß den Jüngeren. In: Briefe von und an August Wilhelm Schlegel (Anm. 15), Bd. 1, S. 202.

So beginnt Hitzig in Berlin 1810 etwa eine Reihe mit dem Titel *Shakespeare's von Schlegel noch unübersetzte dramatische Werke*, übertragen von mehreren Verfassern, die sich in der Ausstattung nicht von dem Schlegel-Ungerschen Shakespeare unterscheidet und eindeutig als deren Ergänzung gedacht ist.[29] Bereits 1806 ist *Othello* in der Übertragung von Johann Heinrich Voß erschienen,[30] dessen Verhältnis zu Schlegel bekanntlich nicht ganz unbelastet ist. Den wohl stärksten Angriff führen jedoch (Johann) Heinrich und Abraham Voß, die Söhne von Johann Heinrich Voß, aus, mit einer auf Vollständigkeit angelegten Ausgabe der *Schauspiele* Shakespeares, die ab 1810 mit *Macbeth* und *Cymbeline* bei Cotta zu erscheinen beginnt. Ihr Unternehmen, auch wenn die beiden etwas weiter kommen als Schlegel, bleibt ebenfalls Fragment.[31] Obwohl Schlegel den Übersetzungsbemühungen der Vosse zunächst wohlgesonnen begegnet,[32] streben die Brüder, die gleichzeitig bei Cotta und Goethe gegen Schlegel intrigieren,[33] einen offenen, von ihrer Seite durchaus feindseligen Wettbewerb an. Höhepunkt dieser einseitigen Auseinandersetzung ist Heinrich Voß' Rezension von Schlegels *Richard III.* in der *Jenaischen Allgemeinen Literatur-Zeitung*, in der er auf viereinhalb von fünf Seiten eine Szene aus Schlegels Übersetzung in Paralleldruck seiner eigenen gegenüberstellt. Voß hält seine eigene Übersetzungskunst der Schlegels ebenbürtig, die Art der Einrichtung seiner Rezension zeigt jedoch, dass er es auf die Überbietung seines Kontrahenten abgesehen hat – Schlegels *Richard III.* kam Voß' eigenem, den er 1806 in seiner Vorrede zu *Othello* versprochen hatte, zuvor.

Der Gedanke, dass Schlegel auf dem Gebiet der Shakespeare-Übersetzung besiegt werden könnte, muss ihm ziemlich impertinent vorgekommen sein. Sein Verhältnis zu der eigenen Übertragung ist allerdings weiterhin ambivalent, in seinen Wiener Vorlesungen *Ueber dramatische Kunst und Litteratur*, die er im Frühjahr 1808 vor einem weitgehend adeligen Publikum in Wien hält, ist die zwölfte und

---

29 Shakespeare's von Schlegel noch unübersetzte dramatische Werke. Übersetzt von mehreren Verfassern. 3 Bde. [mehr nicht erschienen]. Berlin 1810. Die Ausgabe enthält insgesamt 5 Stücke.

30 Shakspeare's *Othello*. Übersetzt von J[ohann] H[einrich] Voß. Jena 1806.

31 William Shakespeare: Schauspiele. Übersetzt von Heinrich Voß und Abraham Voß. 3 Bde. Tübingen 1810–1815, die Fortsetzung *Shakespeare's Schauspiele* von Johann Heinrich Voß und dessen Söhnen Heinrich Voß und Abraham Voß. 9 Bde. Leipzig (ab Bd. 4: Stuttgart) 1818–1829. Vgl. auch Lesley Drewing: Die Shakespeare-Übersetzung von Johann Heinrich Voß und seinen Söhnen. Eutin 1999.

32 Vgl. etwa die Briefwechsel zwischen Schlegel und Heinrich Voß. In: Briefe von und an August Wilhelm Schlegel (Anm. 15), Bd. 1; Krisenjahre der Frühromantik (Anm. 25), Bd. 1.

33 Vgl. die Briefe von Heinrich Voß. In: Briefe an Cotta (Anm. 16), S. 308–345; F. Th. Bratranek (Hrsg.): »Nachträge zu Goethe-Correspondenzen im Auftrag der von Goetheschen Familie aus Goethes handschriftlichem Nachlaß. V. Familie Voss«, Goethe-Jahrbuch 5 (1884), S. 38–112, hier S. 80f.

längste Vorlesung Shakespeare gewidmet.[34] Seinen eigenen Shakespeare oder gar den Stand der Arbeit daran erwähnt er darin nicht, allerdings versäumt er nicht, darauf hinzuweisen, dass er »auf dessen Studium [...] mehrere Jahre meines Lebens verwandt habe«.[35] Das Publikum wird gewusst haben, was er damit meint.

Der dritte Band der Wiener Vorlesungen erscheint gedruckt 1811, ein Jahr nach *Richard III.*: Es sind die letzten beiden größeren öffentlichen Äußerungen Schlegels über Shakespeare. Gut möglich, dass er die Wiener Vorlesungen, die bald ihren Siegeszug durch ganz Europa antreten, Hugo und Stendhal ebenso beeinflussen wie Coleridge, Hazlitt, Poe oder Manzoni,[36] als ein gültiges letztes Wort in dieser Sache betrachtet. Entsprechend schreibt er später: »Auch ich habe über den großen Dichter geschrieben, und zwar mit dem glänzendsten Erfolge. Das litterarische Europa weiß es von Cadiz bis Edinburg, Stockholm und Sct. Petersburg. Jenseits des atlantischen Meeres weiß man es auch: die englische Uebersetzung meines Buches über dramatische Kunst und Litteratur ist in Nord-Amerika viermal nachgedruckt worden.«[37]

1811 geht der Verlag Ungers in Konkurs und Georg Andreas Reimer, der als Verleger der Realschulbuchhandlung in Berlin schon verschiedene Bücher aus dem Kreis der Romantiker verlegt hat, erwirbt von Ungers Schuldnern den Verlag von Schlegels Shakespeare.[38] Er teilt dies Schlegel am 21. Januar 1812 mit und hofft zunächst auf »einen Abdruck der Werke des Sh. in der Originalsprache [...], worauf Deutschland schon so lange hofft, und was von keiner Hand gewiß in solcher Voll-

---

34 August Wilhelm Schlegel: Ueber dramatische Kunst und Litteratur. Vorlesungen. Tl. 2, Abt. 2. Heidelberg 1811, S. 3–242.

35 Ebenda, S. 18.

36 Vgl. John Andrew Frey: Cromwell, Preface to. In: Ders.: A Victor Hugo Encyclopedia. Westpoint 1999, S. 77–80; Stendhal: Racine et Shakespeare (1818–1825) et autres textes de théorie romantique. Établissement du texte, annotation et préface de Michel Crouzet. Paris 2006; Anna Augusta Helmholtz: »The Indebtedness of Samuel Taylor Coleridge to August Wilhelm Schlegel«, Bulletin of the University of Wisconsin 163, Philology and Literature Series 3 (1907), S. 273–370; Georg Schnöckelborg: Schlegels Einfluss auf William Hazlitt als Shakespeare-Kritiker. Münster 1930; A. J. Lubell: »Poe and A. W. Schlegel«, The Journal of English and German Philology 52 (1953), S. 1–12; Mario Puppo: »Die Schlegel-Rezeption Manzonis«. In: Werner Ross (Hrsg.): Goethe und Manzoni. Deutsch-italienische Kulturbeziehungen um 1800. Tübingen 1989, S. 84–88. Zur Schlegel-Rezeption in Frankreich vgl. auch Chetana Nagavajara: August Wilhelm Schlegel in Frankreich. Sein Anteil an der französischen Literaturkritik 1807–1835. Tübingen 1966; und in England Thomas G. Sauer: A. W. Schlegel's Shakespearean Criticism in England. 1811–1846. Bonn 1981.

37 August Wilhelm Schlegel: Schreiben an Herrn Buchhändler Reimer in Berlin. Bonn, im December und Januar 1938 u. 39. In: Ders.: Sämmtliche Werke (Anm. 24), Bd. 7, S. 281–291, hier S. 285.

38 Vgl. Doris Reimer: Passion und Kalkül. Der Verleger Georg Andreas Reimer (1776–1842). Berlin/New York 1999, S. 316f.

kommenheit zu erwarten und zu erreichen wäre, wie von der Ihrigen«.[39] Schlegel wird an eine solche Ausgabe nicht denken, aber er schließt trotzdem mit Reimer ab, der nun darauf drängt, dass der zweite Teilband von Band 9 erscheint, ob nun mit *Heinrich VIII.* oder gar mit *Macbeth*; außerdem wünscht er sich eine Ankündigung, die die »Hrn. Gebrüder Voß gebührend […] züchtigen« soll.[40]

Daraufhin passiert zunächst nichts, denn wenig später muss Schlegel mit Madame de Staël vor Napoleon aus der Schweiz flüchten, gelangt zunächst eben nach Sankt Petersburg und schließlich nach Stockholm, wo er als Sekretär des schwedischen Kronprinzen Bernadotte in die antinapoleonische Politik verwickelt wird – zwei Jahre lang, von 1812 bis 1814, entstehen ausschließlich politische Schriften. Als Schlegel wieder nach Deutschland zurückkehrt, scheint er den Shakespeare wie auch andere frühere Projekte aufgegeben zu haben. Reimer veranstaltet Nachauflagen der bereits erschienenen Bände.[41]

Während seiner Zeit mit Madame de Staël, also in den Jahren von 1804 bis 1818, hat sich Schlegel nach und nach von seinem Frühwerk gelöst, hat bis auf Gelegenheitsgedichte und Spottepigramme kaum noch gedichtet, hat sich in großen Teilen auch von den Ansichten der Frühromantik abgewandt. Gleichzeitig hat er zahlreiche neue Projekte in Angriff genommen, die in eine neue Richtung weisen. Aus dem frühromantischen Dichtergelehrten wurde der Gelehrte und Bonner Professor, der er von 1818 bis zu seinem Lebensende 1845 sein wird. In einem Brief an Reimer vom 14. April 1817 schildert Schlegel diesen Prozess, der ihm hier natürlich auch als Ausrede, warum er den Shakespeare nicht fertigstellt, dient:

> Mit dem Vorrücken des Lebens habe ich mich der Poesie mehr entfremdet, u. meine herrschende Neigung, ja Leidenschaft ist wissenschaftliches Forschen geworden. Ich möchte gern noch, wenn mir der Himmel Leben u. Gesundheit verleiht, ein u. das andere Original-Werk vollenden, das meinen Namen als Denker u. Forscher auf die Nachwelt brächte. Am Shakspeare ist weder für meinen Ruhm noch meine Wissenschaft etwas zu gewinnen. Wie gesagt, bestimmt aufgegeben habe ich es niemals, aber meine ganze Lage, selbst die Entfernung vom deutschen Boden, ist dagegen.
>
> […]
>
> Uebrigens bestimmt die Liebe zur Wissenschaft weit mehr meine Thätigkeit, u. selbst die Ausbreitung meiner Studien ist der Vollendung neuer Werke hinder-

---

39 Brief Georg Andreas Reimers an August Wilhelm Schlegel vom 21. Januar 1812. In: Briefe von und an August Wilhelm Schlegel (Anm. 15), Bd. 1, S. 272.

40 Brief Georg Andreas Reimers an August Wilhelm Schlegel vom 16. Mai 1812. In: Ebenda, S. 274.

41 Nachauflagen erschienen zwischen 1816 und 1818 sowie 1821 und 1823, vgl. Hansjürgen Blinn und Wolf Gerhard Schmidt: Shakespeare – deutsch. Bibliographie der Übersetzungen und Bearbeitungen. Berlin 2003, Nr. C 70, S. 28.

lich. Ich habe mich Jahre lang mit der Untersuchung über die Nibelungen u. die Deutsche Heldendichtung überhaupt beschäftigt, u. darüber die reichhaltigsten Materialien beysammen; es fehlt nur an der Ausführung. Den vorletzten Winter ergab ich mich in Toscana den Etruskischen u. überhaupt Italischen Alterthümern [...]. Diesen Winter habe ich fast ausschliesslich der Indischen Sprache gewidmet, u. ich darf sagen, bedeutende Fortschritte darin gemacht.[42]

Mit dieser Interessenverschiebung hat sich auch Schlegels Shakespeare-Bild gewandelt. Zu Beginn seiner Beschäftigung war ihm Shakespeare vor allem in seiner Bedeutung für die deutsche Poesie wichtig. Seine Übersetzung ist Teil einer großen, explizit antiklassizistischen Aneignung, mit der Shakespeare den deutschen Dichtern ebenso als Muster vorgeführt werden sollte wie die Poesie der Romania: Schlegels Shakespeare ist ein Seitenstück zu seiner parallel verlaufenden übersetzerischen Auseinandersetzung mit Dante, Petrarca und anderen italienischen, spanischen oder portugiesischen Dichtern.[43] Als musterhaft sieht er aber auch die Methode seiner Übersetzung selbst an: Formale und metrische Genauigkeit sowie die Wiedergabe der poetischen Qualitäten der Sprache stehen dabei im Mittelpunkt. Im Jahr 1817 hat dieses Muster sowohl in der dichterischen wie in der übersetzerischen Praxis längst Nachahmer gefunden. Mit Tiecks Übertragung von Cervantes' *Leben und Thaten des scharfsinnigen Edlen Don Quixote von la Mancha* (1799–1801) und dem *Alt-Englischen Theater* (1811), mit Johann Diederich Gries' Verdeutschungen von Torquato Tassos *Befreitem Jerusalem* (1800–1803) und Ariosts *Rasendem Roland* (1804–1808) oder mit Fouqués Übersetzung von Cervantes' *Numancia* (1809) zeigt sein Vorbild Wirkung und eine Fortführung der Shakespeare-Übersetzung könnte dem ursprünglichen Impuls nichts mehr Neues hinzufügen. Schlegel sucht nun auf anderen Gebieten Anregungen zu geben.

Mit seinen gelehrten Veröffentlichungen hat Schlegel sich ein neues Publikum erworben, das nun nicht mehr das deutsche Bildungsbürgertum ist, für das er einst den Shakespeare übersetzt hat. Die Werke, die nun entstehen, wenden sich an ein gelehrtes, polyglottes und europäisches Publikum, Schlegel schreibt sie auf Französisch, Englisch und Latein und nur unter anderem auf Deutsch. Das deutsche Publikum schätzt er gering, wie in seinen Briefen immer wieder deutlich wird:

---

42 Brief August Wilhelm Schlegels an Georg Andreas Reimer vom 14. April 1817. In: »A. W. Schlegel an Georg Andreas Reimer. Mitgetheilt von W. de Gruyter aus seiner Autographensammlung«. In: Litterarische Mittheilungen. Festschrift zum zehnjährigen Bestehen der Litteraturarchiv-Gesellschaft in Berlin. Berlin 1901, S. 26–30, hier S. 27 und S. 29.

43 Schlegel veröffentlichte seit 1790 Übersetzungen aus Petrarca und Dante; seine Beschäftigung mit den Dichtern der Romania gipfelt in den Blumensträußen italiänischer, spanischer und portugiesischer Poesie (Berlin 1804); vgl. August Wilhelm Schlegel: Sämmtliche Werke (Anm. 24), Bd. 3, S. 199–388 (Dante), Bd. 4, S. 1–268 (Petrarca, Boccaccio, Ariosto, Tasso, Guarini, Cervantes, Camões etc.).

Es ist überhaupt mit dem Schriftstellerwesen in Deutschland ein bettelhafter Zustand: die kleinen Auflagen, die kümmerlichen Honorare, die erbärmlichen Beurtheilungen, die Nachdrucke! Was kann es mir helfen, mir einen Europäischen Ruf erworben zu haben, wenn von meinen populärsten Schriften über allgemein interessante Gegenstände kein Absatz von mehr als 1000 Exemplare zu hoffen ist?[44]

Auf seine Shakespeare-Übertragung und ihre Wirkung ist er dennoch stolz. So schreibt er etwa an Tieck:

Aus dem Aufsatze: *Etwas über W. Shakespeare* pp. erhellet aufs klarste, daß damals noch niemand in Deutschland, auch Goethe und Schiller nicht, an einen versificirten Shakspeare dachte. Meine Übersetzung hat das deutsche Theater umgestaltet. Vergleiche nur Schillers Jamben im *Wallenstein* mit denen im *Don Karlos*, um zu sehen, wie sehr er in meine Schule gegangen.[45]

Prägnanter und noch selbstbewusster formuliert es sein Sonett mit dem unbescheidenen Titel *August Wilhelm Schlegel*:

Der Erste, der's gewagt auf deutscher Erde
Mit Shakspeare's Geist zu ringen und mit Dante,
Zugleich der Schöpfer und das Bild der Regel[.][46]

Dennoch: Die Shakespeare-Übertragung gehört für Schlegel eindeutig dem Dichter und damit einer früheren Lebensphase an. Als Gelehrter hat Shakespeare ihn nie interessiert; die englische Shakespeare-Forschung war ihm, anders als etwa Eschenburg, nur rudimentär bekannt,[47] auch an einen Kommentar oder gar einen zweisprachigen, textkritischen Abdruck hat er nie gedacht.[48]

Es ist allein der Hartnäckigkeit Reimers zu verdanken, dass Schlegel sich überhaupt noch mit Shakespeare beschäftigt, und zwar tatsächlich fast bis zu seinem Lebensende, allerdings auch fast ohne Ergebnis. Die traurige Geschichte von Schlegels Shakespeare geht also weiter, verwandelt sich jedoch bald in die traurige Geschichte des ›Schlegel/Tieck‹.

---

44 Brief August Wilhelm Schlegels an Georg Andreas Reimer vom 16. Juni 1828. In: Briefe von und an August Wilhelm Schlegel (Anm. 15), Bd. 1, S. 471.

45 Brief August Wilhelm Schlegels an Ludwig Tieck vom 3. September 1837. In: Ludwig Tieck und die Brüder Schlegel (Anm. 2), S. 220.

46 August Wilhelm Schlegel: Sämmtliche Werke (Anm. 24), Bd. 1, S. [303].

47 Der Katalog der von Aug. Wilh. von Schlegel [...] nachgelaßenen Büchersammlung [...]. Bonn 1845, Nr. 1118–1131 und Nr. 1133–1136, nennt bei 14 Ausgaben und Übersetzungen Shakespeares nur vier Bücher über Shakespeare.

48 Schlegels Brief an Reimer (Anm. 37), hier S. 286.

Schlegel mag, zumal nach dem Tod der Madame de Staël im Juli 1817, »keine nahen Versprechungen in Absicht auf die Fortsetzung des Shakspeare geben«;[49] das Übersetzen brauche Ruhe, die er derzeit nicht habe. Im November 1819 schreibt er an Reimer, »daß ich für jetzt keine Möglichkeit sehe, meine Übersetzung der dramatischen Werke Shakspeare's zu Ende zu bringen«. Er sei daher froh, dass sein »vortrefflicher Freund, Ludwig Tieck«, bereit sei, die von ihm noch nicht übersetzten Stücke zu übernehmen. Das ist die Geburtsstunde des ›Schlegel/Tieck‹. Am Ende des Briefes zieht Schlegel fast melancholisch einen Schlussstrich unter seine Übersetzungstätigkeit (was er mit einem weiteren Seitenhieb auf das deutsche Publikum verbindet): »Ich nehme hiemit gewissermaßen von meinen Lesern Abschied: ich sage ihnen Dank für so manche Bezeugungen ihres beystimmenden Gefühls, die mir zu Theil geworden sind, während ich in unsern öffentlichen Blättern, die sich für kritisch ausgeben, nie auch nur eine einzige Bemerkung gelesen habe, woraus ich für die Kunst etwas hätte lernen können.«[50]

Da Tieck jedoch lange nichts liefert, gibt Reimer die Hoffnung nicht auf, Schlegel doch noch für die Vollendung seines Shakespeares gewinnen zu können:

Die kürzlich erfolgten Ankündigungen von Verdeutschungen des Shakespeare veranlassen mich noch einmal an Sie, mein höchstverehrter Herr und Freund, zu schreiben, und die Anfrage an Sie zu richten: ob denn alle Aussicht für immer verschwunden ist, Ihre Theilnahme für ein Werk zu gewinnen, welchem Sie sich früher mit so großer Vorliebe und mit einem beispiellosen auf dem Gebiete der Uebersetzungskunst immer noch unerreichten Erfolg widmeten? Könnten Sie sich dazu entschließen, so bin ich überzeugt, daß allen Freunden des großen Dichters und der Litteratur überhaupt damit die größte Freude bereitet werden würde, und was beinahe eben soviel gilt: zugleich allen unwürdigen Versuchen der Verundeutschung ein Ziel gesetzt! Wahrlich der Ruhm wäre nicht genug[.] Ihre Vorhersagung wegen Tieck hat sich leider nur zu sehr bestätigt und unerachtet in der That zwei Stücke: Macbeth und der liebe Mühe ist umsonst fast fertig seit Jahren bei ihm liegen, ist er nicht dazu zu bringen, die letzte Feile zu spitzen.[51]

---

49 Brief August Wilhelm Schlegels an Georg Andreas Reimer vom 14. September 1817. In: Briefe von und an August Wilhelm Schlegel (Anm. 15), Bd. 1, S. 316.

50 Brief August Wilhelm Schlegels an Georg Andreas Reimer vom 24. November 1819. In: Briefe von und an August Wilhelm Schlegel (Anm. 15), Bd. 1, S. 361.

51 Brief Georg Andreas Reimers an August Wilhelm Schlegel vom 9. August 1824 (Sächsische Landesbibliothek – Staats- und Universitätsbibliothek Dresden, Mscr. Dresd. e. 90, XIX, Bd. 18: R, Nr. 38). Die von Reimer genannten ›Ankündigungen‹ dürften sein: William Shakespeare: Sämmtliche Schauspiele. Frei bearbeitet von Carl Joseph Meyer. 52 Bde. Gotha 1824–1834 und Ders.: Dramatische Werke. Übersetzt und erläutert von Johann Wilhelm Otto Benda. 19 Bde. Leipzig 1825/1826. Fast wortgleich schrieb Reimer bereits zwei Jahre zuvor Schlegel am 12. Juni 1822: »Ihre Voraussagung wegen Tieck und seiner Fortsetzung des Shakspeare hat sich leider nur zu sehr und auf eine nachtheilige Art für mich bestätigt,

Sechs Jahre nachdem Schlegel ihn geschrieben hat, verwendet Reimer dessen Brief in einer gedruckten *Ankündigung* der neuen Ausgabe. Darin teilt Reimer dem Publikum mit, dass von Schlegel die »bestimmte Erklärung erfolgte, daß die gegenwärtige Lage und Richtung seiner literarischen Bestrebungen es ihm unmöglich machten, ferner für das mit ungetheilter Liebe begonnene Werk zu wirken.«[52] Daraufhin wird die Passage von Schlegels Brief wiedergegeben, in der er sich mit der Übergabe der Übersetzungstätigkeit an Tieck einverstanden erklärt, dann eine auf den Februar 1825 datierte »Erklärung« Tiecks, in der dieser die Arbeit annimmt und der Leistung seines Vorgängers Respekt zollt. Für Reimer ist die Verbindung von Schlegel und Tieck ein Glücksfall, der ihn in der Folge noch viel erdulden lässt, was er sonst vielleicht nicht so ohne weiteres hingenommen hätte. Er vereint die beiden großen Namen der deutschen Frühromantik und gewinnt mit Tieck zudem einen ausgewiesenen Kenner Shakespeares und des englischen Theaters. Der »sogenannte Schlegel-Tieck«[53] ist jedoch eine Fiktion. Weder beruht er auf einer Zusammenarbeit der beiden Namensgeber, noch hat der Zweitgenannte überhaupt einen Anteil an der eigentlichen Übersetzungsarbeit, denn Tieck hat sie bekanntlich an seine Tochter Dorothea (sechs Stücke)[54] und an Wolf Heinrich von Baudissin (13 Stücke)[55] delegiert. Tieck beschränkte sich auf eine regelmäßig abgehaltene »Corrigierstunde« und auf die Kommentierung der einzelnen Stücke (die in den späteren Ausgaben weggelassen wird).[56] Tatsächlich hat er dabei auch in Schlegels Text eingegriffen. Schlegel erfährt davon von Reimer, der unter der Unzuverlässigkeit Tiecks leidet, jedoch weiterhin davon ausgeht, dass Schlegels »Theilnahme nicht ferner der Verdeutschung des Shakespeare zugewandt bleiben soll«. Er teilt Schlegel mit, dass Tieck für die neue Ausgabe »kleine Abänderungen im Ausdruck« vorgenommen habe, »auch einige 6füßige Verse in das rechte Maaß gebracht; auch an einigen

---

indem er zb gleich eifrig ans Werk zu gehen bereit war, hat er danach bisher auch nicht das Geringste geleistet, ungeachtet love's labours lost und Macbeth übersetzt sind und nur noch der letzten Feile bedürfen. Ich mag die Ankündigung nicht eher gehen lassen, als bis ich der Ausführung einigermaßen gewiß bin und das ohnehin ungeduldige Publikum nicht abermals zu täuschen gezwungen werde.« (Ebd., Nr. 36)

52 [Georg Andreas Reimer:] Ankündigung, o. O. [1825], S. [1].

53 Vgl. den Titel von Wilhelm Wetz: »Zur Beurteilung der sogenannten Schlegel-Tieck'schen Shakespeare-Übersetzung«, Englische Studien 28 (1900), S. 321–365.

54 Vgl. Anne Baillot: »›Ein Freund hier würde diese Arbeit unter meiner Beihülfe übernehmen.‹ Die Arbeit Dorthea Tiecks (1799–1841) an den Übersetzungen ihres Vaters«. In: Brunhilde Wehinger und Hilary Brown (Hrsg.): Übersetzungskultur im 18. Jahrhundert. Übersetzerinnen in Deutschland, Frankreich und der Schweiz. Hannover 2008, S. 187–206.

55 Vgl. Walther Schulz: »Der Anteil des Grafen Wolf Baudissin an der Shakespeareübersetzung Schlegel-Tiecks«, Zeitschrift für deutsche Philologie 59 (1935), S. 52–67.

56 Vgl. Kenneth E. Larson: »The Origins of the ›Schlegel/Tieck‹« (Anm. 4), S. 30f.

Stellen, wo die Uebersetzung mehr Verse enthielt, wie das Original, diese auf die ursprüngliche Zahl zurückgeführt« habe.[57]

Schlegel verbittet sich die Eingriffe Tiecks in seinen Text in einem ungewöhnlich wütenden Brief und verlangt von Reimer eine Ausgabe, in der seine Arbeit und die Tiecks (der noch keine eigene Übersetzung geliefert hat) klar voneinander getrennt sind.[58] Reimers Bemühen, den ›Schlegel/Tieck‹ als ein geschlossenes Werk zu realisieren, wird damit eine klare Absage erteilt. Da Schlegel droht, Reimer zu verklagen, rudert der postwendend zurück und verspricht: »*daß alles dasjenige was nach genommener Einsicht Ihnen nicht genügen sollte, ungedruckt werden soll, und in der alten oder der von Ihnen bezeichneten Gestalt hergestellt*« werden solle.[59] Am selben Tage meldet sich auch der offenbar von Reimer alarmierte Tieck bei Schlegel, der seine Eingriffe kleinredet: »Es ist ja nur die Rede von Lesearten, von kleinen Vergehn, zuweilen 3 Verse in 2 zusammen zu ziehn«.[60] Schlegel würdigt ihn keiner Antwort. Reimer gegenüber aber zeigt er sich besänftigt und schickt als Zeichen seines guten Willens sogar die »wenigen übersetzten Blätter von Heinrich VIII«[61] – die damit leider der Nachwelt verlorengegangen sind.

Der Vertrag, den Reimer und Schlegel am 18. August 1825 schließen, legt den Titel der neuen Ausgabe fest und fixiert damit auch die Hierarchie der nun zwei Übersetzer: *Shakespeare's dramatische Werke. Übersetzt von A. W. von Schlegel, ergänzt und erläutert von Ludwig Tieck.*[62] Das scheint ganz im Sinne Tiecks zu sein, der später in seiner *Vorrede* schreibt: »Wäre noch irgend Hoffnung gewesen, daß mein Freund sich dieser Arbeit widmen würde, so hätte ich sie auf keinen Fall übernommen. Denn ich bin überzeugt, daß ich mein Muster, wie ich auch darnach streben möge, nicht erreichen kann.«[63]

Der Vertrag macht außerdem deutlich, wie wenig Schlegel tatsächlich noch bereit ist, in dieses Projekt zu investieren:

> Da die von Hrn. L. Tieck mit dem Texte besagter Übersetzungen vorgenommenen Veränderungen aus Mangel an Zeit von Hrn. A. W. von Schlegel nicht

---

57 Brief Georg Andreas Reimers an August Wilhelm Schlegel vom 24. Februar 1825. In: Briefe von und an August Wilhelm Schlegel (Anm. 15), Bd. 1, S. 415.

58 Vgl. den Brief August Wilhelm Schlegels an Georg Andreas Reimer vom 15. März 1825. In: Ebenda, S. 418.

59 Brief Georg Andreas Reimers an August Wilhelm Schlegel vom 6. März 1825. In: Ebenda, S. 420f. (Hervorhebung im Original).

60 Brief Ludwig Tiecks an August Wilhelm Schlegel vom 26. März 1825. In: Ludwig Tieck und die Brüder Schlegel (Anm. 2), S. 181.

61 Brief August Wilhelm Schlegels an Georg Andreas Reimer vom 2. April 1825. In: Briefe von und an August Wilhelm Schlegel (Anm. 15), Bd. 1, S. 423.

62 Abgedruckt in: Briefe von und an August Wilhelm Schlegel (Anm. 15), Bd. 2, S. 188 (§ 3).

63 Ludwig Tieck: »Vorrede«. In: Shakspeare's dramatische Werke. Uebersetzt von August Wilhelm von Schlegel, ergänzt und erläutert von Ludwig Tieck, Tl. 1. Berlin 1825, S. [III].

vorläufig haben geprüft werden können, so erkennt Hr. Reimer an, daß dessen Einwilligung zu deren Einrückung nur provisorisch für die gegenwärtige Auflage gilt, und daß der ursprüngliche Übersetzer sich das Recht vorbehalten hat, in Zukunft eine Durchsicht oder Umarbeitung der bisher von ihm übersetzten Schauspiele vorzunehmen.[64]

Das bedeutet: Schlegel hat die so vehement bekämpften Eingriffe passieren lassen, er hat es nicht geschafft, die Änderungen selbst rückgängig zu machen. Nach dem Erscheinen der Bände 1, 2 und 4 mit Schlegels Übertragungen stockt das Unternehmen erneut, weil Tieck nichts liefert.[65] Zwischenzeitlich ist Christian Friedrich Diez als Ersatz für Tieck im Gespräch, dann rät Schlegel Reimer, die Erstfassungen seiner Übersetzungen bei Unger nach dem Beispiel eines Wiener Raubdrucks mit anderen, etwa denen von Eschenburg, zu ergänzen.[66] Gleichzeitig hat er sich doch wieder – das einzige Mal zwischen 1810 und seinem Tod im Jahr 1845 überhaupt – an seinen Shakespeare gemacht und die ersten drei Stücke der neuen Ausgabe – *König Johann*, *König Richard II.* und *König Heinrich IV.* – mit »veränderten Lesearten« versehen – er hat also nur für diese drei Stücke »Tiecks Correcturen« rückgängig gemacht.[67] Auch mit Tiecks Kommentaren kann Schlegel wenig anfangen: »Ich finde das Allgemeine unbefriedigend, und das Einzelne großentheils unzweckmäßig«;[68] über Tiecks Anmerkungen zu den von ihm übersetzten Stücken im ersten Band der Ausgabe fertigt er dann eine umfangreiche Liste mit Bemerkungen und Korrekturen an.[69]

Die neue Ausgabe des ›Schlegel/Tieck‹ trägt den demokratischeren (und weniger korrekten) Titelzusatz »übersetzt von Aug. Wilh. v. Schlegel und Ludwig Tieck«.[70] Sie erscheint 1839/40 und wird dann, sozusagen als ›Ausgabe letzter Hand‹, die für die deutsche Shakespeare-Rezeption maßgebliche. Die von Schlegel überarbeiteten drei Stücke stehen darin im ersten Band. Auf eine Überarbeitung auch der noch ausstehenden 14 Stücke mag Schlegel sich nicht mehr einlassen. »Sie vergessen,« schreibt er seinem Verleger am 30. November 1839, »außer der physischen Unmöglichkeit, meine immerfort schwankende Gesundheit, meine Amtsgeschäfte, die ge-

---

64 Briefe von und an August Wilhelm Schlegel (Anm. 15), Bd. 2, S. 188f. (§ 8).

65 Reimer schlägt Christian Friedrich Diez vor, der sich angeboten hat, Schlegel ist einverstanden; siehe Briefe von und an August Wilhelm Schlegel (Anm. 15), Bd. 1, S. 451, und Bd. 2, S. 197.

66 Vgl. den Brief August Wilhelm Schlegels an Georg Andreas Reimer vom 16. Juni 1828. In: Briefe von und an August Wilhelm Schlegel (Anm. 15), Bd. 1, S. 471.

67 Brief August Wilhelm Schlegels an Georg Andreas Reimer vom 14. März 1827. In: Ebenda, S. 451.

68 August Wilhelm Schlegel: Schreiben an Herrn Buchändler Reimer (Anm. 37), S. 285.

69 Ebenda. Die »Anmerkungen zu Tiecks Anmerkungen zum deutschen Sh. und zu einigen Stellen des englischen Textes«, S. 292–302.

70 Vgl. Kenneth E. Larson: »The Origins of the ›Schlegel/Tieck‹« (Anm. 4), S. 23.

lehrten Arbeiten, deren Fortsetzung und Vollendung von mir erwartet wird, endlich die älteren Ansprüche anderer Buchhändler.«[71]

Reimers fortgesetztes Drängen gibt ihm immerhin die Vorlage zu einer weiteren guten Ausrede: »Eilfertiger Druck und genaue Durchsicht, sind unvereinbare Dinge. Wählen Sie, was Ihnen als Buchhändler das vorteilhaftere dünkt.« Er hofft offensichtlich, dass Reimer sich für das erste – »eilfertiger Druck« – entscheidet, denn er rät ihm erneut, seine Übersetzung in der »ursprünglichen Gestalt« der Unger'schen Bände »mit Wegräumung der Druckfehler« und der Streichung von »Tiecks Noten« herauszubringen.[72] Schlegel selbst arbeitet weiter nicht mehr an der Ausgabe mit und verlässt sich darauf, dass Reimers Mitarbeiter seinen Text »völlig enttieckt« haben. Die Mühe, Tiecks Arbeit im Einzelnen anzusehen, mag er sich auch nicht mehr machen: »Unter Tiecks Veränderungen mag sich einiges gute finden, aber es wäre mühsam es herauszusuchen.«[73] Allerdings bekundet er noch nach dem Erscheinen der ›Ausgabe letzter Hand‹, im November 1841: »Wenn mir Gott Leben und Gesundheit verleihet, so wünschte ich wohl, die sämtlichen von mir übersetzten Stücke Shakspeare's durchzucorrigiren. Es ist eine Arbeit, die sich recht gut zu schlaflosen Nachtstunden schickt.«[74]

Die Situation im Jahr 1841, in der Schlegel dies schreibt, ist eine völlig andere als die, in der er Shakespeare zu übersetzen begonnen hat. Er ist nicht mehr der arme, namenlose euphorische Schwärmer, der sich mit seinen Freunden in Jena rauschartig die ›romantische‹ Poesie, italienische, spanische, mittelalterliche Dichter und eben Shakespare erschließt. Er ist ein alter Mann, Professor mit entsprechenden Verpflichtungen, Verwaltung, Vorlesungen, gelehrte Werke; als Begründer der deutschen akademischen Indologie liegt ihm daran, die von ihm begonnenen Ausgaben des *Ramayana* und des *Hitopadesa* fertigzustellen, auch an einer dritten, gründlich überarbeiteten Auflage seiner *Vorlesungen über dramatische Kunst und Litteratur* arbeitet er. Eben hat er sich auf ein weiteres Großprojekt eingelassen: Zusammen mit der Berliner Akademie soll eine große neue Ausgabe der sämtlichen Werke Friedrichs des Großen entstehen. Shakespeare ist da weit weg. Seine Übertragung bereitet ihm keine schlaflosen Nächte mehr, und so bringt er seine »schlaflosen Nachtstunden« auch nicht mehr mit der Revision seiner Übertragung zu.

---

71 Vgl. den Brief August Wilhelm Schlegels an Georg Andreas Reimer vom 30. November 1839. In: Johannes Imelmann (Hrsg.): »Briefe A. W. v. Schlegels an Georg Andreas Reimer [...]«, Zeitschrift für vergleichende Litteraturgeschichte und Renaissance-Litteratur N. F. 2 (1889), S. 441–449, hier S. 441.

72 Brief August Wilhelm Schlegels an Georg Andreas Reimer vom 26. Februar 1840. In: Ebenda, S. 444.

73 Brief August Wilhelm Schlegels an Georg Andreas Reimer vom 18. November 1840. In: Ebenda, S. 445.

74 Brief August Wilhelm Schlegels an Georg Andreas Reimer vom 29. November 1841. In: Briefe von und an August Wilhelm Schlegel (Anm. 15), S. 565.

Matthias Grüne

Dem Schicksal auf den Grund gekommen?
Zur Genese einer realistischen Tragödientheorie in Otto Ludwigs *Shakespeare-Studien*

I. Selbstgespräche über den ›wahren‹ Shakespeare

In der an Huldigungen sicher nicht armen Geschichte der deutschen Shakespeare-Rezeption nehmen die *Shakespeare-Studien* Otto Ludwigs (1813–1865) einen besonderen Platz ein. Was sie auszeichnet, ist allerdings weder die überschwängliche Begeisterung für den englischen Dramatiker noch die Ergiebigkeit der Werkanalysen. Es ist die Tatsache, dass Shakespeare darin explizit als Tragiker und Schöpfer der modernen Tragödie bewundert wird. Ludwig partizipiert damit an einer rezeptionsgeschichtlichen Wendung, die sich bereits in der Klage Hermann Hettners über die »falsche Shakespearomanie« angekündigt hatte.[1] Vordergründig geht es bei dieser Polemik um die ästhetische Abwertung von Shakespeares Historiendramen; das eigentliche Ziel ist jedoch die Dramatik der Restaurationszeit, deren ausladende Handlungsarchitektur nun als gestaltlos zurückgewiesen wird. Demgegenüber gilt es, den ›wahren‹ Shakespeare wiederzuentdecken, und das ist nach Hettners wie nach Ludwigs Einschätzung der Autor des *Macbeth*, des *Othello*, des *Lear* oder des *Coriolanus*. Die gewandelten Präferenzen zeugen von dem intensiven Bemühen der Literaturtheorie um 1850, eine Gattung zu restituieren, die mit der Auflösung idealistischer Denkmodelle in der ersten Hälfte des 19. Jahrhunderts in eine massive Legitimationskrise geraten war.[2] Ähnlich wie Hettner oder auch Friedrich Hebbel hält Ludwig an einem ambitionierten Begriff der Tragödie fest, der die Repräsentativität des Konfliktes und die Gesetzmäßigkeit des dargestellten Zusammenhangs von Schuld und Strafe in den Vordergrund rückt. Seiner jahrzehntelangen Auseinandersetzung mit Shakespeares Werk liegt das Bemühen zugrunde, dieser ethischen Konstruktion ein neues Fundament zu geben, das auf eine metaphysische Befestigung

---

1 Hermann Hettner: Das moderne Drama. Braunschweig 1852, S. 59.
2 Zur Gattungsdiskussion zwischen Restaurationszeit und Realismus siehe Monika Ritzer: »Realismus und Tragödie. Zur Aktualität der Gattung in der Jahrhundertmitte«, Hebbel-Jahrbuch 1996, S. 7–32 und Dies.: »Trauerspiel versus Tragödie. Konstellationen des 19. Jahrhunderts im Drama Grillparzers und Hebbels«, Hebbel-Jahrbuch 2010, S. 7–37.

gänzlich verzichten kann. Dass diese Anstrengung letztlich ergebnislos ist und die *Shakespeare-Studien* wie die allermeisten seiner literarischen Texte Fragment bleiben, ist weniger persönlichem Unvermögen als einer theorieimmanenten Spannung geschuldet: Denn auf der Suche nach den Grundsätzen und Bedingungen einer realistischen Tragödie stößt Ludwig zu einer Dramenform vor, die seinen eigenen poetologischen Vorstellungen widerspricht und die auch das Muster Shakespeare nicht mehr abdeckt. So gesehen sind seine Aufzeichnungen nicht nur ein bemerkenswertes Zeugnis der deutschen Shakespeare-Verehrung, sondern vor allem eine der wichtigsten Quellen, um den Strukturwandel des Dramas in der zweiten Hälfte des 19. Jahrhunderts nachvollziehen zu können.

Es ist bezeichnend für Ludwigs Künstlerethos, dass er seine theoretischen Studien zu einer Zeit aufnimmt, in der er nach langem Anlauf endlich seine ersten literarischen Erfolge feiert. Die Uraufführung seines *Erbförsters* am Dresdener Hoftheater im März 1850 macht den bald vierzigjährigen Autor, der zunächst eine musikalische Ausbildung angestrebt und dann abgebrochen hatte, mit einem Schlag bekannt. 1852 hat sein Bibeldrama *Die Makkabäer* ebenfalls in Dresden Premiere, wenige Jahre später folgt die Veröffentlichung der beiden umfangreichen Erzählungen *Die Heiteretei* und *Zwischen Himmel und Erde,* die man bald schon für seine gelungensten Werke hält. Ludwig gilt zu dieser Zeit als eines der hoffnungsvollsten Talente der deutschen Literatur – dennoch zieht er sich zurück, vertieft sich in seine poetologischen Reflexionen und publiziert bis zu seinem Tod 1865 keinen einzigen Text mehr. Einflussreiche Freunde wie Gustav Freytag oder Julian Schmidt versuchen ihn zu überreden, zumindest Teile seiner theoretischen Arbeit der Öffentlichkeit zu präsentieren. Tatsächlich beginnt Ludwig sogar einen Aufsatz mit dem programmatischen Titel *Die dramatischen Aufgaben der Zeit. Mein Wille und Weg.*[3] Doch auch der bleibt unabgeschlossen liegen, da sein Autor realisiert, dass der forsche Ton den konzeptuellen Unsicherheiten nicht entspricht. Standfestigkeit in poetologischen Fragen geht Ludwig im Gegensatz zu Programmatikern wie Freytag oder Schmidt grundsätzlich ab. Was immer er schreibt, wird Opfer einer fast manischen Selbstkritik. Auch seine Studienhefte, in denen er spontane Lektüreeindrücke, generalisierende Abschweifungen und Werkanalysen aneinanderreiht, versieht er mit zahlreichen Randbemerkungen und kritischen Kommentaren. Moritz Heydrich, der erste Herausgeber des *postum* erschienenen Textes, spricht treffend von »merkwürdigen Selbstgesprächen«, in denen man den Autor »auf dem Wege seines Suchens und Forschens« beobachten kann.[4] Es sind private Arbeitsmaterialien, die

---

3   Otto Ludwig: Studien. Hrsg. von Adolf Stern. 2 Bde. Leipzig 1891, Bd. 1, S. 35–61. Alle folgenden Zitate aus diesem Band werden im Haupttext nachgewiesen.

4   Otto Ludwig: Shakespeare-Studien. Hrsg. mit einem Vorbericht und sachlichen Erläuterungen von Moritz Heydrich. Halle ²1901, S. XV. Es ist an dieser Stelle darauf hinzuweisen, dass die beiden vorliegenden Editionen von Heydrich und Stern den Charakter des Manu-

noch dazu über einen Zeitraum von fast 15 Jahren entstehen und sich deshalb nur bedingt homogenisieren und in einen widerspruchsfreien Theoriezusammenhang überführen lassen. Im Folgenden wird es deshalb darum gehen, die konzeptuelle Diversität des Textes herauszustellen und die Unterschiede der darin enthaltenen Tragödienmodelle herauszuarbeiten. Die Rekonstruktion der verschiedenen Ansätze sollte dabei nicht als ein gradliniges Entwicklungsnarrativ missverstanden werden, schließlich sind es die vielfältigen Überlagerungen und Widersprüche, die Ludwigs Reflexionen permanent in Bewegung halten und die heute den besonderen Reiz dieses Textes ausmachen.[5]

II. Schiller vs. Shakespeare

Eine konstante Argumentationsfigur des Textes und eben darum ein geeigneter Ausgangspunkt für die Untersuchung ist die Gegenüberstellung Schillers und Shakespeares. Einige Einwände, die Ludwig gegen das Drama des deutschen Klassikers vorbringt, sind aus der zeitgenössischen Idealismus-Kritik bekannt und in ihrer Oberflächlichkeit wenig aussagekräftig, etwa der Vorwurf der Weltfremdheit, der Selbstbezüglichkeit, der Reflexionslastigkeit oder der rhetorischen Überfrachtung. Gehaltvoller und präziser werden seine Analysen, wenn er sich der spezifischen Ar-

---

skripts nur unzureichend wiedergeben. Randbemerkungen und Kommentare sind entweder gestrichen oder ohne Nachweis in den Haupttext eingefügt, stilistische Unebenheiten wie Satzabbrüche etc. sind ohnehin geglättet oder ebenfalls gestrichen. Schließlich hebt die Fassung von Stern auch die chronologische Anordnung des Textes auf und gruppiert ihn nach thematischen Gesichtspunkten um, was den Nachvollzug eines Entwicklungsgangs in Ludwigs Überlegungen gänzlich unmöglich macht. Eine kritische Neuedition der *Shakespeare-Studien* wäre also dringend an der Zeit.

5 Das Interesse der Forschung an Ludwigs Dramentheorie ist erstaunlich gering und die Auseinandersetzung mit ihren Inhalten teilweise von erschreckender Oberflächlichkeit. In seinem Einführungsband zum Drama im 19. Jahrhundert widmet Roy C. Cowen: Das deutsche Drama im 19. Jahrhundert. Stuttgart 1988, S. 142 der Theorie gerade einmal einen Absatz von 16 Zeilen. Ergiebiger, obwohl ebenfalls kursorisch sind die Beiträge von Helmut Schanze: Drama im Bürgerlichen Realismus (1850–1890). Frankfurt am Main 1973, S. 67–71 und »Theorie des Dramas im ›Bürgerlichen Realismus‹«. In: Reinhold Grimm (Hrsg.): Deutsche Dramentheorien. Bd. 2. Frankfurt am Main 1971, S. 383–386. Als eine der wenigen Studien, die nicht bereits an der Oberfläche stehen bleibt, sondern den theorieimmanenten Wirklichkeitsbegriff zu rekonstruieren versucht, ist hier hervorzuheben ein Aufsatz von Ulfert Ricklefs: »Otto Ludwigs Dramentheorie. Zum Problem der Kontinuität zwischen Frührealismus und poetischem Realismus«. In: Günter Blamberger, Manfred Engel, Monika Ritzer (Hrsg.): Studien zur Literatur des Frührealismus. Frankfurt am Main 1991, S. 45–76. Zur älteren Forschung siehe Albert Meyer: Die ästhetischen Anschauungen Otto Ludwigs. Winterthur 1957.

chitektur von Schillers Tragödien zuwendet. Auf den ersten Blick überraschend sieht
er den entscheidenden Vorzug Shakespeares darin, dass dieser seinen Figuren nicht
in gleichem Maße individuelle Züge verleiht: »Wallensteins Charakter bei Schiller
wäre so individuell als die Shakespeares? Nein, viel individueller. Man wird in der
Geschichte hundert Macbeths finden, aber keinen einzigen solchen Wallenstein;
denn selbst der historische ist ein andrer« (S. 279). Schillers Figur fehlt es mithin
an Repräsentativität, die Motive und Umstände ihres Handelns sind zu besonders,
als dass ihnen ein ethisches Gesetz entnommen werden könnte. Im Vergleich zu
Shakespeares Macbeth notiert Ludwig: »Macbeth ist durchaus kein Individuum –
Individuen können kein Schicksal haben, das heißt kein tragisches; denn dies soll
das Allgemeine des menschlichen Loses ausdrücken, die normale Gestalt desselben,
nicht eine ausnahmsweise, eines einzelnen Falles menschlicher Artung« (S. 193).
Die Tragödie verlangt die Darstellung von repräsentativen Handlungsmustern, das
Geschehen in Schillers Drama aber setzt nach Ludwigs Einschätzung einen spezi-
fischen historischen Kontext voraus. Wallensteins Agieren bleibt eingebunden in
ein komplexes Spiel verschiedener Interessen und Machtansprüche, es hat »keinen
Kern; er ist bloß der zufällige Träger der Situationen« (S. 304). Somit fehlt dem
Drama in Ludwigs Augen ein klarer tragischer Begründungszusammenhang, die
Frage nach Schuld oder Ursache der katastrophalen Entwicklung steht nicht in sei-
nem Zentrum.

Ludwig realisiert durchaus, dass Schillers Tragödienmodell möglicherweise anderen Anliegen folgt. Seine Analyse des Aufsatzes »Über das Pathetische« kommt zu
dem Ergebnis, dass weniger die Handlung als die Haltung der Figur darin entscheidet. Das Ziel liegt demnach in dem Erweis nicht eines Zusammenhangs von Schuld
und Schicksal, sondern der moralischen Unabhängigkeit des Menschen von seinen
Naturanlagen (S. 286–290). Insofern die Figuren primär als Leidende und nicht als
Handelnde interessieren, sind sie allerdings auch »dramatisch übel daran, da andre
die ganze Handlung an sich reißen; sie haben weiter nichts zu thun, als ihre Würde
zu bewahren. Dadurch sind sie zwar die Helden, aber nicht die Hauptpersonen der
Handlung« (S. 321). Weil der Held nicht mehr der eigentliche Initiator des Geschehens ist, kann auch das Schicksal nicht mehr als unmittelbare Reaktion auf ein
Fehlverhalten verstanden werden. Aus Ludwigs Sicht dient Schiller die Katastrophe
lediglich dazu, die gewünschte Haltung beim Protagonisten zu provozieren: »[D]as
Schicksal ist Zufall; die Fügung […] ist eine dumpf-grausame Naturkraft, die eine
Schadenfreude hat, das Schöne in den Staub zu treten, das Erhabne zu erniedri-
gen« (ebenda). Diesem Schicksalsbegriff haftet etwas Äußerliches an, er bleibt eine
poetische Setzung ohne ethische Aussagekraft.[6] Ludwig, für den »der notwendige

---

6   Trotz einer insgesamt sicherlich verkürzenden Interpretation trifft Ludwig damit durchaus
     einen zentralen Aspekt des idealistischen Tragödienmodells. Der Gedanke, dass das Schicksal

Zusammenhang von Schuld und Strafe« die ganze »Idee der Tragödie« ausmacht (S. 256), besteht demgegenüber auf einer intrinsischen Motivierung der tragischen Wirkungszusammenhänge. Weder das Verschulden noch die Strafe dürfen willkürlich von außen bewirkt werden, die Katastrophe muss allein im Verantwortungsbereich des Protagonisten liegen. Die »vollkommenste Tragödie« sieht er dort verwirklicht, »wo die Lebensgeschichte selbst das Schicksal ist, wo sie ebenso notwendig aus dem Thun des Helden und den notwendigen Folgen desselben auf sein Inneres hervorgeht, wenn die Schuld in ebenso innigem Kausalnexus das erste Glied zu der Kette seines äußern wie seines innern Verderbens bildet« (S. 194f.).

In der Geschichte des Dramas reichen nach Ludwigs Einschätzung eigentlich nur Shakespeares Tragödien an dieses Ideal heran. Was ihnen diese außergewöhnliche Stringenz und Überzeugungskraft verleiht, ist die Reduktion der Begründungsmomente auf typische Konstellationen. Im Gegensatz zu Schillers Figuren sind Shakespeares Helden potenziell tragikfähig, da ihrem Handeln allgemeine Prinzipen, genauer gesagt: elementare menschliche Verhaltensweisen zugrunde liegen: Hamlet ist der Unentschlossene, Macbeth der Ehrgeizige, Othello der Eifersüchtige usw. (vgl. S. 61). Die Leidenschaft der Figur ist demnach nicht nur das treibende Moment im Handlungsgang, sie garantiert auch die Repräsentativität des Vorgangs. Sie ist nicht mehr, wie für Hegel, die Schwundstufe eines substantiell gesättigten Pathos und Ausdruck eines in partikulare Interessen aufgesplitterten unheroischen Weltalters.[7] Die Frage nach der sittlichen Berechtigung des Handelns tritt für Ludwig völlig in den Hintergrund. Auch dort, wo allgemeine Prinzipien auf dem Spiel stehen, kommt es allein darauf an, ob sie in der »Form der Leidenschaft« auftreten (S. 428). Denn in dieser liegt der objektivierbare Gehalt der Handlung, die diskutierten Standpunkte und verschiedenen Berechtigungen hingegen bleiben

---

primär als Kontrastwert zur menschlichen Freiheit fungiert, findet sich etwa explizit ausgesprochen bei August Wilhelm Schlegel: »Goethes Hermann und Dorothea«. In: Ders.: Über Literatur, Kunst und Geist des Zeitalters. Eine Auswahl aus den kritischen Schriften. Hrsg. von Franz Finke. Stuttgart 1984, S. 119: Die »Idee der Freiheit des Willens in der poetischen Darstellung [kann] nur durch Versinnlichung ihres Gegenteils […], d. h. des Schicksals, anschaulich gemacht werden«. Siehe auch August Wilhelm Schlegel: Vorlesungen über Ästhetik I. Hrsg. von Ernst Behler. Paderborn u. a. 1989, S. 84. – Zu Schillers Tragödienkonzeption siehe Peter-André Alt: »Agon und Autonomie. Zu den Tragödientheorien Goethes und Schillers«, Goethe-Jahrbuch 122 (2005), S. 117–136 und Monika Ritzer: »Schuld und Not. Zur Funktion des antiken Schicksalsbegriffs in Schillers *Braut von Messina*«. In: Hans-Jörg Knobloch und Helmut Koopmann (Hrsg.): Schiller heute. Tübingen 1996, S. 131–150.

7   Philosophie der Kunst oder Ästhetik. Nach Hegel. Im Sommer 1826. Mitschrift Friedrich Carl Hermann Victor von Kehler. Hrsg. von Annemarie Gethmann-Siefert und Bernadette Collenberg-Plotnikov. München 2004, S. 233. So vertreten Shakespeares Figuren nur noch ihre persönlichen Interessen, repräsentieren aber nicht mehr die Bewegung der sittlichen Mächte. Die »Energie ihres Willens« verleiht den Stücken zwar Geschlossenheit und Wucht, dem gesamten Geschehen aber haftet nichtsdestoweniger etwas Partikulares und Zufälliges an.

an einen spezifischen historischen Kontext gebunden und in der Regel eine »Absonderlichkeit der individuellen Zeit« (S. 182).

Im Gegensatz zu den meisten zeitgenössischen Theoretikern geht Ludwig nicht von zwei Tragödienmodellen aus, der Prinzipien- und der Leidenschafts-Tragödie, sondern lässt nur noch die letzte Form gelten.[8] Allein die Leidenschaften erscheinen ihm elementar genug, um tragische Begründungsstrukturen fundieren zu können. Doch dieses Modell hat einen entscheidenden Mangel: Es benennt zwar das zentrale Motiv des Handelnden, lässt aber – im Gegensatz zum Modell der Prinzipientragödie – den Grund für sein Scheitern offen. Es ist nicht klar, warum der »Normalverlauf einer Leidenschaft« (S. 92) ein katastrophales Ende nehmen muss und wodurch sich der Leidenschaftliche überhaupt schuldig macht. An dieser Stelle beginnen nun auch die Unstimmigkeiten und Unsicherheiten in Ludwigs Theorie. Denn auf die Frage nach dem Skandalon des Handlungsvorgangs und dem Gegengewicht, das den Helden zu Fall bringt, formuliert er unterschiedliche und durchaus konfligierende Antworten.

III. Der tragische Widerspruch

Nur selten findet sich im Text die Überlegung, die tragischen Begründungsstrukturen von einem Hybris-Modell abzuleiten, wonach der Leidenschaftliche sich »über das gewöhnliche Maß erhebt« und so »das allgemein anerkannte Mächtigere« zur Gegenreaktion und Wiederherstellung der Ordnung zwingt (S. 169). Tatsächlich widerspricht diese Lösung Ludwigs eigenen Prämissen, denn sie stellt das Eintreten des Schicksals wiederum einer äußeren Instanz, dem ›anerkannten Mächtigeren‹, anheim, während es ihm doch gerade darum geht, sowohl die Schuld als auch die Strafe allein aus dem Verhalten der Figur hervorgehen zu lassen.[9] Gelegentlich beschreibt Ludwig das Schicksal des Helden auch als ein allmähliches Ausbrennen oder Sich-Selbst-Verzehren der Leidenschaft (S. 424 und S. 451). Man mag hier an die Heldenfiguren des restaurationszeitlichen Dramas denken, etwa an den Golo

---

8   Diese Unterscheidung findet sich etwa bei Hermann Hettner: Das moderne Drama (Anm. 1), S. 38f. oder bei Friedrich Theodor Vischer: Ästhetik oder Wissenschaft des Schönen. Th. 3. Abt. 2. H. 5: Die Dichtkunst. Stuttgart 1857, S. 1423–426. Näher an Ludwigs Vorstellung ist die Unterscheidung von Rudolph von Gottschall: Poetik. Die Dichtkunst und ihre Technik. Breslau 1858, S. 435 zwischen dem Tragischen des »*einfachen Konflikts*« und dem der »*sittlichen Kollision*«: »Jenes beruht vorzugsweise auf dem *Charakter*, dies vorzugsweise auf der *Situation*.« Für Gottschall handelt es sich allerdings um letztlich gleichberechtigte Varianten, Ludwig hingegen hätte wohl argumentiert, dass aus einer Situation allein kein tragisches Potenzial zu schlagen ist.

9   Trotzdem geht Helmut Schanze: »Theorie des Dramas im ›Bürgerlichen Realismus‹« (Anm. 5), S. 385 allein auf dieses Begründungsmodell ein.

aus Hebbels *Genoveva* (1841), dessen übersteigerter Individualitätsanspruch sich praktisch unbegrenzt ausdehnt, bis er schließlich leerläuft. Dieses Modell ist allerdings dramaturgisch wie ethisch gleichermaßen unbefriedigend und wird von Ludwig darum wieder fallen gelassen. Erfolg versprechender ist dagegen der Gedanke, die tragische Konstruktion aus der inneren Widersprüchlichkeit der Leidenschaft abzuleiten. Ludwig differenziert dafür zwischen den Begriffen Affekt und Leidenschaft. Affekt bezeichnet für ihn einen Zustand der »Unmacht des Menschen über sich selbst«, eine Gemütserregung, die sich jeder rationalen Kontrolle entzieht (S. 453). Demgegenüber enthält Leidenschaft ein Moment der Selbstkontrolle und Selbstüberwindung, sie ist »eine stete Konzentrierung der Kraft des Menschen über sich selbst und dadurch über andre« (ebenda). Die Leidenschaft sucht »immerwährenden Genuß eines Affekts« und besitzt die Kraft, für dieses Ziel nicht nur »den ihrem Zwecke widerstrebenden Affekt zu binden« oder »zu verbergen«, sondern auch die kurzzeitige Befriedigung des Affektes zu unterdrücken (S. 221). Eben in dieser »doppelte[n] Tendenz« aus »Besonnenheit« und »Besinnungsabwesenheit«, »Zweckmäßigkeit« und »Zweckwidrigkeit« glaubt Ludwig nun den »tragischen Widerspruch« und damit die Grundstruktur der Tragödienhandlung zu erkennen; »auf diesen elementaren Widerspruch«, davon ist er überzeugt, »lassen sich alle tragischen Charaktere Shakespeares zurückführen« (S. 451f.).

Die Differenzierung zwischen Leidenschaft und Affekt ermöglicht in der Tat die Behauptung einer inneren Widersprüchlichkeit im Handeln der Figuren, aus der sich ihr Scheitern motivieren ließe. Gleichwohl zieht Ludwig noch ein weiteres Begründungsmodell in Betracht, das seiner Theorie insgesamt eine ganz neue Wendung gibt. Die wichtigste Veränderung liegt darin, dass die Prävalenz der Leidenschaft gegenüber dem Charakter aufgehoben wird. Galt zuvor, dass der Charakter »bloß der Boden für die Leidenschaft« ist, »bloß der Faden, an dem die Phasen der Leidenschaft sich reihen« (S. 63), so wird nun verlangt, dass die Figuren mehr darstellen als »bloß personifizierte Leidenschaften« (S. 65). Es ist darauf zu achten, dass »man sie nicht immer im Wappenrocke des Affektes sieht, wie sie ihrer Intention nachjagen«, sondern auch »in der Vertraulichkeit des täglichen Lebens« (ebenda). Hatte Ludwig an anderer Stelle die Typik von Shakespeares Personen hervorgehoben, so betont er nun, dass sie ihre »überzeugende Wahrheit« dadurch erhalten, »daß wir sie nicht bloß in ihre Leidenschaft, ihren Affekt eingeklemmt, sondern auch in gleichgiltigeren Berührungen mit andern sehen, in typischen Szenen des gewöhnlichen Lebens« (S. 65f.). Es ist bezeichnend, dass hier nicht mehr zwischen Leidenschaft und Affekt begrifflich differenziert wird, denn diese Differenz spielt jetzt nur noch eine untergeordnete Rolle. Dafür tritt ein anderer Gegensatz in den Vordergrund, und zwar der zwischen leidenschaftlichem Tun und charakteristischem Sein oder zwischen Handlung und Existenz. Mit Blick auf Shakespeares Hamlet geht Ludwig auf diesen Unterschied ein: »[W]ir sehen ihn nicht bloß handeln im engeren Sinne, wir sehen ihn leben, existieren, seine Art und Weise in den verschiedensten Situationen des Lebens« (S. 66).

Die individuellen Züge des Charakters sind jetzt nicht mehr nur die Einkleidung eines allgemeinen Falles. Trotzdem entwickelt sich der tragische Zusammenhang nicht aus der Individualität der Figur, wie Ludwig es an Schillers Wallenstein kritisiert hatte, sondern aus dem typischen Selbstverhältnis des Helden. Hier sieht Ludwig ein verallgemeinerbares und daher tragikfähiges Gesetz wirken, was besagt, dass der Mensch dazu neigt, sein individuelles Vermögen falsch einzuschätzen. Der tiefere Grund für diese Fehleinschätzung liegt darin, dass die Charakteranlagen weniger in den intentionalen Handlungen als in den scheinbar nebensächlichen, gleichgültigen und deshalb kaum beachteten Tätigkeiten des Alltags zur Geltung kommen: »Der Mensch als Charakter wirkt nicht allein in einer einzigen, bestimmten That auf seine Umgebung, er wirkt, ohne es zu wissen und zu wollen, in jeder seiner Äußerungen. Er ist nicht bloß einmal, in einer Stunde, der Schmied seines Schicksals, er hämmert in jedem Momente daran, bis die Katastrophe den Hammer ihm aus der Hand nimmt. Sein Schicksal ist die Totalsumme aller Wirkungen seiner Eigentümlichkeit« (S. 422). Gerade die un- oder halbbewussten Anlagen, die habitualisierten Verhaltensformen und Einstellungen sind Ausdruck des Charakters. »Die unbelauschten Züge zeichnen die Existenz« (S. 129), mithin all das, was sich hinter dem Rücken des Menschen abspielt und worüber er sich nur selten Rechenschaft ablegt. Entsprechend häufig sind die Fehleinschätzungen bezüglich des eigenen Charakters: »[W]ie viele Menschen kennen sich selbst so genau«, dass ihr Selbstbild mit ihren tatsächlichen Handlungen und ihrem Handlungsvermögen übereinstimmt? »Wer suchte nicht sich selbst mehr oder weniger über sich zu täuschen, wenn er sich zu gut kennt, um sich kennen zu mögen? Und wer – wenn er auch sich selbst nicht täuschen könnte, was viel sagen will, wer sucht nicht wenigstens andre über sich zu täuschen?« (S. 121).

Diesen allgemeinen Hang zur Selbsttäuschung rückt Ludwig nun ins Zentrum seines Tragödienmodells, das man als charakterologische Tragödie bezeichnen könnte.[10] Als »Grundverhältnis des Tragischen« bestimmt er dabei jenen »Mißton« im Menschen (S. 171), der auftritt, wenn er sich eine Leistung abfordert, die »mit seinem eigensten Wesen im Widerspruche ist« (S. 178) oder wenn ihn seine Veranlagung bzw. der Mangel an gewissen Anlagen »nicht dahin kommen läßt, wohin er kommen sollte« oder wollte (S. 171). Der tragische Held sieht sich veranlasst eine »Aufgabe« anzunehmen, der er »nicht gewachsen ist« (S. 178). Seine ›Schuld‹ liegt in der mangelnden Selbstkenntnis oder aber in dem bewussten Hinwegsetzen

---

10 Vgl. Matthias Grüne: »Ein Misston im Menschen. Theorie und Praxis der charakterologischen Tragödie bei Otto Ludwig und Friedrich Hebbel«, Hebbel-Jahrbuch 68 (2013), S. 102–126, hier S. 107–112.

über die Grenzen der eigenen Konstitution. »Der innere Kampf ist das Leiden, der äußere bringt den Untergang« (ebenda). In dieser Diskrepanz zwischen Aufgabe und Vermögen erkennt Ludwig »den letzten auffindbaren Grund des Schicksals« (S. 172) und natürlich wird es Shakespeare zugeschrieben, dieses ›Grundverhältnis des Tragischen‹ in seinen Figuren gestaltet zu haben.

Die Formel vom tragischen Widerspruch zwischen Charakter und Aufgabe ist zweifellos Ludwigs schlüssigste Antwort auf das Problem der modernen Tragödie. Nach diesem Modell provoziert der tragische Held sein Schicksal selbst, wobei er sich dieser Provokation, das heißt seines eigenen Unvermögens, mehr oder minder bewusst sein kann. Der tragische Wirkungszusammenhang von Schuld und Strafe ist folglich als »Kontrast ins Innerste der Charaktere gelegt« (S. 95), die ›Strafe‹ wird nicht von außen zugewiesen, sondern resultiert aus dem Scheitern an den eigenen Ansprüchen. Die Typisierung der Figur, die Zuspitzung auf einen Wesenszug wird zwar zurückgenommen, doch entsteht der Konflikt nicht erst aus einer individuellen Konstellation, sondern lässt sich auf eine allgemeine Regel bringen: Der Wunsch nach unbegrenzter Handlungsgewalt zerbricht am notwendig begrenzten, individuellen Handlungsvermögen.[11] Und doch ergeben sich aus diesem Ansatz

---

11 Das Individualitäts-Problem ist indes komplexer, als es hier dargestellt werden kann. Man könnte sagen, dass Ludwig zunächst von jenem erkenntnis- und darstellungstheoretischen Modell ausgeht, das Ulf Eisele: Realismus und Ideologie. Zur Kritik der literarischen Theorie nach 1848 am Beispiel des ›Deutschen Museums‹. Stuttgart 1976 als Grundlage der realistischen Literaturtheorie beschrieben hat: Von den partikularen Erscheinungen der Erfahrungswirklichkeit abstrahiert der Dichter das Wesentliche, einen allgemeinen Kern, und kleidet es danach zum Schein in die Form des Individuellen. Siehe dazu etwa folgende Passage in den *Shakespeare-Studien*: »Die Kunst soll uns eben, was uns in der schlechten Wirklichkeit verwirrt, entfernen und uns durch den Schein der wirklichen Erscheinung hindurch die innre Wahrheit ihres Gegenstandes zeigen […]; sie soll uns in dem Körper des einzelnen Falles das allgemeine Gesetz als Seele zeigen. Der tragische Künstler darf nicht dem zufälligen Stoffe noch mehr Zufälliges beimengen, er muß vielmehr alles Äußerliche, bloß anorganisch Angeklebte von seinem Stoffe hinwegnehmen bis auf den wesentlichen Gehalt desselben; aus diesem wesentlichen Gehalte muß er ihn noch einmal aufbauen und so, daß nur dieser Gehalt zur Anschauung kommt, aber auch zu sinnlich klarster Anschauung. Er soll also die einheitliche Seele dieses Gehaltes wieder in einen Körper kleiden, aber in einen, der ihr der gemäße ist, in einen Körper, der sie an jedem einzelnen Teile durchscheinen lassen kann und durchscheinen läßt« (S. 396). – Der hier skizzierte Wandel vom Helden als (Leidenschafts-)Typus zum Helden als Charakter erfordert allerdings eine Neubestimmung des Verhältnisses von Individualität und Repräsentativität, der Ludwig letztlich aber aus dem Weg geht. Zumindest kann er über die Frage, welchen Grad an Individualität die dramatischen Figuren erhalten dürfen bzw. müssen, keine endgültige Klarheit gewinnen. So hält er etwa in einem kritischen Selbstkommentar fest, dass in der von ihm favorisierten charakterologischen Tragödie zwar die Folge der Ereignisse motiviert ist, die Ursache allerdings eine zufällige Setzung bleibt. Der Fall ist letztlich doch von einem individuellen Charakter abhängig und nicht einfach auf andere übertragbar (S. 423). – Bemerkenswert ist daneben eine Lesart, wonach

Konsequenzen hinsichtlich des Handlungsaufbaus und der geeigneten Darstellungsmittel, die mit Ludwigs ursprünglichem Gattungsverständnis kollidieren und die geschlossene Dramenform zu sprengen drohen.[12]

IV. Strukturelle Konsequenzen: Charakterisierung statt Handlung

Die maßgebliche Voraussetzung für Ludwigs Modell einer charakterologischen Tragödie ist die Orientierung an einem Persönlichkeitsbegriff, der dem Bodensatz der Individualität, den unbewussten Anlagen und habitualisierten Verhaltensformen größere Bedeutung zuschreibt als dem intentionalen Handeln. Die Figurendarstellung hat deshalb nicht nur das nachzuvollziehen, was sich im »heitern Reiche des Bewußtseins« zuträgt, sondern muss auch bzw. vor allem die »dunkle Tiefe der Charaktere« zur Anschauung bringen (S. 178). Es reicht nicht, den Rezipienten über die wichtigsten Handlungsmotive der Personen zu informieren, man muss ihm das »Gefühl« vermitteln, als hätte er »mit diesen Menschen jahrelang gelebt« und sei mit ihrer Existenz in jeder Hinsicht vertraut (S. 65f.). Das kann nur gelingen, wenn den Figuren Raum gegeben wird, sich ›auszuleben‹, das heißt sie müssen in Szenen dargestellt werden, in denen das Interesse an der Handlungsentwicklung völlig zurücktritt. Als »Zustandsbilder« bezeichnet Ludwig solche Szenen: »Die Handlung

---

die Leidenschaft als die individuelle Anlage gilt, während »Stand, Bildungsstufe, allgemeine Liebhabereien, Gewohnheiten, Alter, Nationalität« die »generellen Züge« der Figur ausmachen (S. 66). Gemeint ist, dass diese Eigenschaften in erster Linie der sozialen Existenz des Menschen zuzuschreiben sind, seiner »Gesellschaftlichkeit« (S. 477). Das »Allgemeine im Individuum« (S. 476) ist aber nicht mehr das, was die Figur zur Tragik befähigt (wie die Allgemeinheit der Leidenschaft); es erlaubt vielmehr dem Rezipienten, den Charakter als ein in sozialen Bezügen eingebettetes Individuum wahrzunehmen.

12 Ein Problem, das sich aus diesem Tragödienmodell ergibt, von Ludwig aber nicht in letzter Konsequenz diskutiert wird, ist die Entkopplung des tragischen Nexus von moralischen oder ethischen Kategorien. Über Erfolg oder Misserfolg einer Unternehmung entscheidet nicht die sittliche Berechtigung, sondern das individuelle Vermögen. »Hier ist von Recht und Unrecht nicht die Rede« (S. 178), konstatiert auch Ludwig und am Beispiel Macbeths führt er aus: »[D]as Gewissen siegt [...] nicht, weil es das rechte, sondern weil es das stärkere ist« (S. 174). Ludwig umgeht diese Problematik zum Teil, indem er herausarbeitet, dass eine Figur die ›Aufgabe‹ nicht nur aus persönlichem Ehrgeiz, sondern auch »durch Einstimmung mit dem allgemein menschlichen Triebe« (ebenda) angehen kann, das heißt aus Verpflichtung gegenüber einer transsubjektiv gültigen, zum Beispiel moralischen Forderung. Dann ist es der »Streit des Menschen mit dem Individuum in sich«, der den Untergang der Figur heraufbeschwört (S. 178). Dieses Konfliktmuster überträgt Ludwig auch auf die Gestalten Shakespeares: Hamlet scheitert demnach daran, dass »sein menschlicher Trieb« sein »individuelles Temperament« nicht besiegen kann (ebenda), Brutus übernimmt eine ihm unmögliche Aufgabe, die ihm der »Freiheitsdrang« diktiert (S. 175), und bei Coriolan ist es die »Pietät« (S. 176), die das Handeln des Helden bestimmt.

darin wird häufig mit einem raschen Rucke abgethan. Mehr das, wie seine [Shakespeares] Personen sich dabei benehmen, als das Abstrakte der Handlung selbst liegt ihm am Herzen« (S. 454). Die Kompositionsstruktur des Dramas verändert sich damit grundlegend. Der tragische Wirkungszusammenhang, um den es ursprünglich in erster Linie ging, tritt hinter die Charakterdarstellung zurück. Ludwig geht sogar so weit, die Handlung als Mittel für den Zweck der Charakterisierung zu bezeichnen: »Sein [Shakespeares] Zweck ist, eine reiche Folge von ergreifenden Zuständen, Gefühlsausbrüchen, von Zügen einer gewissen Charakterart, kurz einen ganzen, interessanten Menschen sich vor uns ausleben und uns ihn mit durchleben zu lassen, eine ganze Existenz darzustellen. Die Fabel ist ihm bloß ein Mittel dazu, und so behandelt er sie auch« (S. 124).

Dieser Tendenz zur ›Entdramatisierung‹, das heißt zum Bedeutungsverlust der Handlung, entspricht ein Funktionswandel der dramatischen Rede, wonach der eigentliche Referenzgegenstand des Gespräches in den Hintergrund tritt und dafür die implizit, insbesondere über das Sprachverhalten vermittelten Informationen an Bedeutung gewinnen. Detailliert bespricht Ludwig verschiedene Formen der Gesprächsführung, die dem Dramatiker zur indirekten Charakterisierung zur Verfügung stehen. So kann er Dialoge gestalten, in denen das, »was in den Menschen vorgeht, nicht ausgesprochen, vielmehr absichtlich oder in naiver Unbewußtheit von den Redenden versteckt wird, und wo der Zuschauer dennoch […] das Versteckte […] errät« (S. 480). Oder aber er nutzt das Mittel der Retardation, das heißt des Hinauszögerns des eigentlichen Gesprächsanlasses, etwa weil einer sich »nicht bloßgeben« will, oder weil er »nicht weiß, ob er trauen soll, oder seine Mitteilung und sein Charakter ist so, daß er sich der Mitteilung schämt; oder er meint erst andre Punkte erledigen zu müssen« etc. (S. 127). Des Weiteren stehen dem Dramatiker stilistisch-syntaktische Mittel zur Verfügung, etwa das »aus der Konstruktion fallen« (S. 129) oder die »Parenthese«, das heißt das Einschieben von Nebenvorstellungen oder Abschweifungen, um die Figurenrede aufzubrechen und gleichsam zu strecken (S. 129, S. 135 und S. 161). Schließlich diskutiert Ludwig auch die Möglichkeit des monologisierenden Dialogs,[13] in dem eine Figur »mehr mit sich selbst oder mit seinem Affekte redet« und den Gesprächspartnern »nur indirekt antworte[t]« (S. 529). Als ›polyphonen Dialog‹ bezeichnet er dieses Ineinander- und Gegeneinanderlaufen monologisierender Redebeiträge: »In solchen Szenen ist das eigentlich dramatische Leben am stärksten, in solchen polyphonen Sätzen, wo sich verschiedne Stimmen in verschiednen Rhythmen, jede einzelne mit gehaltner Eigentümlichkeit, begegnen und durchkreuzen« (S. 430). Nach Ludwigs Einschätzung handelt es sich bei diesen Mitteln also durchaus um genuin dramatische Werkzeuge und doch zielen sie alle letztlich darauf, den Dialog aus den Funktionsbezügen der Handlung he-

---

13 Vgl. Manfred Pfister: Das Drama. Theorie und Analyse. München [11]2001, S. 182–184.

rauszulösen und ihm eine handlungsunabhängige Eigenbeweglichkeit zu verleihen. »Im Detail leben sich die Charaktere aus«, darum wird man »die Handlung äußerst simplifizieren müssen, um Platz für das Detail des Dialoges zu erhalten«; erst die Reduktion der Handlung schafft »Raum […] für ganze Szenen, die fast nur Detail sind, und in diesen ist der Gehalt« (S. 100). Ludwig steigert dieses Verhältnis weiter bis zur völligen funktionalen Unterordnung der Handlung unter den Dialog: »Die Hauptsache im Drama ist doch nicht die Handlung, sondern das dramatische Gespräch«, die »Handlung ist bloß der Anlaß des Gespräches« (S. 145).

Es ist zu betonen, dass Ludwig diese Mittel keineswegs diskutiert, weil sie den Dialog ›wirklichkeitsnäher‹ erscheinen lassen. Er betrachtet sie vielmehr als Charakterisierungsstrategien, deren Bedeutung darin liegt, dass sie gerade die indirekten, unabsichtlichen, unbewussten Verhaltensformen und Züge des Charakters offenlegen.[14] Dieser Aspekt ist nicht unwichtig, wenn man Ludwigs ›Realismus‹ bzw. sein Literaturkonzept bestimmen möchte. Der Illusionsanspruch und das Abbildungsverhältnis sind für Ludwig zweitrangige Kategorien. Was ihn interessiert, sind eher die immersiven Effekte von Literatur, ist die Vertrautheit mit den Figuren, ihren Gewohnheiten und Charakteranlagen. Ziel ist es, die Existenz einer Figur zu suggerieren und dem Rezipienten eine fast para-soziale Nähe zu ihr zu ermöglichen: »[H]ier werden wir so recht heimisch im Stücke und vertraut mit den Figuren, die sich uns nicht bloß im Sonntagsputze zeigen; hier werden wir erst so recht überzeugt, daß wir mit wirklichen, ganzen Menschen, mit unsersgleichen zu thun haben« (S. 477). Für die Erzählliteratur ist dieser Effekt relativ leicht zu erreichen, denn sie verfügt nicht nur über unbegrenzt Raum, sondern auch über mehr Möglichkeiten, den Leser perspektivisch in die Lebenswelt der Figuren zu integrieren. Die dramatische Form stößt dabei allerdings an ihre Grenzen, zumindest solange sich nicht das Gattungsverständnis grundsätzlich wandelt und die traditionelle Festlegung des Dramas auf die Darstellung von Handlung in Zweifel gezogen wird. Bei Ludwig zeichnet sich dieser Wandel bereits ab, ohne dass er konsequent vorangetrieben wird. Die strukturellen Transformationen, die im Drama der Jahrhundertwende offenbar werden, finden sich hier bereits angedeutet, obwohl der Theoretiker selbst noch ein ganz anderes Drama im Sinn hat.

---

14 Für Ulfert Ricklefs: »Otto Ludwigs Dramentheorie« (Anm. 5), S. 64–66 dienen die indirekten Darstellungsformen, die Ludwig diskutiert, der Objektivierung des Geschehens, indem sie den dramatischen Vorgängen den Anschein von Absichtslosigkeit und Spontaneität geben. Rückschlüsse auf den Persönlichkeitsbegriff und das Verhältnis von Charakter und (intentionalem) Handeln zieht Ricklefs nicht.

V. Fazit: Eine Theorie *in statu nascendi*

Sind die *Shakespeare-Studien* also tatsächlich ein »Dokument des Scheiterns«?[15] Bezieht man diese Frage auf Ludwigs Hoffnung, aus den theoretischen Erkenntnissen praktische Schlüsse ziehen zu können, so muss man sie vermutlich bejahen. Denn seine literarische Tätigkeit erschöpft sich in zahlreichen Projektskizzen und einigen Fragmenten.[16] Bezieht man sie hingegen auf den poetologischen Stellenwert der Studien, so ist die Frage entschieden zu verneinen. Die beschriebenen theorieimmanenten Widersprüche zeigen vielmehr, dass sich Ludwig mit einer bloßen »Apologie der Tragödie«[17] und ihrer Restitution im klassizistischen Gewand nicht zufrieden gibt. Er unternimmt es ernsthaft, ihr ein Fundament zu geben, das den Forderungen eines post-idealistischen Wirklichkeitsbegriffs gerecht wird. Mit den Lösungen, die er dabei erwägt, werden die Strukturprobleme des Dramas in der zweiten Hälfte des 19. Jahrhunderts greifbar. Sie resultieren aus der Spannung zwischen einem Persönlichkeitsbegriff, der die unbewussten Anlagen und Charaktermuster in den Mittelpunkt stellt, und dem Festhalten an einer Dramenform, die auf Intentionalität, Verantwortung und luzide Wirkungszusammenhänge ausgerichtet ist. Erst das Drama der Jahrhundertwende wird Auswege aus dieser von Ludwig implizit diagnostizierten Krise finden.[18] Die Unabgeschlossenheit und Widersprüchlichkeit der theoretischen Überlegungen macht daher zu einem großen Teil den literaturhistorischen Wert der *Shakespeare-Studien* aus. Sein ›Talent‹ zum destruktiven Reflektieren hat Ludwig im Übrigen selbst am treffendsten beschrieben. In einem Brief an Julian Schmidt entschuldigt er sich für die Inkohärenz seines Schreibens und fügt hinzu: »Ich dachte aber vorher nicht über das nach, was ich Ihnen schreiben wollte,

---

15 Helmut Schanze: »Theorie des Dramas im ›Bürgerlichen Realismus‹« (Anm. 5), S. 386.

16 Allerdings ist auch hier eine differenzierte Beurteilung angebracht. Die theoretischen Überlegungen ermöglichen zum Teil einen neuen Blick auf die literarische Praxis, etwa auf Ludwigs dramatisches Hauptwerk *Der Erbförster*. Vor dem Hintergrund der Tragödientheorie lässt sich erkennen, dass die Tragik dieser Figur weniger in ihrer ›Leidenschaft‹, dem übersteigerten Eigensinn, gesehen werden muss, sondern in der inneren Dissonanz zwischen dem Anspruch auf maximale Handlungsgewalt und dem eingeschränkten Handlungsvermögen. Aufschlussreich sind hier besonders die Widersprüche zwischen postuliertem Geschlechterbild und den praktizierten Geschlechterverhältnissen, wobei sich dieses Thema durch Ludwigs gesamtes literarisches Werk zieht. Vgl. dazu Matthias Grüne: »Ein Misston im Menschen« (Anm. 10), S. 119–124.

17 Hartmut Reinhardt: Apologie der Tragödie. Studien zur Dramatik Friedrich Hebbels. Tübingen 1989.

18 Wo Peter Szondi: Theorie des modernen Dramas (1880–1950). Frankfurt am Main [26]2007, S. 20–73 die Krise des Dramas ansetzt, nämlich in den letzten zwei Jahrzehnten des 19. Jahrhunderts, endet sie also bereits. Die zahlreichen erfolgreichen Theaterstücke, die diese Zeit hervorgebracht hat, sind nicht mehr die Symptome, sondern bereits die Lösungen dieser Strukturkrise.

weil ich mich gut genug kenne, um zu wissen, daß dann aus dem Schreiben gar nichts geworden wäre. Und hätte ich ein Conzept gemacht, so wäre es nicht abgeschrieben worden. Drum, lieber Freund, sein Sie nachsichtig und nehmen mich wie ich bin, selber im Concept.«[19]

---

19 Otto Ludwig: Studien (Anm. 3), Bd. 2, S. 419.

WOLFRAM STEINBECK

Shakespeare und die deutsche Instrumentalmusik
im 19. Jahrhundert

Shakespeares Bühnenwerke fordern bekanntlich viel Musik, so viel wie bei keinem anderen Dramatiker: Lieder, Gesänge, Chöre, aber auch reine Instrumentalmusik. Darüber ist schon viel geschrieben worden und davon soll hier nicht die Rede sein.[1] Bekannt ist ferner, dass Shakespeare – umgekehrt – schlicht als der meistvertonte Dichter der Musikgeschichte gelten darf, wobei mit ›Vertonung‹ gemeint ist, dass Shakespeare-Texte ebenso wie Shakespeare-Stoffe zum Gegenstand musikalischer Transformation verwendet wurden. Neben den immer wieder neu komponierten Bühnen- und Schauspielmusiken sind es vor allem Opern, freie Lieder und Gesänge sowie reine Instrumentalmusik, darunter in erster Linie Ouvertüren und Symphonische Dichtungen, zu denen die Komponisten durch Shakespeare-Texte angeregt wurden. Zahlreiche Werkkataloge seit dem 19. Jahrhundert zeugen von Vielfalt und großem Interesse. Die umfassendste und zugleich wissenschaftlich fundierteste Übersicht bietet der 1991 in Oxford erschienene *Shakespeare Music Catalogue* in fünf Bänden.[2] Er verzeichnet sage und schreibe 21.362 Einträge zu allen Werken Shakespeares. Selbst wenn darunter möglicherweise die Hälfte lediglich Verweise auf Nennungen nicht realer Kompositionen sein sollten (wie zum Beispiel die sogenannten ›Sturm‹-Sonaten von Beethoven, siehe unten), – die Zahl bleibt exorbitant.

Im vorliegenden Beitrag soll der Fokus auf die rein instrumentalen Shakespeare-Vertonungen im 19. Jahrhundert gerichtet werden. Das ist nicht nur deutlich über-

---

1 Vgl. unter anderem John Edgar Stevens und Phyllis Hartnoll (Hrsg.): Shakespeare in Music. London 1964; Roland Tenschert: »Shakespeare und die Musik«, Schweizerische Musikzeitung 107 (1967), S. 11–15; Hans Walter Gabler: »Shakespeare in der Musik«. In: Ina Schabert (Hrsg.): Shakespeare-Handbuch. Die Zeit – Der Mensch – Das Werk – Die Nachwelt [1972]. 5. durchgesehene und ergänzte Auflage. Stuttgart 2009, S. 753–769; Joachim Draheim: »Shakespeare, William«. In: Musik in Geschichte und Gegenwart. Personenteil. Bd. 15. Kassel ²2006, Sp. 660–671; Andrew Charlton: Music in the Plays of Shakespeare. A Practicum. New York 1994; Christopher R. Wilson und Michaela Calore: Music in Shakespeare. A Dictionary. London 2007; Christopher R. Wilson: Shakespeare's Musical Imagery. A Study of the Meaning of Shakespeare's Musical Imagery in His Plays and Poems. London 2011.

2 Bryan N. S. Gooch und David Thatcher: A Shakespeare Music Catalogue. 5 Bde. Oxford 1991. Band 5 enthält zudem eine umfassende, thematisch gegliederte Bibliographie, einschließlich der bis dahin erschienenen zahlreichen Übersichten und Werkkataloge.

schaubarer; hier haben wir es vielmehr – ganz im Sinne unseres Rahmenthemas
– zugleich mit einem primär *deutschen* Phänomen zu tun, das im übrigen von he-
rausragender musikhistorischer Bedeutung sein dürfte. An den übrigen Genres –
vor allem Opern, Schauspielmusiken und Gesängen – hat seit jeher ganz Europa
gleichermaßen Anteil, an rein instrumentalen Shakespeare-Transformationen – zumindest zu Anfang – nicht.

Der allgemeine Shakespeare-Boom in der europäischen Musikgeschichte beginnt
mit der Shakespeare-Renaissance im späten 18. Jahrhundert. Sie hat bekanntlich
vor allem mit einem neuen Dramenverständnis zu tun, das zugleich für die deutsche Musikästhetik von ausschlaggebender Bedeutung ist. Man kann sogar so weit
gehen zu behaupten, dass der ›romantic turn‹, die paradigmatische Wende in der
Geschichte der deutschen Musik um 1800, maßgeblich von der Shakespeare-Be-
geisterung der Zeit ausgelöst wurde oder zumindest mit ihr einen wesentlichen Aspekt teilt.

   Entdeckte man vor allem in Deutschland an Shakespeare im Laufe des 18. Jahrhunderts lange Zeit einen vermeintlichen Bruch mit den drei aristotelischen Ein-
heiten und kritisierte dessen Umgang mit dem, was man das »Wahrscheinliche« der
Handlung nannte, insbesondere die Vielzahl verschiedener Geistererscheinungen,
so wird gerade dieser kritisierte Mangel schon für die Anhänger des Sturm und
Drang, um so mehr dann aber für die deutschen Romantiker zum Inbegriff einer
neuen Genie-Ästhetik. Der scheinbare Bruch mit den Regeln des Shakespeare-The-
aters wird zur Basis romantischer Dramenauffassung und Shakespeare zu einem der
zentralen Impulsgeber der deutschen Romantik.[3]

   Man denke nur an die Auffassung Ludwig Tiecks, der mit seinen Übersetzungen
und seinen dramentheoretischen Überlegungen einen der zentralen Beiträge zur
Shakespeare-Renaissance um 1800 geliefert hat, darunter die Übertragung und Abhandlung zum *Sturm*.[4] Bei Tieck geht es in dieser Abhandlung vornehmlich um
die Rechtfertigung des »Wunderbaren« im Shakespeare-Theater, um die dramaturgische Begründung insbesondere der Geistererscheinungen und ihrer »Wahrscheinlichkeit«. Bewirkt werde das bei Shakespeare – exemplifiziert am *Sturm* – durch
die »Darstellung einer ganzen wunderbaren Welt«, in der die Illusion nicht unter-
brochen wird und die »Wunder nicht ganz unwahrscheinlich erscheinen« (S. 7);

---

3   Vgl. dazu aus jüngerer Zeit unter anderem Julia Cloot: »Die Steigerung der theatralischen
    Illusion durch Musik. Anmerkungen zur Shakespeare-Rezeption der Romantiker«. In: Ge-
    sellschaft für Theatergeschichte (Hrsg.): Musik zu Shakespeare-Inszenierungen. Berlin 1999,
    S. 31–48.
4   Vgl. Ludwig Tieck: Der Sturm. Ein Schauspiel von Shakspear, für das Theater bearbeitet
    von Ludwig Tieck. Nebst einer Abhandlung über Shakspears Behandlung des Wunderbaren.
    Berlin u. a. 1796.

durch die »Mannichfaltigkeit der Darstellungen« (S. 17), wodurch »der Zuschauer nie auf irgend einen Gegenstand einen festen und bleibenden Blick heftet«, indem »der Dichter die Aufmerksamkeit beständig zerstreut und die Phantasie in einer gewissen Verwirrung erhält, damit seine Phantome nicht zu viele körperliche Consistenz erhalten, und dadurch unwahrscheinlich werden« (S. 21); ferner durch »das Komische« (S. 21), wodurch »der Dichter unsre Aufmerksamkeit [ebenfalls] zerstreut, und verhindert, daß wir nicht ein zu festes und prüfendes Auge auf die Wesen seiner Imagination heften« (S. 24); und schließlich »durch Musik« (S. 27): »Die Erfahrung wird jedermann überzeugt haben, wie sehr Gesang und Musik abentheuerliche Ideen und Vorfälle vorbereiten, und gewissermaßen wahrscheinlich machen. Die Phantasie wird durch Töne schon im voraus bestochen, und der strengere Verstand eingeschläfert; aus eben dieser Ursach erscheinen uns manche Zauber- und Feen-Mährchen als Operetten [gemeint sind kleinere Opern] noch ziemlich erträglich, die als Schauspiele den höchsten Grad unseres Widerwillens erregen würden« (S. 27f.). Shakespeare lässt »die Musik durch das ganze Stück [den *Sturm*] nicht verstummen, er kannte den Einfluß der Tonkunst auf die Gemüther zu sehr« (S. 28).

Musik erklärt Tieck zum geeigneten Mittel, das Übernatürliche – nicht nur in den Dramen Shakespeares – »wahrscheinlich« zu machen. Sie »markiert« nicht nur »den Übergang in die andere Welt«,[5] die Musik tritt auf *als* die andere Welt, als »Welt« des »Wunderbaren«.

Genau hierin liegt der zentrale Berührungspunkt, von dem die deutsche romantische Musikästhetik um 1800 ihren Ausgang nimmt. Man vernehme die bezeichnenden Bemerkungen in Wilhelm Wackenroders *Phantasien über die Kunst*, die Ludwig Tieck 1799 ergänzt und herausgegeben hatte:[6]

In der Instrumentalmusik […] ist die Kunst unabhängig und frei [im Gegensatz zur vokalen], sie schreibt sich nur selbst ihre Gesetze vor, sie phantasiert spielend und ohne Zweck, und doch erfüllt und erreicht sie den höchsten, sie folgt ganz ihren dunklen Trieben und drückt das Tiefste, das Wunderbarste mit ihren Tändeleien aus. Die vollen Chöre, […] sind der Triumph der Vokalmusik; der höchste Sieg, der schönste Preis der Instrumente sind die Symphonien. […] Diese Symphonien können ein so buntes, mannigfaltiges, verworrenes und schön entwickeltes Drama darstellen, wie es uns der Dichter nimmermehr geben kann; denn sie enthüllen in rätselhafter Sprache das Rätselhafteste, sie hängen von keinen Gesetzen der Wahrscheinlichkeit ab […], sie bleiben in ihrer rein poetischen Welt. […] Und dennoch schwimmen in den Tönen oft so

---

5   Vgl. Julia Cloot: »Die Steigerung der theatralischen Illusion durch Musik« (Anm. 3), S. 48.
6   Wilhelm Heinrich Wackenroder: Phantasien über die Kunst, für Freunde der Kunst. Hrsg. von Ludwig Tieck. Hamburg 1799 [neu hrsg. von Wolfgang Nehring. Stuttgart 1973].

individuell-anschauliche Bilder, so daß uns diese Kunst […] durch Auge und Ohr zu gleicher Zeit gefangennimmt.[7]

Hier fallen zentrale Stichwörter. Im Unterschied zu früher, aber auch zur zeitgenössischen Auffassung in Frankreich, ist es nicht (mehr) die Vokalmusik, der der ästhetische Führungsanspruch zuerkannt wird. Vielmehr wird gerade jene Musik zum Inbegriff von Kunst erklärt, die sich von jedem Einfluss ›von außen‹ frei macht und, ohne Leitung vor allem durch das Wort, nur ihren eigenen Kunstregeln folgt: die »reine« Instrumentalmusik. Die hier initiierte und dann ein Jahrhundert lang andauernde Debatte um die »Reinheit der Tonkunst« ist in die Musikgeschichtsschreibung als »Metaphysik der Instrumentalmusik« eingegangen.[8] Nur diese Kunst also, die »reine Musik«, vermöge in »rätselhafter Sprache das Rätselhafteste« und »Wunderbarste« zu enthüllen. Letzteres knüpft unmittelbar an die Bemerkungen zum Wunderbaren bei Tieck an, ebenso wie auch die Bemerkungen, diese Musik könne ein »mannigfaltiges, verworrenes und [doch] schön entwickeltes Drama« bieten, ein Drama, das sich in völliger Unabhängigkeit von den »Gesetzen der Wahrscheinlichkeit« entfalte.

Nebenbei gesagt: Der offensichtliche Widerspruch, der hier formuliert ist, der Widerspruch nämlich zwischen der Reinheitsforderung einerseits und der erkannten Befähigung der Tonkunst zur »dramatischen« »Enthüllung« des »Wunderbarsten« andererseits, diese fundamentale Antinomie wird zur Triebfeder einer bewegten Musikgeschichte und sollte um die Mitte des 19. Jahrhunderts im Streit um die »absolute Musik« eskalieren.

Besonders bezeichnend ist nun, dass als auslösendes Beispiel bei Wackenroder und Tieck eine »Symphonie«, das heißt in diesem Fall eine Schauspielouvertüre, zu Shakespeares *Macbeth* angeführt wird. »Trübe, nebelichte Heide«, »verworrene Hexenzirkel« vernehme man in ihr, »entsetzliche Stimmen«, den »magischen Tanz aller Gespenster« und am Schluss gar den »Triumphgesang der Verdammichten«. Dieses »wunderbar allegorische Tonstück« sei sogar »die poetischere Wiederholung« des Trauerspiels gewesen, so heißt es im Text, in der »das Schrecklichste und Schauderhafteste […] schon vorher größer und poetischer verkündigt« worden sei als im Drama selbst. Man müsse sie im Grunde zum Schluss spielen, um das Drama durch die Musik nicht vorweg zu nehmen.[9]

Diese – deutsche – Gründungsurkunde romantisch-metaphysischer Musikästhetik fußt also auf Shakespeare – Shakespeare als Inbegriff des romantischen Dramatikers, dessen Poetik im Kern eine musikalische ist: Musik als Ausdruck

---

7 Ebenda, S. 110f.
8 Vgl. unter anderem Carl Dahlhaus: »Metaphysik der Instrumentalmusik«. In: Ders.: Die Musik des 19. Jahrhunderts. Wiesbaden 1980, S. 73–79.
9 Wilhelm Heinrich Wackenroder: Phantasien über die Kunst (Anm. 6), S. 111f.

des »Wunderbaren«, jener Kategorie, die zum Wesen Shakespearescher Dichtung gehört; Musik als »Sprache des Rätselhaftesten« oder, so E. T. A. Hoffmann später, als »Sprache des Unaussprechlichen«, »die die Hebel des Schauers, der Furcht, des Entsetzens, des Schmerzes« bewege, und »jene unendliche Sehnsucht« erwecke, »die das Wesen der Romantik ist«.[10]

Mit Hoffmanns enthusiastischen und viel zitierten Äußerungen sind wir bei Beethoven; denn die Begeisterung für Beethoven, den neuen Stern am Himmel der Instrumentalmusik, ist durch das Erlebnis seiner Musik, insbesondere seiner *5. Symphonie*, ausgelöst – einer Musik, so »unergründlich wie Shakespeare, unergründlich wie die heilige Schrift«, wie es später heißt.[11] Schon in Hoffmanns Rezension dieses Werkes wird eine unmittelbare Seelenverwandtschaft zwischen Shakespeare und Beethoven hergestellt, der wie jener, »um Form und Auswahl der Gedanken unbesorgt, sich [nur] seinem Feuer und den augenblicklichen Eingebungen seiner Einbildungskraft« überlasse.[12] Das gleiche hatte man am »romantischen« Shakespeare entdeckt. Und so ist es nicht verwunderlich, dass Beethoven, dieser »allein rein romantische« Komponist,[13] dann kategorisch zum »Shakespeare der Musik« erklärt wird.

Seine *Coriolan*-Ouvertüre op. 62 von 1807 bezieht sich zwar nicht auf das Drama von Shakespeare, sondern auf das von Heinrich von Collin,[14] E. T. A. Hoffmann aber bedauert das in seiner Rezension von 1812 ausdrücklich: Der Rezensent müsse »gestehen, daß ihm Beethovens rein romantischer Genius der Collinschen, meist reflektierenden Poesie nicht ganz befreundet zu sein scheint«. Denn Beethovens Werk gehe weit über die Vorlage hinaus. »Der düstere, schauerliche Ernst der vorliegenden Komposition, die Grausen erregenden Anklänge aus einer unbekannten Geisterwelt, lassen mehr ahnen, als nachher [also im Drama selbst] erfüllt wird. Man glaubt wirklich, jene Geisterwelt […] werde im Stück näher treten, vielleicht Hamlets geharnischter Schatten über die Bühne schreiten, oder die verhängnisvollen Schwestern würden Macbeth in den Orkus hinabziehen.« Wenn es Beetho-

---

10 E. T. A. Hoffmann: »Sinfonie […] composée […] par Louis van Beethoven […] Oeuvre 67. No. 5 des Sinfonies« [1810]. In: Ders.: Schriften zur Musik. Nachlese. Hrsg. von Friedrich Schnapp. München 1963, S. 34–51, hier S. 36.

11 Aus der Konzertkritik einer Aufführung der 9. Symphonie in Hamburg, Neue Zeitschrift für Musik 4 (1836), S. 86.

12 E. T. A. Hoffmann: »Sinfonie […] composée […] par Louis van Beethoven […] Oeuvre 67. No. 5 des Sinfonies« (Anm. 10), S. 86f.

13 Ebenda, S. 86.

14 Der Titel der Originalausgabe von 1808 lautet: »Ouverture de Coriolan, Tragédie de Mr. de Collin«. Vgl. Georg Kinsky und Hans Halm: Das Werk Beethovens. Thematisch-bibliographisches Verzeichnis seiner sämtlichen vollendeten Kompositionen. München 1955, S. 151.

ven doch »gefiele, zu den, die Romantik im höchsten Sinn aussprechenden Trauer-spielen Shakespeares und Calderons Ouvertüren zu schreiben«.[15]

Ein Jahr später bemerkt ein Autor in der *Allgemeinen musikalischen Zeitung*, dass kein Dichter »wol noch das innerste Wesen der Musik so klar und tief durchblickt […] als eben Shakspere«, und glaubt, »die Wirkung dieser Werke der höchsten Poesie« würde aufs Äußerste gesteigert, »wenn Ouverturen, ganz in Sh.'s Geist ge-dacht, sie eröffneten […]! – Mit welcher gigantischen Kraft«, heißt es weiter, »wür-de uns Beethoven z. B. in einer Ouverture zum *Macbeth* in die Tiefen des Reiches der Finsternis hinab schauen lassen […]!«[16] Wir werden darauf zurückkommen.

Neben anderen stellt dann der Leipziger Philosoph und Musikschriftsteller Amadeus Wendt 1815 fest, unter den Komponisten sei nur Beethoven wie Shake-speare im Stande, »das Schauerlichste wie das Heiterste, das Stärkste und Traurigste, wie das Zarteste und Freudigste aus der menschlichen Brust hervorzuheben«, und erklärt Beethoven kurzer Hand zum »Shakespeare der Musik«.[17] Der Ausdruck wird zur gern wiederholten Redewendung in der weiteren Musikliteratur und die Ver-wandtschaft beider wird immer wieder thematisiert.[18]

Es ist übrigens bezeichnend für die musikästhetischen Debatten um 1800 und hier erwähnenswert, dass es – vor dem Beethoven-Erlebnis im frühen 19. Jahr-hundert – zunächst Mozart gewesen war, dem man wiederholt den Ehrentitel »Shakespeare der Musik« beigelegt hatte. Die Gründe dafür sind die gleichen wie bei Beethoven: Schon bei Mozart fanden die Zeitgenossen eine Musik vor, in der die »poetische Idee« jenseits der Sprache »des Librettos in die undurchdringliche Sprachlosigkeit der Musik« wandert. Vor allem am *Don Giovanni*, insbesondere am Finale der Oper, wurde dieser Gedanke exemplifiziert.[19] Nach dem Auftritt Beetho-vens verblasste dieses Mozartbild dann allerdings und man befand ausschließlich Beethoven dieses Titels für würdig.

---

15 E. T. A. Hoffmann: »Ouverture de Coriolan, Tragédie de Mr. de Collin […] par Louis van Beethoven« [1812]. In: Ders.: Schriften zur Musik (Anm. 10), S. 97–104, hier S. 97f.

16 Aus der Rubrik »Miscellen«, Allgemeine musikalische Zeitung 15 (1813), Sp. 805.

17 Amadeus Wendt: »Gedanken über die neuere Tonkunst, und van Beethovens Musik, nament-lich dessen *Fidelio*«, Allgemeine musikalische Zeitung 17 (1815), Sp. 345–353, Sp. 365–372, Sp. 381–389, Sp. 397–404, Sp. 413–420 und Sp. 429–436, hier Sp. 351 bzw. Sp. 402.

18 Vgl. Caldwell Titcomb: »Beethoven and Shakespeare«. In: John Knowles (Hrsg.): Critica mu-sica. Essays in Honor of Paul Brainard. Amsterdam 1996, S. 429–460; oder Peter Höyng: »›Shakespeare's Bruder‹. Beethovens Shakespeare-Rezeption und ihre unerhörten Folgen«. In: Roger Paulin (Hrsg.): Shakespeare im 18. Jahrhundert. Göttingen 2007, S. 119–139.

19 Vgl. unter anderem Marcus Erb-Szymanski: »Der Shakespeare der Musik. Das romantische Mozart-Bild um 1800«. In: Stefan Holitz und Marion Recknagel (Hrsg.): Musik und Bürger-kultur. Leipzigs Aufstieg zur Musikstadt. Leipzig 2007, S. 91–102, Zitat S. 96.

Machen wir hier einen Schnitt und schauen auf die weitere Entwicklung im 19. Jahrhundert, die sich ohne weiteres aus den exemplarisch geschilderten Anfängen herleiten lässt. Dass Shakespeare in der deutschen Musikgeschichte des 19. Jahrhunderts eine herausragende Rolle spielt, muss nicht eigens belegt werden. Die einschlägige Literatur spricht gar von grassierender »Shakespearomania«.[20] »A whole book might be written on the relationship between nineteenth-century ›Shakespearomania‹ and contemporary composers«, heißt es etwa in Jon Finsons Aufsatz zu »Schumann and Shakespeare«.[21] Ein solches Buch sollte tatsächlich in Angriff genommen werden! Es lohnt sich und es verwundert, dass es nicht längst vorliegt.

Allerdings ist auffällig, und auf diesen Gedanken wollen wir uns beschränken, dass die intellektuelle Beschäftigung mit Shakespeare zwar bei den meisten Komponisten eine wichtige Rolle spielte und dass alle ›ihren Shakespeare‹ wie selbstverständlich kannten und hochschätzten. Und nicht zu leugnen ist, dass es namhafte und kompositionsgeschichtlich bedeutende Shakespeare-Adaptionen auch im Bereich der Instrumentalmusik gibt.

Gerade aber in diesem Genre, das die frühe »romantische« Musikästhetik zum Inbegriff von Musik erklärt und zugleich – wie gezeigt – in derart unmittelbare Beziehung zu Shakespeare gesetzt hatte, – gerade hier steht die Produktion tatsächlich bedeutender Werke, die die Zeiten überdauert haben, in keiner Relation zur ungeheuren Popularität des Dramatikers.

Die Popularität drückt sich aus in der Vielzahl auch der Instrumentalwerke zu Shakespeare-Stoffen. Meine (zwar nicht vollständige, aber doch einigermaßen umfassende) Liste enthält mehr als 170 symphonische Werke, das heißt Konzertouvertüren (ohne Schauspielmusiken) sowie Symphonische Dichtungen, die im 19. Jahrhundert zu Stoffen von Shakespeare-Dramen entstanden (vgl. die Liste im Anhang dieses Artikels). Zu anderen großen Dichtern, etwa Goethe und Schiller, gibt es nicht annähernd so viele Instrumentalvertonungen (wenngleich eine genaue Übersicht noch nicht vorliegt).

Von diesen über 170 Werken aber können allenfalls ein knappes Dutzend als musikgeschichtlich herausragend oder wenigstens als heute noch bekannt bezeichnet werden.

---

20 Jon W. Finson: »Schumann and Shakespeare«. In: Ders. und R. Larry Todd (Hrsg.): Mendelssohn and Schumann. Durham 1984, S. 125–133, hier S. 125.

21 Ebenda.

Übersicht 1

Auswahl der bekanntesten symphonischen Kompositionen zu Stoffen von Shakespeare-Dramen

Komponist	Werk	Enst.	Druck
Mendelssohn, Felix	*Sommernachstraum*, op. 21	1826	1832
Berlioz, Hector	*Roi Lear*, op. 4	1831	1840
Schumann, Robert	*Julius Cäsar*, op. 128	1851	1855
Liszt, Franz	*Hamlet*	1858	1861
Smetana, Bedřich	*Richard III.*, op. 11	1858	1896
Gade, Niels W.	*Hamlet*, op. 37	1861	1862
Tschaikowski, Peter I.	*Roméo et Juliette* (3 Fassungen)	1869–1880	1871–1881
Tschaikowski, Peter I.	*La Tempête*, op. 18	1873	1877
Tschaikowski, Peter I.	*Hamlet*, op. 67	1888	1891
Strauss, Richard	*Macbeth*, op. 23 (3 Fassungen)	1888–1891	1891
Dvořák, Antonin	*Othello*, op. 51	1892	1894

Bis zum Auftreten Liszts, dessen Symphonische Dichtungen um die Jahrhundertmitte einen gravierenden musikhistorischen Einschnitt markieren, haben überhaupt nur drei instrumentale Shakespeare-Adaptionen bleibende Bedeutung: die Konzertouvertüren zum *Sommernachstraum* von Mendelssohn (1826), die zu *Roi Lear* von Berlioz (1831),[22] und die zu *Julius Cäsar* von Schumann (1851).[23]

Es ist zunächst bemerkenswert, dass die instrumentale »Shakespearomania« überhaupt erst 1826 ein bleibendes Werk hervorgebracht hat, nämlich die Ouvertüre zum *Sommernachstraum* des damals 17-jährigen Felix Mendelssohn Bartholdy, mit der zugleich das Gründungsdokument für eine neue Instrumentalgattung entstand: die von ihm sogenannte »Konzertouvertüre«. Dieses Werk ist musikhistorisch von ungemeiner Bedeutung. Es wurde sofort breit rezipiert und überwiegend enthusiastisch besprochen. Das betrifft auch seine Funktion als reines Konzertstück, das unabhängig von Oper oder Schauspiel den Dramenstoff oder Aspekte daraus rein instrumental umsetzt.

---

22 Die »Symphonie dramatique« *Roméo et Juliette* (1839) von Berlioz gehört nicht eigentlich hierher, da sie mit Vokalstimmen arbeitet und im Blick auf die Gattungszuordnung gleichsam zwischen Oper und Symphonie angesiedelt ist.

23 Es wäre wünschenswert, diese Werke einer näheren vergleichenden Untersuchung zu unterziehen. Im gegebenen Zusammenhang müssen wir uns allerdings auf einige wenige allgemeine Bemerkungen beschränken.

Aber die kompositionsgeschichtliche Resonanz ist erstaunlich zurückhaltend. Zum Beispiel entstand im 19. Jahrhundert, wie es aussieht, kein einziges weiteres symphonisches Werk zu dem Stoff. Zwar haben sich in der Mendelssohn-Nachfolge viele Komponisten von anderen Shakespeare-Dramen symphonisch anregen lassen, die Früchte dieser Bemühungen überdauerten jedoch kaum mehr als ein paar Jahre.

Übersicht 2

Konzertouvertüren zu Shakespeare-Stoffen in der Mendelssohn-Nachfolge

Komponist	Werk	Entst.	Druck
Hiller, Ferdinand	*Romeo und Julia*	1827	—
Eberwein, Traugott	*Macbeth*, op. 105	1828	—
Hiller, Ferdinand	*Der Sturm*	1829	—
Dorn, Heinrich	*Julius Cäsar*	[1829]	—
Rietz, Julius	*Der Sturm*, op. 14	1843	—
Hirschbach, Hermann	*Julius Cäsar*, op. 45	[<1845]	1858

Genannt seien unter anderem die beiden Konzertouvertüren zu *Romeo und Julia* (1827) und zum *Sturm* (1829) von Ferdinand Hiller,[24] einem Freund Mendelssohns und Berlioz' aus gemeinsamen Pariser Tagen; die Konzertouvertüre zu *Julius Cäsar* (1829) von Heinrich Dorn, dem Kompositionslehrer Schumanns; die zu *Macbeth* (1828) von Traugott Eberwein, der zum Weimarer Kreis zählte; die zum *Sturm* (1843) des Leipziger Gewandhaus-Dirigenten Julius Rietz oder die zu *Julius Cäsar* von Hermann Hirschbach, dem scharfzüngigen Kritiker der damals von Schumann geleiteten *Neuen Zeitschrift für Musik* (*NZfM*). Bis auf die Konzertouvertüre von Hirschbach blieben die Werke ungedruckt.[25]

Schon zuvor hatten weder Beethoven, noch Schubert, noch andere Komponisten von Rang sich instrumental an Shakespeare gewagt. Beethoven hatte sich

---

24 Bryan N. S. Gooch und David Thatcher (Hrsg.): A Shakespeare Music Catalogue (Anm. 2), Bd. 3, S. 1896 nennen eine »Ouvertüre zur Oper: *Was ihr wollt*«, die in der Tat laut Bericht in der Allgemeinen musikalischen Zeitung 38 (1836), Sp. 694, am 9. Oktober 1836 im Leipziger Gewandhaus als Konzertouvertüre aufgeführt wurde. Das Werk scheint eine Opernouvertüre zu sein und wurde deshalb in die vorliegende Übersicht nicht einbezogen. Im übrigen ist weder von der Ouvertüre noch von der Oper weiteres bekannt.

25 Hermann Hirschbach: »Ueber Compositionen von Ouverturen zu einigen Shakespeare'schen und Goethe'schen Dramen«, Neue Zeitschrift für Musik 58 (1863), S. 185f., war es übrigens auch, der öffentlich dazu aufrief, »Ouverturen zu einigen Shakespeare'schen und Goethe'schen Dramen« zu komponieren, da sie doch »dem Ouverture-Componisten Stoffe für die ausdruckvollsten musikalischen Charaktergemälde« böten.

zwar immer wieder mit dem Dramatiker befasst. Er besaß die von ihm viel gelesene Übersetzung von Eschenburg und scheint um 1810 tatsächlich mit dem Gedanken an eine *Macbeth*-Oper gespielt zu haben; auch von einer Oper zu *Romeo und Julia* war Anfang der 1820er-Jahre die Rede. Aber keiner der Pläne wurde realisiert, auch keine Shakespeare-Ouvertüre komponiert. Dafür aber glaubte die Nachwelt um so mehr, in Beethovens Instrumentalwerk Verarbeitungen verschwiegener Shakespeare-Stoffe entdecken zu können. Man denke an Anton Schindlers – fragwürdige – Mitteilung in seiner Beethoven-Biographie von 1840, wonach Beethoven ihm verraten habe, den »Schlüssel« zu den Klaviersonaten op. 31,2 und op. 57 solle er in Shakespeares *Sturm* suchen.[26] Beim langsamen Satz des Streichquartetts op. 18,1 soll Beethoven, einem Zeitgenossen zufolge, an die Grabszene in *Romeo und Julia* gedacht haben.[27] Zu zweifelhafter Berühmtheit gelangt sind auch Arnold Scherings Versuche aus den 1920er-Jahren, in zahlreichen Klaviersonaten und Streichquartetten Beethovens Umsetzungen Shakespeare'scher Dramen zu entdecken.[28] So haltlos diese Zuweisungen sind, so sehr künden sie von einer Rezeptionshaltung, die im »Shakespeare der Musik« zum Schlagwort konzentriert ist.

Oder Schubert: Er hat nur drei Lieder nach Texten von Shakespeare (in deutscher Übersetzung) vertont, sonst nichts.[29] Von Carl Maria von Weber haben wir zwar die Oper *Oberon*, die 1826 für London nach Shakespeares *Sommernachtstraum* entstanden ist, aber kein Instrumentalwerk zu Shakespeare. Selbst Mendelssohn, der Shakespeare zu seinen Lieblingsdichtern zählte und sich zeit seines Lebens intensiv mit dem Werk des Dramatikers beschäftigt hat, beließ es lediglich bei der Musik zum *Sommernachtstraum* (mit späterer Hinzufügung der Schauspielmusik); in Angriff genommene Opernpläne zum *Sturm* und zu *Hamlet* blieben unausgeführt, und Absichten zu weiteren Shakespeare-Ouvertüren scheint es nicht gegeben zu haben.

Allerdings ist in diesem Zusammenhang eines festzuhalten: Wie um 1800 eine Schauspiel-Ouvertüre zu einem Shakespeare-Stück den Beginn einer neuen Musikästhetik markierte, so wird die Auseinandersetzung mit einem Shakespeare-Werk Mitte der 1820er-Jahre erneut zum Auslöser einer historischen Wende, nämlich der Einführung der Konzertouvertüre durch Mendelssohn, und darüber hinaus sogar zum Impuls für einen neuen Weg der Instrumentalmusik insgesamt: Beethoven wurde für die Komponisten seiner Zeit und deutlicher noch für die späteren zum

---

26 Anton Schindler: Biographie von Ludwig van Beethoven. Münster 1840 [³1860], S. 221.
27 Vgl. Gustav Nottebohm: Zweite Beethoveniana. Nachgelassene Aufsätze. Leipzig 1887, S. 485.
28 Arnold Schering: Beethoven in neuer Deutung. Leipzig 1934.
29 »Trinklied« D 888 aus *Antonius und Cleopatra*, »Ständchen« (»Horch, horch«) D 889 aus *Cymbeline* und »Was ist Silvia« D 891 aus *Die beiden Veroneser*, alle kurz nacheinander 1826 entstanden.

belastenden Problem. Vor allem sein instrumentalmusikalisches Œuvre, insbesondere die Symphonien, Ouvertüren, Streichquartette und Klaviersonaten wurden zu unüberwindlichen Hürden kompositorischen Anspruchs. Die zeitgenössische Literatur diskutiert immer wieder, wie schwer es sei, nach Beethoven, dem »größte[n] Tondichter aller Zeiten«,[30] überhaupt noch mit Instrumentalwerken hervorzutreten. Wer nach Beethoven vor allem mit Symphonien auftreten wolle, unternehme nicht nur »Grosses«, sondern auch »Gefährliches […]. Die Beethoven'schen Kunstgebilde haben diese Musikgattung auf eine Höhe gestellt, über welche zu steigen kaum möglich seyn dürfte«, so 1833 der Musikschriftsteller und damalige Herausgeber der seinerzeit führenden *Allgemeinen musikalischen Zeitung*, Gottfried Wilhelm Fink.[31] Und Schumann ergänzt 1840, es sei »so oft und zum Verdruß der Komponisten gesagt worden, ›nach Beethoven abzustehen von sinfonistischen Plänen‹, und zum Teil auch wahr, daß außer einzelnen bedeutenderen Orchesterwerken […] das meiste andere nur mattes Spiegelbild Beethovenscher Weisen war«.[32] Ja, »es stand zu fürchten«, so Schumann schon fünf Jahre zuvor, dass insbesondere nach »der neunten Sinfonie von Beethoven, dem äußerlich größten vorhandenen Instrumentalwerke, […] Maß und Ziel erschöpft« gewesen seien. Und so habe sich Mendelssohn »Kron' und Zepter über die Instrumentalkomponisten des Tages« verdient, da er die kluge Idee hatte, diesem Druck auszuweichen, indem er mit »seinen Konzertouvertüren […] die Idee der Sinfonie in einen kleineren Kreis zusammendrängte«.[33]

Bekanntlich komponierte Mendelssohn zwischen 1826 und 1839 vier weitere Konzertouvertüren,[34] während die Symphonien, die in dieser Zeit entstanden, entweder nicht beendet oder verworfen wurden, bis schließlich 1840 der *Lobgesang* für Soli, Chor und Orchester – eine Vokalsymphonie[35] und ein Auftragswerk der Stadt Leipzig[36] – den Bann gebrochen hat.[37] So scheint Shakespeare auf die

30 So in einem Konzertbericht aus Köln, Neue Zeitschrift für Musik 2 (1835), S. 84–86, hier S. 85.

31 Gottfried Wilhelm Fink: »Deuxième Sinfonie à grand Orchestre. Oeuv. 28, in D par A. Hesse«, Allgemeine musikalische Zeitung 35 (1833), Sp. 861–864, hier Sp. 861.

32 Robert Schumann: »Die C-Dur-Sinfonie von Franz Schubert« [1840]. In: Ders.: Gesammelte Schriften über Musik und Musiker. 2 Bde. Hrsg. von Martin Kreisig. Leipzig ⁵1914. Bd. 1, S. 459–464, hier S. 461.

33 Robert Schumann: »Sinfonie von H. Berlioz« [1835]. In: ebenda, S. 69–90, hier S. 70.

34 Die Konzertouvertüren *Meeresstille und Glückliche Fahrt* (1828–1834), Die *Hebriden* (1829–1832), *Das Märchen von der schönen Melusine* (1833–1835) sowie *Ruy Blas* (1839).

35 Lobgesang. Eine Symphonie-Cantate nach Worten der heiligen Schrift. Leipzig 1841.

36 Zur 400-Jahrfeier der Erfindung der Buchdruckerkunst durch Gutenberg.

37 Die *Reformations-Sinfonie* entstand 1829–1832, wurde aber vom Komponisten verworfen; die *Italienische*, deren erste Fassung zwischen 1830 und 1833 entstand, hat Mendelssohn tiefgreifend umgearbeitet, diese Überarbeitung aber nie zu Ende gebracht; die *Schottische* geht schon auf Entwürfe von 1829 zurück, wurde aber erst 1842 – nach dem *Lobgesang* – fertig.

Entwicklung der Konzertouvertüre direkt und indirekt auch auf die Geschichte der Symphonie eingewirkt zu haben, dort mit Mendelssohns *Sommernachtstraum*-Ouvertüre, hier durch eine Probezeit und experimentelle Phase, die schließlich zur Überwindung der Beethoven-Hürde führte.

Bei Schumann ist ein ähnlicher Prozess erkennbar, der aber lebensgeschichtlich gleichsam umgekehrt verläuft. Schon als 20-Jähriger plante er eine *Hamlet*-Oper, und notierte kurz darauf Skizzen zu einer »Sinfonia per il Hamlet« in Es-Dur,[38] woraus aber nichts wurde. Und er notiert im Tagebuch, dass Shakespeare ihm wohl für eine Symphonie Anlass geben könnte: »Warum sollte es keine Opern ohne Text geben«. Damit meint er unmissverständlich eine der symphonischen Gattungen: Symphonie oder Ouvertüre.[39] Und weiter heißt es im Tagebuch: »In Shakespeare gibts viel für dich«.[40] 1838 nennt er die dritte der Novelletten op. 21 »Macbeth-Novellette« (Hexentanz). Ferner nimmt er für sein allererstes Lied im »Liederjahr« 1840 einen Shakespeare-Text.[41] Bei diesem einen aber bleibt es. Die einzige reali-sierte Instrumentalkomposition zu Shakespeare entsteht erst in Schumanns späten Jahren mit der Konzertouvertüre zu *Julius Cäsar* op. 128 von 1851. Die praktische und wissenschaftliche Rezeption hat das Werk lange Zeit zu den weniger gelun-genen gezählt.

Bei Mendelssohn wurde also Shakespeare zum Auslöser, auf den er komposito-risch nie zurückkam, bei Schumann zum späten Resultat einer langen Auseinan-dersetzung.

Auch Wagner hat sich zeitlebens und intensiv mit Shakespeares Werk beschäf-tigt. Als »Erbe Beethovens«, wie er sich musikhistorisch gern einordnete, entdeckte Wagner sogleich die ›Urverwandtschaft‹ zwischen Beethoven und Shakespeare,[42]

---

38 Vgl. dazu vor allem Joachim Draheim: »Schumann und Shakespeare«, Neue Zeitschrift für Musik 142 (1981), S. 237–244 und Jon W. Finson: »Schumann and Shakespeare« (Anm. 20).

39 E. T. A. Hoffmann: »Sinfonie […] par Witt. No. 5« [1809], wieder in: Ders.: Schriften zur Musik (Anm. 10), S. 19–23, hier S. 19, hatte die Symphonie 1808 die »Oper der Instrumen-te« genannt.

40 Robert Schumann: Tagebücher. 3 Bde. Bd. 1 hrsg. von Georg Eismann, Bd. 2 und 3 hrsg. von Gerd Nauhaus. Leipzig 1971–1987. Bd. 1, S. 411.

41 »Als ich ein winzig Bübchen war«, Schlusslied des Narren aus *Was ihr wollt*, publiziert die Vertonung aber erst 1854 als op. 127,5.

42 Der Vergleich Shakespeare/Beethoven kommt bei Wagner immer wieder vor. Dabei wird Shakespeare zum Auslöser für Beethovens neuen Weg erklärt und Beethoven zum »Erlöser« des Dichters; zum Beispiel Richard Wagner: »Das Kunstwerk der Zukunft« [1849], in: Ders.: Sämtliche Schriften und Dichtungen. Volks-Ausgabe. 16 Bde. Leipzig ⁶1911, Bd. 3, S. 42–177, hier S. 110: »Die Tat des alleinigen Shakespeare, die ihn zu einem allgemeinen Men-schen, zum Gott machte, ist doch nur die Tat des einsamen Beethoven, die ihn die Sprache der künstlerischen Menschen der Zukunft finden ließ: erst wo diese beiden Prometheus' – Shakespeare und Beethoven – sich die Hand reichen […], – erst da wird, in der Gemeinschaft aller seiner Kunstgenossen, auch der Dichter seine Erlösung finden.«

mithin auch die seine. Zwar ist die frühe Oper *Liebesverbot* nach Shakespeares *Maß für Maß* konzipiert. Aber ein Instrumentalwerk, das Wagner offenbar zu *Romeo und Julia* geplant zu haben scheint, wie unter anderem Skizzen aus dem Jahr 1868 zeigen,[43] ist nicht realisiert worden.

Liszt schließlich setzt fort, was sein Freund Berlioz in den 1830er-Jahren begonnen hatte: die Einführung dessen, was in die Geschichte als »Programmmusik« einging und was dann von Liszt selbst die bessere Bezeichnung »Symphonische Dichtung« erhielt. Liszts gigantisches Weimarer Kompositionsprojekt einer »Weltliteratur der Musik«, in dem vor allem die ›Weimarer‹ Goethe, Schiller und Herder, aber auch Dante und Victor Hugo versammelt sind, greift auch ein Werk Shakespeares auf: *Hamlet*, Symphonische Dichtung von 1858, ein düsteres Werk, dessen radikale Modernität die Zeitgenossen zutiefst verunsicherte, das aber gleichwohl – wie auch die übrigen Symphonischen Dichtungen Liszts – den nachfolgenden Generationen die Furcht vor einer Instrumentalmusik nahm, deren »Reinheit« trotz programmatischer Überschriften nicht tangiert war, sondern im Gegenteil – wie schon bei Mendelssohn und Schumann – der allgemeinen Forderung nach »poetischer« Musik Rechnung trug, nur bei weitem radikaler.

Aus der Liszt-Nachfolge sind im Grunde nur zwei Werke bleibender musikhistorischer Bedeutung zu nennen: die Symphonische Dichtung *Richard III.* (1857/58) des Liszt-Verehrers Bedřich Smetana und Richard Strauss' Tondichtung *Macbeth* (1886–88). Darüber hinaus gibt es einige wenige Werke, die ganz in der Tradition Mendelssohns und Schumanns stehen, etwa die Konzertouvertüre *Hamlet* (1860/61) des Mendelssohn-Freundes Niels W. Gade oder die Fantasie-Ouvertüren zum *Sturm* (1873), zu *Hamlet* (1888) und *Romeo und Julia* (drei Fassungen 1869–80) von Tschaikowski sowie die späte Konzertouvertüre *Othello* (1891/92) des Brahms-Verehrers Dvořák.

Alle anderen der zahlreichen Shakespeare-Kompositionen sind, wie gesagt, heute mehr oder weniger vergessen, viele wurden gar nicht erst gedruckt, viele, wenn überhaupt, nur ein- oder ein paar Mal aufgeführt.

Nochmals: Es ist bemerkenswert, dass angesichts der Bedeutung der reinen Instrumentalmusik für die deutsche Geschichte der Musik und der ungebrochenen Shakespeare-Verehrung auch unter den Komponisten des 19. Jahrhunderts in Deutschland nicht mehr Werke dieses Genres die unmittelbare Entstehungszeit überdauert haben. Außerdem ist bemerkenswert, dass die Komponisten sich überwiegend nur einmal dazu haben durchringen können, Shakespeare in einer Ouver-

---

43 Curt von Westernhagen: Richard Wagner. Sein Werk, sein Wesen, seine Welt. Zürich 1956, S. 56f.

türe oder Symphonischen Dichtung zu vertonen. Andauernde Auseinandersetzung ja, aber tatsächlich Umsetzung: einmalig.

Wagen wir eine These: Es scheint auf der Hand zu liegen, dass es mit der Vertonung von Shakespeare-Stoffen doch nicht ganz so einfach war – jedenfalls für die Skrupulöseren unter den Komponisten: wie Beethoven, Mendelssohn, Schumann, Liszt etc., von denen wir wissen, dass ihre ästhetische Grundhaltung nicht aufs Tagesgeschäft und auf Gelegenheitsarbeiten ausgerichtet war.

Das Schwierige an Shakespeares Dramen – so musik-affin sie erscheinen und so viel Musik sie selbst enthalten – das Schwierige dürfte dann doch in der Beobachtung gelegen haben, dass – bei genauerer Kenntnis und differenzierter Beschäftigung der Komponisten mit dem Dramatiker – die Komplexität der Handlung und die Vielfalt der Figuren, einschließlich der übernatürlichen, sowie Shakespeares Grundzug zu ironischen Brechungen gerade in einem rein instrumentalen, symphonischen Werk nur sehr schwer überzeugend zu transformieren sind, und zwar in einer Musik, die nicht der Handlung nachfolgen sollte wie in einer Oper, sondern dasjenige daran umzusetzen hat, was Liszt als »philosophische Epopöe« bezeichnete, die jenen zentralen Aspekt des Dramas (oder eines Sujets) meint, der ihr als »verschwiegene Handlung« zu Grunde liege und gerade das Rein-Musikalische an ihm ausmache.[44]

Dieser Schwierigkeit haben sich nur wenige ernsthaft gestellt. Man denke nur an E. T. A. Hoffmanns Bemerkung über Beethovens *Coriolan*-Ouvertüre, in der man weniger Collins »reflektierende Poesie« als vielmehr Shakespeares »Geisterwelt« gehört habe. Diese Projektion, aus der man, wie geschehen, Beethovens versteckte Shakespeare-Adaption herleiten mag,[45] kann aber auch als ein Anspruch gelesen werden, dem der Komponist nicht glaubte gerecht werden zu können. Er hätte zum Shakespeare'schen *Coriolanus* greifen können, denn die Übersetzung von Eschenburg lag ihm ja vor. Er tat es jedoch nicht, wie sich viele andere Komponisten später offenbar ebenfalls schwertaten mit der rein-instrumentalen Umsetzung eines Shakespeare-Dramas. Umso bewundernswerter ist dann Mendelssohns Coup Mitte der 1820er-Jahre, nämlich eine Konzertouvertüre zu schreiben, in der es dem Komponisten gelang, Shakespeares *Sommernachtstraum* auf wenige, gleichwohl zentrale und zugleich ›musikable‹ Aspekte zusammenzudrängen und symphonisch zu konzentrieren, nämlich auf die märchenhaften Züge einer glücklichen Erlösung aus Liebeswirren, angereichert durch den burlesken Kontrast eines tollpatschigen Puck.

---

44 Franz Liszt: »Berlioz und seine Haroldsymphonie«, Neue Zeitschrift für Musik 43 (1855), S. 52–54.

45 Vgl. dazu unter anderem Lawrence Kramer: »The Strange Case of Beethoven's *Coriolan*: Romantic Aesthetics, Modern Subjectivity, and the Cult of Shakespeare«, Musical Quarterly 79 (1995), S. 256–280.

Vielleicht hatte Goethe recht, wenn er Shakespeare schon 1771 emphatisch zurief: »Er wetteiferte mit dem Prometheus, bildete ihm Zug vor Zug seine Menschen nach, nur in *Kolossalischer Größe*«.[46] – An dieser »kolossalischen Größe« sich zu messen, haben viele versucht, gelungen ist es nur wenigen – diesen aber (überwiegend) besonders eindrucksvoll.

---

46 Johann Wolfgang von Goethe: »Zum Shäkespears Tag« [1771]. In: Ders.: Sämtliche Werke nach Epochen seines Schaffens. Münchner Ausgabe. Hrsg. von Karl Richter u. a. Bd. 1.2: Der junge Goethe 1757–1775. Hrsg. von Gerhard Sauder. München 1987, S. 411–414, Zitat S. 414.

Anhang: Konzertouvertüren und Symphonische Dichtungen des 19. Jahrhunderts zu Stoffen von Shakespeare-Dramen [*]

Nr.	Drama[1]	Komponist	Werk[2]	Entsthg.[3]	Druck[4]
1	A Midsummer Night's Dream	Mendelssohn Bartholdy, Felix	*Konzertouvertüre zu Shakespeares* Sommernachts-traum, op. 21	1826	1832
2	Antony and Cleopatra	d'Indy, Vincent	Ouverture d'Antoine et Cléopâtre, op. 6	1876	-
3	Antony and Cleopatra	Normann, Ludvig	Ouverture til Shakespeare's Antonius och Cleopatra, op. 57	1881	1888
4	Antony and Cleopatra	Potter, Cipriani	Overture to Shakespear's Play Antony & Cleopatra	1835	1984
5	Antony and Cleopatra	Rubinstein, Anton G.	Ouverture de la tragédie Antonius et Cléopâtre, op. 116	[1890]	1890
6	Antony and Cleopatra	Smyth, Ethel M.	[Konzertouvertüre]	[1890]	-
7	As You Like It	Lucas, Clarence	Overture to Shakespeare's Comedy As You Like It, op. 35	1899	[1899]
8	As You Like It	Paine, John Knowles	Ouverture to Shakespeare's As You Like It, op. 28	[1876]	1907

---

[*]   Zusammengestellt nach Bryan N. S. Gooch und David Thatcher: A Shakespeare Music Catalogue (Anm. 2). Ergänzt durch Bärbel Pelker: Die deutsche Konzertouvertüre von 1825 bis 1865. Werkkatalog und Rezeptionsdokumente. 2 Bde. Frankfurt 1993; Wilhelm Altmann: Orchester-Literatur-Katalog. Verzeichnis von seit 1850 erschienenen Orchesterwerken. Leipzig ²1926; Hofmeister XIX (http://www.hofmeister.rhul.ac.uk); sowie nach Ludwig Finscher (Hrsg.): Musik in Geschichte und Gegenwart. Personenteil. 17 Bde. Kassel ²1999–2007.

1   Die Shakespeare-Werke werden hier der Übersichtlichkeit halber nach dem Shakespeareschen Originaltitel zitiert. Die Werktitel der Kompositionen weichen in der Regel davon ab.

2   Werk in [ ] = kein genauer Titel bekannt.

3   Entstehungsdaten in [ ] = vermutlich.

4   Druckdaten in [ ] = vermutlich; ein Strich (-) = ungedruckt.

Nr.	Drama	Komponist	Werk	Entsthg.	Druck
9	As You Like It	Pierson, Henry H.	[Konzertouvertüre]	≤1874	-
10	As You Like It	Thomas, Harold	[Konzertouvertüre]	≤1864	-
11	As You Like It	Truhn, Friedrich H.	[Konzertouvertüre]	[1855]	-
12	Coriolanus	Weber, Bernhard A.	[Konzertouvertüre]	<1822	-
13	Cymbeline	Banister, Henry Ch.	[Konzertouvertüre]	[1851]	-
14	Cymbeline	Bennett, George J.	Leonatus and Imogen	[1895]	-
15	Cymbeline	Dietrich, Albert H.	Ouvertüre zu Shakespeares Cymbeline, op. 38	1873	1884
16	Cymbeline	Messer, Franz J.	Ouverture zu Shakespeare's König Cymbeline	≤1845	-
17	Cymbeline	Potter, Cipriani	Overture to Shakespeare's Play Cymbeline	1836	-
18	Cymbeline	Schaefer, Albert	Ouvertüre zu Shakespeares Cymbeline, op. 28	1885	-
19	Hamlet	Bach, Emanuel	[Konzertouvertüre]	[1871]	1882
20	Hamlet	Bersa, Blagoje	[Symphonische Dichtung] Amleto, op. 23	1897	-
21	Hamlet	Bischoff, Kaspar J.	[Konzertouvertüre]	1847	-
22	Hamlet	Bourgault-Ducoudray, Louis-Albert	L'Enterrement d'Ophélie. Pièce	1877	[1889]
23	Hamlet	Fistoulari, Gregor	[Symphonische Dichtung]	1900?	-
24	Hamlet	Gade, Niels W.	Hamlet. Konzertouvertüre, op. 37	1861	1862
25	Hamlet	German, Edward	Hamlet. Symphonic poem [in fünf Sätzen: Night, Hamlet, Ophelia, The King, Death of Ophelia]	1897	vor 1905
26	Hamlet	Grimm, Julius O.	[Konzertouvertüre]	≤1854	-
27	Hamlet	Hirschbach, Hermann	Ouvertüre Nr. 4 zu Shakespeares Hamlet, op. 41	1837	1856
28	Hamlet	Hopfe, Heinrich J.	[Konzertouvertüre]	[<1861]	-
29	Hamlet	Joachim, Joseph	Ouverture zu Hamlet, op. 4	1853	1854

Nr.	Drama	Komponist	Werk	Entsthg.	Druck
30	*Hamlet*	Liszt, Franz	*Hamlet. Symphonische Dichtung*	1858	1861
31	*Hamlet*	Macdowell, Edward A.	*Hamlet. Ophelia. Zwei Gedichte*, op. 22	≤1885	1885
32	*Hamlet*	Macfarren, George A.	*Overture Hamlet*	1856	-
33	*Hamlet*	Mathias, Georges	*Ouverture D'Hamlet*, op. 23	[1855]	-
34	*Hamlet*	Moody, Marie	[Konzertouvertüre]	ca. 1889?	-
35	*Hamlet*	Queisser, Carl Theodor	[Konzertouvertüre]	[1838]	-
36	*Hamlet*	Reinecke, Carl	[Konzertouvertüre]	≤1853	-
37	*Hamlet*	Schreiner, Adolf D.	[Konzertouvertüre]	<1895	-
38	*Hamlet*	Seyler, Joseph A.	*Ouvertüre zum Trauerspiel Hamlet*	<1828	-
39	*Hamlet*	Tschaikowski, Peter I.	*Fantasie-Ouvertüre Hamlet*, op. 67	1888	1891
40	*Julius Caesar*	Bülow, Hans von	*Ouverture héroique de la Tragédie* Jules César de Shakespeare, op. 10	1851	1867
41	*Julius Caesar*	Dorn, Heinrich L.E.	[Konzertouvertüre]	[1829]	-
42	*Julius Caesar*	Draeseke, Felix	[Konzertouvertüre]	1854	-
43	*Julius Caesar*	Draeseke, Felix	[Symphonische Dichtung]	1860	-
44	*Julius Caesar*	Falchi, Stanislao	*Overtura alla tragedia* Giulio Cesare di Shakespeare	≤1881	1882
45	*Julius Caesar*	Fischbach, Hermann[5]	[Konzertouvertüre]	1855	-
46	*Julius Caesar*	Gruenwald, R.	[Konzertouvertüre], op. 133	≤1891	1891
47	*Julius Caesar*	Hirschbach, Hermann	*Ouvertüre Nr. 5 zum Trauerspiel* Julius Caesar von Shakespeare, op. 45	[<1845]	1858

5   Bei Gooch und Thatcher (s. o.) deest. Angabe nach Alexander Reischert: Kompendium der musikalischen Sujets. 2 Bände. Kassel 2001, Bd. 1, S. 226.

Nr.	Drama	Komponist	Werk	Entsthg.	Druck
48	*Julius Caesar*	Kramm, Georg[6]	[Symphonische Dichtung]	1887	-
49	*Julius Caesar*	Kullak, Franz	*Ouvertüre zu Julius Caesar*	1864	-
50	*Julius Caesar*	Ludwig, M.	[Konzertouvertüre]	≤1861	-
51	*Julius Caesar*	Pierson, Henry Hugo	[Konzertouvertüre]	≤1873	-
52	*Julius Caesar*	Rehfeld, Fabian	[Konzertouvertüre]	≤1860	-
53	*Julius Caesar*	Rubenson, Albert	[Konzertouvertüre]	1859	-
54	*Julius Caesar*	Schaper, Gustav[7]	[Symphonische Dichtung]	1887	-
55	*Julius Caesar*	Schumann, Robert	*Ouvertüre zu Shakespeare's Julius Cäsar*, op. 128	1851	1855
56	*Julius Caesar*	Tobias, Rudolf	*Uvertiura Iulii Tsezar*	1896	-
57	*King Henry IV*	Joachim, Joseph	*Ouvertüre zu Shakespeares Heinrich IV.*, op. 7	1854	1903
58	*King Henry V*	Macfarren, Walter C.	[Konzertouvertüre]	ca. 1881	-
59	*King John*	Radecke, Robert	*Ouvertüre zu Shakespeare's König Johann*, op. 25	≤1860?	1860
60	*King Lear*	Balakirew, Mili	*Ouvertüre zu Shakespeares Tragödie König Lear*	1859	1903
61	*King Lear*	Bazzini, Antonio	*Re Lear*, op. 68	≤1871	1874
62	*King Lear*	Berlioz, Hector	*Grande Ouverture du Roi Lear*, op. 4	1831	1840
63	*King Lear*	Fendrich, Carl	[Konzertouvertüre]	≤1862	-
64	*King Lear*	Geyer, Flodoart A.	*Ouvertüre zu Shakespeares König Lear*, op. 11	≤1844	1844
65	*King Lear*	Heidingsfeld, Ludwig	*König Lear. Dramatische Dichtung in drei Sätzen mit Bezug auf die Shakespearesche Tragödie*, op. 8	≤1887	1887

6   Ebenda.
7   Ebenda.

Nr.	Drama	Komponist	Werk	Entsthg.	Druck
66	*King Lear*	Leidgebel, Amandus L.	[Konzertouvertüre]	≤1851	-
67	*King Lear*	Moody, Marie	*Concert-Ouvertüre zu König Lear*	≤1889	[1889]
68	*King Lear*	Richter, Ernst Fr.	[Konzertouvertüre]	≤1843	-
69	*King Lear*	Schulz-Beuthen, Heinrich	*Sinfonie VI. König Lear*	ca. 1862	-
70	*King Lear*	Weber, Gustav	*Ouvertüre zu Shakespeares König Lear*	1864	-
71	*King Lear*	Weingartner, Felix	*König Lear. Symphonische Dichtung*, op. 20	≤1896	1897
72	*King Richard III*	Costa, Allessandro	*Preludio per Riccardo III di Shakespeare*	≤1897	-
73	*King Richard III*	German, Edward	*Overture to Shakespeare's Richard III*	1889	1902
74	*King Richard III*	Goerner, Carl	*Grosse Simphonie zu Shakespeares Richard der Dritte*, op. 13	187?	-
75	*King Richard III*	Rosenfeld, Isidor	*Ouvertüre zu Shakespeares Richard III*, op. 26	ca. 1860	1873
76	*King Richard III*	Smetana, Bedřich	*Richard III. Symphonische Dichtung*	1858	1896
77	*King Richard III*	Titl, Anton Emil	*Ouvertüre zu dem Schauspiel Richard III*	≤1852	1884
78	*King Richard III*	Volkmann, Robert	*Ouvertüre zu Shakespeare's Richard III*, op. 68	1870	1871
79	*King Richard III*	Wohlers, Heinrich	[Konzertouvertüre]	≤1860	-
80	*King Richard III*	Zitterbart, Fidelis	*Richard III*	[1898]	-
81	*Love's Labour's Lost*	Cusins, William G.	*Love's Labour's Lost (after Shakespeare)*	≤1875	[1875]
82	*Macbeth*	Bierey, Gottlob B.	[Konzertouvertüre]	<1841	-
83	*Macbeth*	Brüll, Ignaz	*Ouvertüre zu Macbeth*, op. 46	≤ca. 1866	ca. 1866
84	*Macbeth*	de Hartog, Eduard	[Konzertouvertüre]	ca. 1860	-
85	*Macbeth*	Dupuis, Sylvain	[Symphonische Dichtung]	<1900	[1913]
86	*Macbeth*	Eberwein, Traugott	*Ouvertüre zu Shakespeare's Trauerspiel Macbeth*	1828	-

Nr.	Drama	Komponist	Werk	Entsthg.	Druck
87	*Macbeth*	Fry, William Henry	*Overture to Macbeth*	1862	-
88	*Macbeth*	Henkel, Georg Andreas	[Konzertouvertüre]	≤1834	-
89	*Macbeth*	Kelley, Edgar St.	*The Defeat of Macbeth*	1882	-
90	*Macbeth*	Klauwell, Otto	*Sinfonische Einleitung zu Shakespeare's Macbeth*	1879?	-
91	*Macbeth*	Lucas, Clarence	*Overture to Shakespeare's Tragedy Macbeth*, op. 39	≤ca. 1900	[1900]
92	*Macbeth*	Mielck, Ernst	[Konzertouvertüre]	1896	-
93	*Macbeth*	Müller (von Weißensee), Carl	[Konzertouvertüre]	≤1853	-
94	*Macbeth*	Oberthür, Karl	*Macbeth Overture*, op. 60	≤1852	1852
95	*Macbeth*	Pierson, Henry H.	*Macbeth (von Shakespeare)*, op. 54	1859	[1874]
96	*Macbeth*	Raff, Joachim	*Orchester-Vorspiel zu Shakespeare's Macbeth*	[1879]	1891
97	*Macbeth*	Reichardt, Johann Friedrich	*Die Hexenscenen, aus Schakespears Macbeth. Ouverture*	1787	-
98	*Macbeth*	Sitt, Hans	*Ouvertüre zu Macbeth*	1871	-
99	*Macbeth*	Skelitti, G? de	*Macbeth. Tragédie par Shakespeare*, op. 9	1852	1853
100	*Macbeth*	Spohr, Louis	*Ouverture de la Tragédie: Macbeth*, op. 75	1825	[1827]
101	*Macbeth*	Strauss, Richard	*Macbeth*, op. 23	1891	1891
102	*Macbeth*	Sullivan, Arthur S.	*Macbeth Overture*	[1888]	[1893]
103	*Macbeth*	Thorley, W. H.	[Symphonische Dichtung]	ca. 1899	-
104	*Much Ado About Nothing*	German, Edward	*Ouverture to Much Ado About Nothing*	1898	1898
105	*Othello*	Claussen, Wilhelm	[Konzertouvertüre]	vor 1870	-
106	*Othello*	Dvořák, Antonin	*Liska (Othello)*, op. 91	1892	1894
107	*Othello*	Fibich, Zdenek	*Othello. Symphonische Dichtung*	1873	[1873]

Nr.	Drama	Komponist	Werk	Entsthg.	Druck
108	*Othello*	Klein, Karl August von	*Ouverture sur le Sujet d'Othello*	1829	1833
109	*Othello*	Krug, Arnold	Symphonischer Prolog zu Shakespeare's Othello, op. 27	≤1884	[1884]
110	*Othello*	Lucas, Clarence	[Konzertouvertüre], op. 33 oder 34?	[1898?]	-
111	*Othello*	Macfarren, Walter C.	[Konzertouvertüre]	≤1896	-
112	*Othello*	Machts, Carl	[Konzertouvertüre]	[<1873]	ca. 1885
113	*Othello*	Moody, Marie	[Konzertouvertüre]	ca. 1889?	1889
114	*Othello*	Müller (von Weißensee), Carl	Ouvertüre zu Shakespeares Othello, op. 2	≤1842	1842
115	*Othello*	Pätzold, Hermann	[Konzertouvertüre]	≤1857	-
116	*Othello*	Raff, Joachim	Orchester-Vorspiel zu Shakespeare's Othello	1879	-
117	*Othello*	Reinthaler, Carl	Ouvertüre zum Trauerspiel Othello	1849	-
118	*Othello*	Ritter, Frédéric Louis	[Konzertouvertüre]	≤1867	-
119	*Othello*	Siboni, Erik A.V.	Ouvertüre til Shakespeare's Othello	1877	-
120	*Othello*	Taubert, Karl G. W.	[Konzertouvertüre]	≤1831	-
121	*Othello*	Voigt, Friedrich W.	Ouvertüre zu Shakespeare's Othello	1855	-
122	*Romeo and Juliet*	Bargiel, Woldemar	Ouvertüre zu einem Trauerspiel, op. 18 [Ms: Ouverture zu Romeo und Julie]	1856	1859
123	*Romeo and Juliet*	Dvořák, Antonin	Romeo und Julia. Ouvertüre	1873	-
124	*Romeo and Juliet*	Freudenberg, Wilhelm	Ouvertüre und Zwischenakts-Musik zu Shakespeare's Romeo und Julia	≤1861	1864
125	*Romeo and Juliet*	Hiller, Ferdinand	[Konzertouvertüre]	1827	-
126	*Romeo and Juliet*	Holmes, Alfred	[Programmsymphonie]	vor 1877	-
127	*Romeo and Juliet*	Hopfe, Heinrich Julius	[Konzertouvertüre]	≤1863	-

Nr.	Drama	Komponist	Werk	Entsthg.	Druck
128	Romeo and Juliet	Ilinski, Janos	Ouverture pour la Tragédie: Roméo et Juliette, op. 19	[≤1838]	[1838]
129	Romeo and Juliet	Kliebert, Karl	Concert-Ouvertüre (Romeo und Julia), op. 5	[≤1886]	[1886]
130	Romeo and Juliet	Macfarren, George A.	Overture to Shakespeare's Romeo & Juliet	1836	[1838]
131	Romeo and Juliet	Marxsen, Eduard	[Konzertouvertüre]	ca. 1837	-
132	Romeo and Juliet	Pierson, Henry Hugo	Concert-Ouvertüre Romeo und Julie, op. 86	1867	[1874]
133	Romeo and Juliet	Raff, Joachim	Orchester-Vorspiel zu Shakspeare's Romeo und Julia	1879	1891
134	Romeo and Juliet	Schlottmann, Louis	Ouvertüre zu Shakespeares Romeo und Julia, op. 18	≤1864	[1867]
135	Romeo and Juliet	Svendsen, Johan S.	Romeo und Julia. Fantasie-Ouvertüre, op. 18	1876	1880
136	Romeo and Juliet	Truhn, Friedrich	[Konzertouvertüre]	≤1886 [†]	-
137	Romeo and Juliet	Tschaikowski, Peter I.	Fantasie-Ouvertüre Roméo et Juliette (3 Fassungen)	1869–80	1871–81
138	Romeo and Juliet	Vierling, Georg	[Konzertouvertüre]	≤1849	-
139	The Comedy of Errors	Rheinberger, Joseph	Ouvertüre in C-Dur zu Shakespeares Komödie der Irrungen	1857	-
140	The Merchant of Venice	Macfarren, George A.	Overture to Shakespeare's Merchant of Venice	1832	[1835]
141	The Merry Wives of Windsor	Bennett, William St.	[Konzertouvertüre]	1834	-
142	The Merry Wives of Windsor	Damcke, Berthold	Ouverture, les Joyeuses Commères de Windsor	≤1841	-
143	The Merry Wives of Windsor	Hopfe, Heinrich Julius	[Konzertouvertüre]	≤1852	-
144	The Merry Wives of Windsor	Oberholzer, Otto	[Konzertouvertüre]	1885	-
145	The Merry Wives of Windsor	Titl, Anton Emil	Ouvertüre zu den Lustigen Weibern von Windsor, op. 16	≤1840	1840
146	The Taming of the Shrew	Damcke, Berthold	[Konzertouvertüre]	1840	-

Nr.	Drama	Komponist	Werk	Entsthg.	Druck
147	*The Taming of the Shrew*	Goetz, Hermann	[Konzertouvertüre]	1872	1875
148	*The Taming of the Shrew*	Rheinberger, Joseph	Ouvertüre zu Shakespeare's Zähmung der Widerspenstigen, op. 18	1868	1874
149	*The Tempest*	Benedict, Julius	Overture to Shakespeare's play The Tempest, op. 77	ca. 1872	ca. 1872
150	*The Tempest*	Bennett, William St.	[Konzertouvertüre]	1832	-
151	*The Tempest*	Corder, Frederik	Prospero	ca. 1885	1888
152	*The Tempest*	Fibich, Zdenek	Der Sturm. Symphonisches Stimmungsbild, op. 46	1880	1896
153	*The Tempest*	Hiller, Ferdinand	[Konzertouvertüre]	1829	-
154	*The Tempest*	Paine, John Knowles	Symphonic Poem: Shakespeares Tempest, op. 31	[1876]	1907
155	*The Tempest*	Potter, Cipriani	Overture to The Tempest	1837	-
156	*The Tempest*	Raff, Joachim	Orchester-Vorspiel zu Shakespeares Sturm	1879	-
157	*The Tempest*	Rietz, Julius	Ouvertüre zu Shakespeares Sturm, op. 14	1843	1845
158	*The Tempest*	Taubert, Karl G.W.	Der Sturm von Shakespeare. Ouvertüre op. 134	≤1855	1863
159	*The Tempest*	Tschaikowski, Peter I.	La Tempête, op. 18	1873	1877
160	*The Tempest*	Vierling, Georg	Ouvertüre zu Shakespeares Sturm, op. 6	[ca 1845]	1851
161	*The Tempest*	Wulff, Christian N.	Overture til the Tempest, op. 36	1840	-
162	*The Two Gentlemen of Verona*	Street, Joseph	Ouvertüre zu Shakespeares Die beiden Veroneser, op. 8	≤1858	1858
163	*The Winter's Tale*	Barnett, John Francis	The Winter's Tale. Overture	[ca. 1872]	-
164	*The Winter's Tale*	Bennett, George J.	Leonatus and Imogen	≤1895	-
165	*The Winter's Tale*	Ehlert, Louis	[Konzertouvertüre]	≤1854	-

Nr.	Drama	Komponist	Werk	Entsthg.	Druck
166	*The Winter's Tale*	Knittl, Karel	*Ein Wintermärchen,* op. 1	1876	-
167	*The Winter's Tale*	Moniuszko, Stanislav	*Bajka* [Wintermärchen]	bis 1872 [†]	-⁸
168	*The Winter's Tale*	Oberholzer, Otto	[Konzertouvertüre]	1885	-
169	*The Winter's Tale*	Rehfeld, Fabian	[Konzertouvertüre]	≤1865	-
170	*Timon of Athens*	Michalowitsch, Ödön P. J.	*Ouvertüre zu Shakespeare's* Timon von Athen	1866	-
171	*Timon of Athens*	Sullivan, Arthur S.	[Konzertouvertüre]	1857	-
172	*Twelfth Night or What You Will*	Alsleben, Julius	[Konzertouvertüre]	[vor 1873]	-
173	*Twelfth Night or What You Will*	Benedict, Julius	[Konzertouvertüre]	[≤1880]	-
174	*Twelfth Night or What You Will*	Davenport, Francis W.	[Konzertouvertüre]	≤1879	-
175	*Twelfth Night or What You Will*	Mackenzie, Alexander C.	*Overture to Shakespeare's Comedy* Twelfth Night, op. 40	1888	1888
176	*Twelfth Night or What You Will*	Truhn, Friedrich H.	[Konzertouvertüre]	≤1855	-
177	*Twelfth Night or What You Will*	Wagner, Karl Jacob	[Konzertouvertüre]	≤1819	-

---

8   Angegeben bei Wilhelm Altmann: Orchester-Literatur-Katalog (Anm. 48), S. 134, ohne Druckdatum.

ALBRECHT RIETHMÜLLER

Mendelssohns Shakespeare:
Notizen zur Musik für den *Sommernachtstraum*

In der Aufbruchstimmung des Dritten Reiches haben »die Deutschen« befunden, dass bei Aufführungen des *Sommernachtstraums* die Musik von Felix Mendelssohn ersetzt werden müsse. Ein Kompositionswettbewerb zum Ersatz der unliebsam gewordenen Musik fuhr eifrig dargebrachte reiche Ernte ein, darunter von Carl Orff und Rudolf Wagner-Régeny.[1] Max Reinhardt hingegen hielt bei seinen Inszenierungen wie zuvor erst recht unbeirrt an Mendelssohn fest und beauftragte von Los Angeles aus eigens Erich Wolfgang Korngold in Wien, für seine erstmals 1935 zugleich in New York und London gezeigte Warner Bros.-Verfilmung *William Shakespeare's A Midsummer Night's Dream* exklusiv Musik von Mendelssohn zu arrangieren.[2] Der Filmtheoretiker Siegfried Kracauer wiederum, der wie Brecht und andere Reinhardts Illusionstheater ablehnte, nannte das Produkt, das seiner Grundvorstellung eines Realismus des Films zuwiderlief, verächtlich einen »Opernfilm«.[3] Seither, so scheint es, hat sich Mendelssohns Musik bei der Inszenierung der shakespearschen Komödie auf der Leinwand besser gehalten als auf der Bühne. Genau wie Reinhardts Film greift Woody Allens Paraphrase *A Midsummer Night's Sex Comedy* (1982) nicht bloß auf die Musik zum *Sommernachtstraum*, wohl aber ausschließlich auf Musik von Mendelssohn zurück.[4] Vor diesem Rezeptions-Hintergrund sei zunächst auf Mendelssohn selbst zurück- und auf einige Aspekte seines Verhältnisses zu Shakespeare, genauer gesagt zu dessen *A Midsummer Night's Dream*, eingegangen.

---

1 Vgl. ausführlich erstmals in dem Kapitel »Ein Sommernachtstraum – arisch« von Fred K. Prieberg: Musik im NS-Staat. Frankfurt a. M. 1982, S. 144–164.

2 Vgl. vom Verf.: »Korngolds Mendelssohn. Zur Musik für Max Reinhardts *Sommernachts-traum*-Verfilmung (1935)«, Archiv für Musikwissenschaft 67 (2010), S. 187–211.

3 »Theorie des Films. Die Erneuerung der äußeren Wirklichkeit« [engl. Original 1960]. In: Siegfried Kracauer: Schriften Bd. 3: Theorie des Films. Die Errettung der äußeren Wirklichkeit. Frankfurt a. M. 1973, S. 210; vgl. S. 150f.

4 Vgl. vom Verf.: Dream Team. William – Felix – Max samt Wilhelm – Erich Wolfgang – Woody. In: Günter Schnitzler und Achim Aurnhammer (Hrsg): *Wort und Ton*. Freiburg i. Br. 2011, S. 593–604.

I. Vertonung des Originals oder der Übersetzung?

Der Umgang mit Shakespeare in Deutschland ist gelegentlich unter das Lemma »Einbürgerung« gebracht worden. Das Stichwort, unter das man die folgenden Ausführungen stellen kann, weist notwendigerweise in eine andere Richtung, es könnte eher umgekehrt »Expatriierung« heißen. Im Todesjahr des Komponisten Carl Maria von Weber wurde 1826 dessen Oper *Oberon* in London zum ersten Mal gegeben. Es lässt sich schwer entscheiden, ob es sich dabei um eine englische oder eine deutsche Oper handelt. Ins selbe Jahr, inmitten der Periode also, die der deutsche Dichter Grabbe als deutsche »Shakspearo-Manie« beklagt und gegeißelt hat,[5] fällt der Geniestreich des 17-jährigen Mendelssohn in Form einer umfangreichen, für den Konzertgebrauch bestimmten Ouvertüre zu Shakespeares *Sommernachtstraum*. Damals wurde er Protegé des alten Goethe, 15 Jahre später – Goethe war nun schon ein Jahrzehnt tot und Mendelssohn noch Anfang dreißig – sollte er, inzwischen Gewandhauskapellmeister in Leipzig, im Auftrag des preußischen Königs Friedrich Wilhelm IV. für eine unter Leitung des alternden Ludwig Tieck im Königlichen Theater in Potsdam vorgesehene Inszenierung des *Sommernachtstraums* weitere Musik liefern. Die Premiere fiel ins Jahr 1843.[6] Was Mendelssohn dafür an Musik komponierte, bestand teils aus Filettierungen der früheren Ouvertüre, teils aus neuen Stücken. Insgesamt handelt es sich um rund ein Dutzend Nummern. Abgesehen von einigen melodramatischen Partien, die zum Schauspiel im Sprechtheater besonders taugen, aber für die Konzertbühne nichts hergeben, sind darunter überaus prominent gewordene Orchesterstücke wie das quirlige Scherzo oder das anrührende, noble Notturno, die Repertoirestücke der internationalen Orchesterkultur geworden und geblieben sind – übertroffen nur noch vom in der ›popular culture‹ zerriebenen Hochzeitsmarsch, der so berühmt, genauer gesagt in allen auch akustischen Massenmedien, voran dem Kino, alltäglich geworden ist, dass seit vielen Jahrzehnten den allermeisten Konsumenten wohl gar nicht mehr bekannt ist, wer eigentlich diesen Gigahit komponiert hat, geschweige denn, dass das Stück etwas mit Shakespeares *Dream* zu tun hat. Selbst größte Kunstwerke, merkte Paul Valéry gelegentlich an, sind anonym geblieben. Er dachte dabei an Schriften wie das Buch Hiob. Beim Hochzeitsmarsch hingegen könnte man umgekehrt den Namen des Autors wohl wissen, wenn man Wert darauf legte. Jedenfalls hat Mendelssohn mit der Ouvertüre und den späteren Nummern der Schauspielmusik zum

---

5   Christian Dietrich Grabbes Abhandlung *Über die Shakspearo-Manie* war den 1827 in Frankfurt a. M. erschienenen beiden Bänden seiner *Dramatischen Dichtungen* beigegeben.

6   Vgl. die Einleitung von C. M. Schmidt in den von ihm 2000 bei Breitkopf & Härtel herausgegebenen Band V, 8 der Leipziger Ausgabe der Werke von Mendelssohn, in dem die Ouvertüre (ursprünglich op. 26) und die Nummern der Schauspielmusik op. 61 zusammengefasst sind.

Sommernachtstraum zusammen mit Tschaikowskys *Ouvertüre zu Romeo und Julia* die international erfolgreichsten nach Shakespeare verfassten Partituren der Orchesterliteratur des 19. Jahrhunderts geschaffen.

In Mendelssohns musikalischen Bemühungen um Shakespeares *Dream* überwiegen die instrumentalen Teile die gesungenen bei weitem. Neben den kleinen gesprochenen (melodramatischen) Partien, die vom Standpunkt musikalischer Form aus gesehen fragmentarisch wirken, figurieren die vokalen Teile deutlich am Rande. Im Unterschied zu der ebenfalls für den König, Tieck und Potsdam kurz zuvor komponierten Musik zur *Antigone* des Sophokles ist nur wenig für Chor darunter. Erst recht ist solistischer Gesang rar und hat es in keinem Fall zu einer Prominenz gebracht, die den Instrumentalstücken auch nur annähernd gleichkäme. Für auskomponierte Musik zu Schauspielen ist das seit dem 19. Jahrhundert nicht ungewöhnlich. Wenn im 20. Jahrhundert im Sprechtheater gesungen wird, dann handelt es sich meist um bestehende (oder wie es dann in der Filmmusiksprache heißt: »präexistente«), also geborgte, nicht eigens komponierte Lieder, und sie bilden dann oft emotionale Inseln auf der Bühne, während umgekehrt ausgedehnte, womöglich bei Haustheaterkomponisten bestellte Instrumentalstücke ihrerseits zur Nebensache des musikalischen Beiwerks der Aufführung verkümmern, wenn man sie im Theateralltag überhaupt noch antrifft.

Für Instrumentalmusik nach Shakespeare spielt die Frage der Übersetzung vom Englischen ins Italienische, Französische oder Deutsche recht eigentlich keine Rolle, wohl aber dann, wenn es sich um Gesungenes handelt. Und obwohl Erfolg und Prominenz der mendelssohnschen *Sommernachtstraum*-Musiken so eindeutig auf den Orchesterstücken beruhen, lohnt es sich, die Frage der Übersetzung zu streifen. Dazu lässt sich eine Stelle aus dem Lied mit Chor beiziehen, in dem zwei Elfen hintereinander Titania zum Einschlafen bringen bzw. in den Schlaf singen sollen. Nach einer kurzen, von Instrumenten begleiteten gesprochenen Passage, die bei Schallplattenaufnahmen der mendelssohnschen Musik – zu Recht – öfters weggelassen wird, beginnt Elfe 1 ihren Gesang mit der Textmarke »Schlangen, zweigezüngt!«[7] Mendelssohn vertont hier als Strophenlied, mithin in der gängigsten Form von Lied in der Theatermusik. Erste und zweite Strophe (Elfe 1 und 2) münden jeweils in einen vom Chor gesungenen Refrain, der bei Shakespeare gespickt ist mit Onomatopoesie und zugleich angefüllt ist mit Sprach- bzw. Bedeutungsgeschichte:

Philomel with melody
Sing in our sweet lullaby.
Lulla, lulla, lullaby; lulla, lulla, lullaby.
Never harm
Nor spell nor charm

---

7   Nr. 3 der Schauspielmusik op. 61 (bezogen auf Akt 2, Szene 2 des *Dream*).

Come our lovely lady nigh.
So good night, with lullaby.

Ein Verfahren, das den Namen des Wiegenlieds als phonetisches Material des Gesprochenen bzw. Gesungenen nutzbar macht und dazuhin die sprachliche Assoziation von »Philomel« und »Melodie« auffällig macht, lässt sich nicht in die Übersetzung ins Deutsche retten, weshalb sie zumindest an dieser Stelle ebenso pauperisiert
wie verquält erscheinen muss:

Nachtigall, mit Melodei
sing in unser Eiapopei,
Eiapopeiapopeiapopeiapopei,
dass kein Spruch,
kein Zauberfluch der holden Herrin schädlich sei.
Nun gute Nacht mit Eiapopei.

Statt den poetischen und poetisierenden Bedeutungsgebungen sowie Etymologi-
sierungen von ›Philomel‹ insbesondere als Vor- und Eigenname – in jüngerer Zeit
findet man auch Kriegsschiffe dieses Namens – nachzugehen, sind ältere termino-
logische Schichten lohnender und von größerem Belang. ›Philomel‹ spielt zwar in
fälschlicher Assoziation, aber darin für die Ohren von Fachleuten dennoch unver-
hohlen so auf den Freund des Melos an, wie ein Philharmoniker eben ein Freund
der Harmonie ist.[8] Melos war in der antiken griechischen Musiktheorie musikalische Grundkategorie im Sinne von einerseits Lied, andererseits Melodie.[9]

Tonaufzeichnungen dieser Nummer, die das Deutsch gesungene mendelssohnsche »Original« verwenden und durch Gesangssolisten, Orchester und Dirigenten
überzeugen können, sind rar geworden, wenn sie es nicht schon lange waren. Auf
dem internationalen Markt hingegen lassen die musikalisch befriedigendsten (wie
die von Sir André Previn und dem London Symphony Orchestra, die bei EMI
herausgekommen ist) Mendelssohns im »Original« deutsche Gesangsnummer mit
Shakespeares Versen auf Englisch singen. Auch wenn das internationale Musikpu-
blikum – des Deutschen heute kaum mehr mächtig – den deutschen Text ohnehin
nicht verstehen wird, mutet die Mutation der gesungenen Verse von »Nachtigall mit

---

8   Philomela ist der griechische Name der Nachtigall als der Freundin von Obst (»melon« mit
     dem langen Vokal Eta bedeutet Apfel, Baumfrucht, Pfirsich). Im Kontext von Stimme, Klang
     und Musik fällt es schwer, nicht der Verwechslung zu erliegen, Philomel statt auf den »melon«
     auf das »melos« (mit dem kurzen Vokal Epsilon) zu beziehen.

9   »Melodie«, wörtlich »Singen des Melos«, ist zusammengesetzt aus »Melos« (Weise, Lied) und
     »adein« (singen; vgl. »Ode«). »Melos« und »Melodie« waren weitgehend synonym; auch im
     Französischen oder Deutschen ist »mélodie« bzw. »Melodie« noch immer gebräuchlich im
     Sinne sowohl einer Gesangslinie als auch eines kompletten vokalen oder instrumentalen Mu-
     sikstückes.

Melodei« und »Eiapopei« (zurück) zu »Philomel with melody« und »lullaby« doch eleganter und geschmackvoller an, um gar nicht erst sagen zu müssen, dass nur so der Esprit der Stelle herauskommt und erfahrbar wird.

Die Übersetzung, der Mendelssohn folgt, hält sich geradezu ängstlich an den shakespeareschen Text. Der Preis dieser Sehnsucht nach Anschluss und Nähe ist, dass die Wirkung im Deutschen nur noch den Eindruck erweckt, allenfalls fürs Kindertheater bestimmt zu sein. Zwar ist das Kindertheater ein Wert eignen Rechts, aber nicht unbedingt das, was man von einer sprachartistischen, virtuosen Komödie Shakespeares erwartet, selbst dann, wenn nicht Königinnen und Prinzen, sondern »bloß« Elfen und dergleichen Zaubergestalten auftreten. Man wollte die Übersetzung gerade bei dem hier angeführten Singsang besonders getreu und gut, genau und mit Intellekt bewerkstelligen, doch drängt sich am Ende der Verdacht vergeblicher Liebesmüh' unabweisbar auf. Umso vernünftiger ist es, zumal auch für den internationalen Markt, wenn nun Mendelssohns Lied mit dem englischen Text hergesungen wird. Allerdings könnten daraus diejenigen größeren Gewinn und Nutzen ziehen, die insbesondere auf den Text bzw. die Verse Acht geben oder es bevorzugen, die Stelle zu lesen oder gesprochen zu hören, als diejenigen, denen es in allererster Linie auf die musikalische Verpackung durch Mendelssohn ankommt. Sprachliche Raffinesse und semantische Subtilität bleiben der Musik, deren Fundament phonetisch ist, einigermaßen gleichgültig. Als bloßes Klangmaterial begriffen, besteht zwischen der englischen und der deutschen Textgrundlage, zumal sie metrisch weitgehend übereinstimmt, kein signifikanter Unterschied. Bei musikalischen Aufführungen und Aufnahmen richtet sich das Interesse und Urteil des Publikums, das heißt der Musikliebhaber, zuvörderst darauf, wie gesungen wird; das, was gesungen wird, also der Text, bleibt dafür – vorsichtig und milde ausgedrückt – Nebensache. Und weil die von Mendelssohn benutzte Übersetzung sich so eng an die Verse Shakespeares anschmiegt, wird die Frage letzten Endes überflüssig, ob er eigentlich den deutschen oder den englischen Text vertont hat – eine Frage, die sich bei der Übersetzung von Wörtern (Shakespeares) in Töne (Mendelssohns), also bei den instrumentalmusikalischen Stücken des *Sommernachtstraums* von vornherein und von selbst verbieten sollte.

Gelegentlich des Stichworts »Shakespeare unter den Deutschen« erscheint es bei Nennung von Sir André Previn angebracht, wenigstens am Rande anzumerken, dass der Ehrendirigent des London Symphony Orchestra auf Lebenszeit als Andreas Priwin 1929 in Berlin geboren ist, und als Sechsjähriger der jüngste Student der Berliner Musikhochschule wurde, ehe er im Gefolge der Reichskristallnacht sofort mit seiner Familie das Leben durch Flucht retten konnte. Seine Karriere als Komponist für den Film umfasste zwar nur gut zwei Jahrzehnte, aber er wurde in der Zeit wie kaum ein Zweiter mit Oscars dafür bedacht. Für die musikalische Leitung eines Shakespeare-Stücks, nämlich die weltweit erfolgreiche MGM-Verfilmung von

Cole Porters intelligent bearbeitetem Bühnenmusical *Kiss Me, Kate* (1953) nach *The Taming of the Shrew* konnte er als Dreiundzwanzigjähriger seine schon zweite Academy Award-Nominierung verbuchen.[10]

II. Mendelssohn shakespearized

Das Leib- und Magenstück des eminenten Theatermannes durch und durch Max Reinhardt war der *Sommernachtstraum*; er inszenierte es an vielen Orten: in Wien, dann an »seinem« Deutschen Theater in Berlin, seit etwa 1930 herum auch in Los Angeles und Oakland in Kalifornien. Ähnlich wie etwa Josef von Sternberg und in dessen Gefolge Marlene Dietrich war Reinhardt schon vor 1933 auch an der Pazifikküste aktiv. Weil er den Zauberwald im zweiten Akt und die in der Welt von Titania und Oberon spielenden Partien noch näher an die Natur heranführen wollte, hatte er sogar die kühne Idee, das Stück inmitten der Berge, nämlich im Yosemite National Park zu inszenieren, wozu es jedoch zu seinem Leidwesen nicht gekommen ist. Mit Stolz erfüllte es ihn allerdings zu sehen, dass in der Freilicht-bühne des Los Angeles Hollywood Bowl allabendlich zehntausend Menschen dank seiner Inszenierung über Shakespeares *Dream* herzhaft gelacht haben. Insbesondere der enorme Erfolg, den er mit dieser Produktion erzielte, mag den Ausschlag dafür gegeben haben, dass er das Angebot von Warner Bros. erhielt, eine Filmversion vorzulegen, wofür ihm, wie es heißt, die damals gigantische Summe von bis zu zwei

---

10   Der Film wurde auch im deutschsprachigen Raum ein Meilenstein für die Rezeption des Musicals als neues, moderner empfundenes und die bisherige Operette ablösendes Genre des Musiktheaters im Rahmen der ›popular culture‹. Ironischerweise jedoch wurden in der deutschen Synchronfassung nicht nur – wie das heute der Fall wäre – allein die gesprochenen Partien (Dialoge) synchronisiert, sondern auch alle Musiknummern neu, auf Deutsch einge-spielt. Schon aus Kostengründen wurde dieser Brauch spätestens in den 1960er-Jahren wieder aufgegeben, aber in der unmittelbaren Nachkriegszeit wurde ein solcher enormer Aufwand betrieben, der zum Teil wenigstens dadurch erklärlich ist, dass damals Personalkosten außer-ordentlich gering und Musiker froh waren, überhaupt einen solchen Auftrag zu erhalten. Die Ironie der Geschichte liegt darin, dass Previn in dieser deutschen Fassung zwar in den Credits des Films genannt ist, aber de facto durch die Synchronisierung vollständig ausgeschaltet worden ist. Dass Porters flottes Broadway-Musical und vor allem die rhythmisch ungemein federnde und präzise Orchesterbegleitung Previns durch die Manipulation des Nachsynchro-nisierens sich musikalisch in eine eher betuliche Wiener Operette verwandelte und die mu-sikalische Ausführung überhaupt etwas breiig geriet, störte offenbar nicht weiter, jedenfalls hinderte sie nicht den Erfolg des Films bzw. dieses Musicals in Westdeutschland, Österreich und der Schweiz. Natürlich unter Beibehaltung der originalen visuellen Schicht wurde die synchronisierte Fassung hier kurioserweise zu einem der Paradigmen des, wenn man so sagen darf, Siegeszugs des Musicals.

Millionen Dollar zur Verfügung gestellt worden sei.[11] Es ist seine einzige Filmarbeit geblieben, und um durchs Ziel zu kommen, musste er einen Co-Regisseur gewähren lassen, der ihm früher einmal als Schauspieler und Assistent gedient hatte und inzwischen als Filmregisseur prominent geworden war: William Dieterle. Der im Herbst 1935 gleichzeitig in New York und London zum ersten Mal gezeigte Streifen *William Shakespeare's A Midsummer Night's Dream* des Filmneulings erhielt zwar auf Anhieb zwei Oscars und fand viel Beachtung unter Kollegen und Fachleuten, aber die teure Unternehmung fiel an der Kinokasse einigermaßen durch.

Reinhardt war es gewohnt, für seine Bühneninszenierungen des *Sommernachtstraums* stets Mendelssohns Schauspielmusik beizuziehen. Auch im Falle der zweieinhalbstündigen Verfilmung des shakespeareschen Stückes war es offensichtlich unverbrüchliche Maxime geblieben. Das Medium Tonfilm benötigt jedoch in aller Regel sehr viel mehr Musik und zudem größere musikalische Abwechslung als das Schauspiel. Reinhardt muss es klar gewesen sein, dass er mit dem üblichen Verfahren, einen Hauskomponisten einer Bühne damit zu beauftragen, Mendelssohns Schauspielmusik zum *Sommernachtstraum* für die Produktion einzurichten, zu keinem hinreichenden Ergebnis kommen würde, zumal die zirka zehn Nummern, aus denen die mendelssohnsche Musik besteht, für die Filmproduktion bei weitem nicht ausreichend waren. Er erinnerte sich an einen Musiker, der ihm in den 1920er-Jahren in Berlin für Inszenierungen von Stücken von Jacques Offenbach und Johann Strauß mit musikalischen Bearbeitungen ausgeholfen hatte, an Erich Wolfgang Korngold.

Korngold, 1897 in Brünn geboren, hatte als Frühbegabung dem Wiener Hofoperndirektor Gustav Mahler vor dessen Abgang nach New York 1908 vorgespielt als 15-Jähriger – jünger noch als Mendelssohn bei Komposition seiner *Sommernachtstraum*-Ouvertüre – eine stupende Partitur, nämlich eine Sinfonietta für großes Orchester, wobei der Titel ein Euphemismus aus Bescheidenheit ist, denn die Partitur ist sehr viel umfangreicher als jede Symphonie von Haydn oder Mozart. 1920 rüttelte Korngold mit seiner zugleich an den großen Bühnen von Hamburg und Köln uraufgeführten Oper *Die tote Stadt* (op. 12) das Opernestablishment auf, und auch mit Werken nach Shakespeare sammelte er früh Erfahrung, so in der Schauspielmusik zu *Viel Lärmen um Nichts* (für Kammerorchester, op. 11). Als Reinhardt ihn im Herbst 1934 zur Arbeit an dem Film nach Hollywood rief, war er Professor für Musiktheorie und Dirigieren an der Wiener Musikhochschule in der eben noch freien, schon vom Austrofaschismus gezeichneten Republik Österreich.

---

11 Die Zahl 1,2 Millionen fällt in einem Reinhardt-Zitat in: Max Reinhardt. Die Träume des Magiers. Hrsg. von E. Fuhrich und G. Prossnitz. Salzburg und Wien 1993, S. 174; 1,5 Millionen sind erwähnt bei Jessica Duchem: Erich Wolfgang Korngold. London 1996, S. 157; von zwei Millionen berichtet Brendan G. Carrol in: The Last Prodigy. A Biography of Erich Wolfgang Korngold. Portland 1997, S. 254.

Zeit seines Lebens hat er Dankbarkeit dafür empfunden, dass auf diese Weise sein Leben und das seiner Familie durch Reinhardt gerettet worden ist. Vor allem aber begann mit diesem Ruf Reinhardts, Musik von Mendelssohn für ihn zu bearbeiten, die steile, legendäre, aber ein Jahrzehnt während Karriere des Filmkomponisten Korngold.

Sofern der Theatromane und Perfektionist des Illusionstheaters Reinhardt an seiner Maxime festhalten wollte, exklusiv Musik von Mendelssohn zu verwenden, bedurfte es spezieller Maßnahmen und musikalischer Praktiken, um das Tonmaterial für einen Film von deutlich über zwei Stunden Länge bereitzustellen bzw. zu gewinnen – einen Film, der weder ein Musikfilm noch gar ein Opernfilm ist, sondern als Spielfilm mit freilich auffällig hohem Musikanteil eine beträchtliche Menge an musikalischen Vorlagen benötigt.

Die Musik von Korngold besteht aus ungefähr einem halben Hundert Nummern unterschiedlichen Umfangs, aber nicht nur die zum Teil recht ausgedehnten Stücke, sondern auch die Miniaturen in der Länge von etwa fünf Partiturseiten sind in sich abgeschlossen – unbeschadet der Tatsache, dass im filmischen Ergebnis nicht alle vollständig enthalten sind. Dies wirft sogleich die Frage auf, welches die entscheidende Instanz für den ›Film Score‹ ist: die ausgeschriebene Partitur oder das, was im filmischen Endprodukt an Musik zu hören ist. Wenn man den Ausdruck Filmmusik auch nur ein wenig ernst nimmt, dann bleibt nur die Möglichkeit übrig, dass die Tonspur des Films dafür in Frage kommt. Die niedergeschriebene Musik, die Partitur, mag musikalisch das Wichtigere sein – etwa für Zweit- und Drittverwertungen im Konzertsaal, als Orchestersuite oder wie auch immer –, aber die Filmmusik ist nicht das, was irgendwo auf dem Papier steht, sondern das, was musikalisch realisiert und in der Tonspur festgebrannt ist, folglich auch keinem Wandel mehr unterliegt. Ein solcher begegnet in jeder Realisierung eines Notentextes wenigstens als durch die jeweilige Interpretation veranlasste Schwankung. Überwiegend autographes Material zu den korngoldschen Nummern hat sich in zwei Schichten in umfangreichen Konvoluten an verschiedenen Fundorten erhalten. Vor allem Skizzen- und Entwurfsstadien sind als Quellen im Warner Bros.-Archiv an der University of Southern California in Los Angeles verwahrt, die Aufführungsmaterialien, also die Quellen für die Tonaufnahmen, die dann zur Tonspur geführt haben, befinden sich im Musikarchiv der Warner Bros. in Burbank, Kalifornien.

Korngold ist mit Mendelssohns Musik frei umgesprungen. Er hat alles selbst bearbeitet, das heißt uminstrumentiert, orchestriert, vokalisiert, modernisiert, stilistisch transformiert, formal fragmentiert und neu synthetisiert. Überspitzt gesagt blieb kein Stein auf dem anderen, und doch sind alle Steine, die er verwendet hat, ist jeder Partikel, jede Phrase, die wir zu hören bekommen, nichts als Mendelssohn. Neben der Ouvertüre und der Schauspielmusik zum *Sommernachtstraum* werden dazu Partien aus allen möglichen Werken von Mendelssohn unterschied-

licher Genres und Besetzung, vor allem verschiedenster Inhalte und Kontexte ein-
gerückt, und dieses unter wiederkehrender Hinzufügung shakespearscher Verse
auch sei es solistisch, sei es chorisch gesungen. Genauso wichtig ist das Beiziehen
mendelssohnscher Klavierlieder, denen ihr ursprünglicher Text – ob von Heine,
Lenau oder wem immer – genommen wird, um ihn durch Shakespeare zu ersetzen.
Die Formel »Shakespeare unter den Deutschen« lässt sich gewiss kaum schöner
illustrieren, als wenn Reinhardt und Korngold sich aufmachen, nicht nur Mendelssohns Musik zum *Dream* aufzugreifen, sondern auch Mendelssohns Musik nach
deutschen Versen von Heine und Lenau mit Shakespeares englischen Versen zu
versehen. Näher kann Shakespeare den Deutschen kaum kommen, abgesehen von
der Tatsache, dass die Mehrzahl der Genannten nach heutigem Verständnis nicht
aus Deutschland, sondern aus Österreich kam.

Im Unterschied zu Mendelssohns Schauspielmusik ist der Anteil der vokalen
Partien beträchtlich. Shakespeares Verse werden bei Reinhardt nicht nur gesprochen, sondern Korngold lässt sie durch Mendelssohns Noten auch in erhebli-
cherem Umfang singen. Dazu werden auch Stücke aus Symphonien beigezogen,
die mit Shakespeare textiert sind, es werden Mendelssohn-Lieder umtextiert, aus
Mendelssohns Klavierstücken »Lieder ohne Worte« werden Orchesterlieder nach
Shakespeare usw., aber doch, wie gesagt, stets so, dass der Eindruck eines Spielfilms
(›feature film‹) gewahrt bleibt und nicht wirklich der eines Musik- oder Opernfilms
erweckt wird. Reinhardt und Korngold mussten fraglos großes Vergnügen an ihrem
Umgang mit Mendelssohn gehabt haben. Denn das Spiel mit Mendelssohn und
Shakespeare besteht nicht bloß aus einem musikalischen Pasticcio oder Verschnitt,
es beginnt schon in der Ouvertüre mit Charakteristika von Montage und Collage
und setzt sich entsprechend im ganzen Film fort, sondern desgleichen auch im Zu-
sammenführen unterschiedlicher musikalischer Charaktere und dem Auskosten der
dadurch ermöglichten semantischen Assoziationsketten.

Auf diese Weise ist es gelungen, der musikalischen Seite des Unternehmens etwas hinzuzufügen, was bei Mendelssohn, das heißt seinen Bemühungen um den
Sommernachtstraum entweder schwerer erkennbar oder eher spärlich vorhanden ist,
nämlich Humor auch in den musikalischen Einkleidungen kenntlich und spürbar
zu machen, zur Lustigkeit anzuhalten, witzig zu sein. Unter Dutzenden, wenn nicht
Hunderten von Belegen dafür sei an jene Nummer erinnert, an der Korngold den
prunkvollen Hochzeitsmarsch, den Reinhardt mit Korngold durchaus auch hero-
isch auffahren lässt, an einer Stelle zum »Hochzeitswalzer« umschreibt, ihm damit
alle Schwere nimmt und durch den Dreivierteltakt zusätzlich zu einer Leichtigkeit
verhilft, die dem Reich der Elfen (›Fairies‹) höchst angemessen ist, aber dafür auf
die mendelssohnsche Konvention des erhaben Festlichen verzichtet (siehe Abb. 1).

Und wenn Korngold hier – wie gelegentlich auch an anderen Stellen des Films
– Saxophone als Hauptinstrumente seines Walzerarrangements verwendet, dann

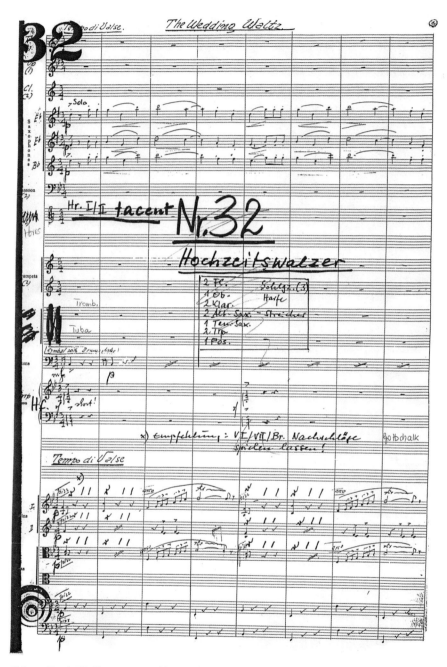

Abb. 1. Erich Wolfgang Korngold: Musik zu Max Reinhardts Film *William Shakespeare's A Midsummer Night's Dream* von 1935, Nr. 32, »The Wedding Waltz«, S. 1 und 2 (von insgesamt sieben Partiturseiten).

mag das als eine Anleihe an den Zeitgeschmack, an die Ästhetik und den Sound der 1930er-Jahre angesehen werden, als eine Modernisierung, die man im Blick auf die kulturkämpferische Attitüde im Deutschland jenes Jahrzehnts als unstatthaft (negroid oder jüdisch) hat diffamieren können, als eine Verballhornung Mendelssohns oder als eine Anbiederung an Standards und Klischees der damaligen urbanen populären Musik. Je nach seinem eigenen Vorstellungsmuster und Urteilsraster wird sich ein Exeget in jeder Epoche das herauspicken, was ihm passt. Es ist natürlich keineswegs eine sachgemäße, da ideologieabhängige Angelegenheit. Immerhin sollte nicht in Vergessenheit geraten, dass die Saxophone in eben jenen Jahren in Paris erfunden wurden und aufkamen, als Mendelssohn seine Schauspielmusik für die königliche Bühne in Potsdam verfasst hat.

Ungefähr in der Mitte von Reinhardts Film bildet Korngolds »Wedding Waltz« die musikalische Überleitung von Szene 1 zu Szene 2 in Akt 3. Er folgt Titanias die Szene abrundenden Worten:

> Come, wait upon him; lead him to my bower.
> The moon, methinks, looks with a wat'ry eye;
> And when she weeps, weeps every little flower,
> Lamenting some enforced chastity.
> Tie up my love's tongue, bring him silently.

Titanias Hochzeit mit dem Esel wird mit dem Walzer bestimmt angemessener bestritten, als wenn Korngold auch dafür auf den »originalen« Hochzeitsmarsch zurückgegriffen hätte.

Für den Musiker Korngold, vor allem jedoch für den Theatermann Reinhardt war das Festhalten an Mendelssohns Musik in den Jahren 1934/35 besonders angezeigt, weil in diesen Jahren im Deutschen Reich, und damit auch an seinem ehemaligen Theater in Berlin, Shakespeare zwar aufgeführt werden durfte, aber nicht mehr mit der Musik von Mendelssohn. Der Ausfall von Aufführungen mendelssohnscher Musik im Reich war spätestens ab 1934 vollständig. Die Dirigenten mieden seine Musik, die sie früher gerne dirigiert hatten, nun wie die Pest und fast ausnahmslos selbst dann, wenn sie im Ausland Gastspiele gaben – Furtwängler zum Beispiel, aber auch der Rest der in Deutschland verbliebenen dirigentischen Herrenmenschenprominenz. Es ging dabei nicht im Mindesten um die diskussionswürdige Frage, ob eine Schauspielmusik von 1840 noch zu einer aktuellen Inszenierung von 1930 passte, sondern ausschließlich darum, dass Shakespeare unter den Deutschen keine »rassefremde« Musik verdiene.

Reinhardt, Mendelssohn und Korngold steckten nun inmitten der immer absurderen Monstrositäten in der Suche nach dem, wer und was deutsch sei. Und im Reich galt nun die Formel, dass Shakespeare zwar unter den Deutschen sein dürfe, nicht aber unter jüdischen Künstlern, die als undeutsch galten. Im Reich haben Geisteswissenschaftler willfährig Aufsatz um Aufsatz gehäuft, um daraus den Schluss zu ziehen, dass ein Musiker, der nicht Deutsch ist, auch kein Romantiker sein könne, folglich Mendelssohns Musik von Natur aus nie und nimmer eine der deutschen Seele entsprechende romantische Sehnsucht musikalisch zum Ausdruck zu bringen vermöge. An dem Unappetitlichen solcher Argumentationsketten darf man sich nicht stören. Rassismus war die Geschäftsgrundlage auch der akademischen Diskurse geworden. Unterdessen arbeiteten Reinhardt und Korngold an den Gestaden des Pazifik an ihrem *Dream*, indem sie das 19. Jahrhundert und die Romantik genuin fortsetzten, während in Berlin die angeblich Fortschrittlichen sich an Reinhardt und Mendelssohn nur noch als Verirrungen der Geschichte und als inferior, wenn nicht gar als Untermenschen erinnerten. Wenn man sich wiederum zu vergegenwärtigen sucht, wie anders die Zeit und die Menschen vor acht Jahrzehnten gewesen sind, als Reinhardt den Film drehte, lohnt es sich vielleicht, sich daran zu erinnern, dass erst kürzlich, im Frühjahr 2014, Mickey Rooney verstorben ist und mit ihm der letzte Protagonist der reinhardtschen Produktion. Es war eine der längsten Schauspieler- und Sängerkarrieren, da er schon als Kind und noch bis kurz vor seinem Tod, insgesamt 88 Jahre lang, auf der Bühne stand. In Reinhardts Verfilmung spielte der 15-Jährige – irgendwie unnachahmlich – den Puck, fast wäre die Fertigstellung des Streifens noch geplatzt, weil er sich während der Dreharbeiten ein Bein brach.

III. The dream must go on

Manchmal genügen Kleinigkeiten, im Extremfall eine winzige orthographische Festlegung oder Korrektur an der Schreibweise eines Namens, um dem einen zuzusprechen, er sei ein Experte, und dem anderen, er sei ein Ignoramus, und sie beide wie Spreu vom Weizen zu trennen. Wenigstens funktioniert so der Markt auch in der Welt der Gebildeten weithin. Wer sich heute erdreistet, ›Göthe‹ statt ›Goethe‹ zu schreiben, sieht alt aus und gilt in den Zirkeln der Kenner als nicht satisfaktionsfähig. Als der Verfasser dieser Zeilen vor Jahren in einer Broschüre über die Musiker-Büsten in der Walhalla bei Regensburg den Namen von Richard Strauss en passant, aber durchaus mit Absicht, als Strauß wiedergab,[12] ging beim Verlag ein Leserbrief ein, in dem sich der Schreiber über ein Produkt beschwerte, dessen Autor nicht einmal wisse, wie man den berühmten Komponisten richtig schreibe. Abgesehen davon, dass Strauss selbst die ß-Variante benutzt hatte und auch die ersten

---

12 Die Walhalla und ihre Musiker. Laaber 1993, S. 18, hervorgegangen aus einem Plenarvortrag in der Akademie der Wissenschaften und der Literatur, Mainz, sowie der Antrittsvorlesung des Verfassers an der Freien Universität Berlin, die beide in das Erscheinungsjahr fielen.

Bücher über ihn so erschienen waren, steckte in dem Monieren der Schreibweise in Wirklichkeit die schroffe Abfuhr des Inhalts der Broschüre und ihrer Intention. Zu trennen ist ein solches Gebaren einer Art Namenspolizei, die sich als kompetent ansieht und darstellt, von dem Recht jedes Einzelnen, seinen Namen so wiederzugeben und zu Lebzeiten so wiedergegeben zu wissen, wie er möchte; dieses Recht kann niemandem bestritten werden, selbst wenn sich im Laufe des Lebens Namens- oder Schreibweiseänderungen ergeben. Das gilt genauso für Theodor W. Adorno – die Verwendung des Namens der italienischen Mutter stößt sich gewiss an der generellen Geringschätzung, die der Musikexperte der italienischen Musik entgegenbrachte, während er den Namen seines Vaters kaschierte – wie für Abraham Mendelssohn, den Sohn des Philosophen Moses und Vater des Komponisten Felix, der unter Umgehung des väterlichen Namens als Bankier in Paris A. M. Bartholdy auf seine Visitenkarte setzte. Wie immer Felix in dieser Angelegenheit gedacht hat, das heißt ob er sich dem Vater näher fühlte als dem Großvater, die Welt hat ihn als Mendelssohn wahrgenommen und in ihr Gedächtnis geschrieben.

Selbstverständlich erscheint der Name Felix Mendelssohn 1935 in der Titelei von Reinhardts Film mit den musikalischen Arrangements von Korngold. Doch in den letzten Jahrzehnten hat sich das Bild gewandelt und trat voran von Deutschland aus die philologisch drapierte Namenspolizei wieder in Erscheinung. Felix muss nun nicht bloß Mendelssohn genannt werden, sondern Mendelssohn Bartholdy, aber nicht wie in früherem, so lässigem wie angeblich falschen Bewusstsein als Mendelssohn-Bartholdy, sondern, um korrekt und auf der Höhe der Zeit und des Geistes zu sein, definitiv ohne Bindestrich.[13] Welche Interessen auch immer hinter solchen Maßnahmen stehen, die selbsternannten orthodoxen musikhistorischen Ordenshüter, seien sie nun Musikpädagogen, Musikkritiker oder Musikologen, können sich ihres Einflusses und Erfolgs sicher sein; denn Myriaden von Musikern, die alles korrekt machen wollen, Konzertveranstalter, die am Markt aktuell agieren wollen, und Kohorten von Konzertprogrammverfassern, die das eigene Nachdenken längst der Autorität gängiger Lehrbücher und Nachschlagewerke geopfert haben, sind die allerbesten Multiplikatoren, um uns die neuen Riten einzubläuen. Im Falle von Mendelssohn haben Manipulationen Tradition, die Namenspolizei samt Bindestrich ist nur ein bislang letzter Ausläufer. Diejenigen, die uns einreden wol-

---

13 Noch nicht in der Nachkriegszeit – etwa der 14. Auflage von 1958 –, wohl aber später, etwa in der 19. Auflage von 1986, ist ausgerechnet dieser Bindestrich dem Rechtschreib-Duden eine der dort höchst seltenen Fußnoten wert, als handele es sich bei der unbedeutenden privaten Nuance der Namensschreibung um eine Staatsangelegenheit ersten Ranges, um so etwas wie eine Verfassungsfrage. – Der Rechtschreib-Duden unterscheidet übrigens 1986 zwischen einem Richard Strauss und anderen Musikern namens Strauß; 1958 hingegen – bald ein Jahrzehnt nach dem Tod des weltberühmten Komponisten – waren bloß »Tondichter« namens Strauß summarisch verzeichnet, worunter selbstredend auch Richard fiel.

len, dass wir Banausen sind, wenn wir einfach Felix Mendelssohn sagen oder nichts weiter als diesen Namen aufs Konzertprogramm setzen, sind die Nachfolger jener meinungsbildenden Geschichtsakrobaten, die früher einmal glaubten, Mendelssohn die Ehre damit abschneiden zu können, dass sie ihm versagten, ein christlicher Komponist zu sein, obwohl er der bedeutendste protestantische Kirchenmusiker im 19. Jahrhundert war, und danach, wie oben angemerkt, noch versagten, ein deutscher Komponist zu sein, weil er einer Menschengruppe angehörte, die in ihren Augen als undeutsch galt.

Bei aller Kontinuität der Prominenz von Mendelssohns *Sommernachtstraum*-Musik im internationalen Konzertleben und auf dem Schallplattenmarkt (auch in Deutschland wieder seit 1945) spielte sie in der Theaterpraxis der zweiten Hälfte des 20. Jahrhunderts kaum mehr eine größere Rolle. Umso auffälliger ist es, dass es erneut ein Filmautor war, der bald ein halbes Jahrhundert nach Reinhardt auf seine Weise Mendelssohn erneut die Treue gehalten hat und den Komponisten ebenfalls selbstverständlich bloß Felix Mendelssohn tituliert. Das Licht der Welt erblickte Woody Allen am 1. Dezember 1935 in Brooklyn, mithin in der Stadt New York, in der die Welt gut sieben Wochen zuvor, am 9. Oktober, Reinhardts und Dieterles Lichtspiel mit Korngolds Mendelssohn-Bearbeitung zum ersten Mal zu sehen bekommen hatte. *A Midsummer Night's Sex Comedy* aus dem Jahr 1982 besteht aus einer höchst geistreichen Paraphrase von Shakespeares Stück, ist eine romantische Komödie über Shakespeares unbestreitbaren Gipfel einer romantischen Komödie.[14]

Während Allen Shakespeares Stück bzw. seinen Stoff gewiss noch radikaler bearbeitet hat, als es Korngold mit Mendelssohns Musik getan hatte, verzichtet er gänzlich darauf, Mendelssohn zu bearbeiten. Er belässt dessen Musik vollständig im Original, wobei er vorhandene Klangkonserven verwendet, ohne jemanden zu beauftragen, die Musik zu bearbeiten. Das Verfahren ähnelt dem, was Stanley Kubrick 1968 am Ende der Herstellung kurzentschlossen für *2001 – A Space Odyssey* befolgt hat, nur dass Woody Allen nicht Werke sehr unterschiedlicher Komponisten aus seiner Schallplattensammlung bezogen hat, sondern sich ganz auf Mendelssohn konzentriert. Wie Reinhardt und Korngold beschränkt er sich dabei allerdings nicht

---

14 Unter den Deutschen ist dieser Aspekt von der vorherrschenden Meinung, wie sie sich in populären Referenzartikeln zu spiegeln pflegt, auch nach 1945 heruntergespielt worden, beispielsweise in dem vom Otto C. A. zur Nedden und Karl H. Ruppel herausgegebenen Reclams Schauspielführer. 9. Aufl., Stuttgart 1965, S. 120f.: »Während man im 19. Jahrhundert das Werk – nicht zuletzt durch die Musik Mendelssohns – aus seinem romantischen Gehalt her empfand und aufführte, neigt man neuerdings dazu, in ihm in Verbindung mit der Musik von Carl Orff mehr eine ›Komödie der panischen Verzauberung‹ zu sehen, die die Elementargeister wahrhaft und ihren dämonischen Einfluss auf die Menschen sich austoben lässt.« – Zu den noch lange über 1945 nachwirkenden Klischees im Umgang mit Mendelssohn vgl. vom Verfasser: »Das ›Problem Mendelssohn‹«, Archiv für Musikwissenschaft 59 (2002), S. 210–221.

auf die Ouvertüre und die Schauspielmusik zum *Sommernachtstraum*, sondern er greift auch auf andere Werke zu, wobei er sich ausschließlich für Instrumentalstücke entscheidet und uns auf diese Weise gesungenen Shakespeare erspart.[15] Das Scherzo aus der a-Moll-Symphonie (»Schottische«) stellt sich ebenso ein wie das Finale des Violinkonzerts, das der Untermalung des Anblicks des Zauberwaldes in ausgelassener nachmittäglicher Atmosphäre dient. Shakespeares fiktives Athen mit der für die Zauberwelt nicht weniger fiktiven Waldumgebung vor den Toren der Stadt ist versetzt ins urbane New York um 1900 – der Zeit des frühen Automobilismus, sowie recht absonderlicher Versuche mit Fluggeräten – und insbesondere ins Umland dieser Stadt. In gewisser Weise ist der Königshof von Athen nun eine Alma Mater in New York.

Unter Filmregisseuren ist ein genuines Verständnis für Musik und ein verständiges Verhältnis zu ihr, wie es sich an Woody Allen beobachten lässt, eher selten. Bei ihm rührt es vor allem daher, dass er selbst auch Musiker ist und in ihr eine gewisse eigene Virtuosität besitzt. Noch bis vor kurzem war er als Solo-Jazzklarinettist mit Band in Spanien unterwegs. In seinen Filmen ist er und war er von Anfang an besonders bemüht darum, einen einheitlichen ›soundscape‹ (analog dem örtlichen ›landscape‹) zu evozieren bzw. zu verwenden, ob nun 1979 mit der Musik von George Gershwin für *Manhattan* oder drei Jahre später mit der von Mendelssohn für *A Midsummer Night's Sex Comedy*. Der Filmemacher verbeugt sich allerdings nicht nur vor Mendelssohn, dem er die Musik entnimmt, nicht nur vor Korngold, dem er das Verfahren der Erweiterung über die Schauspielmusik hinaus schuldet, sondern auch und in erster Linie vor Reinhardt.

Drei Paare treffen sich zum Weekend auf einem Landsitz vor den Toren der Stadt. Der Gastgeber ist ein etwas spleeniger, dem Spiritistischen zugeneigter Wall Street-Broker (Allen), ein zweiter ein Arzt und Womanizer, der dritte ein in Kunst und Philosophie versierter Universitätsprofessor, der rationalste von allen, der allem Übersinnlichen abhold ist und der dafür am Ende als einziger mit dem Tod be-

---

15 Die Mendelssohn-Stücke und ihre Interpreten sind im Abspann genannt; vgl. auch die Zusammenstellung in: Adam Harvey: The Soundtracks of Woody Allen. Jefferson 2007, S. 95–98. Nur an einer Stelle ist das Prinzip durchbrochen, Instrumentalmusik von Mendelssohn als extradiegetische Filmmusik zu verwenden. Gegen Ende des Films nach dem Abendessen sitzen die drei Paare zusammen, und dem Professor steht der Sinn nach Gesangsvortrag mit wechselnder weiblicher Klavierbegleitung. Er trägt drei Lieder vor, die ersten beiden auf Deutsch, das dritte auf Englisch, aber selbstverständlich werden keine Verse von Shakespeare dazu verwendet, sondern für diesen im Film nun einzigen diegetischen Musikeinsatz die originalen Texte belassen: Man sieht und hört zuerst eine Partie von »Wohin?« aus der *Schönen Müllerin* von Schubert, dann vollständig das Heine-Lied »Ich grolle nicht« aus Schumanns *Dichterliebe* und schließlich ein »Our Father …«, also »The Lord's Prayer« (Vaterunser) in der populären Melodiefassung von Albert Lay Malotte. Der Liederreigen markiert den Übergang von der sinnlichen zur übersinnlichen Sphäre am Ende des Films.

zahlen muss, allerdings einem süßen Tod beim Liebesakt, der ihn – wir sind in der Komödie – sozusagen zum Übersinnlichen bekehrt. Das Erwachen heiterer Gefühle bei der Ankunft auf dem Lande wird mit Blicken in die mittägliche schöne Landschaft illustriert. Die Szenerie bildet das lichte Gegenstück zu Reinhardts filmischer mondlichtbeschienener Inszenierung des Beginns von Shakespeares Akt 2. Überdeutlich paraphrasiert Allen Reinhardts Szenenarrangement, die Tiere im Wald eingeschlossen, nur das Einhorn fehlt. Es wäre unter Tag um 1900 auch nicht wirklich am Platz gewesen. In dieser Sequenz kontrapunktiert Allen in fulminant rhythmisierten Filmschnitten die Metrik der gleichzeitig unterlegten Musik des Scherzos aus Mendelssohns *Schottischer Symphonie*.

Was aber soll nun am Ende, das heißt heute, auf dem Sprechtheater mit Mendelssohns Musik geschehen, wenn eine neue Produktion des *Sommernachtstraums* ansteht? Die praktischen Schwierigkeiten sind wohl die drängendsten. Orchester sind teuer, gute Stimmen ebenfalls, und bei dem Sparzwang, dem die Sprechtheater unterliegen, sind es meistens budgetsprengende Angelegenheiten. Welches Theater wird sich einen Klangkörper aus 100 Mitgliedern leisten können? Mit dem Hinweis darauf wurde 1935 noch Reinhardts Film beworben. Mit einem reduzierten Apparat, gar mit semiprofessionellen Kräften ist Mendelssohns Musik nicht beizukommen, dafür ist sie zu bekannt und – zu schade. Wenn die Eintrittskarte hingegen 200 Euro und mehr kostet, dann kann das Experiment schon einmal gemacht werden, wie 2013 bei den Salzburger Festspielen mit dem Orchester der ortsansässigen Universität Mozarteum unter der Leitung von Ivor Bolton in einer Inszenierung von Henry Mason. Inwieweit es dort zu einer Harmonie zwischen moderat aktualisierender Inszenierung und historisierender Verwendung der Schauspielmusik ungefähr nach dem Musikeinsatz der 1840er-Jahre kam, bleibe der fachlichen Beurteilung durch die Theaterleute überlassen. Statt im Orchestergraben war das Ensemble der Musiker oberhalb des Bühnengeschehens auf der rechten Seite platziert. In den Augen pedantischer Betrachter von Szenerien mag das ein fast revolutionärer Einfall zur Aufmischung performativer Konventionen gewesen sein, aber weder optisch noch akustisch war es eine Bereicherung oder wesentliche Veränderung, die auf irgendeine Weise zusätzlichen Aufschluss gegeben hätte. Es war einfach ein wenig pittoresk, ohne gravierendere Folgen für das Bühnengeschehen, die Musik oder ihre Aufführung zu haben. Da es sich um ein akademisches Orchester handelte, wollen wir schon aus Kollegialität nicht urteilen und nur anmerken, dass die Wiener Philharmoniker und andere Klangkörper mit bedeutenden Dirigenten für Mendelssohns *Sommernachtstraum*-Musik andere Maßstäbe haben setzen können.

Daraus folgt die Erwägung, dass Mendelssohn und seiner *Sommernachtstraum*-Musik am meisten die Treue gehalten wird, wenn man sie von den besten verfügbaren musikalischen Kräften jenseits des Bühnenkontextes aufführt oder auf Tonträgern zugänglich macht. Das gilt für die großen Stücke der Schauspielmusik nicht weniger als für die Ouvertüre, weil man sie nur so optimal aufführen und zur Wirkung bringen kann. Will man sie für die Theaterbühne oder Medien wie den Film nutzbar machen, dann wird man sie weiter bearbeiten müssen, besser gesagt bearbeiten wollen, wobei man sich an das allensche oder – raffinierter – das korngoldsche Verfahren anschließen oder einen anderen Weg gehen mag. Entscheidend ist nur der Einfallsreichtum des musikalischen Arrangeurs. Wer wiederum darauf hinweist, dass Reinhardts und Korngolds Bemühungen 1935 ein Flop geworden seien, der sollte nicht außer Acht lassen, dass der *Dream* der beiden im Filmgeschäft absoluten Neulinge auf Anhieb zwei Oscars gewonnen hat,[16] zwar nicht im Kino Kasse gemacht, aber unter Künstlern aller Art tiefe Eindrücke hinterlassen hat und unter den Deutschen bzw. in Deutschland, also in der, wie man es heute wieder so vollmundig nennen hört, ›Heimat‹, während der ersten zehn Jahre nicht einmal gezeigt werden durfte.

---

16 Hal Mohr für »Best Cinematography« und Ralph Dawson für »Best Editing«, außerdem nominiert als »Best Picture«.

Dieter Mehl

Shakespeares Tragödien auf der Opernbühne:
Verdi und Reimann

»Ich glaube, Shakespeare ist das größte Inspirationsreservoir für einen Choreographen. Er ist der humanste von allen Dichtern. Er sieht Dinge, spricht von Dingen, die eine Dimension haben, die noch viel stärker sind als seine eigenen Worte.« Dies sagte John Neumeier, einer der einfallsreichsten Choreographen unserer Zeit, in einem Gespräch anlässlich der Münchener Aufführung seiner Ballettversion des *Sommernachtstraums*.[1] Da er selbst auch schon *Romeo und Julia*, *Othello* und *Hamlet* choreographiert hat, meint er damit offensichtlich nicht nur das poetische Feenmärchen, das allenfalls an klassische Ballette wie *Schwanensee* und *Giselle* anknüpfen könnte, sondern gerade auch die Dramen Shakespeares, die so gänzlich aus dem Wort zu leben scheinen, dass viele Interpretationen und kritischen Dispute ja fast ausschließlich auf dem gedruckten Text gegründet sind und diesen als reine Dichtung rezipieren. Shakespeare ohne Worte und Shakespeare nur als Worte – dies sind, etwas zugespitzt, Formen, in denen uns, neben vielen anderen, die Welt dieses Dichters begegnen kann. In beiden Bereichen wird er von Betroffenen nicht selten als der Größte gesehen.

Freilich gibt es zwischen diesen extremen Positionen unzählige Zwischenstationen; aber sie alle stellen uns vor die provozierende Frage, wie sich denn die Wirkung des Shakespeare'schen Kosmos präziser umschreiben lässt. Nur in einem sehr eingeschränkten Sinne lässt sich ja von diesem Dramatiker sagen: »Am Anfang war das Wort«; denn wir können zwar feststellen, dass letztlich die in der First Folio von 1623 abgedruckten 36 Dramen die Grundlage für alle spätere Beschäftigung mit seinem Werk sind; aber die Geschichte der Aufführung, der Adaptation und anderer Formen der Überlieferung ist ja mindestens ebenso alt wie die ersten Drucke, und die Autorität der originalen Texte, sofern dieser Ausdruck überhaupt berechtigt ist, betraf stets nur einen sehr eng umgrenzten Bereich der Wirkung. Die ausschließliche Beschäftigung mit dem Text kann daher auch nur Teilaspekte von dem

---

1 »Ich finde meinen Traum in Shakespeare. John Neumeier im Gespräch mit Malve Gradinger«. In: Bayerisches Staatsballett (Hrsg.): Programmheft zur Premiere *Ein Sommernachtstraum* von John Neumeier, am 5. Dezember 1993, Nationaltheater, S. 13–18, hier S. 13.

erfassen, was wir die Welt Shakespeares nennen, und das gilt in besonderem Maße auch für seine zentralen Charaktere.

Diese grundsätzliche, leicht auf schlichte und wenig hilfreiche Formeln zu bringende Fragestellung soll hier lediglich den Ausgangspunkt der Beschäftigung mit einem ganz bestimmten Aspekt der Shakespeare-Rezeption und ihrem möglichen Beitrag zu unserem Shakespeare-Verständnis dienen, der Shakespeare-Oper.

Es handelt sich dabei um ein ebenso umfangreiches wie faszinierendes Gebiet, das Shakespeareforscher, Opernspezialisten und Theaterwissenschaftler in gleichem Maße betrifft, ganz abgesehen von den praktizierenden Künstlern, und über das inzwischen eine ganze Reihe von Untersuchungen vorliegen. Schon vor dreißig Jahren hat Winton Dean in einer ersten Bestandsaufnahme 200 Shakespeare-Opern zusammengestellt; seit dem Erscheinen des fünfbändigen *Shakespeare Music Catalogue* dürften wesentlich mehr bekannt sein, und es werden immer neue dazu kommen.[2]

Opern nach Shakespeare nehmen innerhalb der vielfältigen Formen der Adaptation eine aufschlussreiche Zwischenstellung ein. Das Libretto, gewissermaßen der literarische Teil der Oper, entfernt sich notwendigerweise von Shakespeares Text, meist durch radikale Kürzung, was freilich von jeher auch für viele Bühnenfassungen zutrifft. Die Musik dominiert in der Regel gegenüber dem Wort, auch dem gesungenen Wort; doch es gibt in der Aufführungsgeschichte mancher Shakespeare-Dramen genug Beispiele, wo sich die Grenzen nicht so eindeutig ziehen lassen, und gerade auch in neueren Aufführungen lässt sich eine Tendenz beobachten, der Musik eine wenn schon nicht dominierende, so doch unverhältnismäßig prominente Rolle zuzubilligen. Nicht wenige Aufführungen, die sich als Shakespeare-Inszenierungen ausgeben, entfernen sich kaum weniger weit vom ursprünglichen Text als eine konservative Opernproduktion.

An einem zentralen Punkt ist die Shakespeare-Oper jedenfalls dem dramatischen Text blutsverwandt: Sie ist für die Bühne bestimmt, und sie ist Teil der Theaterkultur ihrer Zeit. Sie wirkt auf Ohr und Auge, wie die Elisabethaner dies immer wieder von ihrem Theater betonten, und sie vermittelt Sinneseindrücke, die weder ein originales Exemplar der Folio von 1623 noch eine wissenschaftlich kommentierte Ausgabe ersetzen können. Schon Szenenfotos einer Inszenierung von Verdis *Otello* oder *Falstaff* können einem dies bewusst machen. Die Bildwirkung im weitesten Sinne ist ein bisher nur ansatzweise erforschtes Gebiet der Shakespeare-Rezeption, auf dem Oper und Schauspiel sich eng berühren.[3]

---

2   Vgl. Winton Dean: »Shakespeare in the Opera House«, Shakespeare Survey 18 (1965), S. 75–93 und die Titelliste, S. 89. Unschätzbar ist die systematische Zusammenstellung von Bryan N. S. Gooch und David Thatcher (Hrsg.): A Shakespeare Music Catalogue. 5 Bde. Oxford 1991.

3   Vgl. dazu vor allem die ausgezeichnete Darstellung von Dennis Kennedy: Looking at Shakespeare. A Visual History of Twentieth-Century Performance. Cambridge 1993.

An zwei recht verschiedenen Beispielen soll der besondere Zugang der Oper zu Shakespeare etwas eingehender illustriert werden; dabei soll das erste, Shakespeares Tragödie *Othello, The Moor of Venice*, nur einleitend gestreift werden, da es sich nicht um eine deutsche Oper, sondern um ein besonders charakteristisches Werk des italienischen Belcanto aus dessen eigentlicher Blütezeit handelt. In beiden Fällen haben wir es mit Opern zu zwei der ›großen‹ Tragödien Shakespeares zu tun, Werken, die von Anfang an Aufsehen erregt und seither wiederholt Vergleiche mit den Vorlagen provoziert haben. Im Falle von Giuseppe Verdis *Otello*, dem Beispiel, hört und liest man nicht selten die Meinung, dass es sich hier um die genialste Shakespeare-Oper überhaupt handele und dass sie sogar in wesentlichen Punkten dem Dramentext überlegen sei. Schon 1922 glaubt ein deutscher Verdi-Biograph, »dass wir *Othello* nur noch verdisch, nicht mehr shakespearerisch durchleben können. Hier war alles mehr für die Oper als für das Schauspiel geschaffen«.[4] Dies wird für den kontinentalen Opernfreund eher zutreffen als für den mit Shakespeares *Othello* aufgewachsenen Briten; aber es ist jedenfalls ein bemerkenswertes Zeugnis kongenialer Rezeption.

Von Aribert Reimanns 1978 uraufgeführtem *Lear* hat man Vergleichbares meines Wissens noch nicht behauptet; aber die internationale Resonanz, die das Werk fand, war ungewöhnlich breit und im Ganzen ausgesprochen positiv. Eine Tragödie, um deren Vertonung sich Verdi über Jahre hin mühte, ist hier zum ersten Mal mit Erfolg auf die Opernbühne transponiert worden, und auch in diesem Falle hat die Kritik in zuweilen erstaunlicher Akzentsetzung den Zusammenhang mit der modernen Shakespeare-Rezeption erkannt. So sprach der Kritiker der *Stuttgarter Zeitung* nach dem Gastspiel der Düsseldorfer Inszenierung 1980 von einer möglichen Erleichterung des Publikums, »inmitten so vieler kontroverser und oft so total verfremdeter Shakespeare-Spielweisen mit einem *direkt* beim (wenn auch gesungenen) Wort genommenen Shakespeare konfrontiert zu werden«, und er folgerte: »Wer seinen Shakespeare heute noch am liebsten so präsentiert sehen will, wie ihn die bildungsbürgerliche Tradition dem Bewusstsein von Generationen eingeprägt hat, wird zweifellos von der Oper wesentlich befriedigender bedient als von der heutigen Schauspielszene zwischen Peymann, Heyme und Tabori«.[5] Es ist ein zweideutiges Kompliment, falls es überhaupt als solches gemeint war; aber es macht auf den unmittelbaren Beitrag der Shakespeare-Oper zur Begegnung des zeitgenössischen Publikums mit Shakespeare aufmerksam.

Dabei geht es auch um die pauschale Frage nach dem, was denn eigentlich die scheinbar zeitlose Ausstrahlung Shakespeares ausmacht und welchen Sinn es über-

---

4   Adolf Weissmann: Verdi. Stuttgart und Berlin 1922, zitiert nach Attila Csampai und Dietmar Holland (Hrsg.): Giuseppe Verdi: Othello. Texte, Materialien, Kommentare. Reinbek bei Hamburg 1981, S. 240.

5   Horst Koegie: »Für einen heilen Shakespeare«, Stuttgarter Zeitung (10. Juni 1980).

haupt hat, von Nähe oder Ferne zum Text, Treue zum Werk oder Verfremdung zu reden. Dies gilt in weit stärkerem Maße für den außerenglischen Sprachraum, wo ohnehin ein wesentliches Stück Übersetzung, nicht allein sprachlich, geleistet werden muss und eine Begegnung mit dem Urtext auf der Bühne in aller Regel nicht stattfinden kann. Englische und amerikanische Komponisten haben sich denn auch weniger an Shakespeare versucht, jedenfalls kaum in dem Sinne, dass sie seinen Text als Libretto benutzt haben, sondern entweder in der Richtung einer besonders aufwendigen Bühnenmusik oder in der bewusst verfremdeten Form des Musicals.

Shakespeare-Opern lassen sich unter ganz verschiedenen Aspekten mit den Texten des Dramatikers vergleichen. Am wenigsten ergiebig scheint mir eine wertende Konfrontation, wie sie von Musikern und Philologen immer wieder gepflegt wird, oder das Auflisten von Verkürzungen, Straffungen und Zutaten. Interessanter als Zensuren zu verteilen scheint es mir, etwa grundsätzlichen, für die Gesamtwirkung bedeutsamen Veränderungen in der Darstellung der Charaktere und ihrem menschlichen wie gesellschaftlichen Umfeld nachzugehen, wobei freilich, wie immer wieder bewusst gemacht werden muss, Fragen der jeweiligen Inszenierung eine entscheidende Rolle spielen können.

Verdis *Otello*, eines seiner beiden genialen Alterswerke, ist das Ergebnis einer intensiven Auseinandersetzung mit dem Werk des Dramatikers und der besonders harmonischen Zusammenarbeit mit einem genialen Librettisten, Arrigo Boito. Ein begründetes Urteil über diese Bearbeitung ist nur möglich, wenn man berücksichtigt, dass Verdis Shakespeare nicht der der neueren Shakespeare-Kritik oder der heutigen Rezeption war.[6] Er, wie auch Boito, kannten die Dramen aus mehreren Übersetzungen, aus einigen romantischen Interpretationen und, zumindest vom Hörensagen, durch zwei gefeierte italienische Othellos, Ernesto Rossi und Tommaso Salvini, einem der größten Othellos des Theaters.[7] Sie beide erregten auch auf englischen und amerikanischen Bühnen lebhaftes Aufsehen. Da sie durchweg in italienischer Sprache spielten (selbst innerhalb englischsprachiger Inszenierungen), muss das Erlebnis für die Viktorianer eher dem einer heutigen Opernaufführung mit einem Star-Tenor geglichen haben: die elementare Leidenschaft der Darstellung, besonders auch der Bildwirkungen, faszinierte sie und stieß sie zugleich ab.

Der Einfluss dieser *Othello*-Rezeption auf Boitos Libretto und Verdis Vertonung ist offensichtlich. Aus der umfangreichen Korrespondenz zwischen den beiden geht hervor, wie eindeutig Shakespeare der Ausgangspunkt ihrer Bemühungen um das gemeinsame Opernprojekt war und wie streng sie sich an den Text gebunden fühl-

---

6 Dazu vor allem James A. Hepokoski: Guiseppe Verdi: Otello. Cambridge 1987, besonders Kapitel 8: »Shakespeare reinterpreted«, S. 163–189.

7 Vgl. dazu das aufschlussreiche Kapitel »Salvini« in Marvin Rosenberg: The Masks of Othello. The Search for the Identity of Othello, Iago, and Desdemona by Three Centuries of Actors and Critics. Berkeley 1991, S. 102–119.

ten. Alle Veränderungen waren für sie in erster Linie in den Notwendigkeiten der Operndramaturgie und vor allem den festen Konventionen der italienischen Gesangsoper begründet, nicht etwa in dem Bedürfnis, Shakespeare umzudeuten. In wie revolutionärer Weise Verdi gerade im *Otello* diese Konventionen hinter sich ließ, um der Shakespeare'schen Dramaturgie und Charakterisierung gerecht zu werden, ist ein wichtiges Kapitel der Operngeschichte, das hier ausgeklammert werden muss.

Was allenfalls mit einiger Behutsamkeit versucht werden kann, ist die Beschreibung bestimmter konzeptueller Eingriffe in das Shakespeare'sche Szenario und ihrer Konsequenzen für die Gestaltung der dramatischen Konflikte und der tragischen Wirkung. In welcher Welt vollzieht sich der Absturz des großen Generals zum brutalen Mörder, welche Rolle spielt dabei der diabolische Verführer, und von welcher Qualität ist die Liebe, die sich als so verwundbar erweist?

Der offensichtlichste dramaturgische Eingriff, oft als besonders genial herausgestellt, ist die Streichung des ganzen ersten Aktes und die Einbeziehung der Vorgeschichte in das große Liebesduett. Durch diesen zweifellos geschickten und im Sinne notwendiger Straffung effektvollen Kunstgriff verändert sich aber die Gesamtkonstellation in zentralen Punkten. Shakespeares Eingangsakt, nicht selten auch innerhalb der literarischen Kritik skeptisch beurteilt,[8] schafft eine differenzierte Ausgangsposition. Man könnte ihn als eine Intrigenkomödie in Kurzfassung beschreiben: Wie in zahlreichen italienischen Novellen und elisabethanischen Komödien gelingt es den Liebenden, sich gegen den Widerstand eines verständnislosen Vaters durchzusetzen, der sich am Ende mehr oder weniger unversöhnt geschlagen geben muss. Wie immer man die Gewichtigkeit von Brabantios Einwänden gegen den Schwiegersohn aus einer anderen Welt einschätzt: unser Eindruck von den folgenden Ereignissen wird wesentlich bestimmt von seiner bitteren Prophetie:

> Look to her, Moor, if thou hast eyes to see:
> She has deceived her father, and may thee.

und von Othellos liebesgewisser Antwort: »My life upon her faith.« (1.3.293–5)[9]

Das öffentliche Bekenntnis der Liebenden zueinander, die ebenso öffentliche Sanktion der heimlich geschlossenen Ehe aufgrund von Othellos eindrucksvollem Auftritt vor dem Senat und der politischen Notwendigkeiten, dazu der Missklang durch die Verletzung der Familienloyalität sind Elemente einer komplexen Sympa-

---

8   Schon einer der frühen Herausgeber und Kritiker, Samuel Johnson, stellte 1765 fest, das Stück hätte ein Muster an genauer Regelmäßigkeit werden können, wenn es gleich in Zypern begonnen hätte und die Vorgeschichte später erzählt worden wäre; zitiert nach John Wain (Hrsg.): Shakespeare: Othello. A Casebook. London 1971, S. 50.

9   Zitiert nach »The Arden Shakespeare«: William Shakespeare, Othello. Hrsg. von E.A.J. Honigmann. Walton-on-Thames 1994.

thielenkung, die zu so kontroversen Interpretationen geführt hat, wie sie im Falle der Oper kaum denkbar sind. Othello ist der Fremde, der exotische Außenseiter, mit all der Faszination heroischer Größe, aber auch unbekannter Risiken. Brabantios Unfähigkeit, seine Anziehungskraft für die Tochter anders als durch satanische Magie zu erklären, ist nicht nur die cholerische Senilität einer liebesfeindlichen Generation, sondern artikuliert etwas von der Außergewöhnlichkeit dieser Liebe, und diese ist bei Shakespeare eine Bedingung ihrer Verwundbarkeit. Am Ende hören wir, dass Brabantio über diesem Schmerz gestorben ist. Der Status Othellos als Fremder innerhalb der ihm letztlich unvertrauten venezianischen Gesellschaft wird in Shakespeares erstem Akt mit einer Präzision festgelegt, die in der Oper fehlt. Dies ist dann auch der Ansatzpunkt für eine der wirkungsvollsten Strategien Jagos:

> I know our country disposition well –
> In Venice they do let God see the pranks
> They dare not show their husbands; their best conscience
> Is not to leave't undone, but keep't unknown.
> […]

Seiner Begründung kann Othello nichts entgegensetzen: »She did deceive her father, marrying you« (3.3.204–209).

In der Oper wird fast alle Vorinformation in das Liebesduett gepackt. Es ist ein Gipfelpunkt musikalischer Gestaltung einer menschlichen Liebesgemeinschaft. Aber Othellos Fremdheit wie auch die besondere Qualität der Liebe kommt in der Tonsprache kaum zum Ausdruck und kann letztlich nur visuell in der jeweiligen Inszenierung vermittelt werden. Es dürfte schwer sein, und auch kaum im Sinne der Oper, ein so differenziertes häusliches wie politisches Milieu zu schaffen wie etwa in Trevor Nunns eindrücklicher Kammerspielinszenierung von Shakespeares Tragödie (Stratford-upon-Avon und London 1989), in der etwa das Bild des Vaters auf Desdemonas Toilettentisch in rührender Weise die im Text angedeutete Qualität dieser Ehe illustrierte, wie etwa auch die in der Schublade versteckte Schachtel Süßigkeiten, ein Geschenk Cassios und das einzige Indiz, das dem eifersüchtigen Othello bei der Durchsuchung der bescheidenen Habseligkeiten in die Hände fällt.

Shakespeares unausschöpfliche Gegensätzlichkeit einer Welt, in der das Heroische nicht allein steht, sondern sich im Kontext des Häuslichen, schmucklos Direkten, lästig Primitiven behaupten muss, ist auch mit den vielfach verfeinerten und von Verdi genial adaptierten Mitteln des Belcanto nur in sehr gezähmter Form zu vermitteln, und Ähnliches gilt für die einfallsreiche Virtuosität von Jagos opportunistischer Intrige, mit der wir bei Shakespeare schon vor dem ersten Auftritt der Liebenden konfrontiert werden. Sie wird durch die Reduzierung auf die teuflische Manie des ›fin-de-siècle‹-Agnostikers in ihrer Wirkung völlig verändert.

Verdi hat sehr viel von der satanischen Vitalität, der täuschenden Verstellungs-kunst und der zerstörerischen Energie dieses Bühnen-Schurken in seine musika-lische Sprache übersetzt; doch die zahllosen virtuosen Details seiner Manipulati-onskunst, die genüssliche Freude an der eigenen Überlegenheit und die komplexe Frage seiner Motivation müssen notwendigerweise einer weniger differenzierten Charakterisierung Platz machen. Die Oper kann nicht die ganze Spannweite von Jagos Spielfreude, seiner möglichen Beweggründe, der ihm verfügbaren Sprachre-gister und rhetorischen Strategien und der publikumsnahen Monologe vermitteln. Am Ende bleibt dieser Jago seltsam sprachlos, da Boito und Verdi sich ganz auf die Liebestragödie beschränken und fast alles andere marginal wird.

Otellos Tod in der Oper ist gerade von Interpreten der Shakespeare-Tragödie immer wieder zitiert worden. In einem glänzenden Forschungsrückblick auf die Jahre 1900–1967 hat Helen Gardner ihre eigene Deutung des Dramas als Tragö-die der Liebe begründet und dabei auf Verdis Schluss mit der Wiederaufnahme des ›un bacio‹-Motivs aus dem Liebesduett als besonders kongeniale Bestätigung hingewiesen;[10] aber gerade hier, im Finale, manifestiert sich auch wieder Shake-speares weniger leicht auf einen Begriff zu bringende dramatische Charakterisie-rung. Auch sein Othello küsst die tote Desdemona, aber er stirbt keinen Liebestod wie Romeo oder Wagners Isolde. Was ihn in seinen letzten Worten quält, ist vor allem die ungeheuerliche Schuld seines Irrtums und die Folgen für seinen Nach-ruhm. Sein Tod ist eine öffentliche Geste der Rechtfertigung und Sühnung, nicht die melodramatische Coda eines Liebesduetts. Bei Verdi fällt der Vorhang vor einem Tableau im Tod vereinter Liebender, und die Musik »löscht« in den Worten Kurt Pahlens »mild versöhnend alles tragische Geschehen wie in einer unendlichen in-nigen Umarmung aus für immer, wie eine himmlische Erlösung«.[11] Wenige Insze-nierungen von Shakespeares *Othello* entlassen den Zuschauer in ähnlich entrückter Stimmung.

Keineswegs soll die eindrucksvolle Nähe Verdis zu Shakespeare abgestritten wer-den. Es gibt Interpretationen von Shakespeares Tragödie, die fast besser auf die Oper zuträfen, und keine seiner Tragödien ist so häufig in musikalischen Meta-phern beschrieben oder mit Operndramaturgie verglichen worden. Shakespeares Text ist ein unerschöpfliches Interpretationsangebot: Verdi hat eines der zentralen

---

10 Helen Gardner: »Othello. A Retrospect. 1900–67«, Shakespeare Survey 21 (1968), S. 1–11: »Verdi, who had the advantage of writing for a stage that employed a final curtain, knew how *Othello* ended. He brought a hint of the great love-duet of the first act back as Othello entered the marriage-chamber where Desdemona lay sleeping; he brought it back in all its beauty and nobility at the close with the last phrase of the opera: *un altro bacio*« (S. 6).

11 Giuseppe Verdi: Othello. Otello. Kompletter Text in italienischer Originalfassung mit deutscher Übersetzung und Erläuterung zum vollen Verständnis des Werkes. Hrsg. von Kurt Pahlen. Mainz und München 1980, S. 184.

Themen herausgegriffen und in genialer Weise verabsolutiert. So hat er schon mit der Wahl des Helden als Tenor das lyrische Element der Liebe in den Mittelpunkt gestellt: kritisch stellt Adolf Weissmann fest: »dem Tenor wird die Lyrik des ersten Aktschlusses geschenkt [...] während der Othello Shakespeares Desdemona nie in der Holdheit einer Liebesnacht erscheint«.[12] Noch einseitiger urteilt Edgar Issel, wenn er die beiden Fassungen von Ot(h)ellos Auftritt bei der schlafenden Desdemona gegeneinander ausspielt: »der Musiker lässt ihn schweigen, um nur das Orchester reden zu lassen. Dass der schweigende und nur mimisch sich ausdrückende Othello, in dem Unaussprechliches vorgeht, uns viel tiefer ergreift als der sich und uns Sophismen vorredende, ist klar«.[13] Hier wird wieder in den Fehler verfallen, zwei verschiedene künstlerische Medien impressionistisch wertend zu konfrontieren. Die Oper auf Kosten von Shakespeares Tragödie zu preisen, zeugt von einem verschwommenen Begriff dramatischer Ausdrucksformen wie auch von einem oberflächlichen Verständnis Shakespeares.

Zu Shakespeares *King Lear* sind zwischen 1854 und 1939 nicht weniger als sieben Opern geschrieben worden, aber vor 1978 war zweifellos die berühmteste *Lear*-Oper jene, die nie komponiert wurde: Es ist bekannt, dass Verdi, lange vor *Otello*, sich sehr intensiv mit einer Oper zu Shakespeares *King Lear* beschäftigte. Über mehrere Jahre korrespondierte er mit seinem Freund Antonio Somma über ein Libretto, von dem zwei komplette Entwürfe vorlagen, als das Projekt zugunsten von *Un ballo in maschera* zurückgestellt wurde. Welche Teile der Musik vielleicht schon skizziert waren und vernichtet wurden, als Verdi den Plan fallen ließ, ist nicht mehr festzustellen.[14] Auch über die Gründe, warum das Projekt nicht weiter verfolgt wurde, lässt sich nur spekulieren, zeitgenössischen Berichten zufolge waren es vor allem die Heideszenen, die ihm für den Opernkomponisten unzugänglich schienen. Es ist leicht, daran zu zweifeln, dass die italienische Nummernoper, wie sie offensichtlich anvisiert war, der komplexen Struktur und der anarchischen Wildheit von Shakespeares Drama hätte auch nur einigermaßen gerecht werden können. Nach dem vorliegenden Libretto sollte sich die Oper zwar so eng wie möglich an Shakespeares Text halten, aber die Rücksicht auf eine straffe Dramaturgie und auf das Publikum hatte doch zu so gravierenden Entschärfungen geführt wie der Streichung von Gloster und Edgar, von Lears Auftritt mit der toten Cordelia und seinem einsamen fünffachen »Never«. Eine weniger zaghafte Adaptation war wohl vor dem 20. Jahrhundert mit seiner aggressiveren Musiksprache schwer vorstellbar. Auch die Aufführungsgeschichte von Shakespeares Tragödie zeigt, dass man sie fast

---

12 Siehe Attila Csampai und Dietmar Holland (Hrsg.): Giuseppe Verdi (Anm. 4), S. 239.

13 Ebenda, S. 234.

14 Dazu vor allem Gary Schmidtgall: »Verdi's *King Lear* Project«, 19th-Century Music 9 (1985), S. 83–101, und das Kapitel ›Two Lears‹ in seinem Buch Shakespeare and Opera. New York & Oxford 1990, S. 251–257, wo Verdis Pläne mit Reimanns Oper verglichen werden.

zwei Jahrhunderte lang in ungemilderter Form für unspielbar hielt. Trotzdem lässt sich mit gebührender Vorsicht sagen, dass Verdis *Re Lear* eine sehr eindrucksvolle und unkonventionelle Oper hätte werden können, die vor allem die Elemente der Tragödie, die dem 19. Jahrhundert besonders vertraut waren – Lears Schmerz und Wahnsinn und die erlösende Liebe der Tochter – bleibend gestaltet hätte.[15]

Nun lässt sich zwar beim ersten und auch beim mehrfachen Hören kaum ein größerer Kontrast denken als der zwischen Verdis eingängiger Melodie und Reimanns raffinierten Klanggebilden; trotzdem lassen sich bemerkenswerte Gemeinsamkeiten zwischen den beiden Komponisten und ihrem Zugang zu Shakespeare feststellen, die kaum weniger aufschlussreich sind als die offensichtlichen Gegensätze. Vor allem ist beiden der hinhörende Respekt vor dem Dramatiker Shakespeare gemeinsam, und wenn ein kritischer Zeuge über eine avantgardistische Inszenierung von Shakespeares *King Lear* sagt, der Regisseur habe die ihm nicht genehmen Aspekte der Tragödie betrachtet wie der Fahrer eines Bulldozers einen Baum,[16] so kann man solch unbekümmerten Umgang mit dem ›Urtext‹ keinem der beiden Komponisten oder ihren Librettisten nachsagen.

Aribert Reimanns *Lear*, ursprünglich für die Staatsoper Hamburg vorgesehen, wurde bei den Münchner Festspielen 1978 unter ungewöhnlich günstigen Bedingungen uraufgeführt.[17] Die Titelrolle wurde von Dietrich Fischer-Dieskau gestaltet, der die Oper überhaupt angeregt hatte, und dem ein durchweg brillantes Ensemble zur Seite stand; die Regie führte Jean-Pierre Ponnelle und ein offensichtlich enthusiastischer Dirigent, Gerd Albrecht, leitete die Aufführung. Nicht wenige Kritiker vermuteten daher, es habe sich um einen sehr persönlichen, unwiederholbaren Erfolg gehandelt. Doch seither ist die Oper in einer ganzen Reihe recht unterschiedlicher Inszenierungen und Besetzungen aufgeführt worden, so in Düsseldorf, Berlin, Zürich, Paris, London und San Francisco, Frankfurt und zuletzt Hamburg; das deutsche Libretto ist ins Englische und Französische übersetzt worden, und die Aufnahme durch Kritik und Publikum war fast an jedem Ort zumindest sehr

---

15 In einem anregenden Vergleich zwischen Verdis und Reimanns *Lear*-Opern schreibt Gary Schmidtgall: »Verdi's *King Lear* Project« (Anm. 14), S. 97, wiederholt in Shakespeare and Opera (Anm. 14), S. 257, dass Verdi es gewiss verstanden hätte, gerade den Worten Shakespeares Gewicht zu geben, die die Aufwärtsbewegung der Tragödie antreiben, den großen poetischen und philosophischen Gesten und der Entdeckung der wahren Liebesbedürftigkeit des gebrochenen Lear. Reimann dagegen habe den entsetzlichen menschlichen Abgrund *zwischen* Shakespeares Zeilen entdeckt. Er und sein Librettist hätten sich vor allem für die Wirkungen von Zersetzung und Verneinung in diesem Drama interessiert.

16 Vgl. Maynard Mack: King Lear in Our Time. Berkeley & Los Angeles 1965, S. 39.

17 Vgl. Kerstin Schüssler-Bach: »München jubelt über Hamburgs ›Jubiläums-Oper‹. Warum *Lear* nicht an der Hamburgischen Staatsoper uraufgeführt wurde«. In: Programmheft der Hamburgischen Staatsoper zur Premiere am 15. Januar 2012, S. 33f.

respektvoll.[18] Es ist natürlich kaum zu erwarten, dass Reimanns Oper einmal die Popularität von Verdis *Otello* oder *Falstaff* erreicht, aber es sieht doch nach mehr als 35 Jahren internationaler Rezeption so aus, als ob sie so etwas wie ein moderner Klassiker werden könnte, wie Richard Strauss' *Salome* (1905) oder Alban Bergs *Wozzeck* (1925), ebenfalls Beispiele für den neuen Typ der ›Literaturoper‹.

Claus Henneberg, der Verfasser von Reimanns Libretto hat sich Shakespeares Drama über eine der frühesten deutschen Übersetzungen, Johann Joachim Eschenburgs Prosaversion von 1782 genähert, die ihm ursprünglicher und weniger romantisiert erschien als Baudissins Übertragung im Rahmen der sogenannten Schlegel/Tieck-Ausgabe.[19] Das Ergebnis ist ein bewusst unprätentiöser, glanzloser Text, der sich bei aller Konzentration doch erstaunlich eng an die Vorlage hält: zwar sind Shakespeares 26 Szenen auf elf reduziert, der Textumfang selbst auf etwa ein Viertel des Folio-Textes; aber die Gesamtarchitektur ist in den Grundzügen erhalten, ebenso wie fast alle Hauptcharaktere mit Ausnahme des Dukes von Burgundy und Oswalds, ebenso die quälendsten, rücksichtslos unkonventionellen Szenen und, was vielleicht am bemerkenswertesten ist, viele der einprägsamsten ›Zitate‹: Von der Prophezeiung des Narren zu Edmunds Reflexionen über die Natur und die Rolle der Bastarde, Edgars: »Das größte Elend ist nicht da, solange man sagen kann: Dies ist das größte«; dazu vor allem Lears »Wer kann mir sagen, wer ich bin?«, »Weg, weg, du erborgter Plunder!«, »Sie sollen Regan den Leib aufschneiden, sehen, was um ihr Herz herum wächst«, »Jeder Zoll ein König« und schließlich »Wir kamen weinend auf die Welt, weil wir auf diese Narrenbühne mussten«. Solche unmittelbaren Übernahmen sind für unseren Eindruck dieses *Lear* wichtiger als die vielen Unterschiede, die sich leicht zusammenstellen ließen. Auch in diesem Punkt steht Reimanns Oper Shakespeare näher als Verdis *Otello*. Das Bemühen um Texttreue geht so weit, dass sogar ausdrücklich auf die thematische Verbindung zwischen Haupt- und Nebenhandlung hingewiesen wird, die bei Shakespeare offensichtlich ist, hier aber leicht in der Intensität des musikalischen Geschehens untergehen

---

18　Vgl. Norbert Abels: »Alle sind Einsame in diesem Dröhnen«. In: Oper Frankfurt (Hrsg.): Programmheft zur Premiere vom 20. September 2008, S. 16–18. Seit 1991 wurde die Oper in Deutschland und mehreren Ländern, von Italien und Schweden bis Japan gegen zwanzigmal inszeniert. Ausdrücklich bedankt sich der Verfasser dieses Aufsatzes bei den Verwaltungen der Vereinigten Städtischen Bühnen Krefeld und Mönchengladbach, der Semperoper Dresden, dem Aalto-Theater Essen, der Komischen Oper Berlin, der Oper Frankfurt und der Staatsoper Hamburg für die Überlassung von Programmheften, Szenenfotos und teils umfangreichen Pressespiegeln.

19　Reimann selbst schreibt dazu: »Die Shakespearische Sprache in der Eschenburgschen Übersetzung war es dann auch, die mir in ihrer großen Vielschichtigkeit die nötigen Freiräume zur Entfaltung meiner Musik gab.« Siehe das Programmheft der Vereinigten Städtischen Bühnen Krefeld und Mönchengladbach, Spielzeit 1985/86, S. 10; übernommen aus dem Programmheft des Staatstheaters Braunschweig 1984/85, Heft 14.

könnte: als Goneril und Regan in der ersten Szene die Bühne verlassen, kündigt der Narr die Glosterfamilie an:

Und Gloster? Des Königs Spiegelbild.
Er lässt sich leicht betrügen.
Ihn machte das Alter dumm und mild.
Edmund wird ihn belügen.[20]

In einem Sprechdrama wäre das eine reichlich primitive Geste; doch das Libretto verfährt nach anderen Gesetzen, und die Musik enthält sehr viel subtilere Andeutungen thematischer Bezüge, etwa die Motivparallelen zwischen Edgar und Cordelia, die kaum beim ersten Hören auffallen, die aber doch unbewusst unsere Reaktion auf diese Figuren beeinflussen.

Abgesehen von der für den Literaturwissenschaftler und mit der Sprachkunst Shakespeares Vertrauten zunächst ungewohnten Musik ist die thematische Struktur von Shakespeares Tragödie so genau und textnah übernommen, wie dies nicht unbedingt für die Mehrzahl moderner Aufführungen gilt. Der folgende Vergleich der beiden Texte kann dies verdeutlichen:

Shakespeare, *King Lear*		Henneberg-Reimann, *Lear*	
1.1.	Kent-Gloucester-Edmund Reichsteilung Verbannung Kents Goneril-Regan	1.1.	Reichsteilung Verbannung Kents Goneril-Regan, Kommentar des Narren
1.2.	Edmund, Edmund-Gloucester Edmund-Edgar, Edmund		Edmund-Edgar, Edmund Edmund-Gloster, Edmund
1.3.	Goneril-Oswald		Zwischenspiel
1.4.	Kent von Lear angenommen Oswald-Narr Verwünschung Gonerils	1.2.	Lear und Gefolge, Gesang, Kent Goneril-Regan, Kent festgesetzt Lear kommt zurück Verwünschung der Töchter
1.5.	Lear, Kent, Fool unterwegs		Lear ausgesperrt, von Kent und Narr weggeführt
2.1.	Edmunds Intrige, Edmund verbannt dazu Cornwall u. Regan		Zwischenspiel
2.2.	Kent-Oswald, Kent festgesetzt		
2.3.	Monolog Edgars. Verstellung		
2.4.	Lears Ankunft bei Gloucester Lear-Regan; Ankunft Gonerils Aufbruch Lears. Sturm beginnt		

---

20 Vgl. die nützliche Materialsammlung von Klaus Schulz (Hrsg.): Aribert Reimanns *Lear*. Weg einer neuen Oper. München 1984, die auch das vollständige Libretto enthält: S. 35–66, S. 41.

3.1.	Kent-Gentleman. Sturm		
3.2.	Lear und Fool im Sturm dazu Kent, Prophetie des Fool	1.3.	Lear im Sturm, dazu Narr und Kent Prophetie des Narren
3.3.	Gloucester-Edmund; plant Verrat		Zwischenspiel
3.4.	Sturm: Lear, Kent, Fool Begegnung mit Edgar dazu Gloucester; Lears Wahnsinn	1.4.	Edgar (s. 2.3); Lear, Kent, Narr Begegnung mit Edgar als Tom dazu Gloster; Gericht angedeutet
3.5.	Cornwall-Edmund; Drohung		Lear nach Dover abgeführt
3.6.	Gerichtsszene: Lear, Gloucester		
3.7.	Blendung Gloucesters	2.1.	Blendung Glosters
4.1.	Edgar, Gloucester hereingeführt		Zwischenspiel
4.2.	Edmund-Goneril; Goneril-Albany. Albany gelobt Rache für Gloucester	2.2.	Edmund-Goneril erklärt ihre Liebe Goneril-Albany; Bekenntnis zu Gloster
4.3.	Kent-Gentleman: Bericht über Corde- lia und Lear	2.3.	simultan zu 2.2 Cordelia wartet auf Lear
4.4.	Cordelia-Doctor; Suche nach Lear	2.4.	Edgar begegnet Gloster simultan zu 2.2
4.5.	Regan-Oswald: Brief an Edmund		Zwischenspiel
4.6.	Gloucester-Edgar: Dover Cliff dazu Lear; Edgar tötet Oswald	2.5.	Gloster-Edgar: Dover-Cliff; dazu Lear. Von Cordelias Soldaten abgeführt.
4.7.	Lear-Cordelia-Versöhnung		Edgar-Gloster (5.2)
5.1.	Edmund-Regan-Albany-Goneril Edgar übergibt Brief		Zwischenspiel 2.6. Lear-Cordelia (entspricht 4.7)
5.2.	Lear u. Cordelia ziehen vorbei Edgar-Gloucester. Schlacht im Hinter- grund verloren		
5.3.	Lear und Cordelia als Gefangene Streit der Sieger; Edmund von Edgar besiegt Bericht vom Tod der Schwestern Lear mit der toten Cordelia Lears Tod. Kent-Edgar-Albany	2.7.	Lear und Cordelia als Gefangene Streit der Sieger; Edmund von Edgar besiegt Tod der Schwestern (auf Bühne) Lear mit der toten Cordelia Lears Tod

Das Textbuch, an das der Komponist sich hält und das keine Inszenierung ignorieren kann, solange das Urheberrecht dem entgegensteht, verhindert willkürliche Umstellung oder Kürzung von Szenen und garantiert dadurch in wesentlichen Punkten eine Treue zu Shakespeares Text, die dem Spielleiter sehr große Freiheiten lässt. Die folgende Aufführungsgeschichte, im Verein mit den meisten Programmheften und den darin enthaltenen Kommentaren, vielfach der kritischen Shakespeare-Literatur entnommen, zeigt dies zur Genüge.[21]

---

21 Schon dadurch fallen für den Komponisten und spätere Regisseure viele der grundlegenden Text- und Interpretationsprobleme weg, wie sie moderne Herausgeber und Textkritiker be-

Die Berichte, Abbildungen und kritischen Stimmen zu verschiedenen Aufführungen allein an deutschen Opernhäusern geben einen Eindruck von der durchaus widersprüchlichen Vielfalt der Theaterereignisse, die Reimanns Musik, zusammen mit Hennebergs Libretto und Shakespeares poetischer Vision inspiriert hat. So verband die überaus erfolgreiche, zwischen 1999 und 2004 an die fünfundzwanzigmal wiederholte Inszenierung an der Dresdner Semperoper in der Ikonographie des Bühnenbildes sowohl Erinnerungen an das biblische Abendmahl wie die Vorstellung eines Vulkanausbruches, mit einer Wand von »Basaltsteinen« – »oder ist's die Berglehne, an der Sisyphos seine vergebliche Arbeit verrichtet«?[22] (Abb. 1)[23]

Zumindest elf Aufführungen zwischen 2001 und 2002 sind von der Inszenierung am Aalto-Theater, Essen belegt, die ebenfalls überaus enthusiastisch aufgenommen wurde, trotz einer etwas umstrittenen Regie, die die Familientragödie in eine sich bald in zerbrechliche Ruine auflösende Puppenstube verlegte. In einem visuellen Vorspiel wurden zu Beginn nostalgische Erinnerungen an harmonische Familienferien suggeriert, die am Ende die vollständige Auflösung der kurzen Idylle umso drastischer anschaulich machten. Die musikalische Ausführung wurde von der Presse begeistert gefeiert und von einem Zeugen der Münchner Uraufführung dieser sogar vorgezogen.

Sieben Aufführungen erlebte Reimanns *Lear* zwischen September und Oktober 2008 in Frankfurt am Main; eine Wiederaufnahme, März/April 2012, erlebte nochmals fünf Aufführungen und wurde auf CD aufgenommen (Musikalische Leitung: Sebastian Weigle; Wolfgang Koch, König Lear). Es war die zwanzigste Inszenierung; sie verstand das Drama zunächst als Familientragödie, setzte jedoch auch durchaus moderne Mittel der szenischen Darstellung ein, moderne Videos, symbolträchtige Bilder, wie der mächtige Müllberg in der Heideszene und der mechanische Dauerregen im zweiten Teil, schufen eindrucksvolle Bildwirkungen, die zusammen mit den durchweg gepriesenen Leistungen der Sänger und des Orchesters der Oper auch in Frankfurt zu einem überragenden Erfolg verhalfen. (Abb. 2 und 3)

Am 22. November 2009 wurde *Lear* ein zweites Mal an der Komischen Oper Berlin von Hans Neuenfels neu inszeniert und nach sieben Aufführungen im Jahr 2011 für vier Aufführungen wieder aufgenommen. In einem Gespräch mit Volker Tarnow äußerte sich der Regisseur zu seiner Inszenierung:

---

schäftigt haben. Vgl. dazu die wohl gründlichste und zuverlässigste Ausgabe von Shakespeares Tragödie in der Reihe des Arden Shakespeare, Third Series, von R. A. Foakes. Walton-on-Thames 1997.

22 Friedbert Streller, Süddeutsche Zeitung (9. Februar 1999). Neben viel Lob für die musikalische Qualität der Aufführung wird unter anderem bemängelt, dass durch fast einheitlich weiße Kostüme das Element der ständischen Hierarchie eingeebnet wurde.

23 Alle Abbildungen finden sich am Ende des Beitrages.

Meine Inszenierung strebt nach Durchsichtigkeit, was Bühnenbild, Text und musikalische Strukturen betrifft. Ich brauche keine Aufführung mit Schlamm und Blut – allein deswegen nicht, weil ich dergleichen in der Musik überhaupt nicht finde. [...] Sie erfüllt die Grundbedingungen des Musiktheaters: Sie berührt, erschüttert und bietet eine emotionale Erklärung des abgründigen Stoffs. [...] das ist das Geniale an Reimann. Ich wollte immer schon den ›Lear‹ inszenieren, aber erst Reimanns musikalische Deutung ebnete mir den Weg dahin. Er hat den Mut aufgebracht, die Zerrissenheit, Isolation des Menschen in Töne zu setzen, das Blanke, Nackte und Entsetzliche unserer Existenz.[24]

Neuenfels' Inszenierung weckt bewusst Assoziationen an das Theater Becketts und eine kahle Bühne, auf der sich ein Spiel der Beziehungslosigkeit ereignet, ist wiederum ein Beispiel dafür, welche theatralischen Freiräume die Oper erlaubt und welche Flexibilität der szenischen Realisierung Reimanns Partitur anzuregen vermag. In diesem Fall war die Kritik eher gemischt, und einige ungewohnte Einfälle der Regie, wie die Besetzung der Rolle des Narren mit einer Darstellerin, die am Ende den sterbenden Lear umarmt, stießen auf wenig Verständnis.

Am 15. Januar 2012 hatte eine Inszenierung von *Lear* Premiere in der Staatsoper Hamburg, für die das Werk bereits vor der Münchner Uraufführung vorgesehen war.[25] (Abb. 4) Die 2012 siebenmal gespielte und 2014 viermal wieder aufgenommene Inszenierung wurde insgesamt als deutlicher Erfolg beschrieben, wobei aus den Schilderungen deutlich zu erkennen ist, dass in den vier Jahrzehnten seit der Münchner Uraufführung der Umgang mit Reimanns provozierendem Werk freier und unbekümmerter innovativ geworden ist. So wird ein erster Eindruck wiedergegeben: »Für den nachhaltigsten Eindruck der *Lear*-Aufführung sorgen die von Roy Spahn geschaffenen Räume, Chiffren für eine zunehmend aus den Fugen geratene Welt. Vor dem Beginn der ersten Szene klettert der Narr, von Erwin Leder mit einem melancholischen Pathos der Distanz und einem Brecht'schen Singsang gespielt, über Podeste und Kästen, die Assoziationen an Särge erwecken mögen – so, als besichtige er Stätten kommenden Unheils.«[26]

Gleichzeitig unterstützt Reimanns Partitur, wie die Regisseurin der Inszenierung feststellt, eine individuelle Charakterisierung, die manchen Tendenzen des heutigen Regie-Theaters entgegenwirken kann: »Eine der vielen Stärken dieser Partitur ist ja gerade die Klarheit ihrer Figuren und Situationen: Jede Rolle, jede Szene hat ihre ganz eigene Sprache und Atmosphäre. Diese Musik treibt uns in die Gefühlsex-

---

24 Berliner Morgenpost (19. November 2009).

25 Vgl. Kerstin Schüssler-Bach: »München jubelt über Hamburgs ›Jubiläums-Oper«, (Anm. 17) S. 33f.

26 Jürgen Kesting: »Sinn und Gegensinn. Simone Young und Bo Skovhus triumphieren in Hamburg mit Aribert Reimanns *Lear*«, Opernwelt (März 2012).

treme: Sie ist entweder körperlich stark spürbar oder unglaublich fein und lyrisch. Es gibt wenig Grautöne. Aber die Figuren sind differenziert genug für eine ambivalente Zeichnung.«[27]

Es ist schwer, die Musik dieser Oper mit diskursiven Mitteln zu beschreiben. Reimann selbst hat dies in zum Teil eindrucksvoll anschaulicher Weise selbst getan. Schmidtgall spricht von einem Kontinuum von statischer, ungegliederter Ruhe zu frenetischer Klanganarchie.[28] Das trifft nur bei oberflächlichem Hinhören zu. Genauere Vertrautheit mit Reimanns Tonsprache lässt ein überaus differenziertes Arsenal von Klangmitteln, sorgfältige Charakterisierung und sehr präzise Abstufungen erkennen. Neben den entfesselten Klangkombinationen und wirbelnden Akkordbündeln der Sturmszenen stehen die hysterischen Koloraturen der heuchlerischen Schwestern, die verlorenen Kontratenorklagen Edgars und der nur von einem Streichquartett begleitete Sprechgesang des Narren, für den übrigens auch Verdi eine musikalische Sonderrolle vorgesehen hatte.

Was die Wirkung auf den Zuschauer betrifft, so kann festgestellt werden, dass die Beziehung von Wort und Musik sich in diesem Werk anders darstellt als in der traditionellen Oper. Der Text wird kaum je vom Orchesterklang zugedeckt, sondern oft mit sehr sparsamer Begleitung vorgetragen, fast rezitiert oder liturgisch intoniert. Die Musik stellt keine bloße Untermalung dar, aber sie nimmt auch kaum Stimmungen vorweg oder bestimmt den Charakter einer Szene im Voraus, wie dies in Verdis *Otello* häufig geschieht. Sie scheint vielmehr oft den Worten nachzufolgen oder auch elementar die menschliche Stimme zu unterbrechen. Dadurch bleibt die Eigenwirkung des prägnanten, poesielosen Libretto erhalten. Der Zuhörer ist durchaus angehalten, das Gesungene oder Gesprochene auch zu verstehen. Der Komponist selbst, wie auch andere Beteiligte an der Aufführung, wehrt sich energisch gegen den möglichen Einwand, es könne sich um die Wirkung von Filmmusik oder bestimmte Stimmung anstrebende Begleitung handeln; ein solcher Eindruck könne nur bei unaufmerksamem oder oberflächlichem Zuhören entstehen.

Das Libretto im Verein mit der Musik setzt natürlich, nicht weniger als im Falle von Boito und Verdi, eine Reihe grundsätzlicher Entscheidungen zwischen möglichen Interpretationen voraus; es schließt bestimmte Deutungen aus und suggeriert andere. Wie jede Inszenierung und jede Erklärung ist es zunächst eine sehr persönliche Version von Shakespeares Tragödie, die von vielen traditionellen und heute gängigen Versionen abweicht.[29]

---

27 »Das Pure der Figur. Ein Interview mit der Regisseurin Karoline Gruber«, Programmheft der Staatsoper Hamburg zu Aribert Reimanns *Lear*, Premiere 15. Januar 2012, S. 7f.

28 Siehe Gary Schmidtgall: »Verdi's *King Lear* Project« (Anm. 14), S. 97, wiederholt in Shakespeare and Opera (Anm. 14), S. 257.

29 So erklärt Reimann um 1984: »Wahrscheinlich würde ich heute auf den Lear-Stoff nicht mehr, oder wenn, dann ganz anders reagieren, käme er neu auf mich zu, so wie für mich

Die erste und wohl offensichtlichste Entscheidung betrifft Lear selbst. Er steht als Individuum und zugleich als Archetyp im Zentrum, als alter Mann und als Vater, nicht als öffentliche Figur und königlicher Herrscher. Dies war auch, wie Reimann in einem Interview erläuterte, was ihn zuerst an dem Stoff fesselte: »Am Beginn war die Anteilnahme, war dieses Ausgesetztsein, dass ein Mensch total enteignet wird, dass er nichts mehr hat als seinen Wahnsinn und die totale Einsamkeit und die Natur und nicht mehr weiß, was nun mit seiner Psyche noch geschehen wird. Der Lear als Figur, war eigentlich das, was mich zunächst faszinierte.«[30]

Anfang und Ende der Oper belegen diesen Aspekt besonders deutlich. Die Oper beginnt – ohne Ouvertüre und ohne jede Musik – mit einem stummen Auftritt Lears und der Hauptcharaktere und mit der Ankündigung der Reichsteilung, ohne Begleitung auf einer Note gesungen. Lear erscheint müde und apathisch: Erst mit dem Einsatz des Orchesters scheint ihm die Bedeutung seiner Worte aufzugehen. Es ist, wie ja auch im Titel zum Ausdruck kommt, ein sehr privater, unpolitischer Lear, wie wir ihn auch aus verschiedenen neueren Shakespeare-Inszenierungen kennen, wobei freilich die hoch stilisierte, fast rituelle Ikonographie und Bewegungsregie der Münchner Uraufführung dem Eindruck einer bloß individuellen Tragödie entgegenstand. Dazu kommt, dass Text und Musik den Regisseur keineswegs daran hindern, auch ganz andere Möglichkeiten der szenischen Interpretation zu erproben, wie etwa Harry Kupfers Inszenierung an der Komischen Oper Berlin von 1983 zeigte, in der die Opfer von Lears tyrannischer Herrschaft im Schlamm unter den schwankenden Betonplatten, auf denen Lear sich bewegte, sichtbar wurden. Es war ein apokalyptischer, keineswegs unpolitischer Lear, der den Komponisten nach eigener Aussage besonders beeindruckte und der wiederum durchaus an Tendenzen der zeitgenössischen *Lear*-Regie erinnerte.[31] Offensichtlich besitzt die Oper, wie jedes gelungene Kunstwerk, eine Offenheit, die ganz verschiedene Inszenierungen erlaubt. Ein Vergleich der bisherigen Aufführungen bestätigt dies in überraschender Deutlichkeit, obwohl natürlich andererseits die Partitur weniger Variation der Szenenfolge, des Tempos und der Akzentsetzung erlaubt, als sie dem Regisseur eines dramatischen Texts zur Verfügung steht.

Auf zwei charakteristische Szenen der Oper sei hingewiesen: Entgegen Shakespeares Text, aber im Einklang etwa mit Peter Brooks wegweisender Inszenierung von 1962 wird Gonerils Zorn über Lears Ritter durch deren laute Präsenz auf der Bühne gerechtfertigt. Es ist eine der beiden einzigen Stellen, an denen ein Chor

---

das Stück vor 1968 ein Stück Weltliteratur war, zu dem ich keine engere Beziehung hatte.«; siehe das Programmheft der Vereinigten Städtischen Bühnen Krefeld und Mönchengladbach, Spielzeit 1985/86, S. 10; übernommen aus dem Programmheft des Staatstheaters Braunschweig 1984/85, Heft 14.

30 »Annäherungen an Shakespeares *Lear*«, Das Orchester 7/8 (1978), S. 561–565, S. 562.

31 Vgl. dazu Klaus Schulz (Hrsg.): Aribert Reimanns *Lear*, (Anm. 20) S. 190–220 und S. 225.

verwendet wird. Lears laute Aufmunterung seiner Gefolgsleute, steht in wirkungs-
vollem Kontrast zu der unmittelbar anschließenden Verstoßung in die Schutzlosig-
keit vor den Elementen:

> Sauft, fresst, reißt Witze!
> Ab ist die Last des Herrschens von unsern Schultern.
> Jetzt leben wir dem Tag, der Sonne, Regen, Wind.[32]

Gerade in der Abweichung vom Ur-Text zeigt sich hier die intensive Auseinandersetzung mit der Welt von Shakespeares Tragödie.

Das Ende der Oper hat mit dem von Verdi geplanten gemeinsam, dass Lears
Tod unkommentiert das Werk beschließt. Während aber Verdis Lear, ähnlich wie
später sein Otello, in der Umarmung mit der Toten (sie wird vergiftet) stirbt, folgt
Hennebergs Libretto weithin dem Wortlaut Shakespeares bis zu Lears »Seht ihre
Lippen … Seht hier – seht …«, auf das »Langsamer Vorhang« folgt. (Libretto, S. 66)
Die anderen Sprecher sind stark zurückgenommen: Kent tritt in der letzten Szene
nicht mehr auf, und seine Worte, »Brich, Herz, ich bitte dich, brich!«, sind Edgar
in den Mund gelegt. (Libretto, S. 65) Albanys Kommentar besteht aus vier Worten,
»Uns bleiben Trauer … Klagen.« (Libretto, S. 65) Auf sie folgt der letzte Teil von
Lears Sterberede. Wie in Verdis *Otello* werden, anders als bei Shakespeare, keinerlei
Aussagen über den weiteren Weg der Überlebenden gemacht, und Reimanns eigene
Beschreibung könnte fast auf eine Verdi-Oper passen: *Tod: Aufsteigen in schwe-
bende Höhe. Sphärenhafter Raumklang. Lear betritt eine neue Welt.|* In den Harfen
wiederholt sich der vorangegangene tiefe Akkord in auseinandergehenden Abstän-
den. Darüber Vorhang in Zeitlupe. Das Erzittern des Streicherakkordes muss fast
unhörbar enden.«[33]

Die Musik, ein fast traditionelles, bewegendes Streicherlamentoso, nötigt uns
ebenso wenig wie Shakespeares abschließendes Reimpaar zu einer tröstlichen oder
verzweifelten Deutung. Angesichts des stillen Finales lässt sich jedenfalls von dieser
Opernversion keineswegs sagen, dass Reimann nur die dunklen Seiten der Tragödie
gestaltet habe, wie in der Kritik verschiedentlich behauptet wurde. Die Oper hat
wenig mit dem Nihilismus des absurden Dramas gemeinsam; sie ist kein »Clowns-

---

32 Libretto, S. 43.

33 Aribert Reimann: »Erinnerungen und Vision, und was daraus entstehen kann. Notizen zu
›Lear‹«. In Klaus Schulz (Hrsg.): Aribert Reimanns *Lear* (Anm. 20), S. 67–78, hier S. 78. Hans
Neuenfels äußert sich zu diesem Schluss anlässlich seiner eigenen Inszenierung der Oper: »Es
ist die Aufgabe der Regie, den Weg zu diesen harmonischen Streicherklängen verständlich zu
machen. Auch bei Shakespeare gibt es die große Versöhnung, die Einbettung seiner geschei-
terten Existenz in die Liebe zu Cordelia. Musikalisch hat Reimann dazu eine ausgesprochen
folgerichtige Coda komponiert.« Berliner Morgenpost, 19. November 2009, Gespräch mit
Volker Tarnow.

Spiel aufgeführt auf Hiobs Bühne«, wie Jan Kott *King Lear* in Gedanken an Beckett nennt.[34] Verständlicher sind Urteile, die hier einen romantischen oder sogar einen konventionellen *Lear* sehen. Richtiger erscheint mir jedoch, dass eine Aufführung der Oper etwas von dem sich jeder einfachen Deutung entziehenden Reichtum und der Intensität von Shakespeares Text vermittelt, der immer wieder für unspielbar erklärt wurde.

Die Wirkung der Oper hängt natürlich in entscheidendem Maße von der Qualität der Musik ab, und hier hat es Reimanns *Lear* sicher wesentlich schwerer, ein breites Publikum zu erreichen, als Verdis *Otello*. Seine Musiksprache ist bei aller emotionalen Spannweite und Vielfalt doch sehr viel weniger unmittelbar zugänglich als die der klassischen Oper, weniger auch als Shakespeares Text. Wenn Henneberg von seinem Libretto sagt, »Ich habe von Shakespeares Text weggenommen, was die Musik ausdrücken kann«,[35] so werden hier wichtige Unterschiede verwischt und wesentliche Bereiche des Dramas, von der gedanklichen Radikalität und der Vielfalt der menschlichen Konstellationen bis zum intellektuellen Reichtum des Wortspiels, ausgeblendet. Aber dies ist der unvermeidliche Preis einer solchen Vertonung, gegen den der durch die Musik vermittelte Gewinn an spontaner Einsicht und emotionaler Identifikationsmöglichkeit steht.

Ein Jahr nach der Uraufführung reflektierte Joachim Kaiser in einer, wie er es überschrieb, »Anatomie eines ungewöhnlichen Erfolges« über die Frage »Warum Aribert Reimanns *Lear*-Oper immer unwiderstehlicher wirkt«, und er stellte fest, Werk und Inszenierung hätten in erster Linie »zum höheren Ruhme Shakespeares« stattgefunden. Sein Text stehe »begriffslos hoch über allen möglichen Erklärungen«. Die Oper habe uns die »unendliche Beredsamkeit dieser Begriffslosigkeit tönend ins Bewusstsein gehoben.«[36] Dies scheint mir in der Tat eine der unverwechselbaren Leistungen einer gelungenen Shakespeare-Oper. Sie kann Zugänge zum Text und der in ihm entworfenen Welt von menschlichem Leiden, Grausamkeit, Verblendung und Trost vermitteln, wie dies auch Inszenierungen des ursprünglichen (des englischen oder übersetzten) Textes nur in seltenen Fällen gelingt.

Um einer Shakespeare-Oper wie *Otello* oder *Lear* gerecht zu werden, kann man sie nicht allein mit der geduldigen Lektüre des Dramentextes und mit dem durch Generationen angesammelten, vielfach gemischten Vorrat an Erfahrungen mit diesem Text vergleichen, sondern muss sie als Aufführung auch als Auseinandersetzung des Theaters mit einer Spielvorlage verstehen. Carl Dahlhaus, in einer Abhandlung über die Dramaturgie der Literaturoper, hat auf eine Tendenz des neueren Theaters

---

34 Jan Kott: Shakespeare Our Contemporary. London 1964, S. 134: »the ›clowns' play‹, performed on ›Job's stage‹«.

35 Programmheft zur Uraufführung an der Bayerischen Staatsoper. München 1978, S. 50.

36 »Anatomie eines ungewöhnlichen Erfolgs. Warum Reimanns ›Lear‹-Oper immer unwiderstehlicher wirkt«, Süddeutsche Zeitung (25. Juli 1979).

hingewiesen, Schauspielinszenierungen in die Nähe von Operninszenierungen geraten zu lassen, und dies damit erklärt, dass das heutige »Regie-Theater« häufig dazu
neigt, »statt des sprachlichen Moments das mimisch-theatralische in den Vordergrund zu rücken«.[37] Zugleich gibt er eine Begründung dafür, dass die Literaturoper
etwas von dem tradiert, was dem Schauspieltheater suspekt geworden ist:

> Dass Lyrik und Pathos kaum noch sprechbar sind, besagt durchaus nicht, dass
> sie in den Empfindungen der Menschen keinen Rückhalt mehr fänden. Und
> wenn die Literaturoper durch Musikalisierung die artifizielle Möglichkeit von
> Tonlagen rettet, die im Schauspiel prekär wurden, so ist sie dadurch nicht ›zeit-
> fremd‹ [...] Das Pathos, das in der Musik Zuflucht fand, ist dadurch, dass es
> aus der Literatur und dem Sprechtheater verbannt wurde, keineswegs aus der
> Gefühlswirklichkeit der Menschen verschwunden.[38]

Vielleicht ist es aus diesem Grunde möglich, dass uns Shakespeare-Opern, seien sie
nun aus der Blütezeit des italienischen Belcanto oder aus dem Musiktheater des 20.
Jahrhunderts, Dimensionen der Shakespeare'schen Tragödie erschließen können,
denen wir sonst viel seltener mehr begegnen würden.

---

37 Carl Dahlhaus: »Zur Dramaturgie der Literaturoper«. In: Ders.: Vom Musikdrama zur Literaturoper. Aufsätze zur neuren Operngeschichte. München 1989, S. 294–312; Zitat S. 304. Reimann
   hält nicht viel von »dem schon allzusehr strapazierten Begriff ›Literaturoper‹. Dieses Schlagwort
   mag Kritiker und Musikwissenschaftler berauschen, für den Komponisten ist es ein Nonsens.
   Eine ganz bestimmte Gedankenwelt, ein Zustand, ein menschliches oder politisches Problem
   sind es, die einen Komponisten bedrängen und in ihm Musik hervorrufen, egal ob der Anstoß
   aus einem bereits bestehenden Theaterstück zu ihm kommt oder als Idee, die noch geschrieben
   werden muss. Verfolgt man die Operngeschichte zurück, so wird man das immer wieder feststellen. Ich weiß nicht, warum das heute anders sein soll.« Siehe das Programmheft der Vereinigten
   Städtischen Bühnen Krefeld und Mönchengladbach, Spielzeit 1985/86, S. 11; übernommen
   aus dem Programmheft des Staatstheaters Braunschweig 1984/85, Heft 14.
38 Carl Dahlhaus: Vom Musikdrama zur Literaturoper (Anm. 37), S. 308.

Abb. 1: Vorne: Sabine Brohm (Cordelia), im Hintergrund: Eva-Maria Bundschuh (Goneril), Person unbekannt, Victor Braun (König Lear), Evelyn Herlizius (Regan), Person unbekannt, Hans Aschenbach (Edmund). Premiere: 7. Februar 1999, Semperoper Dresden. Inszenierung: Willy Decker. © Archiv der Sächsischen Staatsoper Dresden, E. Döring

Abb. 2: Graham Clark (Narr), Wolfgang Koch (König Lear), Hans-Jürgen Lazar (Graf von Kent). Premiere vom 28. September 2008, Oper Frankfurt. Inszenierung: Keith Warner. © Barbara Aumüller

Abb. 3: Wolfgang Koch (König Lear), Britta Stallmeister (Cordelia, Tochter König Lears). Premiere vom 28. September 2008, Oper Frankfurt. Inszenierung: Keith Warner. © Barbara Aumüller

Abb. 4: Hellen Kwon (Regan), Peter Galliard (Herzog von Cornwall), Katja Pieweck (Goneril), Statisten, Moritz Gogg (Herzog von Albany), Bo Skovhus (König Lear), Erwin Leder (Narr). Premiere: 15. Januar 2012, Staatsoper Hamburg. Inszenierung: Karoline Gruber. © Ralf Brinkhoff

ERNST OSTERKAMP

Shakespeare und der Georgekreis

Bei aller Beschäftigung mit Stefan George, seinem Werk und seinem Kreis emp-
fiehlt sich eine von philologischer Nüchternheit bestimmte Annäherung. Vergegenwärtigen wir uns also zuerst die Daten:[1] Stefan George hat Stücke Shakespeares
sicher schon in seiner Darmstädter Schulzeit kennengelernt; in der Korrespondenz
des Zwanzigjährigen mit seinem Schulfreund Carl Rouge im Jahre 1888 finden sich
verschiedentlich Erwähnungen von dessen Dramen. Dass ihn von da an das Interesse an Shakespeare nicht mehr verlassen hat, zeigt sich immerhin daran, dass er im
Wintersemester 1889/90 an der Berliner Friedrich-Wilhelms-Universität Julius Zu-
pitzas Vorlesung »Shakespeare und Hamlet« belegte. Im Jahre 1899 schenkte ihm
der junge englische Komponist Cyril Meir Scott, sein enger Freund, die Temple-
Ausgabe der *Sonnets* in der dritten Auflage von 1898. Im April 1899 dann wurde
der damals noch 18-jährige Friedrich Gundolf[2] in München Stefan George vorgestellt, und schon mit seinem ersten Brief an den Dichter schickte ihm der Student
außer eigenen Gedichten »sechs Übersetzungen aus den Sonnetten Shakespeares
und Rossettis«.[3] George lobte diese Übertragungen in seinem Antwortbrief vom
11. Juni als »im ton gut« und fuhr ermunternd fort: »vielleicht füllt einmal Ihr fleiss
eine lücke: eine mögliche um-dichtung sei es auch nur teilweis der unsterblichen
CLIV. allerdings nur ein beginnen für lieblinge der Götter!«[4]

---

1   Den konzisesten Überblick über Georges Shakespeare-Rezeption gibt der Artikel von Ute
    Oelmann: »Shakespeare Sonnette. Umdichtung«. In: Achim Aurnhammer u. a. (Hrsg.): Ste-
    fan George und sein Kreis. Ein Handbuch. 3 Bde. Berlin 2012, S. 238–254; dort auch die
    wichtigste Forschungsliteratur zu Georges Übersetzung von Shakespeares Sonetten.
2   Meine Ausführungen zu Friedrich Gundolf in der folgenden Skizze schließen an zwei frühere
    Studien über den einflussreichen Germanisten an; Ernst Osterkamp: »Friedrich Gundolf zwi-
    schen Kunst und Wissenschaft. Zur Problematik eines Germanisten aus dem George-Kreis«.
    In: Christoph König und Eberhard Lämmert (Hrsg.): Literaturwissenschaft und Geistesge-
    schichte 1910 bis 1925. Frankfurt am Main 1993, S. 177–198; Ernst Osterkamp: »Friedrich
    Gundolf (1880–1931)«. In: Christoph König u. a. (Hrsg.): Wissenschaftsgeschichte der Ger-
    manistik in Porträts. Berlin 2000, S. 162–175.
3   Stefan George/Friedrich Gundolf: Briefwechsel. Hrsg. von Robert Boehringer mit Georg Pe-
    ter Landmann. München 1962, S. 28.
4   Ebenda, S. 29.

Gundolf, der damals alles dafür tat, ein Götterliebling zu werden, verstand diese Anregung als Auftrag, den er mit der ihm eigenen staunenswerten belletristischen Hurtigkeit in die Tat umzusetzen gedachte; schon zehn Tage später schrieb er an George: »in diesen Tagen habe ich ungefähr sechzig Sonnette, so gut es mir gelingen durfte übertragen, davon die ersten fünfzig in fortlaufender Reihe.«[5] Aber dann wurde ihm rasch klar, dass er sich mit seinem Projekt der Übersetzung von Shakespeares Sonetten eine »Sisyphusarbeit« aufgebürdet hatte,[6] der er künstlerisch noch längst nicht gewachsen war, und so blieb das Vorhaben im Jahre 1899 für immer stecken.

George selbst hat damals nicht im Ernste erwogen, sich an einer Umdichtung der Sonette Shakespeares zu versuchen; er war nach wie vor mit der Übersetzung zeitgenössischer Dichter und dem Abschluss der Baudelaire-Übertragung beschäftigt, machte sich dann an seine Dante-Übersetzung und war zugleich mit seiner gemeinsam mit Karl Wolfskehl unternommenen strengen Neudefinition eines um die Gestalt Goethes zentrierten Kanons *Deutscher Dichtung* befasst, der von 1900 bis 1902 in drei schmalen Bänden erschien und das Drama als Gattung ausschloss. In dieser Zeit war für eine konzentrierte Beschäftigung mit dem Dramatiker, aber auch mit dem Sonettisten Shakespeare nicht nur keine Zeit, sondern vor allem kein Bedarf; Shakespeare wurde in der konzeptionellen Entwicklung von Georges Dichtungsauffassung in den kommenden Jahren noch nicht gebraucht. Das änderte sich erst im Februar 1907, als sich George, ohne dass sich diese Entscheidung in den Briefen und Gesprächen der vorangegangenen Jahre in irgendeiner Weise abgezeichnet hätte, in der mittlerweile gewonnenen Gewissheit, selbst ein Götterliebling zu sein, plötzlich dazu entschloss, die Sonette Shakespeares zu übertragen, wobei vermutlich auch eine Anregung seines Verlegers Georg Bondi, der sich eine Neuausgabe der Werke Shakespeares für seinen Verlag gewünscht hatte, mitgespielt haben dürfte. Noch im selben Monat erteilte George Friedrich Gundolf den Auftrag zur Neuübersetzung aller anderen Werke Shakespeares, und bereits im Folgemonat lieferte dieser auf die gewohnte Weise die erste Vollzugsmeldung: »Ich bin im Shakspere untergetaucht und mache morgen Akt III fertig von Antonius und Cleopatra.«[7] Gundolf hat danach das Tempo nicht mehr gesenkt; am 27. März 1912 schrieb er zum Beispiel an Erich von Kahler: »ich habe mir vorgesetzt in je 14 Tagen ein Stück neu zu übertragen: Mass für Mass hab ich fertig, und eben bin ich an Troilus und Cressida: sprachlich eine der gewalttätigsten und stärksten Spannungen des Allumspanners, wohl auch All-zerspanners.«[8] Für viele Jahre war

---

5 Ebenda, S. 30.
6 Ebenda.
7 Ebenda, S. 179.
8 Friedrich Gundolf/Erich von Kahler: Briefwechsel 1910–1931. 2 Bde. Hrsg. von Klaus Pott unter Mitarbeit von Petra Kuse. Göttingen 2012, Bd. 1, S. 53.

die Arbeitskraft des jungen Gundolf durch die – so im Dezember 1912 an Kahler – »Deutschwerdung« des »grossen Willi« gebunden.[9] Schon 1908 erschien der erste Band von *Shakespeare in deutscher Sprache. Herausgegeben zum Teil neu übersetzt von Friedrich Gundolf* in der Ausstattung Melchior Lechters; 1918 wurde die auf zwölf Bände angelegte Ausgabe unter dem ökonomischen Druck des Kriegsendes mit dem zehnten Band abgeschlossen. Erst die 1920/21 erschienene schlichte Neuausgabe in sechs Bänden enthielt dann die noch fehlenden Stücke, die Epen und die Sonette, diese nun in der Übersetzung Stefan Georges. Sie waren bereits 1909, genau 300 Jahre nach dem Erstdruck, nach relativ kurzer Entstehungszeit, über die nahezu keinerlei Zeugnisse existieren, in einer Einzelausgabe erschienen: *Shakespeare. Sonnette. Umdichtung von Stefan George.* Die kreisintern gefeierte Übersetzung der Sonette – so lieferten Marie Luise Gothein, Berthold Vallentin, Albert Verwey und Gundolf selbst Rezensionen –[10] stieß in der Öffentlichkeit allerdings auf vergleichsweise geringe Resonanz.

Für Friedrich Gundolf dagegen gewann das Shakespeare-Projekt lebensentscheidende Bedeutung. Er folgte im Sommer 1910 der Anregung seines Freundes Arthur Salz, die Arbeit an der Shakespeare-Übersetzung nun auch wissenschaftlich fruchtbar zu machen und sich in Heidelberg mit einer Schrift über die deutsche Shakespeare-Rezeption zu habilitieren – ein, wenn man bedenkt, dass Gundolf 1904 in Berlin mit seiner stoffgeschichtlichen Dissertation *Caesar in der deutschen Literatur* erst im zweiten Anlauf und dann auch nur mit ›rite‹ promoviert worden war, nicht ganz ungewagtes Unternehmen. Es war also erst die Beschäftigung mit Shakespeare, die die Karriere des berühmtesten Germanisten der Weimarer Republik begründete. Die Habilitation an der Ruprecht-Karls-Universität erfolgte bereits im April 1911; der Titel der 86 Seiten umfassenden Habilitationsschrift lautete *Shakespeare und der deutsche Geist vor dem Auftreten Lessings.*[11] Es war dies der erste Teil eines im November 1910 abgeschlossenen Werks, das einen Monat nach der Habilitation, nun mit einem so knappen wie provokanten Vorwort zur Methode und einer Einleitung versehen und insgesamt 360 Seiten stark, unter dem Titel *Shakespeare und der deutsche Geist* erschien und schlagartig Gundolfs Ruhm begründete. Schon in Äußerlichkeiten gab sich Gundolfs konsequente Missachtung aller Normen der traditionellen Literaturwissenschaft zu erkennen: Das Buch enthält keine Anmerkungen und kein Literaturverzeichnis, kein Zitat wurde belegt (eine Praxis, von der Gundolf auch in seinen späteren Publikationen nicht mehr abwich). Was bisher als Fundament al-

---

9 Ebenda, S. 75.
10 Vgl. Georg Peter Landmann: Stefan George und sein Kreis. Eine Bibliographie. Mit der Hilfe von Gunhild Günther ergänzte und nachgeführte zweite Auflage. Hamburg 1976, S. 74f.
11 Friedrich Gundelfinger: Shakespeare und der deutsche Geist vor dem Auftreten Lessings. Habilitationsschrift zur Erlangung der Venia legendi der Hohen philosophischen Fakultät der Ruprecht-Karls-Universität Heidelberg. Leipzig 1911.

ler philologischen Forschung gegolten hatte, Textkritik, Bibliographie, Biographie, erschien hier plötzlich als marginal. Stattdessen ordnete Gundolf sein historisches Material in drei Schritten nach den künstlerischen Kategorien Stoff (der als Habilitationsschrift vorgelegte philologisch unverfängliche Teil: von den englischen Komödianten bis zu Gottsched), Form (Shakespeare bei Lessing und Wieland) und Gehalt (Shakespeare in Klassik und Romantik), womit er eine aufsteigende Linie zeichnete, in der der deutsche Geist durch Shakespeare zu sich selbst gefunden hatte. Auf diese Weise wurden die Aufgaben der Literaturgeschichtsschreibung gänzlich neu definiert; sie hatte es bei Gundolf zu tun mit einer »Geschichte lebendiger Wirkungen und Gegenwirkungen statt einer Chronik literarischer Fakten oder einer Psychologie von Autoren«,[12] wie es im Vorwort heißt. Ziel Gundolfs war eine alles faktische überwölbende »Kräftegeschichte«: eine Geschichte der Bildungskräfte, die die Wirkung Shakespeares in Deutschland ermöglicht hatten und, umgekehrt, die durch Shakespeares Werk freigesetzt worden waren. In diesem Sinne wurde in Gundolfs Buch Shakespeare zu einem Namen für all die Kräfte, derer der »deutsche Geist« bedurfte, um zu sich selbst zu finden, und zur Chiffre für das »menschgewordene Schöpfertum des Lebens selbst«[13] – eine Reduktion des Dichters auf seine schöpferische Potenz, bei der Gundolf die Tatsache begünstigte, dass von Shakespeares Biographie außer der Chronologie seiner Werke kaum etwas greifbar war. Eine Geschichtsschreibung, die sich dem Vergangenen nur deshalb zuwandte, um aus ihm die lebendigen Kräfte zurückzugewinnen, die auch die Gegenwart umzugestalten vermögen, wies dem Literaturhistoriker ein »Richter- und Sichteramt« zu, das nun an die Stelle des vom Historismus verfochtenen Objektivitätsideals zu treten hatte. Geschichte habe es »zu tun mit dem Lebendigen«, und ihre Erkenntnis erfolge aus dem »Lebensgefühl« des Forschers; »Methode ist Erlebnis, und keine Geschichte hat Wert die nicht erlebt ist«:[14] dies waren provokante Sätze in einer Zeit, in der der Begriff der Methode in der Philologie oft noch mit den Verfahren der Lachmann'schen Textkritik gleichgesetzt wurde und die Enthaltung von Werturteilen zu den Voraussetzungen positivistischer Philologie gehörte.

Das Fach Germanistik nahm Gundolfs Provokation dankbar an; *Shakespeare und der deutsche Geist* wurde bei seinem Erscheinen nahezu einhellig als Geniestreich gefeiert und zeigte schon damit, wie sehr das Buch mit seinem antipositivistischen Ethos im Trend der Wissenschaftsentwicklung lag, der von der Philologie zur Geistesgeschichte führte. Der eminente Erfolg von *Shakespeare und der deutsche Geist* konnte Gundolf freilich nicht darüber hinwegtäuschen, dass er ein Shakespearebuch ohne Shakespeare geschrieben hatte; das Buch setzte unausgespro-

---

12 Friedrich Gundolf: Shakespeare und der deutsche Geist. Berlin 1911, S. VII.
13 Alle Zitate ebenda.
14 Alle Zitate ebenda, S. VIII.

chen seine Shakespeareübersetzung so sehr voraus, dass es auf Shakespeares Werk
selbst nur noch sporadisch, ja aphoristisch zu sprechen kommen musste – dies auch
deshalb, weil es ihm primär um die schöpferische Potenz eines lebensgestaltenden
und -verwandelnden Dichtertums ging und nicht um die Wirkkraft der einzelnen
Werke. Sätze wie »Betrachten wir kurz den Hamlet=monolog!«[15] bezeichnen schon
das Äußerste an werkanalytischem Zugriff, wozu Gundolf sich in diesem Buch be-
reitfand, während Generalformeln wie die vom »leidenschaftlichen Schöpferherzen«
und vom »Allwissenden, der sich mit einer beschränkten, von ihm durchschauten,
verachteten Welt auseinandersetzen mußte«,[16] auf dessen Seiten abundieren, wie
freilich auch die synthetisierenden Allerweltsfloskeln, die der geistesgeschichtliche
Drang zum Großen und Ganzen so sehr geliebt hat: »Shakespeare denkt, lebt und
atmet in Bildern.«[17] Charakteristisch für diese Art des synthetisierenden Zugriffs ist
eine methodisch interessante Überlegung, die sich bezeichnenderweise genau in der
Mitte des Buches findet. Hier versucht Gundolf »Shakespeares sprachliche Welt unter dem Bilde einer Kugel« zu sehen, »worin vom innersten Herzen die Sprachkräfte
ausstrahlen«: Das Zentrum dieser Kugel bilde die »Sphäre der eigentlichen Leidenschaft, der Tragödien«; dieser zentralen Schicht vorgelagert sei die »rhetorische«, in
die die Sprachkonventionen der Zeit eingeschmolzen seien: die Sphäre der Historien; die »äußerste, gewissermaßen schon abgekühlte, minder kernhafte, lockerste,
spielende, flimmernde Schicht bildet die Diktion der Komödien«.[18] Methodisch
bedeutsam ist dies Bild von Shakespeares Sprachwelt als Kugel deshalb, weil es die
dichterische Existenz ablöst vom entwicklungsgeschichtlichen Denken und sie definiert als ein in sich selbst zentriertes überzeitliches Sein, also – ohne dass dieser Begriff hier fällt – als Gestalt. Seinem nächsten großen Werk, der 1916 erschienenen
monumentalen Goethe-Monographie, legte Gundolf dann das Bild der Kugel von
Anbeginn als methodisches Fundament zugrunde, indem er sich die Einheit von
Goethes Leben und Werk als »Kräftekugel« begreiflich zu machen versuchte: »als
die kugelförmigen Ausstrahlungen von einer Mitte her«.[19] So wurde, ohne dass dies
in seinem Goethebuch von Gundolf ausgesprochen wird, der deutsche Geist auch
methodisch von Shakespeare her definiert.

Auf der anderen Seite strahlte dann die Konzeption von Gundolfs *Goethe* wiederum auf diejenige seines späten Shakespearebuchs aus, das er von Anbeginn – wie
er schon 1923 an seinen Freund Erich von Kahler schrieb – als sein eigentliches
»Lebenswerk« ansah.[20] Nun scheint freilich die öde Schematik, mit der Gundolf

---

15 Ebenda, S. 152.
16 Ebenda, S. 35.
17 Ebenda, S. 152.
18 Ebenda, S. 176.
19 Friedrich Gundolf: Goethe. Berlin 1916, S. 14f.
20 Friedrich Gundolf / Erich von Kahler: Briefwechsel 1910–1931 (Anm. 8), Bd. 2, S. 11.

1928 in *Shakespeare. Sein Wesen und Werk*, seinem letzten großen Buch, Shakespeares am Leitfaden der Chronologie aufgereihte Werke von *Titus Andronicus* bis zum *Sturm* Stück für Stück bespricht, in deutlichem Widerspruch zum komplexen Aufbau des Goethe-Buchs zu stehen, der sich an einem Gestaltbegriff ausrichtet, in dem Zeit und Raum, Geschichte und Systematik einander durchdringen. Und doch hat sich Gundolf im Falle seines späten Shakespeare-Buches umso bereitwilliger an den methodischen Prämissen des zwölf Jahre früher erschienenen *Goethe* orientiert, als er bei Shakespeare von allen Zwängen der biographischen Darstellung befreit war. »Nur Goethes Dichtungen«, so hatte er im Goethebuch geschrieben, »geben seine unbezogene, in sich vollendete, autonome Gestalt [...]. Sie sind die gestaltete Fülle seines Wesens das sich nach innerem Gesetz herauf formt«.[21] Wenn das Wesen des Dichters seine Dichtungen sind, dann bestand die schriftstellerische Aufgabe im Falle Shakespeares, der anders als Goethe über keine Biographie verfügt, für Gundolf allein darin, durch die Vorstellung seiner Werke die Darstellung von Shakespeares Wesen vorzunehmen – was freilich den tautologischen Charakter des Untertitels *Sein Wesen und Werk* akzentuiert. Sein darstellerisches Verfahren dabei konnte kein anderes sein als dasjenige, in dem er sich ein Jahrzehnt lang bei seiner Shakespeare-Ausgabe erprobt hatte: das der Übersetzung. Die methodischen Maximen hierfür konnte er ebenfalls seiner Goethemonographie entnehmen: »Die Aufgabe des Bildungshistorikers ist der des Übersetzers verwandt, nicht der des Grammatikers, wenn er auch die des Grammatikers beherrschen muß. Er muß eine lebendig bewegte Urform mühsam und gewissenhaft, mit aller Kenntnis jedes Sinns und jedes Gewichts nachbilden in einem anderen ihm angeborenen Material.«[22] Und so übersetzt Friedrich Gundolf in seinem Shakespeare-Buch in mühsamer Anstrengung ein weiteres Mal das Werk Shakespeares, nun aber nicht mehr im Medium des Verses, sondern als Nachbildung des »Sprachgebilds« im »Sprachbegriff«.[23] Nachbildung des künstlerisch Geformten im Medium des Begriffs: praktisch läuft dies auf ein Verfahren hinaus, das sich als werkanalytische Textparaphrase bezeichnen lässt, bei der Konturierung der handelnden Figuren die besondere Aufmerksamkeit des Interpreten gehört. Für den Leser bringt dies Verfahren einer mimetischen Übersetzung von Kunstwerken in eine werkaffine Begriffssprache das Problem mit sich, dass er nie so recht herausfindet, was er da eigentlich liest: Die Stücke Shakespeares sind es nicht mehr, und textanalytische Ergebnisse, die sich von der vorgegebenen Werkgestalt lösen, sind es noch nicht.

Das Gesamtbild Shakespeares aber, das das fast tausend eng bedruckte Seiten umfassende Werk vermitteln will, bleibt gerade deshalb besonders abstrakt, weil es

---

21 Friedrich Gundolf: Goethe (Anm. 19), S. 14.
22 Ebenda, S. 6f.
23 Ebenda, S. 7.

besonders konkret sein möchte. Denn das von Gundolf in »Sprachbegriffe« übersetzte Riesenpanorama der Shakespeare'schen Gestaltenfülle fließt letztlich in dem
abstraktesten aller Begriffe zusammen: demjenigen des Alls. Wenn Gundolf Shakespeare sagt, ist das All nie fern. Das Wesen Shakespeares ist für ihn dasjenige des in
einem einzigen Menschen zur Sprache gekommenen Alls, des in ein Ich verwandelten Alls. Wer aber alles ist, über den lässt sich nur wenig sagen; deshalb fällt die
Einleitung zu dem Shakespearebuch mit vier Seiten auch so knapp aus und kann
Gundolf überdies auf eine Zusammenfassung seiner Ergebnisse verzichten, denn
sie sind mit dem Wort »All« identisch.[24] Kaum hat Gundolf auf der letzten Seite
seines Buches noch einmal gesagt, Shakespeare sei der Mann gewesen, »der wie vielleicht kein zweiter das All in sein Ich herein verwandelt hatte«,[25] folgt aus diesem
Grund auch sofort das Register, das zu zwei Dritteln ein Register von Shakespeares
Personen ist – und dies auch nach den Prämissen des Werks sein muss, »weil vielleicht seit Homer kein Dichter so ganz in dem Jetzt und Hier seiner Wahrnehmung
lebte wie er, so aufging in der dichterischen Bannung wirklichen Alls in wirkliche
Gestalten. An ihm wird ein Ursprung der Kunst, die Identität von Alleinheit und
Erscheinungsvielheit erst vollkommen sinnfällig.«[26] Und so demonstriert denn die
Monographie die »Alleinheit« von Shakespeares Wesen dem Leser dadurch, dass sie
ihm auf wahrhaft erschöpfende Weise die »Erscheinungsvielheit« seines Werks und
seiner Personen vor Augen führt. Um dies tun zu können, bedurfte Gundolf freilich keines Rückgriffs auf die Ergebnisse der Shakespeareforschung; charakteristisch
hierfür ist der Satz, mit dem er sich im Juli 1925 von seinem Freund Erich von Kahler in den Urlaub verabschiedete: »Im Fextal wohin ich keine Bücher mitnehmen
mag, will ich am Shakespeare weiterarbeiten.«[27]

Als Gundolfs Shakespeare-Buch 1928 pünktlich zu Stefan Georges 60. Geburtstag erschien, war der persönliche Bruch zwischen ihm und dem Dichter längst vollzogen; dieser Bruch aber findet seinen letzten Grund in Gundolfs im Jahre 1910
getroffener Entscheidung, sich mit einem Buch über Shakespeare zu habilitieren,
also eine Grenzüberschreitung zwischen dem System der Kunst und demjenigen
der Wissenschaft zu vollziehen. Um diesen Schritt in seiner ganzen Komplexität
verstehen zu können, muss noch einmal ein Blick zurück in den Februar 1907 erfolgen, in dem sich Stefan George plötzlich dazu entschloss, Shakespeares Sonette zu
übersetzen und Gundolf mit der Übertragung von Shakespeares Dramen und Epen
zu beauftragen. Es war dies die Zeit, in der zugleich die Endredaktion von Georges
neuem Gedichtband *Der Siebente Ring* erfolgte. Das Herzstück des im Oktober

---

24 Schon in der Einleitung spricht Friedrich Gundolf: Shakespeare. Sein Wesen und Werk. 2
    Bde. Berlin 1928, Bd. 1, S. 9, von der »Bannung wirklichen Alls«.

25 Ebenda, Bd. 2, S. 437.

26 Ebenda, Bd. 1, S. 9.

27 Friedrich Gundolf: Erich von Kahler: Briefwechsel 1910–1931 (Anm. 8), Bd. 2, S. 36.

1907 erschienenen Bandes bildet der Maximin-Zyklus, der in einer gewagten my-
thopoetischen Konstruktion den 1904 im Alter von 16 Jahren gestorbenen Münchner Gymnasiasten Maximilian Kronberger zu dem Jüngling Maximin überhöht,
in dem das Ich dieser Gedichte den Gott der zurückgewonnenen Lebensganzheit
erkennt – ein Akt der poetischen Kreation eines Gottes, mit dem sich der Dichter
George zugleich zum privilegierten Seher und Propheten umschuf und zum Meister
eines nach den Prinzipien von Herrschaft und Dienst organisierten hierarchischen
Bundes aufstieg. Leben und Tod Maximins werden in dem Zyklus zwar in struktureller Analogie zur Heilsgeschichte Jesu Christi gestaltet, doch schlagen hier auch
andere typologische Schemata durch: die Verherrlichung Beatrices bei Dante, die
Verewigung Lauras bei Petrarca.

Damit war Stefan George endlich reif für Shakespeares *Sonnets*; in ihnen konnte
seine Sehnsucht nach dem vergöttlichten Jüngling nun ein weiteres vornehmes
Vorbild für seine Strategie einer Absolutsetzung und Verewigung seiner Liebe durch
die Poesie erkennen: W. H., der »onlie begetter«[28] der *Sonnets*, als die nachgeholte
Präfiguration von M. K., den dessen »einziger erzeuger«[29] George zum Gott seines
Werkes und seines Staates erhoben hatte. Natürlich tut eine solche typologische
Spiegelung der Maximin-Idolatrie in dem mysteriösen jungen Mann, an den Shakespeares Sonette gerichtet sind, diesen poetischen Gebilden Gewalt an, und deshalb
hat George sie auch nie direkt formuliert. Dass die Aktualität der Sonettfolge 1–126
für ihn aber auf dem Maximinerlebnis beruhte, daran hat George kreisintern schon
dadurch keinen Zweifel aufkommen lassen, dass er, kurz bevor 1909 die vollständige Übersetzung der Sonette erschien, in dem Auswahlband *Blätter für die Kunst.
Eine Auslese aus den Jahren 1904–1909* 15 Sonette Shakespeares in seiner »deutschen
Umdichtung« zum Abdruck brachte[30] und unmittelbar darauf seine *Vorrede zu Maximin* folgen ließ: »Gemäss einem frühen vertrag den er geschlossen wurde er auf einen andren stern gehoben ehe seine göttlichkeit unsresgleichen geworden war.«[31] In
diesem Text sind dieselbe »anbetung vor der schönheit« und derselbe »glühende ver-
ewigungsdrang« am Werk, den George in der Einleitung zu seiner »Umdichtung«
von Shakespeares Sonetten als deren »gehalt« bestimmte, und kein Mitglied seines
Kreises konnte daran zweifeln, dass »die leidenschaftliche hingabe des dichters an
seinen freund«, die George in der Einleitung als den »mittelpunkt der sonnetten-

---

28 William Shakespeare: The Complete Works (Compact Edition). Hrsg. von Stanley Wells und
    Gary Taylor. Oxford 1988 (Reissue 1998), S. 750.
29 Stefan George: Sämtliche Werke. Bd. XII: Shakespeare Sonnette. Umdichtung. Vermehrt
    um einige Stücke aus dem Liebenden Pilgrim. Stuttgart 2008, S. 6. Zu den werkgenetischen
    Zusammenhängen vgl. das wichtige Nachwort von Ute Oelmann, S. 166–179.
30 Stefan George: »Shakespeares Sonette in deutscher Umdichtung«. In: Blätter für die Kunst.
    Eine Auslese aus den Jahren 1904–1909. Berlin 1909, S. 12–19.
31 »Vorrede zu Maximin«. In: ebenda, S. 20–24, hier S. 23.

folge« Shakespeares bestimmte, sowie der die Einleitung abschließende Akzent auf »der weltschaffenden kraft der übergeschlechtlichen Liebe«[32] ein typologisches Muster bezeichneten, das retrospektiv auch die Maximin-Idolatrie zu erklären und abzusichern bestimmt war. Es ist bezeichnend für die kreisinterne Bedeutung dieser typologischen Konstruktion, in der der eine Jüngling mit dem anderen verschmilzt, dass sie 1928 noch aus dem Kapitel über die Sonette in Gundolfs Shakespearebuch dröhnend hervortönt: »Der Jüngling ist, auch wo sein Leib ersehnt und gepriesen wird, ein geistiges Wunschbild, die Gestalt eines Verlangens aus dem man betet, dem Dichter der Renaissance ein Entgelt für die verlorene Gottheit.«[33] Und auch Stefan George selbst hat diese typologische Überblendung von Shakespeares blondem Jüngling mit seinem jugendfrischen Gott – weniger dröhnend zwar – dadurch einbekannt, dass er den neun Gedichten, die den »Eingang« zu seinem nächsten Gedichtband, dem 1914 erschienenen *Stern des Bundes*, bilden und die Epiphanie seines Gottes Maximin feiern, jeweils vierzehn Verse gab; entstanden sind diese Gedichte, die das Shakespearesche Sonett formal variieren, im Winter 1907/08 parallel zu der Arbeit an der Übersetzung der Sonette.

Ein Effekt dieser typologischen Spiegelungen bestand darin, dass mit Georges Umdichtung der Sonette Shakespeare in das Zentrum der Georgeschen Kreispolitik rückte. Als deren wichtigstes Medium etablierte sich im Jahre 1910 das *Jahrbuch für die geistige Bewegung*; es erschien, herausgegeben von Friedrich Gundolf und Friedrich Wolters, bis zum Ausbruch des Ersten Weltkriegs in drei Bänden. In dem im dritten Band veröffentlichten Aufsatz *Vorbilder* bestimmte Gundolf es als eine der dringendsten Aufgaben der »geistigen Bewegung«, in Abkehr von aller historistischen Rekonstruktion der Vergangenheit durch eine strenge »auswahl aus der geschichte«, »wählerisches umschaffen« und die »gestaltung« von »heroen«[34] der Gegenwart Vorbilder zu geben, in denen sie ein Überzeitlich-Absolutes als lebendige Bildungskraft zu erfahren vermöge und damit Maß und Mitte zurückgewinnen könne. Sie sollte dem Chaos der Moderne Gestalten entgegenstellen, die »gesamtmenschtum« repräsentieren: »kulturheilande«, deren Vorbild der zersplitterten Gegenwart dazu verhelfen könne, zur »kultureinheit« zurückzufinden.[35] Wer diese »kulturheilande« sein konnten, hatte George nach dem Abschluss seiner Übertragung der Sonette Shakespeares festgelegt; so sagte er im Januar 1909 im Gespräch mit Berthold Vallentin: »nach Homer sehe er als dichterische Persönlichkeit (rein

---

32 Sämtliche Zitate aus: Stefan George: Sämtliche Werke. Bd. XII: Shakespeare Sonnette (Anm. 29), S. 5.

33 Friedrich Gundolf: Shakespeare (Anm. 24), Bd. 1, S. 465f.

34 Friedrich Gundolf: »Vorbilder«. In: Jahrbuch für die geistige Bewegung. Dritter Jahrgang (1912), S. 1f.

35 Ebenda, S. 8.

dichterischer Prägung ohne Nebenzwecke) nur Dante. Dann Shakespeare.«[36] Deshalb kamen 1912 für Gundolf in Übereinstimmung mit George als Vorbilder nur drei Dichter in Betracht: Dante, Shakespeare und Goethe (wie für ihn im Bereich des politischen Handelns nur drei »Helden« das Zeug dazu hatten, als mythische Gestalten eine positive Wirkung auf die Gegenwart zu entfalten: Alexander, Caesar, Napoleon).[37] Während sich in dem »gesamtmenschen« Dante die Synthese von Gott und Welt und damit die »einheit zwischen erde und himmel, fleisch und geist« vollzogen habe,[38] habe der »gesamtmensch« Shakespeare den Gegensatz zwischen »welt und mensch, sache und person, objekt und subjekt« durch »formung« und »beleibung« in einer künstlerischen Synthese aufzuheben vermocht: »Wie Dante Gott, so wollte er seine Welt verherrlichen und beide verwandelten durch die kraft ihres menschtums ihre gegenstände, so dass diese gesamtmenschlichen gehalt empfingen, nämlich ihrer dichter gehalt, und gesamtmenschliche gestalt, ihrer dichter gestalt.«[39] Und damit kann dieser »kulturheiland«, der das All dem Ich, die Welt der Seele einzukörpern vermochte, für Gundolf zum Vorbild einer zerrissenen Moderne werden, die nach menschlicher Totalität ringt:

> Uns, denen bald die sachen übermächtig werden, bald die losgelassene seele sich zersplittert, ist Shakespeare das vollkommenste vorbild für die vermenschlichung der w e l t . [...] Shakespeare hat nichts drangeben müssen: so hat er für uns die einheit von mensch und welt mehr als ein andrer ins erleben gerettet. Ohne ihn würden wir von dieser einheit wissen, sie denken, schwerlich sie erleben. Denn nur die leibhafte menschwerdung einer synthese macht sie erlebbar. Immer wieder bedarf es des gesamtmenschen, um die klüfte zu schliessen, die gegensätze aufzuheben, die alten aufgaben zu lösen, die neuen zu stellen.[40]

Leibhafte Menschwerdung: in Formeln wie diesen wird spürbar, wie kulturreligiös aufgeladen auch das Bild des »kulturheilands« Shakespeare bei Gundolf ist, für den die drei großen Dichter Dante, Shakespeare und Goethe – dieser, weil er schließlich die Synthese der »chaotischen wirklichkeit«[41] mit Geist und Wissenschaft vollzogen habe – universale Heilsbringer verkörpern nach dem Muster desjenigen, der sich gerade erst durch die Erfindung eines neuen Gottes der Lebenstotalität als »kulturheiland« für die Moderne zu legitimieren suchte: Stefan George. Friedrich Gundolf war mühelos dazu in der Lage, diesen einen Gedanken der »leibhaften menschwerdung« des Alls im Dichter-Ich Shakespeares endlos zu variieren; 16 Jahre

---

36 Berthold Vallentin: Gespräche mit Stefan George. 1902–1931. Amsterdam 1967, S. 37.
37 Vgl. dazu Friedrich Gundolf: Dichter und Helden. Heidelberg 1921, S. 53–55.
38 Friedrich Gundolf: »Vorbilder« (Anm. 34), S. 10f.
39 Ebenda, S. 14f.
40 Ebenda, S. 16.
41 Ebenda, S. 18.

später in seinem Shakespearebuch hat er dies über tausend Seiten hinweg mit der rhetorischen Überzeugungskraft des Mantras getan. Denn was hier als Wissenschaft auftrat, war schon von seinen gedanklichen Ursprüngen und von seinen kulturellen Zielen her – Wiederherstellung des »gesamtmenschen« in der zerrissenen Lebensrealität der Moderne – von einer metapolitischen Heilslehre nicht zu trennen.

Was sein Verhältnis zu Stefan George betrifft, so hat dies freilich Friedrich Gundolf am Ende nicht viel genützt. Für Stefan George bildete die Dichtung das zentrale Medium der Lebenserneuerung; die Wissenschaft dagegen repräsentierte für ihn nicht nur die Abstraktion der modernen Lebensverhältnisse, sondern sie trug in seinen Augen zur analytischen Auflösung und Zergliederung der Lebenstotalität massiv bei. Insofern musste er die Wandlung des Shakespeare-Übersetzers Gundolf zum Shakespeare-Forscher Gundolf mit großem Misstrauen verfolgen. Deshalb hat Friedrich Gundolf bei der Niederschrift von *Shakespeare und der deutsche Geist* George im Oktober und November 1910 in langen Briefen davon zu überzeugen versucht, dass sein Werk kein »blosses Wissen« enthalte, sondern »das lebendige und allumfassende, obwohl streng an Maass, Thema, Grenzen gebundne, streng komponierte Kompendium der Geistigen Bewegung geworden [sei], wie deine Bücher deren Bibel sind. Keine Stelle darin ist tot, blosses Wissen, blosses Können – in allem der grosse Lebensatem den Du uns allen eingeblasen hast. Und ich weiss jetzt, dass ich zu diesem Buch in die Welt gekommen bin, mehr noch wie zur Shakespeareübersetzung.«[42] Und dann steigerte er den Ton noch: Dies Buch sei »göttlicher Herkunft«, und deshalb habe er mit ihm dem Georgeschen »Staat« »einen der grössten Dienste geleistet«, »der ihm geleistet werden konnte« – »denn es ist ein Kind von dir was ich so preise«.[43] Und er hatte ja Recht mit allem, was er hier sagte: Es war Geist von Georges Geist, den er in *Shakespeare und der deutsche Geist* verbreitete, denn er führte in dem Buch auf rhetorisch überwältigende Weise am Beispiel Shakespeares die weltgestaltende und weltverändernde Kraft eines Dichters vor Augen, wie sie George für sich in Anspruch nahm. Was die Programmschriften des *Jahrbuchs für die geistige Bewegung* forderten, war hier bereits geleistet: Denn Gundolfs Buch wies nach, wie ein dichterischer Genius als »kulturheiland« seine lebendigen Wirkungen auf eine Nation über Jahrhunderte hinweg zu entfalten und gegen alle geschichtliche Auflösung Lebenssynthesen zu stiften vermochte, womit Shakespeare implizit als die historische Präfiguration jenes »kulturheilands« der Moderne erscheinen sollte, der George zu werden sich angeschickt hatte. Deshalb war Gundolf alles daran gelegen, dies Buch als »›Staats‹sache« und als »Hauptpronunziamento theoretischer ›Reichs‹natur«[44] bei Georg Bondi, dem Verlag der Werke

---

42 Stefan George/Friedrich Gundolf: Briefwechsel (Anm. 3), S. 206.
43 Ebenda, S. 206f.
44 Ebenda, S. 207.

Stefan Georges, zu veröffentlichen, denn, so schrieb er am 10. November 1910 an George, er sei »der Mann, all deine Urgedanken und Urerlebnisse zum Gemeingut der deutschen Gesamtbildung im besten Sinn, d. h. der deutschen Jugend zu machen.«[45] Gundolfs Buch erschien zwar bei Bondi; es ist aber kein Zeugnis dafür bekannt, dass sich George die enthusiastischen Selbsteinschätzungen Gundolfs im Hinblick auf dessen darstellerische Verschränkung von wissenschaftlicher Argumentation und Georgescher Staatspropaganda zueigen gemacht hätte. Ein Wort des Dichters gar über die große Shakespearemonographie, die 1928 doch unter dem Zeichen der *Blätter für die Kunst*, der Swastika, erschien, ist nicht überliefert.

Emphatischer jedenfalls sind die gesamtkulturellen Wirkungsmöglichkeiten Shakespeares nie zuvor und auch danach nie wieder eingeschätzt worden als in Friedrich Gundolfs Schriften über Shakespeare. Welch maßlose Überforderung der Kunst aber diese Überhöhung von Dichtern zu heilsbringenden Kultursynthetikern bedeutete, mag man auch daran erkennen, dass Shakespeare nicht einmal den Bruch zwischen denen heilen konnte, die sich doch einmal die allernächsten waren, also denjenigen zwischen Stefan George und Friedrich Gundolf, sondern ihn im Gegenteil sogar vorangetrieben hat.

---

45 Ebenda, S. 211.

Philipp Redl

Friedrich Gundolfs Übersetzungen von Shakespeares Sonetten (1899)
Mit Dokumenten zu Georges Sonetten-Umdichtung und Gundolfs Dramen-Versionen (1909)

Der Shakespeare-begeisterte George-Kreis wies den Sonetten des Barden einen prominenten Rang zu. Im *Index zur Bibliothek eines jungen Menschen*, einem kreisintern quasi-verbindlichen Lektüreleitfaden, den die maßgeblichen Georgeaner auf dem Heidelberger ›Pfingsttreffen‹ 1919 sponnen, gehören die Sonette zur exklusiven Rubrik der ›unbedingt‹ zu lesenden Werke der Weltliteratur.[1] Geadelt hatte der von seinen Bewunderern als Meister verehrte Stefan George Shakespeares Sonette bereits zehn Jahre zuvor, indem er selber sie zum Publikationsjubiläum 1909 übersetzte, während sein Langzeitlieblingsjünger Friedrich Gundolf die Neuversion und Revision der Schlegel/Tieck'schen Shakespeare-Dramen (erschienen zwischen 1908 und 1918) besorgte.[2] Schlechter bekannt als Georges ›Umdichtung‹ von Shakespeares Sonetten und Gundolfs Übersetzung von Shakespeares Dramen, sind die deutschen Shakespeare-Sonette, die Gundolf – noch einmal zehn Jahre früher –

---

1   Carola Groppe: Die Macht der Bildung. Das deutsche Bürgertum und der George-Kreis 1890–1933. Köln u. a. 1997, S. 482–497 sorgte für einen Abdruck des Kanons.

2   Siehe William Shakespeare: Sonnette [sic]. Umdichtung von Stefan George. Berlin 1909 und Shakespeare in deutscher Sprache. Hrsg. und zum Teil neu übersetzt von Friedrich Gundolf. Berlin 1908–1918. Bd. 1: Coriolanus – Julius Caesar – Antonius und Cleopatra (1908), Bd. 2: Romeo und Julia – Othello – Der Kaufmann von Venedig (1909), Bd. 3: König Johann – König Richard II. – König Heinrich IV., erster Teil (1909), Bd. 4: König Heinrich IV., zweiter Teil – König Heinrich V. – Koenig Heinrich VI., erster Teil (1910), Bd. 5: Koenig Heinrich VI., zweiter Teil – Koenig Heinrich VI., dritter Teil – Koenig Richard III. (1910), Bd. 6: Verlorene Liebesmüh – Die beiden Veroneser – Die Komödie der Irrungen – Der Widerspenstigen Zähmung (1911), Bd. 7: Die lustigen Weiber von Windsor – Viel Lärmen um nichts – Ende gut, alles gut – Wie es euch gefällt (1911), Bd. 8: Was ihr wollt – Mass für Mass – Troilus und Cressida – Timon von Athen (1913), Bd. 9: Hamlet – Macbeth – König Lear (1914), Bd. 10: Ein Sommernachtstraum – Cymbelin – Das Wintermärchen – Der Sturm (1918); dann erweitert als Neuausgabe in sechs Bänden. Berlin 1920. Der letzte Band enthält zusätzlich: Titus Andronicus, König Heinrich VIII., Venus und Adonis, Lucretia und die Sonette in der Übersetzung Stefan Georges. – Beide begannen die Arbeit Anfang 1907; siehe H[ans]-J[ürgen] Seekamp, R[aymond] C. Ockenden und M[arita] Keilson: Stefan George. Leben und Werk. Eine Zeittafel. Amsterdam 1972, S. 181.

1899 angefertigt hat.[3] Dabei lohnt es sich, sie näher zu betrachten, initiieren sie doch immerhin Gundolfs zeitlebens währenden Shakespeare-Enthusiasmus, der sich in der epochalen und weithin forschungsprägenden ›Kräftegeschichte‹ *Shakespeare und der deutsche Geist* (1911) sowie der monumentalischen ›Gestaltmonographie‹ *Shakespeare – Sein Wesen und Werk* (1928) niederschlug.[4]

Den ersten ernsthaften Zugang zu Shakespeare fand Gundolf über die Sonette und über Stefan George, geweckt allerdings wurde sein Interesse an dem englischen Dichter offensichtlich vom akademischen Studium. Gundolf belegte gleich in seinem ersten Semester zum Winter 1898 – da kannte er George noch nicht – Josef Schicks Vorlesung mit dem Titel »Shakespeare, seine Vorläufer und Zeitgenossen«, während er noch auf dem Gymnasium nur wenig Englisch-Unterricht genossen hatte.[5] Die vorlesungsfreie Zeit im Frühjahr 1899 mochte er dann genutzt haben, die anglistischen Eindrücke in Verdeutschungsversuche Shakespeares zu überführen. Als Friedrich Gundelfinger im April 1899 George von Karl Wolfskehl vorgestellt und prompt auf den Dichternamen ›Gundolf‹ getauft wurde, könnte er von solchen Versuchen gesprochen haben. Jedenfalls schloss sich an das erste Treffen ein Briefwechsel zwischen dem ›hochverehrten Meister‹ George und dem ›lieben Dich-

---

3   Siehe zu Gundolfs Dramen-Übersetzung Hanspeter Schelp: »Friedrich Gundolf als Shakespeare-Übersetzer«, Shakespeare-Jahrbuch 107 (1971), S. 97–117; Rudolf Sühnel: »Gundolfs Shakespeare. Rezeption – Übertragung – Deutung«, Euphorion 75 (1981), S. 245–274, hier S. 255–259 und Ulrich K. Goldsmith: »›Durchgesehen von Friedrich Gundolf‹. Zu A. W. Schlegels Übersetzung des ›Julius Caesar‹«, Castrum Peregrini 41 (1992), S. 62–75; zu Georges Sonett-Übersetzung zusammenfassend (mit weiteren Literaturangaben) Ute Oelmann: Shakespeare Sonnette. Umdichtung (SW XII). In: Achim Aurnhammer u. a. (Hrsg.): Stefan George und sein Kreis. Ein Handbuch. 3 Bde. Berlin u. a. 2012. Bd. 1, S. 238–254.

4   Siehe zu diesen beiden Büchern Rudolf Sühnel: »Gundolfs Shakespeare« (Anm. 3) und Eudo C. Mason: »Gundolf und Shakespeare«, Shakespeare-Jahrbuch 98 (1962), S. 110–177; aus der Forschungsliteratur zu Gundolfs literaturwissenschaftlicher Methode nenne ich stellvertretend nur Michael Rißmann: »Literaturgeschichte als Kräftegeschichte. Friedrich Gundolfs Beitrag zur Methodik geistesgeschichtlicher Literaturbetrachtung«, Zeitschrift für Ästhetik und allgemeine Kunstwissenschaft 42 (1997), S. 63–105; zu Shakespeare im George-Kreis den Beitrag von Ernst Osterkamp in diesem Band und Jürgen Egyptien: »Die Apotheose der heroischen Schöpferkraft. Shakespeare im George-Kreis«. In: Bernhard Böschenstein u. a. (Hrsg.): Wissenschaftler im George-Kreis. Die Welt des Dichters und der Beruf der Wissenschaft. Berlin u. a. 2005, S. 159–185 [zuerst als »Schöpfergeist und Kosmanthrop. Shakespeare im George-Kreis«, Castrum Peregrini 53 (2004), S. 87–121; dann wieder als »Shakespeare im George-Kreis«. In: Béatrice Dumiche (Hrsg.): Shakespeare und kein Ende? Beiträge zur Shakespeare-Rezeption in Deutschland und in Frankreich vom 18. bis 20. Jahrhundert. Bonn 2012, S. 105–121].

5   Siehe die Universitäts- und Schulzeugnisse im Deutschen Literaturarchiv, Marbach, A: Gundolf. Im Schuljahr 1895/1896 war Gundolfs Englisch »im ganzen gut«, im Abiturzeugnis 1898 ist das Fach gestrichen.

ter‹ Gundolf – so die rollenkonstituierenden Salutationsformeln – über Gundolfs Übersetzungen von Shakespeares Sonetten an.[6]

Zuerst – das lässt sich rekonstruieren – überbrachte Gundolf George seine Versionen der Sonette 57, 71, 76 und 112.[7] Diese Übersetzungen lobte George umgehend als »im ton gut« und er bestärkte Gundolf sogleich, mit der Arbeit fortzufahren, denn – so mutmaßt er seinem neuen Protégé gegenüber –: »vielleicht füllt einmal Ihr fleiss eine lücke: eine mögliche um-dichtung sei es auch nur teilweise der unsterblichen CLIV.«[8] Gundolf wies diese Ehre zunächst mit Verweis auf seine mangelhaften Englischkenntnisse etwas kokett von sich, dann schrieb er George aber schon am 21. Juni: »Die hohe Aufgabe, welche Sie mir vor Augen stellten, liess mich doch nicht ruhen: in diesen Tagen habe ich ungefähr sechzig Sonette, so gut es mir gelingen durfte übertragen, davon die ersten fünfzig in fortlaufender Reihe. Sei es mir vergönnt, einige dieser Übungen und Versuche, Ihnen […], dem ich Alles zu danken habe, zu übersenden.«[9] George besprach diese und anscheinend auch weitere Übersetzungsproben mit Gundolf, sodass bis August 1899 eine Reihe zusammenkam, die in den *Blättern für die Kunst* erscheinen sollte.[10] Der Plan wurde aber aus unbekannten Gründen nicht weiter verfolgt; zu einer Publikation kam es erst in einem privaten Graudruck 1999, von dem es seit 2011 einen Verlagstitel gibt.[11] Sie enthalten beide leider editorische Fragwürdigkeiten, Transkriptionsfehler und philologische Missverständnisse, daher beziehe ich mich im Folgenden auf die Handschriften.

Zur Überlieferungslage: von den circa 60 Sonetten, die Gundolf George brieflich meldete, sind 47 in Georges Nachlass erhalten.[12] Es handelt sich um sauber in latei-

---

6 Siehe Stefan George/Friedrich Gundolf: Briefwechsel. Hrsg. von Robert Boehringer u. a. München u. a. 1962 [im Folgenden StG/FG], hier S. 28–34.

7 Zu rekonstruieren aus dem Brief Gundolfs an Georges vom Juni 1899, dazu kamen zwei Rossetti-Übersetzungen; StG/FG (Anm. 6), S. 28.

8 Ebenda, S. 28f., Zitat S. 29.

9 Ebenda, S. 30.

10 Siehe ebenda, S. 31–34 und den Brief Gundolfs an Karl Wolfskehl wohl vom 5. August 1899 in Karl und Hanna Wolfskehl: Briefwechsel mit Friedrich Gundolf. 1899–1931. 2 Bde. Hrsg. von Karlhans Kluncker. Amsterdam 1977 [im Folgenden KW/FG], S. 45.

11 Siehe Friedrich Gundolfs Shakespeare-Sonetten-Fragmente (1899) mit Vergleichstext von Stefan George (1909), dem Originaltext William Shakespeares (1609) in der Ausgabe von Edward Dowden (1881) und den Varianten der Nachlässe des Stefan-George-Archivs Stuttgart. Hrsg. von Jürgen Gutsch. München [Privatdruck] 1999; 2011 unwesentlich verbessert erschienen in Dozwil (Edition Signathur).

12 Siehe F. Gundolf I, 190–195 (Stefan-George-Archiv, Stuttgart). Gundolf schickte die Übersetzungen in Tranchen, die nicht mehr sicher datiert werden können; zusammen gehörten: (190) 1, 2, 3, 4, 8, 9, 11, 12, 14, 16, 17, 18, 22, 23, 25; (191) 1, 19, 21, 49, 52, 55, 59; (192) 30, 31, 32, 33, 7, 5, 13, 27; (193) 34, 37, 41, 44, 45; (194) 57, 71, 74, 112; und (195) 28, 29, 39, 40, 34, 35, 25, 26. Innerhalb des Konvoluts befindet sich zudem ein Ensemble von

nischer Kursive mit Tinte geschriebene Autographen. Nur bei den Sonetten 7 und 27 hat Gundolf eigenhändig eingreifendere Korrekturen vorgenommen, für Sonett 30 erwog er ein paar Alternativen;[13] ein Bogen überliefert wenige Korrekturen von Georges Hand mit Blei in den Sonetten 19 und 21.[14] Von vielen Übersetzungen, die an George gingen, behielt Gundolf Niederschriften und Arbeitsunterlagen zurück. Sie gelangten – man weiß weder wann noch wie – in den Nachlass von Edgar Salin, der nun zusätzlich noch die beiden unikal überlieferten, eher konzepthaften Übersetzungen von Sonett 15 und Sonett 55 birgt.[15]

Das Corpus der Shakespeare-Übersetzungen ist relativ einheitlich. Nachdem George seinen Schützling ermuntert hatte, die Arbeit zu intensivieren, widmete sich Gundolf den Nummern des Sonettenbuchs offenbar mehr oder minder der Reihe nach. Von den ersten 40 Gedichten fehlen nur vier (nämlich 2, 20, 24 und 38), von den nächsten zwanzig liegen zehn auf deutsch vor (nämlich 41, 44, 45, 49, 52, 55, 57 und 59). Dazu kommen die Sonette 64 und 73; die Nummern 71, 76 und 112 hatte Gundolf George ja bereits zu Beginn der Korrespondenz mit George gesandt.

Alle Sonette, die Gundolf übersetzte, stammen aus der Gruppe der ersten 126 Gedichte Shakespeares, sie sind also an den jungen Geliebten gerichtet. Gundolf war sich darüber klar, denn »love« übersetzt er stets maskulinisiert mit »Liebster«, sofern es als Apostrophe fungiert.[16] Man darf Gundolfs Übersetzungen zwar nicht umstandlos als Widmungen an George werten – und dennoch kehrt sich das Verhältnis zwischen älterem Dichter und jungem Geliebten in Shakespeares Gedichten aparterweise um, wenn nun der jüngere Dichter-Adept Gundolf dem verehrten älteren Dichter-Meister George Shakespeares Liebessonette zuschickt.

Um einen Eindruck vom Charakter der Gundolf'schen Übersetzungstechnik zu bekommen bietet sich Sonett 30 an, denn hier finden sich symptomatisch die

---

acht unpublizierten Original-Gedichten Gundolfs: siehe den dritten Bogen von F. Gundolf I, 190. Die Gedichte reflektieren offenbar das Verhältnis zu George; als Probe das erste: »Du gabst mir nicht wie mancher Spenden gibt | Das er den Freund den Sklaven sich verflechte | Weil ich dich schaue wirst du schon geliebt | Und weil du lebst schufst du mich dir zum Knechte | Mich dünkt mein Stern sei deines Sterns Trabant | Und eh wir beide noch geboren waren | Hat meine Seele deine schon gekannt | Und deine Macht verehrend fromm erfahren | Die Tage da ich nicht dein Diener hiess | Sind mir ganz fremd in wesenlosen Weiten | Wann wir uns fanden weiss ich nicht, [*alternativ:* Von wannen unser Bund ich weiss –] nur dies: | Nicht in [*alternativ:* von] der Welt und nicht in diesen Z[*aus:* W]eiten.«

13 Siehe F. Gundolf I, 192 (Stefan-George-Archiv, Stuttgart); die sicherlich beste Kennerin der ›meisterlichen‹ Handschrift Ute Oelmann: [Einführung zum] Anhang. In: Stefan George: Sämtliche Werke in 18 Bänden. Bd. 12: Shakespeares Sonnette. Umdichtung. Vermehrt um einige Stücke aus dem liebenden Pilgrim. Hrsg. von Ders. Stuttgart 2008, S. 165–179, hier S. 173 identifiziert allerdings George als Schreiber.

14 Siehe F. Gundolf I, 191 (Anm. 12).

15 Siehe Edgar Salin I, 1205 (Stefan-George-Archiv, Stuttgart).

16 Siehe beispielsweise Sonett 13, Vers 1; Sonett 40, Vers 1 und Sonett 76, Vers 9 (Anm. 12).

meisten Spezifika, die die gesamte Reihe prägen. Gundolf benutzte wohl die *Sonnet*-Edition von Edward Dowden:[17]

> When to the sessions of sweet silent thought
> I summon up remembrance of things past,
> I sigh the lack of many a thing I sought,
> And with old woes new wail my dear time's waste:
> Then can I drown an eye, unused to flow,   5
> For precious friends hid in death's dateless night,
> And weep afresh love's long since cancell'd woe,
> And moan the expense of many a vanish'd sight:
> Then can I grieve at grievances foregone,
> And heavily from woe to woe tell o'er   10
> The sad account of fore-bemoaned moan,
> Which I new pay as if not paid before.
>   But if the while I think on thee, dear friend,
>   All losses are restored and sorrows end.[18]

Das Sonett führt das Thema seines Vorgängergedichts weiter. Das lyrische Ich erinnert sich an die Vergangenheit und betrauert den Verlust geschätzter Menschen und erstrebter Sachen aufs Neue. Erlöst aus seinem Leid wird das Ich vom Gedanken an den Geliebten. Das klingt in Gundolfs Übersetzung, die er hier wie allermeist Vers für Vers anfertigte, so:

> Wenn ich zu schweigender Gedanken Ringe
> Erinnrung rufe von Vergangenheiten
> Beseufze ich den Mangel mancher Dinge,
> Klagt neues Leid die Öde teurer Zeiten
> Dann strömt ein Auge das sonst nie geflossen   5
> Um Freunde, welche ewige Nacht verschlang,
> Beweint der Liebe Leid, so lang verschlossen
> Beklagt die Müh um manchen eitlen Drang
> Dann mag ich quälen mich mit alten Qualen
> Die dunkle Summe längst beklagter Klagen   10
> Von Leid zu Leid trübselig überschlagen
> Und sie wie nie gezahlte Schuld bezahlen![19]

---

17 Siehe den Brief Gundolfs an Edward Dowden vom 2. November 1909 (Anm. 41).

18 The Sonnets of William Shakespere. Hrsg. von Edward Dowden. London: [5]1896 [zuerst 1881], S. 30.

19 F. Gundolf I, 192 (Anm. 12). Darüber wohl von Gundolfs Hand in ähnlicher Tinte ein Alternativentwurf für das erste Quartett: »Wenn sich gedanken suss + still vereinen | So ruf [*alternativ:* lad] ich auf erinnrung [*darüber:* dinge] alter dinge vor heit | Und manches was mir fehlte macht mich weinen | Und alt [*über* Und alt: davon ich] und neues weh verlorener jahre

Gundolf bildet die Struktur des adverbialen Temporalgefüges in den drei Quartetten nach. Er übersetzt die Konjunktion »When«/»Wenn« (Vers 1), die iterative Gleichzeitigkeit anzeigt, und deren anaphorisch wiederholtes Korrelat »Then«/»Dann« (Vers 5 und Vers 9). Das mittels Adversationskonjunktion (Vers 13: »But if«) eingeleitete Couplet, das dem Gedicht seine Pointe gibt, fehlt bei Gundolf jedoch. Davon zunächst einmal abgesehen mag man Gundolfs Übersetzung missraten oder gelungen finden, je nachdem welchen Stellenwert man der Semantik und welchen der Form zuspricht. Extrem durchdacht scheint mir Gundolfs Version so oder so.

Die allbekannte Länge deutschen Vokabulars im Vergleich zum englischen zwingt auch Gundolf dazu, Inhaltsaspekte der Vorlage auszuschalten, wenn die Silbenzahl pro Vers beibehalten werden soll.[20] Daher verschweigt die deutsche Fassung etwa, dass die Gedanken, die sich im ersten Vers versammeln, nicht nur still (»silent«), sondern auch süß (»sweet«) sind. Der Umschlag von der positiven zur negativen Emotion, den das Gedenken des Vergangenen (Vers 2: »remembrance of things past«) im dritten Vers herbeiführt, fehlt daher. Ebenso fehlt hier die semantische Komponente aktiven Strebens (Vers 3: »I sought«) nach den nun ermangelten Dingen. Beides begünstigt die Evokation blasierter Passivität. Im vierten Vers verzichtet Gundolf auf den Iterationsaspekt der Klage, wenn er das antithesenbildende Adverbial »old woes« aus dem Prädikat streicht und nur »new wail« stehen lässt. Dass die »Freunde« (Vers 6) das wertschätzende Adjektivattribut des Originals »precious« missen müssen, lässt sich vielleicht verschmerzen, bedauerlich scheint aber doch das Fehlen der alliterierten Genitivmetapher »death's dateless night« (Vers 6), das Gundolf immerhin mit der verbal starken Personifikation »ewige Nacht verschlang« (Vers 6) ausgleicht. Die raffinierte Personifikation ist überhaupt die Trope, mit der Gundolf das Gedicht von Vers 4 bis 8 bestreitet, obwohl sie sich bei Shakespeare nicht findet. Durch dieses Stilmittel dämpft Gundolf das individuell erfahrene Leiden, das das Sonett kundgibt. Als Aktanten der Trauer ersetzen das Ich eine klagende »Öde« (Vers 4) und »ein« – nicht etwa ›mein‹ – verselbständigtes »Auge«, das ungewohnterweise »strömt« (Vers 5), Liebeskummer »beweint« (Vers 7) und Mühsal »beklagt« (Vers 8). Die emotionale Betroffenheit des Ich ist so

---

zeit [über verlorener jahre zeit: zeit die neu verlor]«. Das Schluss-R in »verlorener« ist von Georges Hand mit Blei verdeutlichend gezogen. Darunter ebenfalls wohl von Gundolfs Hand in schwarzer Tinte eine Idee für das fehlende Couplet: »Denn wenn bei dir mein Freund mein Sinnen weilt | Ist der Verlust ersetzt, der gram geheilt.« Nach Vers 6 ist versehentlich »Dann strömt« wiederholt und ausgestrichen.

20 Siehe zu den vermeintlichen und tatsächlichen Problemen der deutschen Shakespeare-Übersetzung Ulrich Suerbaum: »Der deutsche Shakespeare. Übersetzungegeschichte und Übersetzungstheorie«. In: Eduard Kolb u. a (Hrsg.): Festschrift Rudolf Stamm. Zu seinem sechzigsten Geburtstag. Bern u. a. 1969, S. 61–80, und so detailreich wie maßgeblich Raimund Borgmeier: Shakespeares Sonett ›When forty winters …‹ und die deutschen Übersetzer. Untersuchungen zu den Problemen der Shakespeare-Übertragung. München 1970.

abgeschwächt. Durch die distanznehmenden Momente des ersten und des zweiten Quartetts nähert sich die Stimmung des Gedichts in Gundolfs Übersetzung deutlich der verhaltenen Melancholie an, die Georges damals neusten Gedichtband *Das Jahr der Seele* (1897) durchzieht. Die Tendenz zum existenziellen Unbehagen in Shakespeares Sonett wird zunächst gemildert vom »gedämpften schmerz« des Fin de siècle.[21]

Im dritten Quartett kehrt Gundolf allerdings zum Shakespeare'schen Subjekt »I« (Vers 9) zurück, sodass sich ein leidensklimaktischer Effekt ergibt. Das merkantile Vokabular dieser Strophe (Vers 11: »account« und Vers 12: »pay«) gibt Gundolf handfest mit »Summe« (Vers 10) und »überschlagen« (Vers 11) wieder, die ebenfalls kaufmännischen Dimensionen von »expense« (Vers 8) kommen jedoch wohl zu kurz. Hier stößt man sich zunächst auch am »eitlen Drang«, den der englische Ausgangstext nicht hat. Auf den nächsten Blick handelt es sich dabei aber – meine ich – um einen besonderen Kniff, mit dem das semantische Versäumnis bei der Übersetzung des dritten Verses wettgemacht werden soll. Gundolf folgt einem Hinweis aus dem Kommentar seiner Shakespeare-Ausgabe und interpretiert »sight« als archaische Form von ›sigh‹,[22] sodass der achte Vers eine Volte zum Seufzer im dritten Vers (»I sigh«) schlägt. Diesen Rückbezug nutzt Gundolf um den Aneignungswillen des Ichs von ebendort (»I sought«) nun mit dem »eitlen Drang« (Vers 8) nachzuholen. In der deutschen Version des Gedichts wird die Korrespondenz der Verse durch die wiederholte Alliteration »Mangel mancher« (Vers 3) – »Müh um manchen« (Vers 8) hergestellt.

Ich begreife dies als extremes Beispiel für die generelle Tendenz von Gundolfs Übersetzungen, semantische Dellen mit formaler Politur auszubessern. Denn der gelegentlichen, vermutlich sprachstandsverschuldeten Nachlässigkeit steht sensible Sorgfalt in figuralen Details gegenüber. Das Polyptoton »pay as if not paid« (Vers 12) nimmt Gundolf mit »gezahlte«/»bezahlen« (Vers 12) auf; die beiden figurae etymologicae »I grieve at grievances« (Vers 9) und ›fore-bemoaned moan« (Vers 11) gibt er mit »quälen mich […] Qualen« (Vers 9) und »beklagter Klagen« (Vers 10) wieder. An dieser Stelle hat Gundolf bewusst die Verse 10 und 11 vertauscht, damit das Modaladverbial »from woe to woe« (Vers 10) in der deutschen Version nicht als Zusatz zum vorangehenden »mit alten Qualen« (Vers 9) missverstanden werden kann und damit sich kein Enjambement einstellt. Der syntaktischen Struktur seiner Vorlage bleibt er damit gerade treu.

Das dritte Quartett zeigt überdies auch, wie streng Gundolf an den einmal gewählten Äquivalenten für englische Ausdrücke aus dem erweiterten Wortfeld von

---

21 Stefan George: Sämtliche Werke (Anm. 13). Bd. 4: Das Jahr der Seele. Hrsg. von Georg Peter Landmann. Stuttgart 1982, S. 107.

22 Edward Dowden: »Notes«. In: The Sonnets of William Shakespere (Anm. 18), S. 155–251, hier S. 177 gab die Ansicht Edmond Malones weiter, obwohl er sie verwarf.

›Leid‹ festhält: ›woe‹ ist immer ›Leid‹ (Vers 7, Vers 8, Vers 11 aus dem englischen Vers 10), ›moan‹ immer ›klagen‹ oder ›Klage‹ (Vers 8 und Vers 10 aus dem englischen Vers 11), ›grieve‹ und ›grievances‹ ›quälen‹ und ›Qual‹ (Vers 9) und ›weep‹ ›weinen‹ (Vers 7). – Was nach einer Selbstverständlichkeit klingt, war für die meisten Übersetzer von Shakespeares Sonetten vor Gundolf keine.

Intensiver als um Wortfiguren kümmert sich Gundolf um die zahlreichen Klangfiguren von Shakespeares Sonett Nummer 30. Die Alliteration »sigh«/»sought« (Vers 3) kehrt in »Mangel«/»mancher« wieder; den vierfachen Gleitanlaut »with«/»woes«/»wail«/»waste« (Vers 4) ersetzt Gundolf durch die beiden Assonanzen »neues«/»teure« und »Leid«/»Zeiten«. Alliteration und Assonanz verbindet er für die Wiedergabe der Klangkorrespondenzen »weep«/»woe« und »love’s«/»long« (Vers 7) mit »Liebe«/»Leid«/»lang« beziehungsweise »Beweint«/»Leid«, und die Alliteration »moan«/»many« (Vers 8) erscheint im Deutschen als »Müh«/»manchen«. Am penibelsten aber kümmert sich Gundolf um den vokalischen Leitklang von Shakespeares Sonett, das wiederkehrende ›O‹ (Vers 1: »thought«, Vers 4: »woes«, Vers 5: »flow«, Vers 7: »woe«, Vers 8: »moan«), das besonders im letzten Quartett dominiert – zu beachten ist jeweils die zeitgenössische Aussprache.[23] An den Reimen lässt sich leicht ablesen, dass Gundolf Shakespeares Klangmarker ›O‹ mit dem Laut ›A‹ übersetzt. Wo Shakespeare kreuzweise »forgone« : »o’er« : »moan« : »before« reimt, reimt Gundolf blockweise »Qualen« : »Klagen« : »überschlagen« : »bezahlen«. Zu den fünf O-Lauten im Reimwort kommen bei Shakespeare weitere vier: »woe to woe« (Vers 10) und »fore-bemoaned« (Vers 11). Man zählt den Leitvokal also neun Mal. Gundolf schließt dazu exakt auf, indem er sein drittes Quartett zusätzlich zu den vier A-Lauten der Reime mit fünf weiteren in »Dann mag« und »alten« (Vers 9) sowie »gezahlte« (Vers 12) füllt. Diese flagrante O/A-Korrespondenz gilt auch weitgehend für die beiden anderen Quartette: vier O-Klänge in Shakespeares erstem Quartett (Vers 1: »thought«, Vers 3: »sought«, Vers 4: »old woes«) stehen fünf A-Laute bei Gundolf (Vers 1: »Gedanken«, Vers 2: »Vergangenheiten«, Vers 3: »Mangel mancher« und Vers 4: »Klagt«) gegenüber; im zweiten entspricht sieben Mal ›A‹ (Vers 5: »Dann«, Vers 6: »Nacht verschlang«, Vers 7: »lang« und Vers 8: »Beklagt«, »manchen«, »Drang«) sechs Mal ›O‹ (Vers 5: »flow«, Vers 7: »woe«, Vers 8: »moan«).[24]

So klangvernarrt wie hier übersetzt Gundolf nicht immer. Das Beispiel zeigt aber, dass er im Zweifel die Laut-, Sinn- und Wort-Figuren inhaltlichen Nuancen vorzieht; überdies nutzt er sie zur Kompensation versäumter Inhaltsaspekte. Gerade angesichts der Detailversessenheit im Formalen fallen Punkte auf, an denen

---

23 Siehe Helge Kökeritz: Shakespeare’s Pronunciation. New Haven u. a. 1953, hier S. 346.
24 Ich unterstelle, dass Gundolf deutscher Aussprache-Usance seiner Zeit gemäß »For« (Vers 6) und »love’s long« (Vers 7) mit ›O‹ las.

Gundolf die Vorgaben des Originals ganz oder halbwegs eigenwillig umsetzt. Den gereimten jambischen Fünfheber bedient er zwar bis auf eine Ausnahme immer,[25] die relativ zur Vorlage deutlich häufiger gebrauchten weiblichen Reime nähern seine Verse aber auch dem Endecasillabo an, zumal die manchmal vermiedene Synkope vereinzelt Daktylen – im zitierten Beispiel Vers 6: »ewige« – erzeugt.[26] Es handelt sich daher hierbei hauptsächlich, aber nicht ausschließlich um eine traditionelle Adaptionslizenz, denn sicherlich bestärkte Georges Affinität zu der italienischen Versart Gundolfs Umgang mit der Metrik. Stärker noch fällt auf, dass Gundolf den eigentlich obligatorischen Kreuzreim des englischen Sonett-Typs in den drei Quartetten nicht konsequent beibehält – ein Beispiel bietet das letzte Quartett des zitierten Sonetts 30. In etwa 15% aller Quartette übersetzt Gundolf den Kreuzreim als Blockreim, in fünf Sonetten (den Nummern 16, 17, 18, 59 und 64) verfährt er so in zwei Quartetten, einmal (bei Sonett 36) bestehen alle drei Quartette aus Blockreimen.

Den gravierendsten Eingriff in die Form des Originals nimmt Gundolf jedoch vor, wenn er bei zwei Dritteln der von ihm übersetzten Gedichte das Couplet tilgt, durch das die drei vorangehenden Quartette überhaupt erst zu einem Sonett geworden wären. Dahinter steckt Absicht. Ich meine nicht, dass Gundolf um die Fähigkeit zum pointierten Schliff verlegen war, die Shakespeares oft sentenziöses Abschlussreimpaar erfordert.[27] Immerhin hat ein Drittel seiner Versionen das Couplet, einmal (bei Sonett 30) ist es versuchsweise nachgetragen, dreimal allerdings (bei den Nummern 5, 7 und 17) endgültig wieder ausgestrichen. Für das planvolle Weglassen spricht auch, dass die erhaltenen vereinzelten Abschriften des englischen Textes, ebenfalls auf das Couplet verzichten. Nicht einmal inhaltliche oder gar syntaktische Relevanz des Couplets hinderte Gundolf daran, die Abschlussverse wegzulassen.[28]

Die bewussten Deviationen von der Originalform erklären sich aus dem Einfluss von Georges Dichtung. Durch den wiederkehrenden Ersatz des akatalektischen,

---

25   In der konzepthaften Übersetzung von Sonett 55 (Anm. 15) stehen zwei Blankverse (Vers 6 und 8).

26   Weitere Beispiele: Sonett 13, Vers 3: »drohenden«, Sonett 14, Vers 10: »[-]te Gestirn«, Sonett 18, Vers 9 (sdrucciolo): »ewiger«, Sonett 26, Vers 8 (tronco): »gütigem«. Die einzige Synkope findet sich bezeichnenderweise mit »gewaltge« in Sonett 15, Vers 3, einer der beiden unikal im Nachlass Edgar Salins unfertig überlieferten Übersetzungen.

27   Das erwägt Ute Oelmann: »Einführung zum Anhang« (Anm. 13), S. 173.

28   Ein Beispiel dafür bietet Sonett 112. Vgl. The Sonnets of William Shakespere (Anm. 18), S. 112 mit F. Gundolf I, 194 (Anm. 12); dort wird aus Shakespeares letzten sechs Versen »In so profound abysm I throw all care | Of others' voices, that my adder's sense | To critic and to flatter stopped are. | Mark how with my neglect I do dispense | You are so strongly in my purpose bred | That all the world besides methinks they're dead.« bei Gundolf »Zum Abgrund hab ich diese Angst gegossen | Von andrer Schreyen dass mein Schlangensinn | Dem Krittler und dem Schmeichler bleibt verschlossen | Sieh, wie, verachtet, ich Veraechter bin.«

gereimten jambischen Fünfhebers mit dem Endecasillabo, den gelegentlichen Gebrauch des Blockreims statt des Kreuzreims und vor allem die häufige Tilgung des Couplets de-sonettiert Gundolf Shakespeares Sonette geradezu. Sie werden metrisch – und darunter subsumiere ich auch Reimweise und Strophenform – zu solchen Gedichten, wie sie Stefan George in seinen Lyrikbänden *Das Jahr der Seele* (1897) und *Der Teppich des Lebens* aus dem Entstehungsjahr von Gundolfs Sonett-Übersetzungen 1899 besonders gepflegt hatte – und wie sie Gundolf in dem Ensemble von acht Original-Gedichten imitierte, die den Shakespeare-Übersetzungen beiliegen. Das ist entscheidend, weil Gedichte aus drei Strophen zu je vier wahlweise männlich und weiblich, jedenfalls immer gemischt, block- oder kreuz- aber nie paargereimten jambischen Fünfhebern vor Georges berühmten Gedichtbänden kaum eine Rolle in der Geschichte der deutschen Lyrik gespielt haben.[29] Die Gedichtform, die Gundolf mit den meisten seiner Übersetzungen herstellt, gewann gerade erst durch Georges Dichtung an Prominenz. So dominieren die Metrikvorgaben von Georges Lyrik in Gundolfs Übersetzungen von Shakespeares Sonetten die Pflicht zur Treue gegen die Gedichtform des Originals. Indem Gundolf Shakespeares Gedichte de-sonettiert, georgisiert er sie auch.[30]

Die Wortwahl unterstützt dies. Gundolf greift ganz gern auf typische Stilistika der George-Schule zurück.[31] Dazu wenige Beispiele: dreimal (Sonett 2, Vers 12; Sonett 7, Vers 7 und Sonett 37, Vers 5) verwendet er das pseudo-archaische Femininabstraktum ›Schöne‹ für »beauty«, archaisierend hält er es auch mit »Wittib« für »makeless wife« (Sonett 9, Vers 4), mit »beut« für »gave« (Sonett 11, Vers 11), mit »feit« für »fortify« (Sonett 16, Vers 4) und mit »Acht« für »outcast state« (Sonett 29, Vers 2). Gesucht entlegen mutet »Kamöne« für »Muse« (Sonett 21, Vers 1) an, und gar unfreiwillig komisch wird »heaven's gate« zum »wölbigen Bereich« (Sonett 29, Vers 12). Die exklusiv wirkenden Neologismen »in unbeweibten Tagen« für »in single life« (Sonett 9, Vers 2) und »zu glüh« für »too hot« (Sonett 18, Vers 5) strapazieren die Simplizität des Originals schon ziemlich.

Gundolfs Übersetzungen von Shakespeares Sonetten stellen ein Amalgam von Shakespeare und George her, indem sie den Shakespeare'schen Text in Georges Form und Ton bringen. Die affirmativ-identifikatorische Traditionsstiftung des George-Kreises, die die expositorischen Texte seiner Mitglieder – voran Gundolfs

---

29 Dies belegt Horst Joachim Frank: Handbuch der deutschen Strophenformen. München u. a. 1980, hier S. 311–337.

30 Nebenbei: Sonette sind sowohl unter Georges wie unter Gundolfs sogenannten Originaldichtungen äußerst selten.

31 Dazu Karlhans Kluncker: Blätter für die Kunst. Zeitschrift der Dichterschule Stefan Georges. Frankfurt am Main 1974; zum Stil Georges vor 1900 Hubert Arbogast: Die Erneuerung der deutschen Dichtersprache in den Frühwerken Stefan Georges. Eine stilgeschichtliche Untersuchung. Köln u. a. 1967.

Shakespeare und der deutsche Geist – später vornehmen und die etwa der am Anfang erwähnte *Index zur Bibliothek eines jungen Menschen* aus dem Jahr 1919 festhält, schlägt sich schon 1899 in Gundolfs deutschen Shakespeare-Sonetten nieder. Die vom George-Kreis proklamierte Sukzession großer Dichter-Heroen (meist sind das Dante – Shakespeare – Goethe – George) vollzieht Gundolf translatorisch schon 1899, da seine Übersetzungen Shakespeare mit George überblenden.

Obwohl Gundolf stilistische Spezifika der *Blätter für die Kunst* in seinen Shakespeare-Versionen pflegte, unterscheidet sich das Gepräge seiner Übersetzung von der brachylogischen Wucht, die Georges eigene Umdichtung von Shakespeares Sonetten charakterisiert und die Gundolf für seine Übersetzung von Shakespeares Dramen knapp zehn Jahre später forcierte.[32] An eine Wiederaufnahme der Sonett-Übersetzung von Gundolf dachten Jünger wie Meister offenbar nicht mehr. Dennoch griff George mindestens punktuell auf Gundolfs Manuskripte zurück, als er seine eigene ›Umdichtung‹ von Shakespeares Sonetten begann, so dass manche Übersetzungsvorschläge Gundolfs in Georges Übersetzung überlebten.[33] Im Fall der öfter vorkommenden Übernahme von Reimwörtern ist das weniger bedeutend, da sie manchmal so nahe liegen, dass auch andere Übersetzer sie verwandten. So war zum Beispiel Gundolfs und Georges ›sterbe:erbe‹-Reim im ersten Quartett des ersten Sonetts schon bei Karl Lachmann und Karl Simrock beliebt,[34] ›zier‹ : ›reiz(e)‹ : ›dir‹ : ›geiz(e)‹ im dritten Quartett des ersten Sonett reimten vor Gundolf und George schon wiederum Lachmann und Otto Gildemeister.[35] Auch bei so naheliegenden Wendungen wie »Herr meiner Liebe« für »Lord of my love« zu Beginn von Sonett 26, die die Übersetzungen von Lachmann, Gottlob Regis, Simrock und Gildemeister mit Gundolf und George teilen,[36] braucht man keine Dependenzen anzunehmen. Desto interessanter sind deswegen die originellen Stellen Gundolfs, die George übernahm. Ich nenne nur ein Beispiel, das für die verdeckte Wirkung von Gundolfs unpubliziert gebliebener Übersetzung stehen soll. Obwohl es durchaus nahe liegt, hat erst Gundolf den Anfang des elften Verses von Sonett 18: »Nor

---

32 Dazu insbesondere Hanspeter Schelp: »Friedrich Gundolf als Shakespeare-Übersetzer« (Anm. 3), S. 100 und Rudolf Sühnel: »Gundolfs Shakespeare« (Anm. 3), S. 257.

33 Siehe auch Ute Oelmann: »Einführung zum Anhang« (Anm. 13), S. 173.

34 Vgl. den zweiten Bogen von F. Gundolf I, 190 (Anm. 12) mit Stefan George: Shakespeares Sonnette (Anm. 13), S. 24, Shakespeare's Sonnette. Übersetzt von Karl Lachmann. Berlin 1820, S. 20 und Shakespeares Gedichte. Deutsch von Karl Simrock. Stuttgart 1867, S. 20.

35 Vgl. den ersten Bogen von F. Gundolf I, 190 (Anm. 12) mit Stefan George: Shakspares Sonnette (Anm. 13), S. 7 sowie mit Karl Lachmann: Shakespeares Sonnette (Anm. 34), S. 3 und Shakespeare's Sonette. Übersetzt von Otto Gildemeister. Leipzig 1871, S. 1.

36 Vgl. F. Gundolf I, 195 (Anm. 12) mit Stefan George: Shakespeare's Sonnette (Anm. 13), S. 32, Karl Lachmann: Shakespeare's Sonnette (Anm. 34), S. 28, Shakespeare-Almanach. Hrsg. von Gottlob Regis. Berlin 1836, S. 30, Karl Simrock: Shakespeares Gedichte (Anm. 34), S. 28 und Otto Gildemeister: Shakespeare's Sonette (Anm. 35), S. 26.

shall death brag« mit »Nie prahle Tod« übersetzt.[37] George hat den Vorschlag übernommen –[38] und davon haben sich dann einige Übersetzer inspirieren lassen: Friedrich Huch (1921), Erna Grauthoff (1940), Hermann Melchers Jantzen (1941), Eta Harich-Schneider (1944), Max Geilinger (1945), Ilse Krämer (1945) und andere wählen die Wendung.[39]

Zwischen der Arbeit an den Übersetzungen von Shakespeares Sonetten im Sommer 1899 und der an Shakespeares Dramen ab Frühjahr 1907 hat Gundolf seine Englisch-Kenntnisse ausgebaut. Anglistische Kollegien und Kolloquien dominieren kurzfristig Gundolfs Studium. Im Wintersemester 1899/1900 hörte Gundolf Josef Schicks Vorlesung über ›Geschichte der englischen Literatur von Shakespeare bis Milton‹, dazu besuchte er dessen ›Alt- und mittelenglische Übungen‹ in München; als er für das Sommersemester 1900 nach Heidelberg wechselte belegte Gundolf die ›Einführung in das Mittelenglische‹ und das Seminar über Shelley von Johannes Hoops.[40] Gundolfs eigentliche – auch philologische – Autorität in Shakespeare-Fragen blieb allerdings Stefan George. Das zeigt der Begleitbrief, mit dem Gundolf Georges ›Umdichtung‹ von Shakespeares Sonetten an den Shakespeare-Forscher Edward Dowden schickte:

Darmstadt. Grünerweg 37.
2./XI.09

Verehrter Herr Professor:

Ich erlaube mir, Ihnen anbei ein Exemplar der deutschen Shakespeare-sonnets-Übertragung von Stefan George zu senden, die später einen Teil meiner Gesamtausgabe bilden wird. Wie ich Ihre Shakespeare-biographie verehre, so besitze ich auch ihre Ausgabe der Sonnets und bin Ihren Erklärungen und Ansichten Dank schuldig geworden. Nun wäre ich Ihnen sehr verpflichtet, wenn Sie zu den wenigen Stellen, wo meine Meinung von der Ihrigen abweicht, sich mir gegenüber äussern wollten. So glaube ich mit Stefan George dass im Sonett XX. ›a man in hue all hues‹ auch eine Anspielung auf den Namen William enthalten ist: das uu damals = W. ...
In Sonett LVI. (drittes Quatrain) glaube ich es nicht mit den übrigen Versen vereinbar, hierin an ein ›imaginary sight‹ zu denken, sondern ich deute die Stellen mit dem Übersetzer, so: Der an sich unerfreuliche Eindruck des länder-trennenden Meeres wird dadurch erfreulicher (more blessed) dass die Liebenden am

---

37 Zweiter Bogen von F. Gundolf I, 190 (Anm. 12).
38 Siehe Stefan George: Shakespeares Sonnette (Anm. 13), S. 24.
39 Siehe Jürgen Gutsch (Hrsg.): »... lesen, wie krass schön du bist konkret«. William Shakespeare, Sonett 18, vermittelt durch deutsche Übersetzer in 154 + 1 Versionen. Dozwil 2003.
40 Siehe die entsprechenden Zeugnisse A: Gundolf (Deutsches Literaturarchiv, Marbach).

Strand sich täglich begegnen … Sonnet CXLVI. wo Sie mit Zögern in die ver-
derbte Stelle ›pressed by‹ einschieben, scheint mir eher ein Substantiv mit Prä-
position gestanden zu haben als ein Verbum. Mit Vorbehalt schlägt George hier
vor, in die nie ganz gewiss herzustellende Lücke ›earth‹ einzusetzen. Er meint,
dass vielleicht dadurch dass im Beginn der zweiten Zeile nochmals ein ›earth‹
gestanden habe, bei eventuellem Diktiren oder Kopiren der ganze Schluss der
ersten Zeile ›my sinful earth‹ versehentlich wiederholt worden sei …
Ich bleibe mit dem Ausdruck hoher Verehrung Ihr sehr ergebner

Friedrich Gundolf[41]

Gundolf hielt noch nach dem Ersten Weltkrieg an seinen Ideen fest,[42] obwohl Dowden sich auf die kuriosen Spekulationen in seinem Antwortbrief wohl aus Höflich-
keitsgründen nicht einließ:

Dec 28 1909.

Dear Sir,
Since I received your welcome and beautiful gift of Shakespeare Sonnette I have
been seriously ill, + I can even now only thank you heartily, + say that at a future
time I hope not only to feel the beauty + closeness of the passages which I have
read, but to examine it with a critical eye. Meanwhile I place it by the side of
your own admirable rendering of the dramas as far as through the kindness of
Dr Bondi they have reached me; noble volumes they are.
Very truely yours

Edward Dowden.[43]

Die »noble volumes« des *Shakespeare in deutscher Sprache*, die Dowden in Dankes-
schreiben an Gundolfs Verleger 1909/1910 teils überschwänglich lobte,[44] erregten
in Deutschland ein geteiltes Echo.[45] Meist nahmen die Rezipienten die George'sche

---

41 Der Brief liegt in Dowdens Exemplar von Georges *sonnet*-Umdichtung in der Folger-Shake-
speare-Library, Washington (Sign. PR 2796 G3 Y5 1909 Sh. Col.). Werner Habicht hat mir
dankenswerterweise seine Transkription überlassen.

42 Er wiederholt sie im Schlussband der sechsbändigen Ausgabe des Shakespeare in deutscher
Sprache (1920) (Anm. 2), S. 414.

43 Friedrich-Gundolf-Archive (Institute of Modern Languages Research, London).

44 Die fünf Briefe leitete Bondi an Gundolf weiter. Sie befinden sich heute im Friedrich-
Gundolf-Archive (Institute of Modern Languages Research, London).

45 Nur stellvertretend seien zwei Rezensionen angeführt, die sich wie Pendants zueinander
ausnehmen. Erwin Kalischer: »Shakespeare in deutscher Sprache […]. Bd. 1, Bd. 2 […]
[Anm. 2]«, Zeitschrift für Ästhetik und allgemeine Kunstwissenschaft 5 (1910), S. 111–118
äußert sich nach detaillierten Stellenvergleichen positiv, Marie [Luise] Gothein: »Shakespeare
in deutscher Sprache […]. Bd. 1 […] [Anm. 2]«, Shakespeare-Jahrbuch 35 (1909), S. 364–

Tinktur wahr, die Gundolf im Vorwort seines ersten Shakespeare-Bandes nicht nur zugestand, sondern ganz explizit suchte.[46] Zudem arbeitete George selber an Gundolfs Dramen-Übersetzungen mit.[47] Nach Briefwechseln und Memoiren lässt sich teils plausibel vermuten, welche Stellen George verantwortete: Nach Auskunft von Gundolf selbst den gesamten *Sommernachtstraum*,[48] ebenfalls laut Gundolf die fünfte Szene des ersten und die zweite Szene des zweiten Aktes von *Romeo und Julia*,[49] vielleicht das Lied des Autolykus *Kauft ihr nicht etwas Band* aus dem *Wintermärchen*,[50] sowie mindestens die Verse 96–100 der zweiten Szene des fünften Aktes von *Antonius und Cleopatra*.[51] Trotz der engen Zusammenarbeit zwischen George und Gundolf sollte man Georges direkten Anteil an Gundolfs Shakespeare-Übersetzungen nicht überschätzen, wenn George auch wohl sicherlich die Druck-vorlagen absegnete, bevor sie an den Verlag gingen.

Wie sorgsam Gundolf seine Versionen mit ihren deutschen Vorgängerinnen abglich, bezeugt ein fragmentarisches Manuskript in seinem Nachlass. Es handelt sich um vier nachträglich mit den Ziffern 9 bis 16 paginierte Großquart-Doppel-blätter vermutlich aus dem Jahr 1909 mit zahlreichen Korrekturen. Ich gebe einige repräsentative Passagen daraus weiter, weil sie Gundolfs Translationsmaximen für seine Dramen-Übersetzung zusätzlich erläutern mögen:[52]

---

369 nach demselben Verfahren negativ. Gegen Gotheins Rezension hat sich Gundolf brieflich am 19. August 1909 vor der Verfasserin zu rechtfertigen gesucht; siehe Friedrich Gundolf: Briefe. Neue Folge. Hrsg. von Lothar Helbing [i. e. Manfred Frommel] u. a. Amsterdam 1965, S. 49–53.

46 Siehe Friedrich Gundolf: »Einleitung«. In: Ders.: Shakespeare in deutscher Sprache (Anm. 2). Bd. 1, S. 6–13.

47 Siehe etwa KW/FG (Anm. 10), S. 68. Zu Georges Anteil an der Übersetzungsarbeit Jürgen Egyptien: »Shakespeare im George-Kreis« (Anm. 4), besonders S. 168f.

48 Siehe Kurt Hildebrandt: Erinnerungen an Stefan George und seinen Kreis. Bonn 1965, S. 57 und auch Edith Landmann: Gespräche mit Stefan George. Düsseldorf u. a. 1963, S. 24.

49 Siehe Edgar Salin: Um Stefan George Erinnerung und Zeugnis. Godesberg 1948, S. 110.

50 Siehe Robert Boehringer: Mein Bild von Stefan George. Düsseldorf u. a. ²1968 [zuerst 1951], hier S. 125.

51 Siehe Hanspeter Schelp: »Friedrich Gundolf als Shakespeare-Übersetzer« (Anm. 3), S. 98. Jürgen Egyptien: »Shakespeare im George-Kreis« (Anm. 4) weist außerdem auf die (wenig glaubwürdige) Überlieferung Albrecht von Blumenthals hin, George habe sich als Allein-übersetzer inszeniert; siehe Ludwig Thormaehlen: Erinnerungen an Stefan George. Hrsg. von Walther Greischel. Hamburg 1962, S. 77. Laut Jürgen Egyptien: »Gundolf, Ernst«. In: Achim Aurnhammer u. a. (Hrsg.): Stefan George und sein Kreis (Anm. 3). Bd. 3, S. 150–154, hier S. 153 übernahm Ernst Gundolf die Revision von *Cymbeline*.

52 M100 (Friedrich-Gundolf-Archive, Institute of Modern Languages Research, London). Gundolfs Redaktionen sind im Folgenden stillschweigend vollzogen.

<9> Hier stelle ich mehrere zufällige, nicht mühsam ausgeklaubte Proben aus ein paar der <u>besten</u> früheren Übersetzungen mit dem englischen Text zusammen, damit die verschiedenen Ansprüche und Anstrengungen deutlich werden. Was ich dazu bemerke dient nicht irgendwelcher Herabsetzung, sondern will nur gewisse allgemeine Principien des Übertragens dabei konkret zur Sprache bringen. Denn nur Beispiele können beweisen. Ich habe es dabei nur mit Symptomen und Dingen zu tun, nicht mit Personen. Sind doch die Personen, auch meine eigne, nur Aeusserungen eines Zeitwillens und -Geschmacks. Wieviel auch meiner Übertragung noch zu Vollkommenheit fehlt, weiß ich: aber zweierlei darf aus dieser Zusammenstellung hervorgehen: 1.) wieviel schwerer man sich eine solche Arbeit machen muß als früher und 2.) wieviel leichter sie unsere heutige deutsche Sprache uns macht.

[es folgt eine Diskussion von Stellen aus der vierten Szene des vierten Aktes von Baudissins Coriolan-*Übersetzung; darunter heißt es:]*

| Who twin as't were in love | Vereinigt stets als wie ein Zwillingspaar |
| Unseparable | in ungetrennter Liebe |

Das knappe gewaltsame ἅπαξ λεγομενον twin gibt man besser mit einer ähnlichen Bildung wieder als mit dieser matten Auflösung.
Gerade die einmaligen, wenn auch gewaltsamen Wendungen Shakspéres sind nachzubilden denn auf ihnen beruht das Specifische und von da aus ist auch die Erweiterung, und <10> Bereicherung unsrer Sprache möglich. Es hat gar keinen Wert statt dessen ein geläufiges Deutsch, das sich vielleicht minder ungewohnt liest anzuwenden.[53] [...]

[Danach kommentiert Gundolf die erste Szene des ersten Aktes in der Übersetzung von Antonius und Cleopatra *durch Paul Heyse, darunter die Stellen]* <11>

dotage   Liebesnarrheit: verdünnende Erweiterung. Analyse des Begriffs, nicht Wiedergabe des dichterischen sinnlichen Gehalts, ein Einfaches Wort ist erfordert, kein Kompositum.[54] [...]
now bend, now turn   richten jetzt: [...] Heyse gibt hier nicht auf das spezifische Gewicht der Geste acht, immer nur auf den ungefähren Begriffsinhalt. Und doch ist der Begriff höchstens die Hülse; das spezifische macht erst die Dichtung aus.[55] [...]
gipsey   <u>üppige</u> Zigeunerin: [...] Das Unterstreichen hebt sofort das Poetische aus und macht rhetorisch und geschwätzig, was gestaltet und flaumig war. Auch

---

53   Friedrich Gundolf: Shakespeare in deutscher Sprache. Bd. 1 (Anm. 2), S. 110 wählt »gleichsam Zwillinge | in unlösbarer Liebe«.
54   Ebenda, S. 260 entscheidet sich Gundolf für »Vernarrtheit«.
55   Ebenda übersetzt Gundolf »senkt jetzt, wendet jetzt«.

dies Beispiel ist ein Typus für einen häufigen Übersetzungsfehler; Faltenwurf![56]
[…]

for the love of Love and her soft hours: bei der Liebe süssen Schäferstunden.
Süßlich und grundfalsch. Statt Shaksperes schwebendem, ausladendem, reichem ἅπαξ λεγομενον eine verbrauchte, kitschige Rokokoassoziation, Rhythmus, Stil, Stimmung verfehlt und ohne jede Not aus Verszwang einzig aus dem Bedürfnis nach Verschönerung und einem zärtlichen Geschmack.[57] […]

[weiter erörtert Gundolf die Worte des Boten Labienus in der zweiten Szene] <12>

›slippery‹   wankelmütig = viel zu begrifflich: auch hier ist ein sinnliches leibhaftes Wort erfordert. Das gibt Shaksperes Diktion Farbe und Mark, daß sie alles Seelische körperlich dicht durchempfindet, während der Stil aus dem Heyse schafft, sich erst in der Abstraktion wohlfühlt und alles Leibliche ins Geistige läutert, d. h. verdünnt. […] *<13>* […]
Aus Adolf Wilbrandts Coriolan-übersetzung; die zu den besten gehört.

Hier wähle ich eine der besten Stellen aus, weil es mir nicht darum zu tun ist einzelne Fehler aufzustechen, sondern zu zeigen was im Princip für strengere Ansprüche zu stellen sind:

II. Akt, 2. Scene.
Com. I shall lack voice: the deeds of Coriolanus
      […]
      To ease his breast with parting.

      Mir wirds an Stimme fehlen;
      […] *<14>* […]
      Um nur die Brust durch Atmen zu erleichtern.

Zunächst hat Wilbrandt aus Shakespeares 41 Versen 44 gemacht. Das allein bedingt schon eine gänzliche Verschiebung des Rhythmus und der Gewichte und in der Tat laufen Wilbrandts Verse sanft und eben dahin, wo die Shaksperes wirbeln, fluten, stürzen und wogen wie zu mächtige Massen in einem zu engen Bett. Dieser beständige Kampf zwischen Fülle und Form macht den besonderen Reiz der *<15>* späteren Shakespereschen Diction aus. Diese Shakespereschen Verse sind herb und für Ohren die an Goethes und Schillers Jambenbau erzogen sind, zuweilen unerträglich hart, besonders durch das unheimliche Knistern in ihren Fugen (z. B. Death's stamp.) Aber sie sind der volle und ehrfurchtheischende Ausdruck der Seele, die in jedem einzelnen Augenblick mit der ganzen Wucht des Alls gefüllt war und Leidenschaftsmassen zu bewältigen hatte von ganz andrer Gewalt als unsre großen Bildungs-dichter. Das ist dieselbe fürchterliche Gewaltsamkeit, wie das ›terrible‹ des Michelangelo, nur daß Shakespere noch

---

56 Ebenda lässt Gundolf das Attribut weg.
57 Ebenda, S. 262 wählt Gundolf »bei der Liebe Lieb und linden Stunden«.

viel gemischtere und trübere Elemente in seine Masse geworfen hat. Ihn süsser, milder, glätter wiederzugeben hieß ihn zwar der Zuneigung und dem Begriff gebildeter Leser näher bringen, aber schlechterdings sein Wesen verfälschen:

[darauf folgen ein paar Beispiele, darunter]

Most dignifies the haver: vielleicht mehr Wert als alle. [...] Ein Musterbeispiel, wie man Shakespere dem konventionellen Ton von Bildungsdramen annähert, um nicht mit seiner Eigenwilligkeit zu erschrecken.[58] [...]

<16> [...] Damit genug! eine ähnliche abwägende Herausstellung meiner Fehler wird der Sache dienen und die Ohren weiter schärfen. Jeder Einzelne wird in die Nachbildung eines unendlichen Organismus seine eignen Beschränktheiten und Fehler mit hineintragen. Wer diesen Organismus mit neuen eigenen Augen sieht, kann und soll sie verbessern. Das Gegeneinander- und Zusammenwirken vieler begrenzter Geister gleicht die besonderen Mängel aus und ermöglicht die runden und gültigen Werte und Anschauungen. Nur die Urgeister stellen notwendige und selbstgenugsame Welten aus sich heraus. Diese immer neu zu sehen zu deuten und zu ergreifen, dazu sind wir anderen da.

---

58 Ebenda, S. 60 entscheidet sich Gundolf für »erhebt | Am meisten ihren Eigner«.

Jens Malte Fischer

Karl Kraus, Shakespeare und die ›Weltdummheit‹

»Shakespeare hat alles vorausgewußt« – das war Karl Kraus schon sehr früh klar. Bereits in der *Fackel* Nr. 115 von Anfang September 1902, drei Jahre nach der Gründung der Zeitschrift, eröffnet Kraus das Heft mit einem Essay, der später den Titel seines ersten eigenständigen Buches abgab und für seine erste publizistische Phase geradezu emblematischen Charakter hatte: *Sittlichkeit und Criminalität*. Dieser Essay beginnt mit insgesamt zehn kürzeren und längeren Motti aus den Shakespeare-Dramen *König Lear* und *Maß für Maß*, die sich alle mit Sexualmoral und dem juristischen Umgang mit ihr beschäftigen, also mit dem Thema, das die folgenden rund fünf Jahre der Kraus'schen Arbeit prägen sollte, nämlich die Unfähigkeit einer Gesellschaft, die Fragen eben dieser Sexualmoral mit den Mitteln einer Justiz zu regeln, die vor allem jene allein schützenswerten Bereiche (Kraus stellte in den Vordergrund die Gesundheit, die Willensfreiheit und die Unmündigkeit) vernachlässigte zugunsten einer verschwitzten, verlogenen und hechelnden Prüderie und Doppelmoral und der Verfolgung der schwächsten Glieder im verzerrten Sexualhaushalt einer bürgerlichen Gesellschaft, nämlich der Kranken, der Armen und der Frauen, vor allem der Prostituierten. Als Beispiel sei hier das letzte dieser Motti zitiert, es stammt aus der 6. Szene des 4. Aktes des *Lear*: »Du schuft'ger Büttel, weg die blut'ge Hand! Was geißelst du die Hure? Peitsch dich selbst! Dich lüstet heiß mit ihr zu tun, wofür dein Arm sie stäupt.«

Nach einer ersten Umschau auf einen aktuellen Ehebruchsprozess beginnt gleich der zweite Abschnitt des Textes mit eben diesem Satz »Shakespeare hat alles vorausgewußt«. Kraus fährt fort:

> Die Dialogstellen aus ›Maß für Maß‹ und ›Lear‹, die ich dieser Betrachtung als Motto erwählte, enthalten, so gruppiert, das letzte Wort, das über die Moral, die jenen Prozeß ermöglichte und blähte, zu sagen ist. [...] Von ihm [Shakespeare] müßten die Moralbauherren aller Völker Werkzeug und Mörtel entlehnen, von seiner Höhe bietet jede Weltansicht, mag sie der Konservative oder der Fortschrittsmann erproben, ein dem Schöpfer wohlgefälliges Bild; dort ist Kultur, wo die Gesetze des Staates paragraphierte Shakespearegedanken sind, wo mindestens [...] Gedanken an Shakespeare das Tun der leitenden Männer bestim-

men. Nach seinen Erkenntnissen greife, wer berufen ist, zwischen Gut und Böse die kriminalistische Grenzwand zu errichten oder zu erneuern.[1]

Es ist keine Übertreibung festzustellen, dass Shakespeare für Kraus der wichtigste moralisch-politisch-literarische Fixstern war. Dieser Fixstern war durch zwei dicke Taue am Firmament festgezurrt: Erstens durch die Shakespeare-Aufführungen, die der junge Kraus bis zu seinem 14. Lebensjahr im sogenannten alten Burgtheater am Michaelerplatz erlebt hatte. Es war dort in den Eingangskomplex der Hofburg eingebaut und wurde im Jahr 1888 durch das neue, monumentale Haus am Ring ersetzt, zu dem Kraus nie die Beziehung hatte wie zu dem alten, erstaunlich kleinen Haus; sein Urteil, dass das neue Burgtheater deutlich zu groß dimensioniert war, hat bis heute seine Wahrheit behalten. Zweitens durch die Tatsache, dass der Kraus'sche Shakespeare immer und ausschließlich der deutsche Shakespeare war, das hieß für ihn ebenso ausschließlich: der sogenannte Schlegel/Tieck'sche Shakespeare. Dieser Hinweis beinhaltet die hier zunächst sicherlich verblüffende, zumindest irritierende Feststellung: Karl Kraus konnte kein oder nur sehr wenig Englisch und verheimlichte das auch keineswegs. Das verwirrt bei einem Mann, der 1933 die *Sonette* in seiner eigenen Nachdichtung herausgab und 1934 und 1935 zwei Bände mit Shakespeare-Dramen in seiner Bearbeitung ediert hat, denen zwei weitere folgen sollten, was der Tod des Bearbeiters 1936 verhinderte. Die erschienenen zwei Bände enthielten *König Lear, Der Widerspenstigen Zähmung, Das Wintermärchen, Macbeth, Die lustigen Weiber von Windsor* und *Troilus und Cressida*. Die geplanten zwei weiteren Bände hätten enthalten (die Bearbeitungen lagen als Basis für seine Lesungen schon länger im Manuskript vor): *Verlorene Liebesmüh, Maß für Maß, Coriolanus, Antonius und Kleopatra, Timon von Athen, Hamlet*. Nicht geplant war offensichtlich die Publizierung einer eigenen Auswahl und Zusammenstellung aus den Königsdramen, die Kraus immer wieder vorlas. Damit war derjenige Kanon umrissen, den Kraus in seinen rund 100 Shakespearevorlesungen von den genau 700 Vorlesungen aus eigenen und fremden Schriften, die er in seinem Leben gehalten hat, vorstellte. Damit ist auch in den Lesungen die Übermacht Shakespeares sinnfällig, was nicht heißt, dass ihm Goethe (der vor allem), Jean Paul, Nestroy, Raimund, Gerhart Hauptmann, Frank Wedekind und andere, die für ihn wichtige und verehrte Autoren waren, ihm

---

1   Karl Kraus: Schriften. 20 Bde. Hrsg. von Christian Wagenknecht. Frankfurt am Main 1987–1994. Bd. 1: Sittlichkeit und Kriminalität (1987), S. 9f. Im Folgenden werden die Kraus-Zitate nach dieser Ausgabe mit dem Kurztitel KS wiedergegeben. Zitate, die nicht in der Schriften-Ausgabe enthalten sind, werden nach der Fackel zitiert: Karl Kraus: Die Fackel. Nr. 1–922. Wien 1899–1936, Reprint München 1968–1976, Sonderausgabe Frankfurt am Main 1977. Im Folgenden abgekürzt mit F. Davon existiert eine DVD-Rom-Ausgabe (Berlin 2007), die inzwischen vergriffen ist. Jederzeit und kostenlos zugänglich ist die von der Österreichischen Akademie der Wissenschaften ins Netz gestellte Ausgabe: corpus1.aac.ac.at/fackel (Zugriff: 21. Oktober 2014).

nicht so bedeutend waren, aber er war von der überwältigenden Kraft der Dramen Shakespeares und ihrer Eignung gerade für sein Einmanntheater überzeugt: 700 Vorlesungen, davon der größere Teil dem Dramatischen gewidmet, was er ›Theater der Dichtung‹ nannte, in dem Shakespeare wiederum den Löwenanteil abbekam.

Unter Vorlesungen muss man sich im Falle von Kraus etwas Besonderes und Einzigartiges vorstellen. Kraus saß an einem Tisch auf der Bühne eines Saales, der meistens ziemlich groß war, wie etwa der Saal des Wiener Konzerthauses mit etwa 2000 Plätzen. Er saß dort ohne Mikrophon und füllte mit seiner metallisch-durchdringenden Stimme auch solch große Säle. Kraus las nicht nur, sondern erfüllte das Wort ›Darsteller‹, das er selbst gelegentlich benutzte, mit intensivstem Leben, indem er, wenn er Dramen las, alle Rollen sprachlautlich und auch durch den Flug seiner Arme und das Eigenleben seiner Hände durchaus ›verkörperte‹. Stellte er ganze Offenbach-Operetten auf die Bühne, dann sang er auch einige Arien und Couplets und dies meisterhaft, ohne je Notenlesen gelernt zu haben, geschweige denn Singen (es haben sich davon akustische Zeugnisse erhalten). Dafür gesellte sich ein Pianist verdeckt hinter einem Paravent hinzu. Auch bei Shakespeare-Lesungen gab es in den späteren Jahren gelegentlich einige Musikpassagen, vorgetragen von einem Pianisten, die teilweise aus Shakespeare-Opern des 19. Jahrhunderts (etwa von Hermann Goetz und Otto Nicolai) zusammengestellt waren. In einer berühmten Schilderung hat Elias Canetti sein Erlebnis einer Kraus-Lesung des Jahres 1924 in seinen Erinnerungen beschrieben:

> Fassungslos war ich über die Steigerungen, deren diese Stimme fähig war, der Saal war sehr groß, aber es war dann ein Beben in ihr, das sich dem ganzen Saale mitteilte. Stühle wie Menschen schienen unter diesem Beben nachzugeben, es hätte mich nicht gewundert, wenn die Stühle sich gebogen hätten. Die Dynamik eines solchen bis auf den letzten Platz gefüllten Saals unter der Einwirkung jener Stimme, die auch in den Augenblicken nicht aussetzte, in denen sie verstummte, läßt sich so wenig wiedergeben wie das Wilde Heer der Sage.[2]

Durchaus gab es bei Kraus einmal den Plan als junger Mensch, Schauspieler zu werden und er trat ein einziges Mal als Franz Moor in Schillers *Räuber* in einer Liebhaberaufführung auf (der Spiegelberg an diesem Abend war Max Reinhardt), aber der krachende Misserfolg wie auch die Einsicht, dass seine leichte Rückgratverkrümmung eine Schauspielerlaufbahn schwer behindern würde, beendeten diese, bevor sie richtig begonnen hatte.

Die Krönung seiner Shakespeare-Verlebendigungen war der Zyklus, den Kraus zwischen dem 2. Januar und dem 1. März 1933 an insgesamt 13 Abenden in Wien darbot. Er umfasste die genannten Stücke, die zur Publikation kamen oder dafür

---

2   Elias Canetti: Die Fackel im Ohr. Lebensgeschichte 1921–1931. München 1980, S. 84.

vorgesehen waren, sowie eine Auswahl aus den Königsdramen. Worauf es ihm an-
kam, das enthüllt sich durch den Untertitel der beiden publizierten Shakespearebän-
de: »Für Hörer und Leser bearbeitet, teilweise sprachlich erneuert von Karl Kraus«.
Es ging also um Hörer und Leser, nicht um Zuschauer, denn Kraus' Absicht war es,
den durch in seinen Augen verfehlte Aufführungen zwischen den Polen des neuen
Burgtheaters und der Berliner Inszenierungen von Max Reinhardt (die dann auch
exportiert wurden) völlig desinformierten und desorientierten Zuschauern den
wahren Shakespeare vorzustellen. Äußeres Zeichen waren in den Ankündigungen
der entsprechenden Vorlesungen in der *Fackel*, dass er die alten Programmzettel aus
dem Burgtheater von einst abdruckte, mit den Besetzungen, die der junge Kraus
teilweise selbst noch erlebt hatte. Seine Absicht wird ganz klar in der Ankündigung
seiner 400. Wiener Vorlesung vom 26. April 1935. Das Burgtheater hatte unter der
Regie seines Direktors Hermann Röbbeling und der Mitwirkung des Berliner The-
aterstars Werner Krauß einen neuen *Lear* inszeniert. Die Auseinandersetzung von
Kraus mit dieser in seinen Augen und Ohren gründlich verfehlten Aufführung füllt
unter dem Titel *Lear im Burgtheater* das ganze Heft. Auf der Rückseite des vorderen
Umschlags des entsprechenden *Fackel*-Heftes findet sich die Ankündigung der Lesung des *Lear*. Das Personenverzeichnis enthält nur einen ›Darsteller‹, wie es heißt:
Karl Kraus und darunter in Klammern »Zur Wiederherstellung«.[3] ›Schöpferische
Restauration‹, wie Rudolf Borchardt es nannte, darum ging es Kraus. So machte er
im Juni 1918 eine Eingabe an das k.-k. Ministerium für Kultus und Unterricht mit
einem speziellen Angebot. Er hatte eine Aufführung des *Lear* im Hofburgtheater
gesehen, die eine Freivorstellung für Mittel- und Hochschüler war. Da »das Niveau
dieser Aufführung ein derart niedriges und ihr Stil eine derartige Vergewaltigung
Shakespearschen Wortes und Wesens« war,[4] bot Kraus an, für das gleiche Publikum
mit seiner Lesung des *Lear* bei freiem Eintritt das Gegenbild zu erstellen. Dass er
keine Antwort auf seine Eingabe bekam, war einkalkuliert. Und an Max Reinhardt,
dem zwischen dessen Berliner *Sommernachtstraum*-Inszenierung von 1905 und der
Hollywood-Verfilmung des gleichen Stückes von 1935 berühmtesten Shakespeare-
regisseur der Welt, rieb Kraus sich lebenslang. Noch 1935 formulierte er es so:
»Aber durch die Farbenfreude des Parvenüs, der blauen Dunst bevorzugt, des Deko-
rateurs, der an der ›Schau‹ der ärgsten Kunstgewerblerzeit fortwirkt, zu einem Element des Spiels vorzudringen; durch die Spielereien des Attrappisten zur Sprache
und zur Sache zu gelangen, war mir mein Lebtag nicht möglich.«[5]
　　Der deutsche Shakespeare, das hieß für Kraus immer und vor allem anderen die
Schlegel/Tieck'sche Übersetzung. Die Bibliothek von Kraus ist nicht erhalten. Es ist

---

3　F 906–907 (1935), vordere Umschlagrückseite.
4　F 484–498 (1918), S. 86.
5　F 912–915 (1935), S. 37.

jedoch ziemlich wahrscheinlich, dass Kraus die Schlegel/Tieck-Ausgabe in der neun-
bändigen Version besaß, die der Gymnasiallehrer und -direktor Tycho Mommsen,
der Bruder von Theodor, 1853–1855 herausgegeben hatte und die 1867 neu aufge-
legt wurde. Man kann dies anhand der zahlreichen Shakespeare-Zitate in der *Fackel*
leicht belegen. Mit philologischen Fragen hat Kraus sich zeitlebens wenig beschäftigt. Spät erst merkte er, dass der konkrete Anteil Ludwig Tiecks so groß nicht war,
und dass neben den älteren Anteilen August Wilhelm Schlegels es Dorothea Tieck,
Wolf Graf Baudissin und später dann Tycho Mommsen waren (der den für Kraus
besonders wichtigen *Macbeth* quasi neu übersetzte und andere Texte revidierte),
die zu dieser klassischen Übersetzung beitrugen. Die Kraus'schen Bearbeitungen
der Dramen Shakespeares sind ausdrücklich nicht als Übersetzungen deklariert und
zu verstehen, im Unterschied zur ›Nachdichtung‹ der *Sonette*, die aber aus gutem
Grund eben so heißt und sich nicht ›Übersetzung‹ nennt.

    Das Entscheidende zu seinen Einrichtungen hat Kraus 1934 in der Vorrede zum
ersten Band seiner Ausgabe gesagt:

> Daß die vorliegende Bearbeitung sich auf Schlegel, Baudissin und Dorothea
> Tieck stützt (von einigen Wendungen bei Voss und Kaufmann abgesehen), ver-
> steht sich von selbst. Die unverlierbaren Schätze jener Nachdichtung genügen
> dem Bedürfnis, einzurichten und in ihrem Geist sprachlich zu erneuern; sie
> bleiben noch in dichterisch unzulänglichen Partien dem Vergleich mit der phi-
> lologisch erschwitzten Übersetzerei entrückt, die immer wieder den aussichts-
> losen Versuch unternimmt, sich dem Original zu nähern, und nichts erreicht als
> die Verhunzung von edlen Versen, die, mögen sie auch nicht von Shakespeare
> sein, doch von Schlegel-Tieck sind. […] Die Dramaturgie der vorliegenden Be-
> arbeitung bedeutet einen Eingriff in die szenische und sprachliche Überfülle,
> dessen Wesen in der Unmerkbarkeit liegt […].[6]

Mit dem letzten Punkt sprach Kraus etwas für ihn Wichtiges an: er hielt, wie jeder
gute Dramaturg der Zeit, auch für sein Zuhörerpublikum viele Dramen für zu
umfangreich (nicht für die Lektüre, aber für die szenische oder vortragende Darbietung), nur dass er meist andere Kürzungen vornahm, als es seinerzeit üblich war.
Kraus war insofern auch ein Theatermensch und nicht Philologe, dass er bemüht
war, die Fassungskraft seines Publikums nicht durch Überlänge und Überfülle zu
ermüden. Seine Kürzungen umfassten gelegentlich fast ein Drittel des Umfangs,
und nirgends gab er deshalb schlechtes Gewissen zu erkennen.

    Kraus' Ungenügen am deutschen Shakespeare seiner Zeit nährte sich, wie an-
gedeutet, an den in seinen Augen und Ohren verunstaltenden Aufführungen des
neuen Burgtheaters und Regisseuren wie Reinhardt und Röbbeling und an eben-

---

6   KS Bd. 15: Theater der Dichtung (1994), S. 75.

so verunstaltenden Bearbeitungen und Übersetzungen, die in der zweiten Hälfte
des 19. Jahrhunderts einen neuen Impetus erhalten hatten, teils in Verbesserungen
der Schlegel/Tieck'schen Ausgabe, teils in den Bemühungen Einzelner, über Schle-
gel/Tieck hinauszukommen – soweit Kraus diese kannte, überschüttete er sie mit
Hohn, vor allem Friedrich Gundolf. Seine Erwähnung von Voss (Johann Heinrich
d. J.) und Philipp Kaufmann (der in den 30er-Jahren des 19. Jahrhunderts mit
seinen Übersetzungen Aufsehen erregte und große Resonanz hatte, sich dann aber
das Leben nahm) zeigt, dass Kraus auch andere Übersetzungen zu Rate zog, wie
auch gelegentlich die von Bürger und Eschenburg. Er war der festen Überzeugung,
dass so viele hervorragende Philologen und Kenner sich an diesen Übersetzungen
versucht hatten, dass gravierende Fehler ganz selten sein dürften. Selten, aber immerhin, zitiert er sogar das Englische, was darauf hindeutet, dass er, der unter seinen
Freunden etliche Personen hatte, die des Englischen sehr mächtig waren, diese in
Zweifelsfällen befragte. Dennoch bleibt das Problem, dass hier jemand sich Shakespeare näherte, der Englisch nicht konnte, wie er gelegentlich ostentativ betonte
(was er nicht hätte tun müssen). Da er sich jedoch nicht als Übersetzer verstand,
sondern, man könnte sagen: als Pasticheur, fühlte er sich von der Kritik, die natürlich immer wieder geäußert wurde und wird, nicht betroffen.

Am ausführlichsten hat sich Kraus zu Übersetzungsproblemen in dem Aufsatz
Hexenszenen und anderes Grauen vom April 1926 geäußert, der sich mit dem *Macbeth* beschäftigt und von Friedrich Gundolfs Übersetzung des Stückes in der Ausgabe seiner Übersetzungen ausgeht, die zuerst 1908–1918 in 10 Bänden erschien
(Kraus bezog sich auf die Neue Ausgabe in 6 Bänden 1920–1922). Kraus beginnt
so:

> Bei der Bearbeitung des ›Macbeth‹ erwies es sich als notwendig, die ersten
> zwei Hexenszenen neu zu schreiben. Um das Rechte zu treffen, genügte es, al-
> les Unrechte in den verfügbaren ›Macbeth‹-Übersetzungen zu betrachten und
> zu vergleichen. Dabei ergaben sich Wahrnehmungen, die ein Grauen auf der
> dürren Heide eines deutschen Sprachgefühls verbreiteten und einer deutschen
> Shakespeare-Kultur, die sich der englischen überlegen rühmt. Das schauderhaf-
> teste Abenteuer war mit dem als Shakespeare-Autorität geheiligten Gundolf zu
> bestehen, von dem man wohl sagen könnte [...], daß er ein standard work ge-
> wissenhaftester Shakespeare-Verschandelung hervorgebracht hat. Welche Sorg-
> falt und Ausdauer doch so ein deutscher Gelehrter (Ameise, geh zum Gundolf)
> verwendet, wenn es gilt, eine künstlerische Schöpfung vom Sprachgrund aus
> zu verderben! Da bleibt kein Stein auf dem andern, und zwischen ›Folio‹ und
> ›Quarto‹ wird eine so gründliche Auswahl jedes echten Shakespearewortes ge-
> troffen, daß zum Schluß nicht ein echter Shakespearesatz mehr vorhanden ist.
> Eine tadellose Rohübersetzung aus einem Sprachenbureau, das sie auch gleich
> sozusagen in Verse bringt. Alles garantiert sinngemäß und so, daß auch nicht

ein Vers mehr den Atem hat, der durch die Gnade Schlegels, ja selbst der un-
tergeordneten Helfer in unsere Seele übergegangen ist. […] Welches Mißverständnis im Geiste aller Sprachen, daß die Dichtung durch das Diktionär besser
aufgehoben sei als in der Diktion des Nachdichters! Als wäre die Analogie nicht
vermöge der Verschiedenheit der Sprachnaturen hundertmal stärker vorhanden
in der Veränderung durch einen Schlegel als in der Angleichung durch einen
Gundolf! Der Abgrund der Banalität, in die uns das Ergebnis führt, ist gar nicht
zu ermessen […].[7]

Und noch einmal die Problematik aus seiner Sicht zuspitzend, nachdem er auch
Schillers *Macbeth*-Version im Ganzen getadelt, im Einzelnen gelobt hat und außerdem Voss, Kaufmann, Bürger, Bodenstedt und Leo herangezogen hat (was zeigt,
dass er zumindest an diesem Beispiel einmal vergleichende Übersetzungswissen-
schaft getrieben hat): »Es ließen sich noch etliche deutsche Macbeths heranziehen,
um darzutun, daß jede Übersetzung Shakespeares durch einen Nichtdichter Unfug
ist, während der Dichter getrost mit Schiller die Nichtkenntnis des Originals und
der englischen Sprache gemeinsam haben könnte, um aus einer Übersetzung eine
Dichtung zu machen.«[8] Aus Kraus' Bemerkungen hier und an anderen Stellen ergibt sich das Bild eines Bearbeiters (nicht das eines Übersetzers) mit Zügen eines
Nachdichters, der fähig ist, in der eigenen Sprache zu dichten und der so einer Art
Rohübersetzung, wie sie der ›normale‹ Übersetzer liefert, Sinn und Inhalt möglichst
getreu wiedergebend, die Nuancen und Valeurs verleiht, die aus der Übersetzung
eine Dichtung machen. Kraus visiert so in der Nachbildung eine Restaurierung der
Vision, des Gedankens, der Stimmungsfarbe mit den Mitteln der anderen Sprache
an, und es ist kein Wunder, dass in diesem Text auch jener Begriff vorkommt, der
sich hier aufdrängt, dass es nämlich auf die »Übertragung der Aura des Wortes
ankommt, auf die Erfüllung der anderen Sprachlandschaft mit dem lebendigen
Atem«.[9]

An der Kritik, die Kraus' Nachdichtung der *Sonette* Shakespeares auf sich zog,
die 1934 der Übersetzer Richard Flatter in einem Pamphlet gegen Kraus zuspitzte,
muss hier vorübergegangen werden. Stattdessen soll, den Vorhang noch einmal etwas weiter öffnend, gezeigt werden, wie für Kraus Shakespeare die letzte Instanz von
Anfang an war und bis zum Ende blieb. Hätte Harold Bloom für sein Buch *Shakespeare – The Invention of the Human* Kraus zur Kenntnis genommen, hätte er die
Größe Shakespeare auch an der Wirkung auf diesen demonstrieren können. Und
Kraus seinerseits hätte Blooms einleitenden Sätzen zustimmen können, ja müssen,
dass Shakespeare der größte Stimmenerfinder aller Zeiten war (und Kraus war ein

---

7   KS Bd. 7: Die Sprache (1987), S. 161f.
8   Ebenda, S. 192f.
9   Ebenda, S. 174.

Stimmensammler und -imitator größten Zuschnitts und hat etwa in den *Letzten Tagen der Menschheit* den Ersten Weltkrieg vor allem als Pandämonium der Stimmen quasi phonographisch festgehalten), dass sein Denken umfassender und origineller war als das jedes anderen Dichters und dass er über seine Vorgänger hinaus ging, in dem er den Menschen so erfand, wie wir ihn 400 Jahre später immer noch kennen, schätzen und vor allem fürchten.[10]

Dass für Kraus die Einsicht, dass Shakespeare alles vorausgewusst habe, erkenntnis- und kritikleitend war, wurde schon angedeutet. Dass in *Maß für Maß* eine Figur den gleichen Namen trägt wie ein dubioser Rechtsanwalt in jenem Ehebruchsprozess, der die Texte über Sittlichkeit und Kriminalität angestoßen hatte, nämlich Elbogen, verstärkte bei Kraus diese Ansicht. Die Beobachtung, dass im *König Johann* eine episodische, aber nicht unwichtige Figur, der ›Erzherzog von Österreich‹, kurz auch ›Österreich‹ genannt, ist, regte Kraus an, 1906 ein Zitategemisch abzudrucken, mit dem er die hier von Shakespeare formulierte Quintessenz österreichischen Wesens illustrierte, der von Österreich ansonsten nur so viel wusste, dass Böhmen am Meer lag.[11] Von nun an gibt es bei Kraus bei exponierten Gelegenheiten immer wieder den Rückbezug, die Vergewisserung, die Rückversicherung bei Shakespeare. In seinem lyrischen Rechenschaftsbericht *Nach zwanzig Jahren*, den er 1919 (also im 20. Jahr der *Fackel*) vorlegte, heißt es gegen Schluss:

> Geschlecht und Lüge, Dummheit, Übelstände,
> Tonfall und Phrase, Tinte, Technik, Tod,
> Krieg und Gesellschaft, Wucher, Politik,
> der Übermut der Ämter und die Schmach,
> die Unwert schweigendem Verdienst erweist,   5
> Kunst und Natur, die Liebe und der Traum –
> vielfacher Antrieb, sei's woher es sei,
> der Schöpfung ihre Ehre zu erstatten!
> Und hinter allem der entsühnte Mensch,
> der magisch seine Sprache wiederfindet.   10
> Ein Irrgang seiner bangen Zeitlichkeit,
> der Leichenfelder streift und Paradiese,
> ist diese Welt des Worts, so bunt an Stoff
> wie voller Irrtum. Aber was im Ursprung
> jeweils das Angesicht der Wahrheit trug,   15
> es wird die Zeit am Ende Lügen strafen.[12]

---

10 Harold Bloom: Shakespeare. Die Erfindung des Menschlichen. Berlin 2000, S. 17ff.
11 Vgl. F 209 (1906), S. 1–7.
12 KS Bd. 9: Gedichte (1989), S. 293.

Dadurch, dass diesen emphatischen Versen Zeilen aus dem berühmtesten Monolog der Weltliteratur, »der Übermut der Ämter und die Schmach, die Unwert schweigendem Verdienst erweist« (»The insolence of office, and the spurns | That patient merit of th'unworthy takes«) so eingeschmolzen sind, der zu Kraus' emphatischsten Selbstbekenntnissen zählt, wird eine Amalgamierung erreicht, die keine Anmaßung oder gar Anbiederung bedeutet, sondern respektvolle Verbrüderung. Es ist die Technik des schöpferischen Zitats, wie Kraus sie wie kein Anderer virtuos beherrschte. Werner Kraft, dem wir eines der bedeutendsten, gleichzeitig eines der ersten Bücher über Kraus verdanken, war der Meinung, dass das schöpferische Zitat in einer Epoche verkümmerten Sprachgeists als letze Folge jüdischer Schriftüberlieferung anzusehen sei (er entwickelt den Gedanken am Beispiel Richard Beer-Hofmanns, zieht dann aber auch eben jenes Zitat von Kraus heran). Dies mag so stehen bleiben, auch wenn es außerordentlich heikel und schwierig ist, bei Kraus Spuren jüdischer Überlieferung festzustellen.[13] Jedenfalls sind die Shakespeare-Zitate, die Kraus seinen Texten einverleibt, mal wörtlich, mal paraphrasierend, mal nur anspielend, so zahlreich, dass allein sie seine Affinität zum verehrten Dramatiker belegen können. Manchmal sind sie so entlegen, dass kaum einer seiner Leser sie entschlüsseln konnte. Eines seiner zu recht bekanntesten Gedichte, auch eine Art Rechenschaft, ist das *Bekenntnis*:

> Ich bin nur einer von den Epigonen,
> die in dem alten Haus der Sprache wohnen.
>
> Doch hab ich drin mein eigenes Erleben,
> ich breche aus und ich zerstöre Theben.
>
> Komm ich auch nach den alten Meistern, später,   5
> so räch' ich blutig das Geschick der Väter.
>
> Von Rache sprech' ich, will die Sprache rächen
> an allen jenen, die die Sprache sprechen.
>
> Bin Epigone, Ahnenwertes Ahner.
> Ihr aber seid die kundigen Thebaner![14]   10

Da musste man als Kraus-Leser sich schon einigermaßen auskennen, wie es der begeisterte und erfolgreiche Zögling des altsprachlichen Gymnasiums Kraus tat, um sich an die ›Epigonoi‹, die Nachkommen der Sieben gegen Theben zu erinnern, die im Gegensatz zu ihren Vätern die Thebaner schlugen und die Stadt zerstörten. Man

---

13 Werner Kraft: Richard Beer-Hofmann. In: Ders.: Wort und Gedanke. Kritische Betrachtungen zur Poesie. Bern u. a. 1959, S. 188–215, hier S. 206.

14 KS Bd. 9: Gedichte (1989), S. 93.

musste aber auch den *König Lear* mehr als gut kennen und sich erinnern, dass Lear in der 4. Szene des 3. Aktes sich an Edgar wendet und zu den Anderen sagt: »Ein Wort mit diesem kundigen Thebaner« (»I'll take a word with this same learned Theban«) – was nun wiederum mit den ›Epigonoi‹ auf den ersten Blick nichts zu tun hat.

Je schwieriger die Zeiten wurden, und dies auch für Kraus, der wohl kurzfristig die Hoffnung gehabt hatte, dass durch die Schrecknisse der ›letzten Tage der Menschheit‹, nämlich den Ersten Weltkrieg, eine Wendung zur Vernunft unausweichlich sein würde, der dann aber sehen musste, dass spätestens mit dem Erfolg der Nationalsozialisten in Deutschland alles sich zu wiederholen und zu überbieten drohte (die Erfüllung seiner negativen Vision hat er nicht mehr erlebt), desto erzener wurde bei ihm die Einsicht, dass Shakespeare alles vorausgewusst hatte. Kraus empfand es nicht als Zufall, dass in jenen Tagen, als Reichstagsbrand und Bücherverbrennung im benachbarten Deutschland die Temperatur des Wahnsinns ansteigen ließen, seine Nachdichtung der Shakespeare'schen *Sonette* erschien. Und als in deutschen Universitäten Plakate aufgehängt wurden unter dem Titel »Wider den undeutschen Geist!«, wo unter Punkt 7 zu lesen stand: »Jüdische Werke erscheinen in hebräischer Sprache. Erscheinen sie in Deutsch, sind sie als Übersetzungen zu kennzeichnen«,[15] reagierte er auf seine Weise. Der Westdeutsche Rundfunk in Köln erbat für seine Sendereihe *Die Welt im Buch* ein Rezensionsexemplar. Kraus, der dem Judentum seiner Vorfahren völlig entfremdet war und als junger Mann antijüdischen Resentiments nicht ganz fremd gegenüberstand, aber durch den steigenden Antisemitismus zwar nicht wieder zum Juden, aber doch zum Verächter des Antisemitismus geworden war, antwortete (am 21. April 1933) in dem Bemühen, wie er schrieb, den Rundfunk vor einem Missgriff zu bewahren:

> Wir machen Sie darauf aufmerksam, daß die Nachdichtung der Shakespearschen Sonette von Karl Kraus zwar in deutscher Sprache erschienen ist, aber ohne den erforderlichen Hinweis, daß es sich eigentlich um eine Übersetzung aus dem Hebräischen handelt, und Sie müßten wohl, wenn Sie eine unmittelbare Übertragung ins Deutsche vorziehen sollten, mit der von Stefan George vorlieb nehmen, falls Sie es überhaupt für angebracht halten, den englischen Originalautor in ihrer Vortragsreihe zu berücksichtigen. Mit vorzüglicher Hochachtung – der Verlag der Fackel.[16]

Als am 25. Juli 1934 der österreichische Bundeskanzler Engelbert Dollfuß von österreichischen Nationalsozialisten erschossen wurde, schickte Kraus der Witwe ein Beileidstelegramm. Dass Kraus, über lange Jahre nach 1918 der Sozialdemokratie nahestehend, für Dollfuß und den sogenannten Austrofaschismus eintrat (einige

---

15 Zitiert nach Gerhard Sauder (Hrsg.): Die Bücherverbrennung. Zum 10. Mai 1933. München u. a. 1983, S. 93.

16 F 890–905 (1934), S. 110.

Historiker benutzen den Begriff ›autoritärer Ständestaat‹, das kann hier nicht weiter diskutiert werden), kostete ihn die Sympathie seiner meisten Freunde auf der politischen Linken, Bertolt Brecht war nur der Prominenteste unter ihnen. Die letzten Lebensjahre von Kraus sind durch eine zunehmende Isolierung und Vereinsamung gekennzeichnet, wenn auch nicht durch Resignation, eine Seelenbewegung, die ihm bis zum Tod unbekannt blieb. Die *Fackel* verlor unaufhaltsam Leser, die Linken waren von ihm tief enttäuscht, die Großdeutschen und NS-Sympathisanten verachteten ihn sowieso, die nicht totaliter assimilierten Juden verachteten ihn, weil er sie verachtete, die Zionisten verachteten ihn sowieso. Er muss sich mehr als einmal als alter Lear auf der Heide gesehen haben, ohne dies je explizit zu formulieren, denn zu Selbstmitleid neigte er überhaupt nicht. Als er am 19. November 1935 nach langer Zeit wieder in Wien vor sein Vorlesungspublikum trat, tat er dies mit *Macbeth* und sprach vor der Lesung Worte zum Gedenken an Dollfuß, bevor er begann, »Shakespeares und aller Weltdramatik größtem und leider gegenwärtigstem Drama […] mit betonter Ehre für des edlen Banquos Schatten« zu lesen.[17] Die Gleichsetzung von Banquo und Dollfuß gefiel nicht jedem Zuhörer, und einige aus seiner zusammengeschmolzenen Zuhörerschar, es werden Sozialdemokraten gewesen sein, verließen unter Protest den Saal.

Unter all den Dramen Shakespeares, denen Kraus seine Liebe und Energie zuwandte, fällt eines auf und aus dem Rahmen: *Timon von Athen*. Das Stück ist bis heute ein Außenseiter im Repertoire, keineswegs nur im deutschen Theaterbereich. Es wird gesagt, dass es wahrscheinlich durchaus unfertig sei, vielleicht nicht mal eine Tragödie, sondern Resultat eines Experimentierens mit einer neuen Dramenform. Unbestritten ist, dass Pessimismus und Satire eine selbst für Shakespeare ungewöhnliche Intensität annehmen. Misanthropie und Misogynie scheinen ins Problematische gesteigert.[18] Dass es gerade der *Timon* war, der dem späten Kraus sozusagen sympathisch werden musste, hat eine gewisse Folgerichtigkeit und verbindet sich mit der Tatsache, dass die einzige Einzelausgabe eines Shakespeare-Dramas außerhalb der zweibändigen Sammelausgabe eine des *Timon* war, die bereits 1930 erschien. Dass dieses Buch unter den immer noch nach Tausenden (wenn auch nicht wie früher noch Zehntausenden) zählenden *Fackel*-Lesern und Vorlesungszuhörern nur rund 100 Käufer fand, erzürnte Kraus ungemein. Man mag das merkwürdig oder kleinlich finden, aber ohne dass er es vielleicht selbst anfangs so sah, begann mit diesem kleinen Debakel, nachträglich gesehen, der Abstieg von Kraus in der Gunst seiner eigenen Anhänger. Ausdrücklich betonte er bei Lesungen des *Timon* diesen konkreten Zusammenhang: Falsche Freunde sind zu Timons Mahl gela-

---

17 KS Bd. 18: Hüben und Drüben (1993), S. 356.

18 Siehe dazu Sabine Schülting: »Die späten Tragödien«. In: Ina Schabert (Hrsg.): Shakespeare-Handbuch. Die Zeit – Der Mensch – Das Werk – Die Nachwelt. Stuttgart ⁴2000, S. 529–574, hier S. 570–574.

den und falsche Freunde, so sah es Kraus, hatten auch ihn lange Zeit umschwänzelt und ließen ihn jetzt, als es existenziell und politisch ›ernst‹ wurde, im Stich: »Fluch', Wand'rer mir, dann flieh, eh dich der Fluch erfaßt«, rief Kraus ihnen mit Timons Grabschrift zu und fährt fort (im November 1930, damit seine Enttäuschung über die politische Entwicklung in Österreich und das Versagen der Sozialdemokratie kommentierend):

> Nichts anderes habe ich zu Österreich, nichts mehr in Österreich zu sagen. Nicht darum allein steht die Satire ohnmächtig vor der Wirklichkeit, weil sie sie nicht verändern und nicht materiell bezwingen kann – solches war ihr in den Maßen der Zeitgenossenschaft niemals gegeben; sondern, weil sie sie nicht mehr geistig bezwingen kann. Sie wird von ihr erreicht und übertroffen, sie wird eingeholt und abgewürgt von der Spottgeburt, und Phantasie erstarrt vor dem letzten Wunder, das sich nebst denen der Technik begibt: Lächerlichkeit macht lebendig; der Stoff übertreibt die Satire, die ihn geformt hat, die Erfindung beschämend, spottend der Ohnmacht, noch dies Erlebnis einzubeziehen.[19]

Kraus' Sicht auf Timon war nicht die damals herkömmliche auf einen radikalen Misanthropen, einen Über-Thersites, sondern stellte ihn eher in die Nähe Lears, damit neuere Interpretationen, die er nicht kennen konnte, vorwegnehmend. Die Spottgeburt war nicht Timon, sondern es war dies der ihn umgebende Menschheitsausschnitt. Es hätte schlecht zu Kraus gepasst, dadurch zur Aufgabe sich zwingen zu lassen. Noch seine letzten Lebenstage verbrachte er mit Shakespeare, wie jener berühmte letzte Brief bezeugt, den er an seine Lebensfrau Sidonie Nádherný von Borutin schrieb, der er schon im Ersten Weltkrieg vor allem Shakespeare vorgelesen hatte. In diesem Brief, dem letzten seines Lebens überhaupt, lautet der vorletzte Satz: »Die Weltdummheit macht jede Arbeit – außer an Shakespeare – unmöglich.«[20]

Dass *Timon*, ein Gran noch über *Hamlet*, *Macbeth*, *Lear* hinaus, vielleicht nicht als Stückganzes, als Sprachkunststück, als Figurenvielfalttheater, aber doch diese einzelne Gestalt Timon diejenige ist, die Kraus am nächsten steht, das hat als Erster und unnachahmlich prägnant, Walter Benjamin in seinem Kraus-Essay von 1931 erfasst, den man krittelnd ›unausgewogen‹ nennen mag, der aber in vielen Beobachtungen, von den Formulierungen ganz zu schweigen, unübertroffen ist. Benjamin sagt dort:

> Hier kommt nun erst das wahre Antlitz, vielmehr die wahre Maske des Satirikers zum Vorschein. Es ist die Maske Timons, des Menschenfeindes. »Shakespeare

---

19　KS (Anm. 1). Bd. 18: Hüben und Drüben (1993), S. 146.

20　Karl Kraus: Briefe an Sidonie Nádherný von Borutin 1913–1936. Auf der Grundlage der Ausgabe von Heinrich Fischer und Michael Lazarus neu hrsg. und ergänzt von Friedrich Pfäfflin. 2 Bde. Göttingen 2005, Bd. 1, S. 782.

hat alles vorausgewußt« – ja. Vor allem aber ihn selber. Shakespeare zeichnet unmenschliche Gestalten – und Timon, die unmenschlichste unter ihnen – und sagt: Solch ein Geschöpf brächte Natur hervor, wenn sie das schaffen wollte, was der Welt, wie euresgleichen sie gestaltet hat, gebührt; was ihr gewachsen, was ihr zugewachsen wäre. So ein Geschöpf ist Timon, so eins Kraus. [...] Denn mit jeder Rolle verleibt sich der Schauspieler einen Menschen ein, und in den barocken Tiraden Shakespeares – wenn sich der Menschenfresser als der bessere Mensch, der Held als ein Akteur entpuppen soll, Timon den Reichen, Hamlet den Irren spielt – ist es, als wenn seine Lippen von Blut triefen. So hat Kraus nach Shakespeares Vorbild sich Rollen geschrieben, an denen er Blut geleckt hat. Die Beharrlichkeit seiner Überzeugungen ist Beharren in einer Rolle, mit ihren Stereotypien, auf ihren Stichworten. Seine Erlebnisse samt und sonders sind nichts als dies: Stichworte. Darum besteht er auf ihnen und verlangt sie vom Dasein wie ein Schauspieler, der es dem Partner nie verzeiht, wenn er ihm das Stichwort nicht bringt.[21]

---

21 Walter Benjamin: Karl Kraus. In: Ders.: Gesammelte Schriften. Hrsg. von Rolf Tiedemann und Hermann Schweppenhäuser. Frankfurt am Main 1980. Bd. 2.1: Aufsätze, Essays, Vorträge (1980), S. 334–367, hier S. 357f.

Nicolas Detering

Shakespeare im Ersten Weltkrieg

Am 4. August 1914 erklärte England dem Deutschen Reich den Krieg. Die Kriegserklärung des ›germanischen Vetters‹ sorgte in der patriotischen deutschen Öffentlichkeit für besondere Empörung. Schnell war klar: Der ›Hauptfeind‹ ist England.
Zahllose Aufsätze ereiferten sich mit volkspsychologischen Argumenten über die
angebliche englische ›Verschlagenheit‹,[1] und eine ganze Flut wilder Anti-England-
Gedichte, von denen Ernst Lissauers berüchtigter *Haßgesang gegen England* nur das
erfolgreichste war, füllte Anthologien mit klangvollen Titeln wie *Wehe dir, England,
Gott strafe England!* und *Deutsche Zorngedichte gegen England*.[2] Der außerordent-
liche Erfolg anti-englischer Aufsätze und Gedichte erklärt sich nicht allein aus der
politischen und militärischen Gegnerschaft; er beruhte auch auf der kontrastiven
Rolle, die man England im zivilisationskritischen Diskurs um 1900 und besonders
nach Kriegsausbruch 1914 zuschrieb.[3] Der englische Individualismus und Kapi-
talismus, so die im nationalkonservativen Lager weit verbreitete Ansicht, sei we-
senhaft undeutsch, habe sich aber in der langen Friedenszeit auch in Deutschland
etablieren können, und hier dann, wie vormals in England, zu Saturiertheit und
Dekadenz geführt. Der Krieg ›reinige‹ die deutsche Kultur von diesen zersetzenden

---

1   U. a. Arnold Schröer: Zur Charakterisierung der Engländer. Bonn 1915. Siehe auch Felix
    Salomon: Wie England unser Feind wurde. Leipzig ²1914, und Heinrich Spies: Deutschlands
    Feind! England und die Vorgeschichte des Weltkriegs. Berlin 1915.
2   Heinrich Oellers (Hrsg.): Wehe dir, England! Die Dichtungen der Zeit. Leipzig ²1915; Gott
    strafe England! München [o. J.]; Deutsche Zorngedichte gegen England. Ins Englische über-
    setzt von Werner Kuhlmann. Poems of German Wrath against England. English Version by
    Werner Kuhlmann. Leipzig 1915. Vgl. auch Das Englandbuch der Täglichen Rundschau.
    Ein Zeit- und Kulturspiegel. Berlin 1915, oder Erwin Rosen (Hrsg.): England. Ein Briten-
    spiegel. Schlaglichter aus der Krieg-, Kultur- und Sittengeschichte. Stuttgart ⁶1916 u. v. m.
    – Dazu auch die Darstellung bei Hans-Joachim Lang: »England als Erzfeind in der deutschen
    Kriegsdichtung, 1914–1915«. In: Franz K. Stanzel und Martin Löschnigg (Hrsg.): Intimate
    Enemies. English and German Literary Reactions to the Great War 1914–1918. Heidelberg
    1993, S. 201–223.
3   Vgl. zu diesem Diskurs grundlegend Barbara Beßlich: Wege in den ›Kulturkrieg‹. Zivilisati-
    onskritik in Deutschland 1890–1914. Darmstadt 2000; zur Rolle Englands im Ersten Welt-
    krieg vgl. auch die Beiträge in The First World War as a Clash of Cultures. Hrsg. von Fred
    Bridgham. Rochester 2006, darin besonders Iain Boy Whyte: »Anglo-German Conflict in
    Popular Fiction 1870–1914«, S. 43–101.

Elementen, dem »Händlergeist«, der Bequemlichkeit und dem »Zustand der [...] Verameisung«.[4] Er helfe den Deutschen, sich auf das Wesentliche zurückzubesinnen, den »alten deutschen Heldengeist«.[5] Er setze zudem schöpferische Kräfte der deutschen Literatur frei, die in der ästhetizistischen *l'art pour l'art*-Dichtung der Vorkriegsjahre gänzlich erschlafft seien.

Das bekannte Katharsis-Konzept, die Vorstellung, die deutsche Kultur werde sich ›reinigen‹ und von allen schädlichen, d. h. vor allem englischen und französischen Elementen befreien, war durchaus nicht nur auf die nationalistische Essayistik beschränkt, sondern wurde über verschiedene Kanäle, in ganz verschiedenen Gattungen und Medien verbreitet und darf als zentrale ideologische Konfiguration zumindest der ersten Kriegsmonate gelten.[6] Vor diesem Hintergrund kritisierte man auch kleinere Anzeichen deutscher ›Ausländerei‹ in den Vorkriegstagen: Die häufige Verwendung englischer Fremdwörter etwa, das Aufkommen neuer Sportarten, die aus England stammten, oder die Freude an englischen Theaterstücken auf deutschen Bühnen. »Wir haben die Ueberschwemmung mit wahllosem Massenimport zu einer derartigen Hochflut anschwellen lassen«, klagt der Dramatiker und Übersetzer Ludwig Fulda in seinem berüchtigten Aufsatz *Deutsche Kultur und Ausländerei* (1915), »daß unsere eigene Produktion darin kläglich zu versinken und zu ertrinken drohte«. »[K]ein fremdes Effektstück« habe man auf deutschen Bühnen ausgelassen, »ja, wir hatten Theater, die überhaupt nur solche und gar keine einheimischen Stücke aufführten«.[7] Damit aber müsse nun Schluss sein, der Weltkrieg werde eine neue patriotische Literatur hervorbringen.

Was aber sollte mit Shakespeare geschehen? Shakespeares Dramen gehörten um 1900 zu den größten Publikumserfolgen auf deutschen Bühnen,[8] die zahlreichen Neuinszenierungen seiner Stücke zum 350. Geburtstag im April 1914 hatten seine Bedeutung für das deutsche Geistesleben eben noch eindrücklich demonstriert.[9] Patriotische Publizisten, Journalisten und Schriftsteller standen in den Augusttagen

---

4   Werner Sombart: Händler und Helden. Patriotische Besinnungen. Leipzig 1915, S. 117. Sombarts germanophiler Heroismus war nicht unumstritten, siehe etwa die scharfe Kritik bei Arnold Schröer: Zur Charakterisierung (Anm. 1), S. 74–78.

5   Ebenda, S. 117.

6   Vgl. dazu Helmut Fries: Die große Katharsis. Bd. 1: Die Kriegsbegeisterung von 1914. Ursprünge, Denkweisen, Auflösung. Konstanz 1994.

7   Ludwig Fulda: Deutsche Kultur und Ausländerei. Leipzig ²1916 [zuerst 1915], hier S. 25.

8   So Wilhelm Hortmann: Shakespeare on the German Stage. The Twentieth Century. With a Section on Shakespeare on Stage in the German Democratic Republic by Maik Hamburger. Cambridge 1998, S. 2: »During the course of the nineteenth century [Shakespeare's] plays had found increasing acceptance on the German stage and were by [1914] the most frequently performed of all dramatists, German or foreign.«

9   Vgl. die Gesamtschau von Carl Grabau im Shakespeare-Jahrbuch 51 (1915), S. 235–240, besonders die Liste von Aufführungen im Jubiläumsjahr 1914 ebenda, S. 238f.

1914 also vor der Herausforderung, einerseits alle fremdsprachliche Literatur entschieden abwerten zu wollen, während sie andererseits ausgerechnet den englischen Nationaldichter für Deutschland ›retten‹ mussten.[10]

Auch wenn die meisten Publizisten ein ähnliches Ziel verfolgten, bedienten sie sich doch unterschiedlicher Mittel und Argumente, kämpften, um einmal in der zeitgenössischen Kriegsmetaphorik zu bleiben, an verschiedenen Fronten. Drei Gesichtspunkte seien skizziert:

(1) Im ersten und zweiten Kriegsjahr rekurrierte man auf das im 19. Jahrhundert beliebte Konzept der geistigen ›Einbürgerung‹ und zog gleichsam mit Shakespeare-Zitaten und unter Berufung auf seine Figuren gegen England in den Krieg. Die ›geistige Annexion‹ wurde versifiziert und popularisiert, verbildlicht oder durch Zitatmontage suggeriert.

(2) Angesichts der etwas plumpen nationalistischen Vereinnahmungen scheint sich, wie überhaupt angesichts der populären ›Hass‹-Propaganda im August und September, schon ab Winter 1914 ein gewisses Unbehagen eingestellt zu haben, das sich etwa in Julius Babs *Shakespeare und der Krieg!* ausdrückt. Mit klaren Worten rückte Bab von der ›Martialisierung‹ des Barden ab und stellte Shakespeare stattdessen ganz in den Dienst der friedlichen Völkerverständigung. Auch Gerhart Hauptmanns bekannte Einlassung zu dem Thema, erschienen im Frühjahr 1915, wirkt durchaus ambivalenter, ja gemäßigter, wenn man sie im Kontext populärer Shakespeare-Deutungen der ersten Kriegsmonate sieht; die deutsche ›Nostrifizierung‹ des englischen Dichters unterschrieb aber auch Hauptmann unumwunden.

(3) So wurde der anti-englische Hohn insgesamt abgeschwächt, während aber die meisten Publizisten den englischen Dichter noch immer für Deutschland reklamierten; nur wenige betonten das Universale, sich nationaler Parteinahme Entziehende an Shakespeares Werk. Die Zweiteilung des Feldes soll anhand von zwei Beiträgen zu Shakespeares 300. Todestag 1916 nachvollzogen werden: Ein Aufsatz von Rudolf Brotanek zeigt, wie ungebrochen die nationalistisch-bellizistische Instrumentalisierung Shakespeares auch im dritten Kriegsjahr noch fort-

---

10 Ähnliche Bestrebungen gab es übrigens auch in England und zwar mit Goethe, vgl. Peter Edgerly Firchow: »Shakespeare, Goethe, and the War of the Professors, 1914–1918«. In: Ders.: Strange Meetings. Anglo-German Literary Encounters from 1910 to 1960. Washington 2008, S. 56–97. Firchow widmet sich weniger der »wartime academic propaganda«, auf der im Folgenden mein Augenmerk liegt, als dem »criticism and scholarship written by literary academics in the fields of English and German literature« (S. 58). Auf die Umfrage Reinhardts, den Beitrag Hauptmanns oder die populären Englandhetzen geht Firchow kaum oder gar nicht ein. Auch Holger Klein: »Austrian (and some German) Scholars of English and the First World War«, Krieg und Literatur 8 (2002), S. 5–33, beschränkt sich auf den akademischen Diskurs zu Shakespeare im Weltkrieg, besonders in der Deutschen Shakespeare-Gesellschaft.

wirken konnte. Dagegen ertönte mit Bruno Franks Gedicht *Shakespeare* eine der seltenen Stimmen, die mit dem Barden den Künder künftigen Friedens anrufen.

I. ›Unser Shakespeare‹. Nostrifizierung und geistige Mobilmachung 1914 und 1915

»Darf ein Theater, das sich in diesen Tagen der allgemeinen nationalen Erhebung seiner ernsten nationalen Aufgabe im tiefsten Sinne bewußt ist, Shakespeare spielen oder nicht?«, so formulierte der Leiter des Deutschen Theaters Max Reinhardt das Kernproblem deutscher Shakespeare-Freunde in einer öffentlichen Umfrage in der *Täglichen Rundschau* vom September 1914.[11] Berühmte Vertreter aus Politik und Geistesleben – von Reichskanzler Bethmann-Hollweg über Max Liebermann bis zu Gustav Roethe –[12] antworteten darauf mit einem öffentlichen Bekenntnis zu Shakespeare. Fast einhellig wies man darauf hin, Shakespeare sei »längst der Unsrige« geworden, so Roethe, sei »uns Deutschen so in Fleisch und Blut übergegangen, daß wir ihn als einen der unsrigen empfinden«, so Georg Reicke, zweiter Bürgermeister von Berlin. Der ehemalige Kanzler Bernhard von Bülow schrieb gar martialisch, der Barde gehöre »zu den ältesten und schönsten Eroberungen des deutschen Geistes, die wir wie unseren sonstigen geistigen und materiellen Besitz gegen alle Welt behaupten wollen. Wir haben Shakespeare längst annektiert und geben ihn nicht wieder heraus«.[13]

Die aggressive ›Germanisierung‹ des Stratforders war durchaus keine Erfindung des Ersten Weltkriegs.[14] Wie in vielen Bereichen aktualisierte und radikalisierte

---

11 Die Umfrage erschien in der Täglichen Rundschau am 27. September 1914. Zitiert nach der Wiedergabe im Shakespeare-Jahrbuch 51 (1915), S. 242f. – Zu Reinhardts Umfrage siehe auch Balz Engler: »Shakespeare in the Trenches«, Shakespeare Survey 44 (1992), S. 105–111, hier S. 108.

12 Roethe lässt sich auch an anderer Stelle über Shakespeare aus: »Und dieses Volk des cants«, heißt es über England, »das ist dasselbe Volk, das uns einen deutschen Klassiker, den größten Dramatiker der Welt geschenkt hat? Ach, du merry old England, du prachtvolles Vaterland William Shakespeares, wie liegst du weltweit zurück! Seitdem sind die Puritaner gekommen und haben England erschreckend verwandelt.« Gustav Roethe: »Wir Deutschen und der Krieg. Rede am 3. September 1914«. In: Deutsche Reden in schwerer Zeit, gehalten von den Professoren an der Universität Berlin. Hrsg. von der Zentralstelle für Volkswohlfahrt und dem Verein für volkstümliche Kurse von Berliner Hochschullehrern. Berlin 1914, S. 15–47, hier S. 27.

13 Reinhardt: Umfrage (Anm. 11).

14 Vgl. zur Martialisierung des Shakespeare-Diskurses schon im frühen 19. Jahrhundert Werner Habicht: »Shakespeare und die Gründer«, Shakespeare Jahrbuch 136 (2000), S. 74–89, hier besonders S. 79–83. Siehe auch den Beitrag von Mark-Georg Dehrmann im vorliegenden Band.

die nationalistische Publizistik im Sommer und Herbst 1914 lediglich Argumentationen und Meinungen, die seit längerem kursierten und nun aber bei weiteren Teilen des städtischen Bürgertums Anklang fanden. Auch für die Geschichte der deutschen Shakespeare-Rezeption bedeutete der Kriegsausbruch weniger die große Wende als eine Möglichkeit, Bestehendes neu zu konfigurieren und in den weltgeschichtlichen Ereignissen die Bestätigung älterer Konzepte zu sehen. Bis in die Details überträgt man bisweilen sein Werk, seine Wirkung und seine Deutung auf die politischen Notwendigkeiten der Gegenwart, aktualisiert im Zeichen der intellektuellen Mobilmachung jede verfügbare Interpretation und versteht den philologischen ›Kanonkampf‹ – wem ›gehört‹ Shakespeare – als geistiges Analogon der militärischen Auseinandersetzung.[15] Die emphatische Shakespeare-Rezeption in der deutschen Genie-Ästhetik wird so zur politischen Annexion, Shakespeares Werk zum Zitatenarsenal für die Charakterisierung der Engländer, seine Kriegsdarstellung zur weltgeschichtlichen Präfiguration, die für sich behaupten kann, wer sie erkennt.

Wenn der Weltkrieg, wie gerade viele Intellektuelle glaubten, nicht nur ein Kampf um ökonomische, politische oder territoriale Herrschaft in Europa war, sondern ein Krieg der Weltanschauungen, des englischen Händlergeists mit dem deutschen Heldentum, der Zivilisation mit der Kultur, dann musste der Sieg eben nicht nur auf den Schlachtfeldern errungen werden, sondern auch auf dem Papier. Shakespeare war dann ein kulturelles Territorium, ein geistiges Gebiet, das es wahlweise zu erobern oder zu verteidigen galt. »Der Geist des großen Briten«, so der Darmstädter Gymnasialprofessor Karl Berger in seinem Beitrag *Shakespeare – ein deutscher Dichter* (1915), »begleitet den ganzen Aufstieg unseres Geisteslebens vom Rationalismus bis zur Klassik und Romantik; sein Name wird zum Feldgeschrei in den großen Erschütterungen des Kampfes, er steht leuchtend auf der Fahne der Sieger.«[16] »Unser Shakespeare!«, so bekräftigt fast wortgleich Ludwig Fulda, »[s]o dürfen wir ihn nennen, wenn er auch versehentlich in England zur Welt kam. So dürfen wir ihn nennen, mit dem guten Rechte der geistigen Eroberung. Und falls es uns glückt, England niederzuzwingen, dann meine ich, wir sollten in den Friedensvertrag eine Klausel setzen, wonach William Shakespeare auch formell an Deutschland abzutreten ist.«[17]

---

15 Den Begriff entleihe ich einem bekannten Sammelband über die Literaturgeschichte der DDR: Birgit Dahlke und Thomas Taterka (Hrsg.): LiteraturGesellschaft DDR. Kanonkämpfe und ihre Geschichte(n). Stuttgart 2000. Zwischen BRD und DDR gab es ähnliche Diskussionen darum, ›wem‹ ein Autor ›gehöre‹.

16 Karl Berger: »Shakespeare – ein deutscher Dichter«, Velhagens & Klasings Monatshefte 29 (Februar 1915), S. 234–240, hier S. 235.

17 Ludwig Fulda: Deutsche Kultur und Ausländerei (Anm. 7), S. 13.

Dass es sich bei von Bülows, Bergers und Fuldas Militärmetaphorik keineswegs um entlegene Kalauer handelte, sondern der Grundgedanke einer Mobilmachung mit und um Shakespeare durchaus weite Kreise zog, zeigt schon die Verwendung von Shakespeare-Zitaten gegen England. Gleich zu Beginn des Krieges hatten mehrere Zeitungsbeiträge – zu nennen wären etwa Ernst Boerschel: *Shakespeare: Englands größter – Ankläger* am 13. August 1914 in der *Neuen Preußischen Zeitung,* Rudolf Meinrath: *Was Shakespeare von seinen Landsleuten sagt* im *Hannoverschen Kurier* vom 25. September 1914 oder Hermann Schelenz: *Shakespeare über seine Landsleute* in der *Täglichen Rundschau* vom 30. September 1914 –[18] mit Zitaten aus Shakespeares Werken versucht, die angebliche Verschlagenheit, Trunksucht und Geldgier der Engländer zu belegen. Was Shakespeare »von seines Volkes Eigenart berichtet hat«, so heißt es etwa bei Schelenz, »das hat er mit durchdringendem Auge geschaut, und mit der Begeisterung des hellseherischen Dichters und Denkers, damit eines Propheten und unparteiischen Richters kündete er ewige, gerade jetzt beherzigenswerte Wahrheit«.[19] Shakespeares Dramen werden zur Fundgrube für Invektiven gegen England, wobei Schelenz nicht nur Figurenrede und Autormeinung nicht trennt, sondern auch das Verhalten einzelner Figuren stets als paradigmatisch für ›den‹ Engländer insgesamt versteht.[20] Nach diesem generalisierenden Verfahren scheint Shakespeares Hauptintention in überhaupt allen seinen Werken zu sein, »die Engländer von himmelschreiender Versündigung gegen göttliches Gebot abzuhalten«: »Hätten sie ihn gehört und auf Grund seiner Mahnung sich namenloses Elend gespart, so hätten sie uns Dank zu sagen gehabt. Denn wir erst entrissen den Dichter unverdienter Vergessenheit und kündeten England seinen Wert. Auch er ist in der Tat *made in Germany*«.[21]

Die satirische Taktik, Shakespeares Werk gegen England selbst in Stellung zu bringen, indem man daraus völkertypologische Merkmale zu destillieren versuchte, setzte sich in der versifizierten Karikatur fort. Typisch für das Kriegsgedicht 1914

---

18 Die Liste bei Grabau (Anm. 9), S. 241.

19 Hermann Schelenz: »Shakespeare über seine Landsleute«. In: Das Englandbuch der Täglichen Rundschau (Anm. 2), S. 157–160, hier S. 157 (im Abschnitt »Die alten Engländer. Von Shakespeare bis Carlyle«).

20 Nur ein Beispiel, ebenda, S. 157f.: »Wo immer sich Gelegenheit findet, Geld zu verdienen, da sind sie bei der Hand. Nur deshalb, nicht der Wissenschaften oder der Kultur wegen, machen sie Entdeckungsreisen. Einen ›seltsamen Fisch‹ findet Trinculo auf der wüsten Insel. ›Hätt‹ ich den nur gemalt in London, was verdiente ich damit! Fremde Tiere, einen toten Indier will jeder sehen und bezahlt dafür, aber einen Lahmen läßt man verhungern!‹ Nicht Liebe führt den ritterlichen Völler den lustigen Weibern zu [Merry Wives of Windsor]. Wie es England in Guiana mit seiner Fülle von Gold getan, so will er sie ausrauben, und wie es mit Ost- und Westindien zugleich Handel getrieben, so will er auch mit beiden Handel treiben, beide sollen seine ›Schätze‹ im kaufmännischen Sinne des Worts sein.«

21 Ebenda, S. 159.

ist die Zitatmontage in Richard Zoozmanns (1863–1934) *Shakespeare spricht*, ebenfalls wohl in den ersten Kriegstagen entstanden:

> Britannia, o mißratnes Vaterland,
> Wie schlecht beherzigst du, was ich gesprochen.
> Dem Brudervolk hast du die Bruderhand
> Verweigert und den Freundschaftsbund gebrochen!
>
> Du zeigst dich als ein ungerechter Hasser   5
> Und schreibst dir meine Mahnung nicht ins Herz,
> Daß man ›der Menschen Tugend schreibt ins Wasser‹,
> Doch daß ›ihr böses Treiben lebt in Erz‹.
>
> Du lügst und trügst, von Neid und Haß verzehrt,
> Doch bald, so ringst verzweifelt du die Hände! 10
> ›Verleumdung schneidet schärfer als das Schwert‹,
> Und ›wilde Freude nimmt ein wildes Ende‹. –
>
> […]
>
> ›Sein oder Nichtsein, das ist hier die Frage‹,
> Weh euch, daß ihr versankt so tief in Schmach.
> Umsonst ist eure Reue, eure Klage:
> ›Dem traut man nie, der einmal Treue brach!‹[22]

Die Zitate, hier aus *Heinrich VIII.*, *Cymbeline*, *Romeo und Julia*, *Hamlet* und *Heinrich
VI.*, werden ihrem Kontext gänzlich entrissen und als ›Mahnungen‹ Shakespeares an
England verstanden. Der leitende Vorwurf lautet, England habe sein »Brudervolk«
verraten, sich also gegen die angebliche germanische Blutsverwandtschaft zwischen
Deutschland und England gestellt, und zwar allein aus »Neid und Haß«. Zoozmann suggeriert damit auch, wie einige weitere Beiträge ausführen, Shakespeare
habe eine Art implizite Verhaltensethik aufgestellt, an die sich die Deutschen noch
immer halten, indes die Engländer gegen sie verstoßen würden. England erweise
sich daher als des großen Dichters unwürdig, während Deutschland sich als wahrer
Verwalter seines Erbes fühlen dürfe.

 Ähnlich verfahren auch andere Gedichte, z. B. Franz Kunzendorfs Ballade *Spuk
in Stratford*,[23] in der einer Stratforder Magd am 5. August 1914, dem Tag nach der
englischen Kriegserklärung, der Geist Shakespeares erscheint, wohl eine *Hamlet-*

---

22 Richard Zoozmann: »Shakespeare spricht«. In: Karl Fischer (Hrsg.): Zu Schutz und Trutz.
 Eine Sammlung ernster und heiterer Kriegsgedichtungen in Poesie und Prosa, geeignet zum
 Vortrag an Volksbildungs- und Unterhaltungsabenden, sowie als Lesestoff. Leipzig 1914,
 S. 143f. Die Stellen in Anführungszeichen entstammen Shakespeare'schen Dramen.
23 Franz Kunzendorf: »Spuk in Stratford«, Velhagen & Klasings Monatshefte 29 (November
 1914), S. 407.

Anspielung. Sein Mantel und seine Gestalt sind ganz weiß, nur das Antlitz ist an diesem »Tag untilgbarer Schmach« schamrot.[24] Hermann Kienzls rassistisches Gedicht *Shakespeare* wirft England in zehn Alexandrinern vor, sich »mit stinkenden Mongolen vereint« und Shakespeare damit unwürdigen Erben überlassen zu haben; »deutscher Geist in tiefer Liebe Sinnen« habe dagegen den »[g]eheimsten Schleier« gehoben, um »das *Wesen* zu gewinnen«: »Der Shakespeare, der bei euch geboren und gestorben, | Ist Schöpfer und Geschöpf *des* Volks, das ihn erworben«.[25] Noch deutlicher formulieren Paul Wolfs *William Shakespeare*[26] und Ernst Hardts *Prolog zu einer Shakespeare-Aufführung im Herbste des Jahres 1914*,[27] beide im *Jahrbuch der deutschen Shakespeare-Gesellschaft* publiziert, den deutschen Anspruch auf den Dichter. Hardts Verse, dem Narren Feste aus *Twelfth Night* in den Mund gelegt, scheinen 1914 am Stadttheater Leipzig und auf mehreren anderen Bühnen gesprochen worden zu sein. Sie legitimieren die Aufführung eines Shakespeare-Stücks »[i]n diesen Zeiten«, indem sie einmal mehr Shakespeare für Deutschland reklamieren. Der Barde habe ihm verraten, so der Narr zum Publikum, Deutschland sei ihm »die zweite Heimat«, während »dieses England, wie es heute sei, | Sein Handeln und sein Fühlen« ihm »so zuwider« sei, »[d]aß er sich dort als heimatlos empfände!«[28]

Allzu ernst sollte man Vereinnahmungen dieser Art wohl nicht nehmen. Viele der Gedichte erschienen in den ersten Kriegsmonaten und bezeugen die patriotische Hochstimmung einer publizistisch wirksam inszenierten ›Augustbegeisterung‹, die sich besonders in launig-humorigen Reimen dieser Art Bahn brach. Versifizierte Karikaturen Englands gehörten dabei zum Standardrepertoire bürgerlicher Berufsdichter und Zeitungsliteraten, die sich besonders eifrig an der Propaganda beteiligten. So schrieb der erfolgreiche preußisch-nationale Dramatiker Josef von Lauff (1855–1933) ein Gedicht, in dem er England als trunksüchtigen Aufschneider John

---

24　Ebenda: »Das war an jenem Tag im August«, resümiert die Erzählerstimme, »[d]em Tag untilgbarer Schmach, | Da der Ehrenpanzer um Englands Brust | Klirrend zersprang und zerbrach. | Da es um serbischer Mörder Brut | Das Schwert von Waterloo zog | Und um schnöden Gewinn sein eigenes Blut | Verleugnete und betrog«.

25　Hermann Kienzl: »Shakespeare«. In: Ders.: Auf bebender Erde. Zeitgedichte. Breslau 1914, ³1915, S. 108. Das Gedicht erschien in der Kategorie »Granatsplitter«.

26　Paul Wolf: »William Shakespeare«, Shakespeare-Jahrbuch 52 (1916), S. [49].

27　Ernst Hardt: »Prolog zu einer Shakespeare-Aufführung im Herbste des Jahres 1914. Gesprochen am Stadttheater in Leipzig und anderen Bühnen«, Shakespeare-Jahrbuch 52 (1916), S. [50]. Dazu siehe auch Balz Engler: »Shakespeare in the Trenches« (Anm. 11), S. 108, sowie Christa Jansohn: »›Auf Wiedersehen in Weimar im nächsten Jahr!‹ Die Deutsche Shakespeare-Gesellschaft von der Jahrhundertwende bis 1914«. In: Franziska Bomski, Hellmut Th. Seemann und Thorsten Valk (Hrsg.): Ilm-Kakanien. Weimar am Vorabend des Ersten Weltkriegs. Göttingen 2014, S. 137–154, hier S. 153f.

28　Ebenda.

Falstaff schildert, der mit seinen angeblichen Heldentaten auf dem Schlachtfeld prahlt:

Sir John Falstaff

Erst ein Glas Sekt, dann sollt ihr hören,
was ich vollbracht als edler Mensch,
und meine Tat, sie kann beschwören
Lord Kitchener und Sir John French.
Die Brust geschwellt voll Gift und Geifer,   5
stiernackig, rücksichtslos und zäh,
beim Dudelsang der Hochlandpfeifer
zog ich von Dover nach Calais –
Ich, Sir John Falstaff.

Damit ich gleich die Wahrheit spreche …   10
Wie Disteln wurden sie geköpft.
An Preußenblut viel rote Bäche
hab' ich mit eigner Hand geschröpft.
Die herrlichste der Britenklingen,
ich führte sie, der Väter wert,   15
an hundert Preußen ließ ich springen
hier über mein beherztes Schwert –
Ich, Sir John Falstaff. [29]

[…]

Jede der sechs Strophen endet mit Falstaffs stolzem Bekenntnis »Ich, Sir John Falstaff«, das erst in der letzten Strophe gebrochen und vereindeutigt wird, wenn Falstaff die unplausible Selbstbeschreibung in den Mund gelegt wird, er sei

der Schürer von Europas Bränden,
der Welt Verderb und Mißgeschick
und dreh' mir noch mit eignen Händen
zuletzt den wohlverdienten Strick. [30]

---

29 Josef von Lauff: »Sir John Falstaff«. In: Heinrich Oellers (Hrsg.): Wehe dir, England! Die Dichtungen der Zeit (Anmerk. 2), S. 75f.

30 Ebenda. – Erwin Rosen (Hrsg.): England. Ein Britenspiegel (Anm. 2), S. 242–246 enthält einen Brief von »Sir John Falstaff Plumpudding an seine Geschäftsfreunde Francois Grandebouche und Wladimir Lausikoff«. – Eine längere Falstaff-Rede aus Henry IV. wird als Beleg für die mangelnde Kampfkraft englischer Soldaten zitiert in: Werner Klette (Hrsg.): Unsere Feinde wie sie sich selber loben. Selbsterkenntnisse der Franzosen, Engländer, Russen, Japaner, Belgier, Serben usw. Mit 103 Karikaturen. München 1915, S. 68–71. – Statt mit Falstaff werden die Engländer bei Wilhelm Wagner: Die Jago-Natur in unseren Feinden [Butzbach 1915], mit dem Othello-Bösewicht verglichen.

Lauffs Spottgedicht, das übertriebene britische Siegesmeldungen und die englische Prahlerei parodieren soll, lässt sich der etwas rätselhaften Gattung der ›Meta-Propaganda‹ zuordnen. Man produzierte nämlich nicht nur selbst Spott- und Kampfgedichte, sondern veröffentlichte und kommentierte zugleich auch die Propaganda der Gegenseite, um zu demonstrieren, wie verlogen und hasserfüllt der Feind sei. Aus diesem Grund wurde auch Ernst Lissauers *Haßgesang gegen England* ins Englische übersetzt und in verschiedenen britischen und amerikanischen Tageszeitungen abgedruckt.[31] Ein besonders kurioses Beispiel entspannt sich an einem spöttischen Kommentar in der *Daily Mail*, der die deutschen Versuche einer Vereinnahmung Shakespeares aufs Korn nahm. Offenbar sei Deutschland eben doch kein »Land von Dichtern«, heißt es dort bissig, »und da ein Überfall auf Shakespeare ein verzweifeltes unmögliches Abenteuer ist, müssen sie auch auf den bescheidenen Ehrgeiz verzichten, das Land von anderer Leute Dichter zu sein«. Diesen Beitrag, der sich über die deutsche Propaganda im Ersten Weltkrieg erheitert, übersetzte der Kunsthistoriker und Schriftsteller Hanns Floerke (1875–1944) ins Deutsche und nahm ihn 1917 als Beweisstück britischen Vernichtungswillens in seine Sammlung *England, der Feind!* auf:[32] Floerke stellt damit der deutschen Öffentlichkeit die englische Propaganda vor Augen, die wiederum der englischen Öffentlichkeit die deutsche Propaganda vor Augen gestellt hatte. So erzeugte der ›Kanonkampf um Shakespeare‹ eine eigenartige Form der deutsch-englischen Kommunikation, ein Hin und Her von Vorwürfen, Gegenvorwürfen und ›Metavorwürfen‹.

II. Noch einmal: Wem gehört Shakespeare?
Zwei Antworten von Julius Bab und Gerhart Hauptmann

Bereits den Zeitgenossen muss klar gewesen sein, dass die martialische ›Annexion‹ eines Dichters nicht nur geschmacklos, sondern auch taktisch unklug war, weil sie das verhasste Klischee der deutschen ›Barbaren‹ und des preußischen Militarismus recht eindrücklich zu bestätigen schien. Und eigentlich führte man ja einen Verteidigungskrieg! (»Man hat uns das Schwert in die Hand gedrückt«, lautete das Kaiserwort als Devise.) Während die holprigen Haudrauf-Gedichte im *Simplicissimus*-Stil zwar durchaus nicht verschwanden, distanzierte sich zumindest die Literaturkritik schon seit Winter 1914/15 allmählich von dem lyrischen Säbelrasseln

---

31   Vgl. Rainer Brändle: Am wilden Zeitenpaß. Motive und Themen im Werk des deutsch-jüdischen Dichters Ernst Lissauer. Frankfurt a. M. 2002, S. 83, Anm. 62.

32   »Herr Wilhelm Shakespeare. Aus der Daily Mail. London, 14. November 1914.« In: Hanns Floerke (Hrsg.): England, der Feind! Beweisstücke britischen Vernichtungswillens. Mit zahlreichen Karikaturen und Tendenzbildern aus englischen Zeitschriften. München 1917, S. 75–78; ebenda S. 76 auch das Zitat in deutscher Übersetzung.

der Augusttage. Stattdessen begrüßte man von nun an vor allem solche Texte, die von Frontsoldaten stammten und denen das angeblich ›authentische‹ Erlebnis der Schützengräben zugrunde lag, während die Kriegsnotwendigkeit doch zumindest nicht ausdrücklich bestritten wurde.[33] Das war das Erfolgsrezept zum Beispiel von Heinrich Lersch, dem ›Theodor Körner des Weltkriegs‹,[34] oder von Walter Flex, dessen »Kriegserlebnis« *Der Wanderer zwischen beiden Welten* (1916) zum beliebtesten ›Zeugnis‹ der Fronterfahrung wurde.[35] Der Geschmackswandel führte aber eben auch dazu, dass man sich von der Englandhetze etwa eines Ernst Lissauers schon ab 1915 in aller Schärfe lossagte – mit der »dichterische[n] Würde« sei »dieser betäubende Aufruf zum Haß« nämlich kaum vereinbar, heißt es beispielsweise im katholischen *Hochland*.[36]

Dieses Umschwenken von Hasserklärung und Feindkarikatur auf frontsoldatische Erlebnisdichtung seit Winter 1914 prägt, so meine ich, auch die Shakespeare-Rezeption im Ersten Weltkrieg: Manche Stimmen hielten an der Nostrifizierung zwar unumwunden fest, aber auch diese distanzierten sich zumindest implizit von der kriegerischen Eroberungsmetaphorik der ersten Kriegswochen.

---

33 Zu diesem Befund bin ich anhand der Auswertung von ca. 130 Gedichtanthologien zwischen 1914 und 1918 gekommen, vgl. Nicolas Detering: »Sammeln und Verbreiten. Gedichtanthologien im Ersten Weltkrieg«. In: Ders., Michael Fischer und Aibe-Marlene Gerdes (Hrsg.): Populäre Kriegslyrik im Ersten Weltkrieg. Münster 2013, S. 121–155.

34 Vgl. nur Julius Bab: »Heinrich Lersch«. In: Ders.: Die deutsche Kriegslyrik 1914–1918. Eine kritische Bibliographie. Stettin 1920 [zuerst 1915], S. 73–81.

35 Walter Flex: Der Wanderer zwischen beiden Welten. Ein Kriegserlebnis. München ²1917 [zuerst 1916].

36 Vgl. zum aufschlussreichen ›Fall‹ Ernst Lissauers die Zusammenfassung Stefan Zweigs: »Über Nacht hatte Ernst Lissauer den feurigsten Ruhm, den sich ein Dichter je in diesem Kriege erworben – freilich einen Ruhm, der später an ihm brannte wie ein Nessushemd. Denn kaum daß der Krieg vorüber war und die Kaufleute wieder Geschäfte machen wollten, die Politik sich ehrlich um Verständigung bemüht, tat man alles, um dieses Gedicht zu verleugnen, das ewige Feindschaft mit England gefordert. Und um die eigene Mitschuld abzuschieben, prangerte man den armen ›Haß-Lissauer‹ als den einzigen Schuldigen an der irrsinnigen Haßhysterie an, die in Wirklichkeit 1914 alle vom ersten bis zum letzten geteilt. Jeder wandte sich 1919 ostentativ von ihm ab, der ihn 1914 noch gefeiert.« Stefan Zweig: Die Welt von gestern. Erinnerungen eines Europäers. Stockholm 1949, S. 261. – Belege für die »Geringschätzung« Lissauers finden sich aber nicht erst 1919, sondern schon deutlich früher, so z. B. in zwei Hochland-Aufsätzen von 1915, nämlich Jug. [i. e. Johannes von Guenther]: »Kriegslyrik von heute«, Hochland 12 (1915), S. 125–127, hier S. 126, wo es heißt, »dieser betäubende Aufruf zum Haß« sei nicht »mit dichterischer Würde vereinbar«, und bei Friedrich Märker: »Deutsche Kriegsdichtung«, Hochland 13 (1915), S. 497–499, wo sich der Autor von den »dilettantischen Versen« und den »selbstsuggerierten Haßgefühle[n] gegen unsere Feinde« distanziert, insbesondere von ›einem anderen‹, der »seinen wohl echten Haß, oder besser: seine allgemeine Gehässigkeit nur auf England« gemünzt habe, eine Anspielung auf Lissauers Haßgesang. Vgl. Rainer Brändle: Am wilden Zeitenpaß (Anm. 31), S. 83–85.

Ein besonders frühes Beispiel bietet ein Aufsatz mit dem Titel *Shakespeare und der Krieg!*, verfasst von Julius Bab (1880–1955), einem der aufmerksamsten Literaturkritiker der Zeit. Bab trug den Hurrapatriotismus seiner Landsleute als Anthologieherausgeber zunächst mit, distanzierte sich aber schon bald von dem blinden Nationalismus.[37] Der Aufsatz erschien Mitte Oktober 1914 in der Wochenschrift *Die Gegenwart* und wurde 1915 erneut veröffentlicht.[38] Man könne dieses Thema, also *Shakespeare und der Krieg!*, »überhaupt nur mit einem ironischen Ausrufungszeichen behandeln«, so Bab gleich zu Beginn, denn zwischen dem »geistigen Phänomen Shakespeare und der großen Weltkatastrophe, der sich mit scharfen Messern und giftigen Gasen, mit Bomben aus der Luft und Minen aus der Erde die Menschen zerfleischen«, könne doch ernsthaft gar kein Zusammenhang hergestellt werden. »Aber da kommt nun der gebildete Philister, der am Oberflächlichsten der Oberfläche haftet, und erinnert sich, daß diese große Shakespearesche Geisteswelt zum Verfasser einen, geschichtlich nicht sehr bekannten, Mann haben soll, der vor dreihundert und etlichen Jahren in England lebte; und da wir heute mit England im Kriege stehen, so erhebt dieser geistlose Verstand die Frage, ob nun Shakespearesche Dramen auf deutschen Bühnen gespielt werden dürfen?!«[39] Bab echauffiert sich, wie aus den folgenden Sätzen hervorgeht, über die Umfrage des Deutschen Theaters im August 1914, und sieht in der Nationalität Shakespeares eine reine Oberflächlichkeit, die dadurch in ihrer Bedeutung noch geschmälert werde, dass man ›geschichtlich‹ von dem Autor wenig wisse. So sei schon die Frage »bedauerlich«, »denn jeder Versuch, eine Angelegenheit der geistigen Menschheit vor dem Forum des nationalen Gegensatzes zu judizieren, ist an sich verwerflich«. Die Sphäre des Geistigen habe mit der nationalen Frage schon deswegen nichts zu tun, da »Religion, Kunst, Wissenschaft, kurz die Geistesdinge des Kulturlebens«, »Menschheitsangelegenheiten« seien, sie »sind ihrer völkerverbindenden, körperlosen, rasselosen Natur nach der unteilbare Besitz aller Staaten und Völker, Heere und Kanonen, das Körpersubstrat, aus dem jene schwerelose Seelenwelt aufwächst, sind ihrer Natur nach nicht zu Kampf und Streit geschaffen.«[40] Deswegen sei es, wie Bab weiter ausführt, zum Beispiel aus kriegerischer Sicht völlig unsinnig, zu fragen, ob etwa das deutsche Heer die Kathedrale von Reims beschießen dürfe oder kostbare Kunst zerstören

---

37 Zu Bab siehe Elisabeth Albanis: German-Jewish Cultural Identity from 1900 to the Aftermath of the First World War. A Comparative Study of Moritz Goldstein, Julius Bab und Ernst Lissauer. Tübingen 2002, S. 147–215, besonders S. 173–185 zu Babs Publizistik und seiner Anthologieherausgabe im Ersten Weltkrieg.

38 Julius Bab: »Shakespeare und der Krieg!«, Die Gegenwart 86 (17. Oktober 1914), S. 647–649 [wieder in: Ders.: Am Rande der Zeit. Betrachtungen 1914/15. Berlin 1915, S. 143–147; im Folgenden zitiere ich aus dieser Ausgabe].

39 Ebenda, S. 143.

40 Ebenda, S. 144f.

dürfe – sie dürfe es natürlich! »[U]nsachliche Sentimentalitäten« hätten auf diesem Gebiet nichts zu suchen.[41]

> Ein ebenso unsachlicher Dilettantismus aber, wie in der Kriegszeit über einem zerstörten Rubens zu jammern, scheint es mir, in der Friedensarbeit einen welt- bedeutenden Dichter nach dem Nationale[n] zu fragen. Denn die friedliche, die Kulturarbeit kann und soll ja im Kriege nicht aufhören. […] Alle sagen, daß (wie der Körper um der Seele), so der Krieg um des künftigen Friedens willen da ist! So müssen denn aber auch einige dafür sorgen, daß der Friede, wenn er kommt, noch seelische Güter, menschheitliche Gemeinsamkeiten vorfinde![42]

Man dürfe, argumentiert Bab schließlich, »die Friedenszukunft der Welt« nicht »ohne Not bedrohen, ins Gebiet idealer Gemeinsamkeiten nicht nationale Feind- schaft tragen«.[43]

In diesen Zeilen entwirft Bab eine Art cartesianische Kriegsdichotomie, nach der das »Körpersubstrat«, das nationaler Parteinahme bedürfe, gegeneinander zu kämpfen habe, während hingegen die Geister friedlich koexistierten. In seiner ide- alistischen Deutung, nach der Krieg im Geiste gar nicht herrschen kann, hat aber nicht nur die Frage keinen Platz, ob man Shakespeare weiter spielen dürfe, sondern auch die nationale Inanspruchnahme bestimmter Dichter wird, gleichsam als lo- gischer Kategorienfehler, zurückgewiesen. Shakespeare ist für Bab der »größte[ ] Menschenbildner und Menschheitsberater aller Zeiten und Völker« und gehört als solcher eben der gesamten Menschheit, nicht einer einzelnen Nation.

Vielleicht in Kenntnis dieses Einwurfs ergriff Gerhart Hauptmann im April 1915 das Wort und widmete sich im *Jahrbuch der Deutschen Shakespeare-Gesellschaft* dem Thema *Deutschland und Shakespeare*. Alois Brandl (1855–1940), der Vorsitzende der Shakespeare-Gesellschaft, hatte ihn bereits im November 1902 und im Oktober 1912 ersucht, einen »kurzen oder längeren Aufsatz[]« zum 300. Hamlet-Jubiläum im Folgejahr beizutragen bzw. bei der »Festversammlung« zum Dichtergeburtstag 1913 »uns ein halbes Stündchen etwas über Shakespeare vor[zu]plaudern«.[44] Beides wurde zugesagt, geschah aber nicht. Im Januar 1915 richtete sich Brandl erneut an den Dramatiker und rief ihn mit Nachdruck auf – »bitte, helfen Sie!« –, einen Bei- trag zu leisten, damit auch im Kriegsjahr ein *Shakespeare-Jahrbuch* erscheinen kön- ne: »[K]eine Niedertracht der englischen Politik« dürfe die Gesellschaft »abhalten«, »die Pflege Shakespeares und speziell des deutschen Shakespeare unserem Volke zu

---

41 Ebenda, S. 145.
42 Ebenda, S. 146.
43 Ebenda, S. 147.
44 Siehe den maschinellen Brief Alois Brandls an Gerhart Hauptmann vom 8. November 1902 (Sign. GH Br NL A: Brandl, Alois, 1, 1–2) und den handschriftlichen Brief Brandls an Hauptmann vom 30. Oktober 1912 (Sign. GH Br NL A: Brandl, Alois, 3–4) im Nachlass von Gerhart Hauptmann (Staatsbibliothek Berlin).

erhalten«.[45] Hauptmann möge doch »dies in eine[r] Einleitung programmatisch« formulieren. Am 29. Januar sagte Hauptmann zu.[46] Brandl bedankte sich und verwies bestätigend auf die höhnische Besprechung der deutschen Annexionsversuche Shakespeares in der *Times*.[47]

Im Februar und März 1915 schrieb Hauptmann an dem eingeforderten Beitrag.[48] Zur gleichen Zeit, im März/April 1915, las Hauptmann Sombarts *Händler und Helden* und notierte pikiert, es sei »echt professoralen Charakters, | wie er nicht sein soll«: »Die Ideen nicht von der Wirklichkeit | […] sondern überall | gegen den Sinn der Wirklichkeit […] anstossend und | abstossend«.[49] Auch wenn Hauptmann zweifellos Nationalist blieb und an die höhere Rechtfertigung des Weltkriegs glaubte, verdrossen ihn die »würdelosen Feder- und Wortkämpfe von heut«, die »Maul- und Scheinkämpfe« der Propaganda, die »den äußersten Tiefpunkt menschlicher Nichtsnutzigkeit« markierte, wie es in einem unveröffentlichten Aufsatz über die Kriegsliteratur 1915 heißt.[50]

So prägte die Ambivalenz aus nationalistischer Parteinahme einerseits, Ekel vor der Trivialität der Kriegspropaganda andererseits auch die Abfassung von *Deutsch-*

---

45 Ebenda, handschriftlicher Brief Brandls an Hauptmann vom 17. Januar 1915 (Sign. GH Br NL A: Brandl, Alois, 1, 7–8).

46 So eine handschriftliche Notiz Hauptmanns ebenda: »Wichtig | zugesagt | 29. 1. 15«. Und: »erl. | 6. 4. 1915.« Am 19. April 1915 traf der Korrekturabzug bei Hauptmann ein.

47 Vgl. ebenda den handschriftlichen Brief Brandls an Hauptmann vom 1. Februar 1915 (Sign. GH Br NL A: Brandl, Alois, 1, 9–10): »In der Times vom 26. I. wird unser Vorhaben und unsere ganze ›Annexion Shakespeares‹ bereits begeifert. Wenn es ginge, möchten uns diese Engländer auch geistig aushungern.« Siehe auch ebenda Brandls Dankesbrief an Hauptmann vom 28. April 1915 (Sign. GH Br NL A: Brandl, Alois, 1, 11): »Unser Volk wird es Ihnen niemals vergessen, dass Sie während dieser schweren Zeit als ein treuer Eckart zu ihm stehen. Geistige Verödung wäre noch schlimmer als die Übel des Krieges«.

48 Hauptmann integrierte wohl auch Bestandteile älterer Shakespeare-Skizzen in den Beitrag, vgl. Rudolf Ziesche: Der Manuskriptnachlass Gerhart Hauptmanns. Teil 2: GH Hs 231–470. Berlin 1987, S. 108.

49 Gerhart Hauptmann: Tagebücher 1914 bis 1918. Hrsg. von Peter Sprengel. Frankfurt a. M. 1997, S. 94f. (Notiz vom 12. April 1915). Schon im November 1914 zeigt Hauptmann sich genervt von der »schreckliche[n] Rolle des Journalismus in diesem Krieg« und beschimpft die »unendliche Narretei der Zeitungen«.

50 Vgl. Rudolf Ziesche: Der Manuskriptnachlass Gerhart Hauptmanns. Teil 3: GH Hs 471–780. Anhang 1–80. Wiesbaden 2000, S. 178 (GH Hs 594c, 40–44). Die Notizen stammen wahrscheinlich von Mai 1915. Vgl. auch Gerhart Hauptmann: [Über literarische Kriegspropaganda]. In: Ders.: Sämtliche Werke. Hrsg. von Hans-Egon Hass. Fortgeführt von Martin Machatzke. Bd. 11. Nachgelassene Werke. Fragmente. Darmstadt 1974, S. 869–871, hier S. 869. Weiter heißt es: »In [den Scheinkämpfen] treten Feigheit, Bestürzung, treten Haß und Wut, durch Angst und Ohnmacht genährt, zu schimpflicher Farce entschlossen, auf eine hohle Bühne wie an den Pranger hervor, um vulgärste Instinkte mit kreischendem Unsinn zu speisen.«

land und Shakespeare, veröffentlicht im April 1915.[51] Noch einmal – nach Ansicht Alfred Kerrs einmal zu viel –[52] stellt Hauptmann die Frage, ob »der Kultus des Dichters, den eine englische Mutter geboren hat, in Deutschland fortan noch erlaubt« sei,[53] und knüpft damit direkt an die Augustpublizistik an. Wenig überraschend, und wie alle anderen Einlassungen zu dieser Frage, konstatiert er, es sei nicht nur erlaubt, sondern sogar »geboten«.[54] Zur Begründung aber verfährt Hauptmann doch anders als seine Vorgänger, weil er Shakespeare ausdrücklich der Zuständigkeit der Kriegspropaganda entzieht – »[s]o sehr der Krieg auch immer seinem gefährlichen Wesen nach geneigt sein mag«, schreibt Hauptmann, »über die ihm angewiesene Norm hinauszugreifen, besteht diese Norm«.

> Selbst wenn fünfzehn Millionen Menschen eines Volkes die Waffen ergriffen hätten, würden, etwa in Deutschland, fünfundvierzig Millionen friedlich geblieben sein. Es ist ihre Pflicht, die Werke des Friedens weiter zu leisten. Die Kraft des Krieges verhält sich doch immer nur zur Friedenskraft einer Nation,

---

51 Zu Hauptmann im Ersten Weltkrieg vgl. Peter Sprengel: »›Im Kriege erscheint Kultur als ein künstlicher Zustand‹. Gerhart Hauptmann und der Erste Weltkrieg«. In: Uwe Schneider und Andreas Schumann (Hrsg.): Krieg der Geister. Erster Weltkrieg und literarische Moderne. Würzburg 2000, S. 39–75. Auch Sprengel nennt den Shakespeare-Aufsatz »[w]esentlich moderater« (S. 50) als Hauptmanns andere Beiträge zur Kriegspublizistik. – Zur Geschichte der Shakespeare-Gesellschaft im Ersten Weltkrieg vgl. Peter E. Firchow: »The War of the Professors« (Anm. 10), besonders S. 65–68. Die Studie von Felix A. Voigt und Walter A. Reichart: Hauptmann und Shakespeare. Ein Beitrag zur Geschichte des Fortlebens Shakespeares in Deutschland. Mit einem Aufsatz und dramatischen Szenen von Gerhart Hauptmann. [Breslau 1938], behandelt nur die produktive Rezeption Hauptmanns, nicht die Rede im Shakespeare-Jahrbuch. Nur sehr kursorisch widmet sich dem Beitrag Edgar Krämer: William Shakespeares und Gerhart Hauptmanns Hamletdramen im Vergleich. Unter besonderer Berücksichtigung des Tragischen. Frankfurt a. M. u. a. 1992, S. 352–354. Krämer spricht von einer »Rede im Jahre 1915 vor der deutschen Shakespeare-Gesellschaft in Bochum«, und verwechselt den Jahrbuch-Aufsatz damit offenbar mit Hauptmanns Ansprache zur Shakespeare-Tagung 1927 in Bochum; vgl. Gerhart Hauptmann: »Shakespeare-Tagung in Bochum«. In: Ders.: Sämtliche Werke. Centenar-Ausgabe. Bd. 6: Erzählungen, Theoretische Prosa. Hrsg. von Hans-Egon Hass. Berlin 1996, S. 782–786. *Deutschland und Shakespeare* wurde, anders als oftmals behauptet, nicht als Rede konzipiert oder gehalten.

52 Siehe Alfred Kerr: »Shakespeare. Zu Antonius und Kleopatra«. In: Ders.: Gesammelte Schriften in zwei Reihen 1.3: Die Welt im Drama 3. Berlin 1917, S. 297–318, hier S. 310: »Im Shakespearejahrbuch hat sich Gerhart Hauptmann, was höchst betrübsam ist, mit der Frage beschäftigt, ob heut, im Krieg mit England, Shakespeare bei uns gespielt werden darf … Diese Frage hat er allen Ernstes beantwortet (und vorurteilsfrei erklärt: man dürfe). Bleibt nun festzustellen, ob man, falls der griechische Minister Veniselos unangenehm wird, den Homer boykotten [!] soll.«

53 Gerhart Hauptmann: »Deutschland und Shakespeare«, Shakespeare-Jahrbuch 51 (1915), S. VII–XII. Auch in: Sämtliche Werke (Anm. 51), S. 924–930.

54 Ebenda, S. VII.

wie die Flamme zu Docht und Öl. […] Den zerstörenden und vernichtenden Tendenzen des Krieges sollen, so will es die völkerrechtliche Norm, die schaffenden und erhaltenden des Friedens nicht geopfert werden. Also, heißt es, säe der Landmann seine Saat, das Weib gebäre und nähre Kinder, Handel und Wandel gehe außerhalb der Schlachtfelder seinen Gang. Selbstverständlich wird nun alle geleistete Arbeit schließlich dem ethischen Zweck des Krieges zu Diensten stehen: aber es würde diesen Zweck vernichten, würde ein Verbrechen an Nation und Menschheit sein, wollte man den Bauer dazu mißbrauchen, etwa die Ernten des feindlichen Volkes zu verbrennen, wollte man die Mutter zum Morde der feindlichen Kinder anstiften und ähnliches mehr.[55]

Vordergründig argumentiert Hauptmann, die Zivilbevölkerung, also etwa auch die Theatermacher und Anglisten, sollten nicht gegen den Feind, sein Eigentum und seine Produkte Krieg führen, so wie der Bauer nicht die gegnerischen Äcker niederbrennen dürfe. Man habe also nicht das Recht, Shakespeare von den Bühnen zu verbannen, weil er eben Gegenstand der Friedenswelt sei und »außerhalb der Schlachtfelder« stehe. Damit nimmt Hauptmann Shakespeare zunächst aus der Kampfzone jener Beiträge, die Shakespeare metaphorisch ›annektieren‹ wollten oder mit Zitaten aus seinen Werken gegen die Engländer ›geschossen‹ hatten. Sein Name ist bei Hauptmann durchaus nicht, wie Karl Berger formuliert hatte, das »Feldgeschrei in den großen Erschütterungen des Kampfes«, sondern gehört dem Frieden.

Über Umwege aber, nämlich über die Metapher von Flamme, Docht und Öl, wird die Arbeit an Shakespeare dann doch in den Kriegsdienst gestellt – so wie Docht und Öl die Flamme am Leben erhalten, muss die Zivilbevölkerung, eben indem sie friedlich weiter ihren Dienst verrichtet, den Kriegsbeteiligten zuarbeiten. »Alle geleistete Arbeit« stehe »schließlich dem ethischen Zweck des Krieges zu Diensten«, sagt Hauptmann. Mit anderen Worten: Nur indem man Shakespeare aus der Schusslinie nimmt, ihn im Frieden weiterspiele, leiste man recht eigentlich einen Beitrag zum »ethischen Zweck des Krieges« – darum eben sei es, wie Hauptmann eingangs postuliert hatte, nicht nur erlaubt, Shakespeare zu spielen, sondern »geboten«.

Was im Ansatz an Babs Argument erinnert, auch im Kriege müsse die friedliche Arbeit weitergehen, ist in der Begründung gerade das Gegenteil: Die Theaterbühnen leisten hier nicht im Krieg einen Beitrag zum Frieden, sondern sind Öl und Docht für die Flamme des Kampfes. Während für Bab der Krieg »um des künftigen Friedens willen da ist«, die geistige Arbeit der Völkerverständigung dient, bildet bei Hauptmann die friedliche Geistesarbeit den Nährstoff für kriegerische Erfolge, bereitet den Boden für einen militärischen Sieg.

---

55 Ebenda, S. VIIf.

Shakespeare im Frieden zu spielen, so Hauptmann weiter, sei gerade deswegen notwendig, weil die Aufführung seiner Werke einen immer neuen Triumph Deutschlands bedeute. Hauptmann wendet sich nämlich im letzten Drittel seiner Rede der Frage nach der nationalen Zugehörigkeit des Barden zu: »Der Heros ist tot und schon dadurch allein den Kämpfen einzelner, wie der Parteien und Nationen entrückt«, stellt Hauptmann fest, und scheint Shakespeare damit erneut aus der tagesaktuellen Propaganda herausnehmen zu wollen. Aber er lebe doch in seinen Figuren weiter, besonders in den Narren habe »er seine arme und so unendlich reiche Seele in einer Verkleidung […] ins Bild gestellt«.[56] Diese Figuren werden in Deutschland aber auf eine so eindringliche Weise gespielt, dass Shakespeares »Antlitz, einem gemarterten und gekreuzigten Gotte ähnlich«, von den Toten wieder auferstehe. Als Beispiel wird eine Max Reinhardt-Inszenierung von *Was ihr wollt* (*Twelfth Night*) mit Alexander Moissi als Narr genannt, die Hauptmann in Berlin gesehen hatte:[57] »Das war mehr, als des Narren, das war Shakespeares Geist«,[58] heißt es über Moissis Interpretation: Durch Inszenierungen wie *Was ihr wollt* am Deutschen Theater erhebe sich Shakespeare wie Christus von den Toten. Aus diesem Grund gebe es »kein Volk, auch das englische nicht, das sich ein Anrecht, wie das deutsche auf Shakespeare erworben hätte«: »Shakespeares Gestalten sind ein Teil unserer Welt, seine Seele ist eins mit unserer geworden: und wenn er in England geboren und begraben ist, so ist Deutschland das Land, wo er wahrhaft lebt«.[59]

Unter den Argumenten für Shakespeares ›zweite Heimat‹ in Deutschland war die These, Shakespeare werde an deutschen Theatern der Gegenwart schlechterdings besser als in England gespielt, zwar nicht ganz neu, Hauptmann aber radikalisiert sie, wenn er durch die Christus-Analogie (»einem gemarterten und gekreuzigten Gott gleich«) eine Art theatralische Transsubstantiationslehre konzipiert, durch die der Geist in der Aufführung tatsächlich evoziert werden kann: »Das war mehr, als des Narren, das *war* Shakespeares Geist« (Hervorhebung N. D.). Der Hinweis auf die performative Belebung des Geistes in gegenwärtigen Inszenierungen erklärt das Gebot, die Werke des Engländers friedlich weiter zu spielen – durch sie *lebt* Shakespeare in Deutschland weiter, während er in England, so wird nicht ohne Grund hervorgehoben, eben *begraben* liegt.

Sicher, Hauptmann untermauert viele Deutungsansätze der Augusttage und schreibt die nationalistische Indienstnahme des Barden fast ungebrochen fort. Aber

---

56 Ebenda, S. XI.
57 Reinhardts Inszenierung von *Was ihr wollt* lief vom 13. März 1914 bis 28. Mai 1922. Zu Reinhardts legendären Shakespeare-Inszenierungen vgl. auch Frederick Tollini: The Shakespeare Productions of Max Reinhardt. Lewiston u. a. 2004. – Zu Moissi vgl. auch Rüdiger Schaper: Moissi. Triest, Berlin, New York. Eine Schauspielerlegende. Berlin 2000.
58 Gerhart Hauptmann: »Deutschland und Shakespeare« (Anm. 53), S. XII.
59 Ebenda.

die Argumentation umgeht die unmittelbare Martialisierung Shakespeares und distanziert sich auch von dem tagesaktuellen Patriotismus der Augustpublizistik: Shakespeares Werk zu Propagandazwecken auszuschlachten, verbietet sich nach Hauptmanns Verständnis, denn nur die friedliche Aufführung kann einen wirklichen Dienst für den Krieg leisten.

III. Bellizistische und pazifistische Shakespeare-Deutungen zum 300. Todestag 1916

Als sich Shakespeares Tod im April 1916 zum 300. Mal jährte, dauerte der Krieg bald zwei Jahre. Die veröffentlichte Meinung aber gab gerade im Frühjahr 1916 eine neue Flut von Kriegsparolen aus und rief zum eisernen Durchhalten in schwerer Zeit auf. Die Geburtstagsbeiträge zu Shakespeare waren zwar weniger hasserfüllt und anglophob als 1914, sie führten bestimmte Deutungskonstellationen aber relativ unbeirrt fort.[60] Ein Beispiel bieten die Ausführungen des Prager Anglistikprofessors Rudolf Brotanek zu *Shakespeare über den Krieg*, die im zweiten Kriegsjahrbuch der Deutschen Shakespeare-Gesellschaft erschienen. Brotanek befragt – auch dafür hatte es um 1900 Vorbilder gegeben –[61] das dramatische Werk selbst nach dem Verhältnis des Dichters zum Krieg. Von Beginn an aber verschweigt der Exeget kaum, was er selbst vom Krieg hält, nämlich viel: Man befinde sich im »gewaltigsten Völkerringen aller Zeiten«, heißt es pathetisch und ganz im Ton des nationalen Bellizismus der Augusttage, in dem »stahlharte Helden in treuer Waffenbrüderschaft noch

---

60   Weitere Beiträge u. a. Ferdinand Gregori: »Shakespeare«, Deutscher Wille des Kunstwarts 29:14 (1916), S. 41–49, S. 41: »Dreihundert Jahre sind am 23. April seit dem Tode des Dichters vergangen. Wir haben sie genutzt wie dreihundert Kriegsjahre. Er mußte unser werden, denn er war's«; Franz Kaibel: »Dichter und Patriotismus«, Shakespeare-Jahrbuch 52 (1916), S. 36–63, Kaibel polemisiert zu Beginn gegen die Umfrage von Reinhardt und Hauptmanns Shakespeare-Aufsatz; er unterscheidet dann nationale Gesinnung von tagesaktuellem Hurra-Patriotismus; letzterer sei Shakespeare ganz fremd gewesen; Richard Kralik: »Ein Shakespeare-Gedenktag (23. April 1916)«. In: Ders.: Vom Weltkrieg zum Weltbund. Abhandlungen, Aufsätze, Gedanken und Stimmungen. Innsbruck 1916, S. 287–294, eine typische Abkehr von der Englandhetze der Augusttage bei Beibehaltung der Nostrifizierung, S. 288: »Aber wir wollen hier nicht die Engländer schelten, sondern unsern Shakespeare preisen. Daß wir ihn unsern Shakespeare nennen dürfen, dazu haben wir ein dreifaches Recht: das Mißverständnis der Engländer für ihn, sein Gegensatz zum offiziellen England und unsere Arbeit, die ihn für uns erobert hat«. Gar keinen erkennbaren Bezug zum Krieg stellt her Hugo von Hofmannsthal: »Shakespeare und wir. Zum 23. April 1916«. In: Ders.: Gesammelte Werke in zehn Einzelbänden. Bd. 2. Essays, Reden, Vorträge. Frankfurt a. M. 1979, S. 106–113.
61   Nämlich Adolf Gelber: »Shakespeare und der Krieg«, Die Zukunft 8:4 (1900), S. 56–67. Nicht einsehen konnte ich Johann Nussbaumer: Shakespeare als Schlachtenschilderer. Jahresbericht des k.k. Staats-Realgymnasiums in Linz. Linz 1916.

heute bluten und siegen«.[62] Ein Leichtes sei es da, »den Engländern das unabwendbare Urteil der Weltgeschichte mit den Worten Shakespeares vorauszusagen«,[63] aber Brotanek wolle stattdessen lieber fragen, welche ›Kriegsethik‹ der Dichter entwickelt habe. Von dem Englandhass distanziert sich Brotanek also früh und geriert sich stattdessen ganz als unparteiischer Deuter des Werks: Aus der Vielzahl von »kriegerische[n] Bühnenbilder[n]« und Schilderungen des Soldatenlebens zieht Brotanek zunächst den »sichere[n] Schluß«, »der Mann mit dem heldenhaften Namen« habe »eine heroische Ader« gehabt.[64] Shakespeare zeige eine »augenscheinliche[ ] Vorliebe« für den Krieg »in allen Erscheinungsformen«:[65] »Als scharfer Denker und gewissenhafter Beobachter hat Shakespeare den Begriffsinhalt des Wortes Krieg von allen Seiten beleuchtet und die Betrachtungsmöglichkeiten so gut wie erschöpft, indem er Menschen der verschiedensten Veranlagung und jeder Berufsart über dieses größte Ereignis im Leben der Völker ihre Meinung abgeben ließ.«[66] Brotaneks Strategie ist stets die gleiche: Ein Motiv oder Thema in Shakespeares Werk, das in irgendeiner Weise mit dem Krieg zu tun hat, wird genannt oder anzitiert, dann mit einer positiven Wertung umschrieben. Der vierte Akt von *Henry V,* in dem abwechselnd aus den verschiedenen Lagern vor der Schlacht von Agincourt berichtet wird, gerät so zum »prächtige[n] Bild eines mit klingendem Spiel und wehenden Fahnen dahinziehenden Heeres«.[67] Dabei werden die Zitate nicht kontextualisiert, sondern oft ohne Nachweis des einzelnen Stückes sämtlich als ›Meinungsäußerungen‹ Shakespeares verstanden – selbst wenn sie, wie zwei Zitate aus *Henry VI* und *King John,* die militärische Leistungskraft der Engländer loben. Hier, beeilt sich Brotanek zu erklären, habe »Shakespeare sich nicht immer den unbefangenen Blick bewahrt, sondern vielfach vaterländischen Gefühlen nachgegeben«.[68]

In Brotaneks generalisierender Interpretation durchzieht Shakespeares Werk ein bellizistischer Grundton, wie ihn die nietzscheanische Publizistik etwa eines Friedrich von Bernhardi bereits vor dem Ausbruch des Weltkriegs verbreitet hatte: Selbst an Textstellen, an denen Shakespeare den Frieden lobe, sei er, so nämlich Brotanek, doch nicht »blind gegen die Nachteile einer allzu langen Erschlaffung der kriegerischen Triebe im Menschen«. Belegt wird dies mit zwei Nebensätzen, die im Original ausgerechnet von Falstaff und dem machiavellistischen Bösewicht Richard III.

---

62 Rudolf Brotanek: »Shakespeare über den Krieg«, Shakespeare-Jahrbuch 52 (1916), S. XVI–XLVIII, hier S. XVI.

63 Ebenda.

64 Ebenda, S. XX.

65 Ebenda, S. XXI.

66 Ebenda, S. XXVII.

67 Ebenda, S. XXII.

68 Ebenda, S. XLIV.

stammen, beide doch wohl kaum Sprachrohre des Barden.[69] Die »heilende, bele-
bende und aufrüttelnde Kraft eines frohgemuten Krieges« schildere auch die Diskussion der Diener des Aufidius im vierten Akt des *Coriolanus* – wieder wenig zu-
verlässige Figurenrede, der Brotanek aber emphatisch zustimmt: »Die schönsten
Triebe des menschlichen Herzens, im Frieden oft genug verkümmert und verdorrt,
sie schießen ans Licht, wenn das Gefühl des Aufeinanderangewiesenseins, das Gefühl der Zusammengehörigkeit, der großen Brüderlichkeit angesichts der gemeinsamen Gefahr in den Streitern erwacht«.[70] Wenn er in Antony und in Othello Soldaten sieht, die unter »Hintansetzung des eigenen Ich« »ganz im Berufe« aufgehen
und sich dem »Willen des Vorgesetzten« unterordnen, suggeriert er, Shakespeare
habe mit seinen Figuren preußisches Pflichtempfinden hochgehalten; und eben
dieser Ethik entspricht der deutsche Soldat und Staatsmann noch, der englische
aber nicht.[71] »Des Meisters Landsleute von heute mögen sich mit den Grundsätzen
ihres erhabensten Sittenlehrers abfinden wie sie wollen«, resümiert Brotanek denn
auch am Ende, »[w]ir sind es zufrieden, noch immer zu Pflichtbegriffen uns zu
bekennen, welche Shakespeare in seinen Werken, in jenem Gesetzbuch freier und
hochgemuter Menschlichkeit niederlegte«.[72]

Nicht dass Brotanek sich Zitate ausdächte oder Shakespeares Werk absichtlich
falsch verstünde. Aber durch die Gleichsetzung der Figurenrede mit der Meinung
des Autors, durch die einseitige Selektion und durch das emphatische Einverständ-
nis, mit dem jedes entlegene Zitat noch einmal mit schwelgerischen Worten um-
formuliert und bekräftigt wird, harmonisiert Brotanek seine Deutung über Gebühr.
Wie seine Vorgänger zu Kriegsbeginn bezweckt der Interpret damit offenkundig,
den Dichter einzudeutschen, ihn als Gewährsmann einer spezifisch deutschen,
nämlich ›sittlichen‹ Wertung des Krieges zu etablieren. *Shakespeare als Erzieher*, ganz
wie bei Langbehn und Nachfolgern,[73] lautet der Kerngedanke von Brotaneks skur-
rilem Versuch einer preußisch-bellizistischen Gesamtinterpretation. Im zeitgenössischen ›Kanonkampf‹ war das eine durchaus originale Position: Der Prager Anglist
argumentiert nicht mehr mit der Wirkungsgeschichte, dass man Shakespeare seit
langem ›eingebürgert‹ habe; er verweist auch nicht wie Hauptmann auf das Poten-

---

69 Ebenda, S. XLVII. Brotanek räumt allerdings selbst ein, diese Äußerungen wollten »nicht viel
    sagen«, wohl aber ein Zitat Hamlets (4.4.), der von »Wohlstand[ ] und Ruh'« spricht, die zum
    Bürgerkrieg führen könnten.

70 Ebenda, S. XXX.

71 Ebenda, S. XXXIV.

72 Ebenda, S. XLVIII.

73 Vgl. Werner Habicht: »Shakespeare als Erzieher? Der Rembrandtdeutsche und die deutsche
    Shakespeare-Rezeption«. In: Dieter Schulz und Thomas Kullmann (Hrsg.): Erziehungsideale
    in englischsprachigen Literaturen. Heidelberger Symposion zum 70. Geburtstag von Kurt
    Otten. Frankfurt a. M. 1997, S. 17–31, zur ›Inthronisierung‹ Shakespeares schon in Julius
    Langbehns Langzeiterfolg *Rembrandt als Erzieher* (1890).

tial rezenter Theateraufführungen, die den Geist des Dichters stets neu beschwören könnten; sondern Brotanek deduziert eine Kriegsethik, schreibt sie Shakespeare zu und sieht das deutsche Volk dann als legitimen Vollstrecker, jedenfalls eigentlichen Schüler dieser »Sittenlehre«.

Einem Shakespeare-Verteidiger wie Julius Bab müssen solche kriegsgerechten Werkaneignungen übel aufgestoßen sein. Bab war mit seiner Meinung zwar in der Minderheit, ganz allein stand er aber nicht. In das elfte Heft seiner Anthologie *1914. – Der Deutsche Krieg im Deutschen Gedicht* nahm Bab einen Text auf, der seinen spöttischen Einspruch vom Oktober 1914 in ernste Verse fasste, nämlich Bruno Franks Gedicht *Shakespeare*, zuerst im *Simplicissimus* erschienen. Der Frontsoldat Frank hatte sich in den ersten Kriegstagen durchaus nicht mit friedliebenden Gedichten hervorgetan, wandelte sich aber später zum Pazifisten. Bemerkenswert sind vor diesem Hintergrund seine Shakespeare-Verse:

Shakespeare. (Am 300. Todestag)

Jede Zunge tönt dich wieder,
Geisterstimme, Schöpferwort,
Kein Gewitter braust dich nieder,
Deine großen Menschenlieder
Singen noch im Sturme fort.   5

Ewig blüht, wie Wogenbläue,
Die des düstern Zwingherrn lacht,
Brutus' Ehr' und Kentens Treue,
Juliens Lieb' und Macbeths Reue,
Hamlets Adel, Heinrichs Macht.   10

Ueber die verwaisten Meere,
Spannt sich dein kristallnes Zelt,
Ueber die entzweiten Heere
Klingst du, als die wahre Ehre
Deines Volkes, ein Trost der Welt.   15

Jede Sprache hallt dich wieder,
Unerschöpftes Geisterwort.
Völker steigen auf und nieder,
Aber deine großen Lieder
Singen durch die Zeiten fort![74]   20

---

74 Bruno Frank: »Shakespeare. (Am 300. Todestag)«. In: Julius Bab (Hrsg.): 1914. Der Deutsche Krieg im Deutschen Gedicht. Heft 11: ›Nach tausend Tagen‹. Berlin [1916], S. 35.

Frank adressiert Shakespeare direkt. Die erste Strophe beschwört die Universalität (»Menschenlieder«, die »jede Zunge« töne) und die Ewigkeit seiner Dichtung, wobei die übliche Kriegsmetaphorik vom drohenden Ungewitter und Sturm, denen sie trotze, bereits auf ihre Fähigkeit weist, auch in widrigen Zeitläuften zu bestehen. Shakespeares Rolle im Krieg wird vor allem in der vorletzten Strophe verhandelt – sein Werk sei, ähnlich wie Bab es formuliert hatte, das »kristallne[] Zelt«, das eine menschenverlorene Welt noch beschütze. Es überspanne die zerbombten Schlachtfelder (die Frank, vormals in Flandern stationiert, in das eindrückliche Bild der »verwaisten Meere« fasst) sowie die streitenden Heere. Dadurch darf Shakespeare als die »wahre Ehre Deines Volkes« gelten, und zwar zur Ehre Englands, nicht Deutschlands. Ob mit dem Zusatz »*wahre* Ehre« suggeriert werden soll, England mache sich derzeit der ›*falschen* Ehre‹ schuldig, sei einmal dahingestellt. Der Vers »Jede Sprache hallt dich wieder« bedeutet hingegen eine klare Absage an das deutsche Rezeptionsprivileg und postuliert stattdessen, das ›Geisterwort‹ könne sich nicht nur im Deutschen, sondern grundsätzlich in allen Sprachen manifestieren.

Die Apostrophe Shakespeares als »Trost der Welt« widersprach dem Bellizismus Brotaneks deutlich. Sein Werk als quasi-nietzscheanische Kriegsethik (Brotanek) oder als geistiges Remedium einer kriegsversehrten Welt (Frank) – die beiden Perspektiven, zum gleichen Anlass entworfen, zeigen, wie breit das Spektrum der Deutungsmöglichkeiten auch im dritten Kriegsjahr noch war. Vereinfacht lässt sich das Feld charakterisieren, indem man auf zwei Prozesse hinweist:

1. Hatte man im August und September 1914 den Kampf um Shakespeare als Fortsetzung der militärischen Auseinandersetzung verstanden und war mit Shakespeare-Zitaten gegen England gezogen, bedienten sich auch stramme Nationalisten wie Hauptmann und Brotanek im zweiten und dritten Kriegsjahr subtilerer Argumente, um Shakespeare aus der ›Schusslinie‹ des tagesaktuellen August-Patriotismus zu holen. Die anti-englische Hasspropaganda verklang folglich bereits früh.

2. Daneben ließen sich bald schon Stimmen wie Bab und Frank vernehmen, die in Shakespeares Werk gerade eine Möglichkeit der friedlichen Völkerverständigung sahen, das Einigende betonen, nicht das Trennende. Sie waren aber in der Minderheit.

DIRK VON PETERSDORFF

Von Shakespeares Sonetten über Christa Schuenkes Übersetzung zum Gedichtzyklus *Die Vierzigjährigen*

Vor einigen Jahren fiel mir das Taschenbuch Shakespeare: *Die Sonette. Zweisprachige Ausgabe. Deutsch von Christa Schuenke* in die Hände.[1] Ich war neugierig, wollte sehen, in welches Deutsch die Übersetzerin Shakespeare gebracht hat. Denn jede Neuübersetzung eines Klassikers sagt auch etwas über den Stand der Zielsprache: Wie würden Shakespeares Sonette als deutsche Gedichte an der Wende vom 20. zum 21. Jahrhundert klingen? Die Lektüre fand ohne wissenschaftlichen Anspruch statt; ich wollte über die Sonette, ihre Entstehung, ihren Kontext, Hypothesen zur Bedeutung, nichts wissen, wollte sie nur genau lesen und habe es später bewusst unterlassen, mich über sie kundig zu machen. Mich interessierte die lyrische Technik, und mich erstaunten einige Themen, die Shakespeare anschlägt, vor allem in den ersten Sonetten der Sammlung.

Wenn man aus der deutschsprachigen Lyrik kommt, dann hat man das Sonett der romanischen Literaturen vor Augen und im Ohr. An ihm haben sich die deutschen Dichter geschult und orientiert, wobei die Gipfelleistungen bereits im 17. Jahrhundert erreicht sind. Die stärksten deutschen Sonette (eine subjektive, aber keine waghalsige Behauptung) hat Andreas Gryphius geschrieben. Ihnen merkt man das Glück der Neuentdeckung dieser Form an, und nur in dieser Phase passten die Gedichtform und das Denken wirklich zusammen, schmiegten sich einander an, während die Form später oft schlackerte, wie mit Füllmaterial ausgestopft wirkte oder ihre Wahl jedenfalls nicht zwingend erschien – von Ausnahmen (Rilke) wie immer abgesehen.

Was unterscheidet das Shakespeare-Sonett vom romanischen Sonett, und was macht es für die Gegenwart interessant? Die Shakespeare-Verse sind kürzer, jedenfalls wenn man vom Maß des sechshebigen Alexandriners ausgeht. Der jambische Fünfheber bewegt sich schneller, das Tempo der Rede ist höher, das Innere beweglicher. Weiterhin ist durch die abweichende Strukturierung die Tendenz zur Argumentation geringer: Der Aufbau von zwei Quartetten und zwei Terzetten legt es nahe, eine gedankliche Abfolge zu entwickeln. Das romanisch-deutsche Sonett ist

---

1 William Shakespeare: Die Sonette. Zweisprachige Ausgabe. Neu übersetzt von Christa Schuenke. Mit einem Essay und Literaturhinweisen von Manfred Pfister. München ⁴2005 [zuerst 1994]. Daraus die folgenden Zitate.

mit der Rhetorik verbunden, entwickelt Ideen, will überzeugen. Das Shakespeare-Sonett steht dagegen dem Lied näher, auch durch die Form des Kreuzreims. Es erlaubt in den ersten zwölf Versen die Entfaltung einer gedanklich-emotionalen Atmosphäre. Markant, ebenso graphisch wie reimtechnisch, ist nur der Einschnitt durch das Couplet, das mit dem Paarreim zur Pointierung auffordert, den Witz ebenso ermöglicht wie die Zuspitzung. Schließlich: Die Tonhöhe des Shakespeare-Sonetts ist viel variabler. Vom feinfühlig-elegischen Ton über die persönliche Attacke, den Kalauer, die Drastik und wieder zurück zum erhabenen Panorama ist alles möglich, und kennzeichnend ist gerade der rasante Wechsel der Tonlagen. Nicht nur deshalb wirkt das Shakespeare-Sonett so lebendig. Es ist auch auf ein ›Du‹ gerichtet, folgt in seiner Syntax der gesprochenen Sprache. Shakespeares Sprecher hat einen Standpunkt, man sieht ihn vor sich, wie er intensiv auf sein Gegenüber eingeht oder auch in Gedanken mit sich selbst beschäftigt ist.

Christa Schuenkes Übersetzung wird, wie auch Ansehen und Erfolg der Ausgabe belegen,[2] diesen Potentialen des Shakespeare-Sonetts besonders gerecht, indem sie sich zu einem Modell der Übersetzung bekennt, das in Bezug auf das Original Wirkungsäquivalenz anstrebt. In einem Gespräch mit Christa Jansohn, das im Anhang des genannten dtv-Bandes zu finden ist, setzt sie sich von einer archaisierenden Übersetzung, die sie als leblos empfindet, ebenso ab wie von einer Verfremdung durch forciert-gegenwärtigen Jargon oder durch Soziolekt. Ihr Ziel ist es, am heutigen Sprachstand orientierte Verse zu finden, die nicht nur den Inhalt des Originals abzüglich unvermeidlicher Reduktionen wiedergeben, sondern auch dessen Gefühlswelt vermitteln können:

> Die emotionalen Schwingungen, die von Shakespeares Sonetten ausgehen, erreichen uns heute noch mit unverminderter Kraft, wenn wir uns darauf einlassen. Das habe ich gerade bei jungen Lesern meiner Sonettübersetzung, Leuten von Anfang bis Mitte Zwanzig, immer wieder bemerkt. Und ähnliche argumentative Brücken, wie Shakespeare sie sich baut, um die eigenen Gefühlsverwirrungen zu rationalisieren, bauen sich Menschen auch heute noch, wenn sie verzweifelt versuchen, sich von der Wucht ihrer Emotionen nicht zu Boden schleudern zu lassen. Damit das Moment der Wiedererkennbarkeit in der Übersetzung da ist, muß, denke ich, eine Sprache gewählt werden, die modern ist, ohne modisch zu sein, die aber auch die Wort- und Klanggewalt hat, die notwendig ist, um den mitunter sehr hohen, klassischen Ton des Originals zu treffen.[3]

---

2   Vgl. dazu Christa Jansohn: »20 Jahre jung. Ein Gespräch mit der Shakespeare-Übersetzerin Christa Schuenke«, literaturkritik.de 4 (2014), http://www.literaturkritik.de/public/rezension.php?rez_id=19086 (13. Juni 2014).

3   »»Die neue Lust auf die Sonette‹. Christa Schuenke im Werkstattgespräch mit Christa Jansohn«. In: William Shakespeare: Die Sonette. Neu übersetzt von Christa Schuenke (Anm. 1), S. 163–173, S. 164f.

Dieser Anspruch, mit Versen, die Shakespeare gerecht werden, gegenwärtige Leser so zu treffen, dass sie sich im Fremden wiedererkennen, wird wunderbar in einigen Sonettanfängen eingelöst. So beginnt das achte Sonett mit der Frage: »Du hörst Musik, und doch bist du verstimmt?« (Vers 1) – und wer kennt nicht diese Situation, Musik angestellt zu haben, von der man sich eine beruhigende, aufheiternde oder tröstende Wirkung versprochen hat, die aber bei allem Bemühen, sich auf die Musik einzulassen, ihr zu folgen, doch ausbleibt, weil das gegenwärtige Unbehagen stärker ist? Das dritte Sonett gibt eine Anweisung, die jeder Leser leicht befolgen kann, und der Ton der Übersetzung trifft genau jene Direktheit Shakespeares, der man sich schwer entziehen kann: »Sieh in den Spiegel, sag dir ins Gesicht: | ›Nun ist es Zeit, daß dies Bild neu entsteht‹« (Vers 1f.). So hat man es noch nie gehört, aber gerade in dieser leichten Fremdheit wirkt es sofort überzeugend. Menschen einer bestimmten Altersgruppe können sich von dem Eingang des zweiten Sonetts angesprochen fühlen: »Belagern vierzig Winter deine Stirn« (Vers 1). An diesem Vers wird sehr schön deutlich, dass Partien mit hohem Ton von der Übersetzung nicht eingeebnet werden, wobei dieser hohe Ton sowohl dem ernsten Kampf des Menschen gegen die Zeit gerecht wird als auch eine gewisse Komik erzeugt, denn eigentlich ist mit der ins Kriegerische gehenden Metaphorik doch wiederum nur gemeint, dass man Falten bekommt.

Neben solchen sofort treffenden Eingangsversen ist auch die Übertragung einzelner Bilder in ein gegenwärtiges Deutsch so gelungen, dass der Leser mögliche Szenen aus seiner eigenen Welt vor Augen hat. Gleichzeitig ergibt sich ein Überraschen, weil man diese Szenen zum ersten Mal sieht. Im dritten Sonett, das mit der Aufforderung, in den Spiegel zu blicken, beginnt, wird die Spiegel-Bildlichkeit in Variation wieder aufgenommen:

> Bist du nicht deiner Mutter Spiegel? Schau,
> In dir sieht sie noch einmal ihren Mai.   10
> So zieht im Fenster, bist du welk und grau,
> Die eigne Jugendzeit an dir vorbei.

Der Blick aus dem Fenster trifft das eigene Kind, wobei es zu einer kurzen Verwechslung kommt, weil man glaubte, sich selbst in junger Gestalt dort vorbeigehen zu sehen.

Schließlich überzeugen auch die Couplets in ihrer finalen Härte. Dem Du, das am Anfang Musik hört, und doch verstimmt ist, wird in den folgenden Versen ein psychischer Zustand voller Widersprüche bescheinigt. Es hängt an Gegenständen und Gefühlen, die ihm gleichzeitig schaden: »Was liebst du das, was dir die Freude nimmt? | Warum genießt du, was du hassen mußt?« (Nr. 8, Vers 3f.). Wegen dieser Diffusion kann es die Einheit der Musik nicht wahrnehmen, das Zusammengehörige zersplittert ihm. Das Couplet in Schuenkes Worten: »Dies Lied ist wortlos

und scheint doch zu schrein: | ›Du bist ein Nichts! Ein Nichts, bleibst du allein.‹«
(Vers 13f.).

   Das Thema dieser ersten Gedichte der Sonettsammlung dürfte in den zitierten
Versen schon hervorgetreten sein. Ein Sprecher fordert ein Du auf, endlich ein Kind
in die Welt zu setzen. Es ist höchste Zeit, eben weil schon vierzig Winter die Stirn
belagern und weil die eigene Schönheit sichtlich schwindet:

> Drum zeug ein Kind, das für dich einstehn kann.   10
> Lebt deine Schönheit fort in diesem Kind,
> Dann kreidet keiner dir dein Alter an.

Dieses Thema wird mit verblüffender Insistenz behandelt. Nicht nur, dass ihm die
ersten 17 Sonette gewidmet sind. Auch wird das Du mit allen sprachlichen Mitteln auf den rechten Weg gebracht. Ihm werden einkreisende Fragen gestellt: »Ver-
harrt nicht jegliches Gewächs auf Erden | Einen Moment nur in Vollkommenheit?«
(Nr. 15, Vers 1f.). Es wird in Angst vor dem Tod versetzt, der ohne Kinder ein
vollständiges Verschwinden sei. Nur wer ein Kind hat, der geht nicht ohne Spur
aus dieser Welt, so wird ihm versprochen beziehungsweise angedroht. Auch an sein
Verantwortungsgefühl wird appelliert, und dies mit Blick aufs Weltganze. Denn
würden sich alle zeugungsfähigen jungen Männer so verhalten wie er bisher, wäre
die Welt in dreimal zwanzig Jahren leer (Nr. 11).

   Rhetorisch wird mit dem Mittel der Häufung und Variation gearbeitet, das der
Botschaft von der Notwendigkeit des Kinderkriegens Eindringlichkeit verleiht. An
das Vergehen von Zeit wird mit den Bildern der Turmuhr erinnert, dem des Wel-
kens von Veilchen, mit dem Alterssilber, das sich auf schwarze Locken legt (Nr. 12),
und weiteren aus der Topik bekannten Motiven. Aber es wird auch ungewohnte
Bildlichkeit aufgeboten, wenn das Du als Druckstock erscheint, der nun endlich
sich selbst kopieren soll (Nr. 11, Vers 13). Unvermeidlich ist die phallische Bildlichkeit. Im Akt der Zeugung geht es darum, mit dem »schärfsten Stahl«, den man
besitzt, der Zeit zu Leibe zu rücken (Nr. 16, Vers 1). Auch erscheint das männliche
Glied als Stift: »Ja, gib dich hin, dann wird's dich ewig geben. | Dein süßer Stift
verlängert dir das Leben.« (Vers 13f.). Überhaupt wird an das sexuelle Vergnügen
appelliert. Die Frauen warten doch nur auf das attraktive Du: »Wo ist die, deren
ungepflügter Schoß | Nicht gern gepflügt sein will im Ehebett.« (Nr. 3, Vers 5f.).

   Hilft der Appell an das Lustgefühl nicht, dann kann drastische Antithetik eingesetzt werden, um das Du zur Vernunft zu bringen. In der Zeugung und Vermehrung liegen »Weisheit, Schönheit, Steigerung«, die Ablehnung führt zu »Alter,
Verfall und Wahnsinn« (Nr. 11, Vers 5f.). Auch scheut der Sprecher nicht das pathetische Register, verwendet astronomische Metaphorik, spricht von den Sternen,
die er nicht deuten könne, wohl aber die Fixsterne des Du (Nr. 14), gemeint sind
natürlich die Augen. Was aber liest er ahnungsvoll aus diesen Sternen? Es kann

nicht überraschen: »Wenn Schönheit sich mit Wahrheit paaren soll, | Musst du, mein Liebster, endlich dich vermehren« (Nr. 14, Vers 11f.). Das siebente Sonett, das mit dem Blick ins Unbestimmte beginnt: »Schau, wie im Osten sich der Himmel lichtet« (Vers 1), und damit einen angenehmen Gedankengang zu versprechen scheint, endet mit der konkreten Drohung: »Vergessen stirbst du, hast du keinen Sohn« (Vers 14).

So geht es hin und her, von der Anklage, die auf die problematischen psychischen Folgen der Kinderlosigkeit hinweist, das Du als Selbsterreger attackiert, über die Schmeichelei, die gerade die Schönheit des Freundes als wichtigstes Argument für die Vermehrung benennt, bis zum praktischen Hinweis auf den emotionalen Mehrwert, den man im Alter aus Kindern zieht. Genauso wie die Form des Shakespeare-Sonetts interessierte mich auch diese Thematik, denn das Ringen um die Entscheidung, ob man mit oder ohne Kinder leben wolle und solle, konnte ich unter meinen Altersgenossen überall beobachten. Unter ganz anderen gesellschaftlichen und medizinischen Bedingungen als zur Shakespeare-Zeit wurden in meiner Umgebung doch vergleichbare Argumente für oder gegen die Gründung einer Familie ausgetauscht. Menschen wie das attackierte Du kannte ich ebenso, wie mir jener Sprecher bekannt vorkam, der keine argumentative Direktheit scheute, um einen anderen zur richtigen Lebensweise zu bekehren. Überall wurde darüber gestritten, trafen offensive Familienmenschen auf Zeitgenossen, die ihnen bemitleidenswert vorkamen, weil sie ohne Kinder lebten, und die Eltern sahen es als innere Pflicht an, die bisher Fehlgeleiteten aus ihrer existenziellen Unwissenheit zu erlösen. Diese aber verharrten wie Shakespeares Du im Trommelfeuer der Argumente.

Auch die sprachliche Direktheit Shakespeares schien mir bestens in gegenwärtige Auseinandersetzungen zu passen. Christa Schuenke leistet auch hier Hervorragendes, indem sie von einem bestimmten Shakespeare-Verständnis ausgeht, das sie im schon zitierten Gespräch mit Christa Jansohn erläutert:

> Shakespeare hat die vorgefundene Sonettform seinen poetischen Zwecken entsprechend abgewandelt oder modernisiert, er hat kaum Wert auf kostbare Reimwörter gelegt, er verwendet so gut wie keine Unikate, wohl aber Neologismen – etwa ›tongue-tied‹ […]. Wenn er solch eine Neuschöpfung jedoch einmal eingeführt hat, lässt er sie in der Regel mehrfach wiederkehren wie eine einmal aufgebaute Gestalt, die sich dann im weiteren Textkorpus behaupten muß.[4]

Offenbar entsprechen solche poetologischen Überzeugungen auch dem Temperament der Übersetzerin, denn in das 76. Sonett, das lyrische Prinzipien darlegt, investiert sie sichtlich Energie: »Warum fehlt meinem Vers moderner Schick, | Erfindungsreichtum, Spannung, frischer Schwung?« (Vers 1f.).

---

4 Ebenda, S. 166.

Diese Verse zeigen, wie scheinbar selbstverständlich Christa Schuenke der jambische Fünfheber gelingt. Der Rhythmus drängt sich nicht unangemessen in den Vordergrund, aber gibt der Sprache genau jenen Schwung, dessen Fehlen – natürlich eine Koketterie Shakespeares – konstatiert wird. Dabei arbeitet Schuenke gekonnt mit schwebenden Betonungen, wenn in der Frage »Warum fehlt meinem Vers moderner Schick« am Anfang zwischen metrischer und semantischer Betonung ein Spannungsverhältnis besteht: Der Jambus ist mit dem natürlichen Wortakzent vereinbar und lässt sich realisieren, aber liest man semantisch, dann würde man trochäisch beginnen. Souverän wird das Enjambement eingesetzt: »Was schreib ich nicht, wie jeder heut, mit Blick | Auf rare Wörter, Stilerneuerung?« (Nr. 76, Vers 3f.). Der am Versende aufgerufene Blick erhält mit dem folgenden Versanfang seine Richtung. Diese beiden Fünfheber führen aber auch die Abwesenheit jeder Künstelei vor. Die Frage klingt wie wirklich in einer Selbsterörterung gestellt, die kleine Elision »heut« statt »heute« trägt das ihre dazu bei – und siehe da, es ist ein jambischer Pentameter. Das Wort ›Stilerneuerung‹ in einen Vers zu integrieren – man muss Respekt vor den lyrischen Fähigkeiten der Übersetzerin haben.

Auch dort, wo die gedankliche Bewegung aus Widersprüchen hervorgeht, wahrt die Übersetzung ihre Eleganz. Wenn sich der Shakespeare-Sprecher zunächst zweifelnd fragt, warum er immer das Gleiche sage, nur bekannte Wörter verwende, um in dieser Selbstanklage durchblicken zu lassen, dass er die alten Wörter so spezifisch einsetze, dass sie seine Besonderheit und Originalität bezeugen, dann klingt das in Schuenkes Worten so:

Was schreib ich bloß dasselbe früh und spät,   5
Beschreib den alten Hut auf alte Art,
Daß meinen Namen jedes Wort verrät
Und willig, wo es herkommt, offenbart?

So hoffe ich nachvollziehbar gemacht zu haben, wie stark die Inspiration war, die von der Lektüre dieser Übersetzung ausging. In glücklicher Weise schoss hier etwas zusammen: Die Sonettform schien mir neu und reizvoll, denn es gibt zwar eine lange Tradition der deutschen Shakespeare-Übersetzung, aber in der deutschsprachigen Lyrik hat dieser Gedichttyp kaum eine Rolle gespielt – unbebautes Land lag da also vor mir. Dazu hatte ich viele Beobachtungen und Gesprächsausschnitte im Kopf, die Lebenssituationen und Entscheidungen von Vierzigjährigen betreffend. Diese Eindrücke und Ideen strömten nun wie von selbst auf die Sonettform zu. Das bis dahin diffus im Kopf Vorhandene sollte Festigkeit bekommen, durch die Anforderungen der Form sagbar werden. Die Arbeit daran ging mit großer Intensität voran, einerseits leicht, weil das Material vorhanden war beziehungsweise sich einstellte, andererseits so, dass die Form Widerstand bot. Das ist aller Erfahrung nach ein gutes Mischungsverhältnis. Eines der ersten Gedichte hieß im direkten

Ausgang von Shakespeares vierzig Wintern *Die Vierzigjährige* und erschien im März 2009 in der FAZ:

> Wohin mit diesem halb gefüllten Leben,
> du bist noch immer herrlich dekolletiert
> und kannst dir alles, Lady, selber geben,
> nur dass man langsam doch den Druck verliert.
> Am Freitagabend isst du gern Garnelen,   5
> auf deinen unzerkratzten Ledersesseln
> denkst du sehr lange an die armen Seelen,
> die sich mit blöden, lauten Kindern fesseln.
> Du schreibst auf Zettel, wer dich wohl vermisst
> aus vielen hellen, glückzerzausten Jahren,   10
> oh weh, dein neuer Freund, der Galerist,
> will an der Elbe mit dir Rollschuh fahren,
>   und dann fühlst du beim Cremen des Gesichts
>   dich wie ein Stein, der fällt und fällt ins Nichts.[5]

Neben dem Shakespeare-Impuls hatte ich beim Schreiben auch noch Bob Dylans *Like a Rolling Stone* im Ohr, und natürlich war ich stolz, als es in der FAZ erschien. Am gleichen Abend erhielt ich auch einige Mails, die einerseits Interesse am Gedicht bezeugten, andererseits in ihren Wertungen gemischt ausfielen. Ein Herr, der nur mit Karlsson unterschrieb, was mich an *Karlsson vom Dach* erinnerte, erklärte, dass das Gedicht wunderbar geschrieben sei, ein anderer nannte es sogar großartig, weil es eine Unmenge von Bildern vor dem inneren Auge erzeuge, fuhr aber nach einem Absatzeinschnitt fort: »Und jetzt werde ich mit meinen fünf Kindern zu Abend essen«. Das weckte Zweifel, ob seine Zustimmung wirklich primär ästhetisch begründet war. Eine weitere Mail enthielt schon im Betreff ein eindeutiges Urteil: »Geschmackloses Gedicht in der FAZ vom 18.3.2009«. Die Verfasserin erklärte, dass sie es ja gewohnt sei, dass in dieser Zeitung »in einem fort auf kinderlosen Frauen herumgehackt wird«. Mit meinem vollkommen überflüssigen Gedicht würde ich genau diese konservative Stoßrichtung bedienen, die auch schon mal davor warne, dass am Ende die Deutschen aussterben werden. Ich schrieb vorsichtig zurück, dass es sich doch um ein Gedicht handele, ich mich für psychische Situationen interessiere, dass es um eine Beobachtung, nicht um ein Urteil ginge, wies fragend auf einen gewissen Einschlag von Komik hin – wurde nach dem Austausch einiger Mails aber abschließend doch zurückgewiesen.

    Die Relevanz des Themas war mit solchen Reaktionen vielleicht erwiesen, aber hatte mich die Pointierungslust der Form mitgerissen? War die Direktheit zu stark

---

5   Dirk von Petersdorff: Nimm den langen Weg nach Haus. Gedichte. München 2010, S. 54.

dosiert, wurde das Du nicht nur angesprochen, sondern attackiert? Oder lag das Problem in der Sprechsituation, dass ein als männlich angesehener Sprecher den Gefühlshaushalt einer Frau seziert, dabei überzeichnet? Dass eine männliche Stimme über ein weibliches Leben scheinbar spöttisch spricht? Ich wusste es nicht, war aber inzwischen schon ganz in der Arbeit an einem Sonett-Zyklus mit dem Titel *Die Vierzigjährigen* versunken. Daraus ein anderes Beispiel:

Man trifft sich im Flur

Mein Sohn trägt gelbe Shirts mit Zackenschrift,
wo Ritter ihre Laserschwerter heben
und eine Schlange einen Panther trifft –
das ist für mich vorbei in diesem Leben.
Doch bin ich im Besitz von frühen Siegen   5
als Fahrradfahrer, der dem Glück erlag,
denn sie, oh Gott, ist hinten aufgestiegen,
fasst meine Hüfte an, Elektroschlag.
Das steht dem Jungen alles noch bevor:
das feine, ungewisse Zukunfts-Brennen,   10
die heiße Röte bis hinauf zum Ohr
und Ungeduld, der Puls will immer rennen.
 Der Mann macht langsam die Krawatte frei,
 der Junge schiebt sein Mountainbike vorbei.[6]

Solche Gedichte werden oft biographisch gelesen. Man wird dann augenzwinkernd darauf angesprochen, wie es bei einem zu Hause zugehe, ob man Probleme mit dem Älterwerden habe und wer das Mädchen auf dem Fahrrad damals war. Frappierenderweise neigen gerade Universitätskollegen, die ihren Studierenden mühsam die Rede vom lyrischen Ich beigebracht haben, zum konsequenten Biographismus, meinen nach einem solchen Gedicht zu wissen, dass ich einen Sohn habe, wie alt er ungefähr sei und welche T-Shirts er trage. Tatsächlich habe ich auch zwei Söhne, aber als ich das Gedicht geschrieben habe, waren sie viel zu klein, als dass sich eine solche Szene wirklich hätte abspielen können. Mit der Entstehung von Gedichten ist es etwas komplizierter, wie sich an einem solchen Beispiel zeigen lässt. Tatsächlich gibt es fast immer ein lebensgeschichtliches Fundament, denn es ist schlicht unwahrscheinlich, dass jemand Gedichte über Gegenstände schreibt, die ihn überhaupt nicht berühren. Aber lebensgeschichtlich berühren können natürlich auch Beobachtungen, die man in seiner Umwelt macht und die sich mit eigenen Erfahrungen vermischen.

---

6 Ebenda, S. 51.

Hinzu kommen aber andere Impulse, wie ich anhand der Shakespeare-Lektüre zeigen wollte. Ein solcher Impuls kann das Versprechen und die Herausforderung durch eine literarische Form sein. Versprechen – weil diese Form etwas auszudrücken erlaubt, was vorher nur diffus im Gedankenraum vorhanden war. Herausforderung – weil die Bewältigung einer Form eine Aufgabe darstellt, an der man seine Kräfte erprobt, an der man auch scheitern kann.

Solche Herausforderungen gibt es in allen Künsten, und vielleicht kann man es an einem Beispiel aus der Malerei erläutern. Piero della Francescas mehrteiliger monumentaler Freskenzyklus *Die Legende vom heiligen Kreuz* erzählt die Geschichte des Kreuzes Christi vom Tod Adams bis zum Triumphzug des Heraclius nach Jerusalem. Er stellt eine große und erhebende Idee dar und dient der Kontemplation der Gläubigen. Aber sieht man sich die Darstellung der Schlacht zwischen Heraclius und Chosroes an, dann bilden kräftige Pferdekörper den Vordergrund. Ganz besonders war dem Maler offenbar an der Darstellung eines weißen Pferdehinterteils gelegen, das Eleganz ebenso wie Kraft und Dynamik versinnbildlicht. Der Betrachter denkt: Ja, Piero della Francesca gab sein Bestes, um Andacht und Verehrung zu wecken, er schwang sich in die Höhen des Geistes und rührt herrlich an Gefühle. Aber er wollte auch zeigen, wie ihm die Pferde gelingen, denn hier stand er in einem Wettkampf mit den Malern seiner Zeit wie mit den großen Vorgängern, und solche Darstellungen lassen sich vergleichen.

Der Kampf mit der Form besitzt also eine Eigendynamik und Agonalität, denn die Form zeigt und verrät, ob es gelungen ist. Das Ringen mit einer solchen Herausforderung geht genauso wie die lebensgeschichtliche Berührung in das Gedicht ein, und beides ist im fertigen Produkt nicht mehr zu trennen. Am Beispiel des Vaters, der den Sohn im Flur trifft: Natürlich sind hier vermittelt eigene Erfahrungen eingeflossen, nämlich die, dass der Umgang mit Kindern auch das Bild, das man von sich selbst hat, verändert, und die Wahrnehmung zeitlicher Veränderung intensiviert. Aber das Schlussbild des Vaters, der im Flur seinen Sohn trifft, wobei der eine kommt, der andere geht, ist auch aus der Formvorgabe des Couplets hervorgegangen, das zum Abschluss und zur Pointierung der Aussage in einem gereimten Verspaar auffordert. Die Form wirkt also nicht als Zwang, sondern als Stimulans, sie leitet und führt zur Aussage, und gerade über die Leistung des Reims als Ideengenerator ließe sich in diesem Zusammenhang noch einiges sagen.

Stattdessen möchte ich noch ein drittes Sonett vorstellen, weil es vielleicht zeigen kann, wohin sich die erste Inspiration durch die Form entwickelt hat: über das Thema der Zeugung und des Lebens mit Kindern hinaus, in Abwandlung der direkten rhetorischen Ansprache, in einer Rücknahme der Pointierung – hin zu dem Versuch, mit dem Shakespeare-Sonett eine Bewegung des Fließens und Gleitens abzubilden. Mich interessierte die Verunsicherung zeitlicher und räumlicher Ordnungen, die man durchaus als Signum der Gegenwart ansehen kann. Sie ist Resultat des Verschwindens vieler großer sinnstiftender Erzählungen, aber dies ist kein Abstraktum, sondern schlägt sich in der Alltagswahrnehmung nieder, als Gefühl der Instabilität, als Sorge, keinen festen Boden zu besitzen:

Glaspassagen

Wenn du dich spiegelst in den Glaspassagen
und denkst: Wo komme ich denn bitte vor? –
dein Mann ist nett, er schenkt dir zehn Massagen,
und seit dem Winter singst du gern im Chor.
Das Lob läuft leider durch ein Sieb wie Tee,   5
dann wühlt der Neid im Garten neue Hügel,
an manchen Tagen tut das Glück auch weh,
doch in dem grünen Kleid bekommst du Flügel.
Die erste Liebe ließ dich gestern grüßen,
und alle bauen so fragile Reiche,   10
der Boden wandert unter unsren Füßen,
doch deine Haut ist noch die helle, weiche.
    Was führt dich vorwärts, rückwärts durch die Zeiten,
    so kühl wie Stare durch den Himmel gleiten.[7]

---

7   Ebenda, S. 50.

ELISABETH HERRMANN

Ein Gespräch über »Shakespeare by Numbers – Ein intermedialer Rundgang durch die Sonette« mit Mitgliedern des LyrikLabors[1]

I. Einführung

Im Foyer der Mainzer Akademie der Wissenschaften und der Literatur eröffnete am 15. Mai 2014 das Mainzer »LyrikLabor e. V.: Institut für angewandte Poesie« im Rahmen des Symposiums »Shakespeare unter den Deutschen« seine Ausstellung »Shakespeare by Numbers – Ein intermedialer Rundgang durch die Sonette«. Die Ausstellung, die von der Akademie der Wissenschaften und der Literatur und der Sparkasse Mainz großzügig unterstützt wurde, war bis zum 4. Juli 2014 zu sehen und stieß sowohl beim Publikum als auch bei der Presse auf reges Interesse und auf ausgesprochen positive Resonanz.[2]

2011 wurde das LyrikLabor als Kooperation zweier Dozentinnen aus dem Studiengang Innenarchitektur der Hochschule Mainz und dem Deutschen Institut der Johannes Gutenberg-Universität (Susanne Maier-Staufen und Kerstin Rüther) ins Leben gerufen,[3] um mit der multimedialen Inszenierung von Gedichten einen Beitrag zur »Stadt der Wissenschaft« zu leisten. Im März 2013 wurde das LyrikLabor schließlich als gemeinnütziger Verein gegründet, in dem Künstler/innen, Literaten, Gestalter/innen und Wissenschaftler/innen gemeinsam daran arbeiten, Poesie in Bildern darzustellen. Inzwischen arbeiten rund dreißig kreative Kulturschaffende aus ganz unterschiedlichen Disziplinen (u. a. Literaturwissenschaftler/innen, Büh-

---

1   Amelie Bendheim (Germanistik), Stephi Bigalke (Kommunikationsdesign), Susanne Maier-Staufen (Bühnenbild), Tina Rotzal (Germanistik), Kerstin Rüther (Germanistik), Dominik Schuh (Germanistik, Geschichte), Ina Weckop (Germanistik).

2   Lea Mittmann, »Das Mainzer Lyrik-Labor lädt zum intermedialen Rundgang ›durch‹ Shakespeares Sonette«. In: Allgemeine Zeitung (20. Mai 2014) [inkl. Film-Doku]: http://www.allgemeine-zeitung.de/lokales/mainz/nachrichten-mainz/das-mainzer-lyrik-labor-laedt-zum-intermedialen-rundgang-durch-shakespeares-sonette_14155871.htm; »LyrikLabor trifft Shakespeare«. In: Campus Mainz (17. Mai 2014). http://www.campus-mainz.net/news details/news/lyriklabor-trifft-shakespeare/; N. N., »LyrikLabor macht Shakespeare lebendig«. In: SWR (15. Mai 2014), und Isabel Steinmetz: »Shakespeares Poesie lebt«. In: Studentenzeitung, 171 (Juni 2014), S. 27. http://www.stuz.de/sites/www.stuz.de/files/epapers/pdf/epaper_juni_web.pdf (Zugriff für alle in diesem Artikel zitierten Websites: 19. September 2014).

3   Weitere Informationen unter: http://www.lyriklabor.de/.

nenbildner/innen, Innenarchitekt/innen, Kommunikationsdesigner/innen) im LyrikLabor zusammen.

»Shakespeare by Numbers« ist die erste Ausstellung des LyrikLabors als Verein, das schon vor seiner Neugründung 2013 überregionale Beachtung für seine außergewöhnlichen Ausstellungsprojekte gefunden hatte.[4] Dabei ging und geht es den Vertreter/innen des LyrikLabors stets darum, die Vielschichtigkeit von Dichtung gestalterisch darzustellen.

Da Lyrik in der Regel in einer sehr bildhaften und anschaulichen Sprache verfasst ist, ist die künstlerische Darstellung von Dichtung für sie eine große Herausforderung, da die Mitarbeiterinnen und Mitarbeiter inhaltlich nicht reduzieren wollen, was der Dichter schreibt, sondern versuchen, die Poesie in komplexe Bilder zu übersetzen und somit den Inhalt der Gedichte für den Rezipienten weiter aufzuschließen. Die Sonette Shakespeares für den Betrachter weiter aufzuschließen und so zugänglicher zu machen, dieser Aufgabe stellten sich zehn LyrikLaboranten, um den 450. Geburtstag William Shakespeares mit der Ausstellung »Shakespeare by Numbers« zu feiern. In zehn zum Teil interaktiven Stationen, die in der folgenden Übersicht kurz vorgestellt werden sollen,[5] wurden den Besuchern die 154 Sonette im Original und diversen Übersetzungen näher gebracht:

EINS	Wer sich Shakespeares Sonetten nähert, steht vor einer Welt aus fernen Worten und fremden Metaphern. Er muss erst langsam lernen, sie zu lesen.
	Blätterwerk
	Stephi Bigalke, Susanne Maier-Staufen, Tina Rotzal, Kerstin Rüther, Ina Weckop
ZWEI	Auch in seinen Sonetten bleibt Shakespeare Dramatiker. Mit wenigen Worten erschafft er Figuren von großer Prägnanz, lebendige Geschöpfe aus nichts als Tinte und Papier.
	Untitled
	Konzeption: Susanne Maier-Staufen, Daniel Rettig, Kerstin Rüther, Hendrik Schneider
	Fotografie und Umsetzung: Stick Up Studio (Daniel Rettig und Hendrik Schneider)
	Kostüme: Susanne Maier-Staufen
	Modelle: Yara Dobra, Steffen Henschel

---

4   »Traumspiele« (19.–22. März 2012, Fachhochschule Mainz); »Poesie im Schrank« (15.–16. September 2012, Gutenbergplatz).

5   Die Übersicht ist aus dem Programmheft des LyrikLabors zur Ausstellung entnommen. Weitere Informationen sowie Bilder zu den einzelnen Installationen befinden sich auf der diesem Aufsatzband beigefügten CD.

DREI	154 Sonette sind uns aus Shakespeares Feder überliefert. Sie bilden einen eigenen Kosmos aus Figuren, Bildern, Worten – eine Welt, in der man sich verlieren kann.
	Im Bergwerk der Sonette
	Amelie Bendheim, Susanne Maier-Staufen, Tina Rotzal, Kerstin Rüther, Dominik Schuh, Ina Weckop; Holzschnitte: Inka Grebner
VIER	Shakespeares Sonette handeln von der Endlichkeit des Menschen und der Ewigkeit der Poesie. Doch Texte sterben, wenn sie nicht gelesen werden. Nur durch uns bleiben sie lebendig.
	Living Shakespeare
	Peter Hofmann, Sprecherin: Jessie Quinlan
FÜNF	Sonette leben nicht in Büchern. Sie sind Gaben an Freunde. Lassen wir sie frei!
	Send a Sonnet to a Friend
	Alena Heinritz, Kerstin Rüther, Hendrik Schneider, Susanne Maier-Staufen
SECHS	Wie lässt sich Schönheit bewahren? Diese Frage umkreisen viele von Shakespeares Sonetten. Seine Antwort lautet: in der Poesie. Aber es gibt noch andere Mittel und Wege.
	The Beauty of Language
	Raffael Prinz
SIEBEN	Shakespeare ist ein brillanter Rhetoriker. Er spielt mit Worten wie mit Schachfiguren. Manche sind seine erklärten Lieblinge, andere verschmäht er fast vollständig.
	Let It Bloom
	Laura Schumacher
ACHT	Shakespeare auf Deutsch? Unmöglich! Und doch gibt es viele Übersetzungen, und alle haben ihre eigene Schönheit.
	Shall I Compare
	Stephi Bigalke
NEUN	Wie viel Shakespeare steckt in den Sonetten? Nichts schöner, als sich Phantasien über sein Leben hinzugeben.
	In Memory of the Puzzling Shakespeare
	Stephi Bigalke, Tina Rotzal, Martin Schneider, Ina Weckop
ZEHN	Wer einen Text liest, schreibt ihn neu. Er füllt ihn mit Gedanken und Gefühlen. Sie sind es wert, geteilt zu werden.
	Commentbook
	Peter Hofmann

Im Zentrum der Ausstellung stand das »Bergwerk« (Station 3), eine Installation, in der sämtliche Sonette aus dem Zyklus präsentiert wurden. Die Mitarbeiterinnen und Mitarbeiter des LyrikLabors stellten für jedes der 154 Gedichte einen halbrunden Spiegelkasten her, in dessen Hintergrund der englische Originaltext auf Spiegelfolie abgedruckt war. Im Vordergrund wurde jeweils die Interpretation der gestaltenden LyrikLaboranten in Szene gesetzt, indem Gedanken oder Figuren, die im Sonett thematisiert werden, in Bilder übersetzt und vor dem Text platziert wurden. Dabei versperrten diese Text- und Bildelemente immer wieder den direkten Blick auf das Gedicht, wodurch sich für den Betrachter neue Bedeutungsräume eröffneten. Die 154 Spiegelkästen wurden so positioniert, dass durch die Installation ein eigener Raum entstand, sodass die Besucherinnen und Besucher beim Betrachten der Bilder und der Suche nach der tieferen Bedeutung der Sonette in das »Bergwerk« vordringen mussten.

Doch ging es den Künstler/innen nicht nur um die Ausstellung der Sonette, die Besucherinnen und Besucher bekamen an verschiedenen interaktiven Stationen auch die Gelegenheit, selbst kreativ zu werden. So konnten sie beispielsweise selbst Sonette schreiben und diese an Freunde verschicken, eigene Gedanken, Gefühle oder Reaktionen auf Shakespeares Gedichte in einem ausgelegten ›Commentbook‹ hinterlassen oder aber beim Shakespeare-Memory ihr gutes Gedächtnis beweisen.

Eine ganz andere Annäherung an die Sonette von William Shakespeare boten weitere interaktive Stationen, die in Zusammenarbeit mit Studierenden der Hochschule Mainz unter der Leitung von Professor Holger Reckter entstanden sind. So konnten die Besucherinnen und Besucher beispielsweise mit Hilfe ihres eigenen Pulsschlags Shakespeares Gedichte mit Leben füllen, Worthäufungen innerhalb der Sonette auf die Spur kommen oder die Wirkung von vier verschiedenen Übersetzungen des berühmten achtzehnten Sonetts ins Deutsche nach verschiedenen Kriterien bewerten. Die unterschiedlichen Bewertungen der ausgewählten Übersetzungen wurden wiederum graphisch dargestellt, gesammelt und zu einem neuen Kunstwerk verarbeitet, sodass jeder Besucher an der Entstehung der Graphik Anteil hatte.

So unterschiedlich all diese Installationen waren, so wurden doch immer wieder die zwei Persönlichkeiten, an die sich die Sonette richten, nämlich die so genannte ›Dark Lady‹ und der ›Fair Youth‹, thematisiert. Leitend war dabei der Gedanke, dass Shakespeare diese Figuren lediglich aus Tinte auf Papier entstehen ließ, er reihte in seinen Dichtungen unterschiedliche Gedanken an sie facettenhaft aneinander. Aus dieser Überlegung heraus erstanden in einem weiteren Ausstellungsstück, einer unbetitelten Fotoarbeit, die dunkle Dame und der schöne Jüngling aus Papier und Tinte. Es wurden hier einzelne Papierstücke so zusammengeklebt, dass diese beiden Figuren einerseits lebendig sichtbar, andererseits aber auch überraschend fremd wirkten. Überlebensgroß und aus dem Text herausgewachsen wachten die ›Dark

Lady‹ und der ›Fair Youth‹ mit strengem, stolzem und selbstbewusstem Blick über die Ausstellung.

Die zehn sehr anschaulichen Installationen der Ausstellung »Shakespeare by Numbers – Ein intermedialer Rundgang durch die Sonette« zeigen, dass eine intensive Zusammenarbeit zwischen verschiedenen Künsten und Wissenschaftsdisziplinen durchaus lohnend ist. Den Mitarbeiterinnen und Mitarbeitern des LyrikLabors gelang es, die Sonette William Shakespeares auf eine sehr moderne, kunstvolle Art darzustellen und den Gedichten somit Raum zu geben.

II. Interview

Im folgenden Interview mit Vertreterinnen und Vertretern des LyrikLabors werden Fragen zur konkreten Arbeit mit Shakespeares Sonetten diskutiert. So soll nicht nur über das Ausstellungskonzept, sondern auch über die Herangehensweise der Mitarbeiterinnen und Mitarbeiter an diese Texte, die intermediale Umsetzung und die Schwierigkeiten gesprochen werden.

Weitere Materialien, Informationen und Abbildungen zur Ausstellung »Shakespeare by Numbers« sind auf der diesem Aufsatzband beigefügten CD zu finden.

1. Warum haben Sie sich Shakespeares Sonette als Gegenstand Ihrer Ausstellung ausgewählt?

Dominik Schuh: Als LyrikLabor fühlen wir uns in erster Linie natürlich der Lyrik, den Gedichten verpflichtet. Unser Ziel ist es, diese oft vernachlässigte Gattung wieder stärker in den Blick der Menschen zu bringen. Anlässlich des Shakespeare-Jubiläums erschien es uns besonders auffällig, dass dieser – zweifellos unter den Autoren von Weltruhm einzuordnende – Dichter fast ausschließlich als Dramatiker wahrgenommen wird, obwohl er zugleich ein umfangreiches lyrisches Werk geschaffen hat. Unser Ziel musste es hier also sein, seine vergessene Lyrik sichtbar und für moderne Leserinnen und Leser verständlich zu machen.

2. Welches Publikum hatten Sie vor Augen?

Susanne Maier-Staufen: Da wir anlässlich der Tagung »Shakespeare unter den Deutschen« die Ausstellung eröffnen wollten, und uns auch sehr bewusst darüber waren, welch ein Publikum die Akademie der Wissenschaften und der Literatur anzieht, hatten wir während der Arbeit natürlich das wissenschaftliche Fachpublikum vor Augen. Intensiv haben wir uns mit der Frage auseinandergesetzt, inwieweit unsere gestalterischen Annäherungen im Blick der Fachleute aller Klassen wirken würden. Zugleich aber geht unser Blick immer auch zum jungen kunst- und designaffinen Publikum, da wir aus dem Hintergrund der Johannes Gutenberg-Universität und der Hochschule Mainz kommen und das LyrikLabor durch Kooperationen mit diesen Institutionen immerzu mit frischen Design- und auch Denkimpulsen bereichert wird.

3. Können Sie etwas über die Genese der Ausstellung sagen, etwa zur Vorbereitung, Konzeption, Textauswahl usw.?

Kerstin Rüther: Gerade weil nur wenige von uns sich vorher mit Shakespeares Sonetten beschäftigt hatten, sind wir mit einem sehr basalen Workshop in die Arbeit eingestiegen. Da haben wir uns mit dem historischen und kulturellen Hintergrund, der literarischen Tradition und der Sammlungsstruktur auseinandergesetzt. Wir haben aber auch schon künstlerisch gearbeitet, Collagen zu einzelnen Texten erstellt und Ideen für Installationen entwickelt. An diesen Einzelideen haben wir dann weitergearbeitet, in interdisziplinären Teams, wie wir es immer tun. Wir arbeiten generell immer sehr lange an unseren Konzepten, diskutieren bis zum Umfallen, planen alles bis ins Detail. Für das Sonettebergwerk hatten wir zum Beispiel ein Konzeptionsbuch, in dem die Ideen zu allen 154 Sonetten schriftlich festgehalten wurden – inklusive Skizzen für die fertigen Spiegelkästchen. In der Umsetzung halten wir uns dann an unsere Pläne und kommen in der Regel zügig voran.

Bei der Textauswahl für das Sonettebergwerk war es irgendwann klar, dass wir alle Sonette bearbeiten wollen, denn das Verhältnis der Texte zueinander, das feine Gespinst von Themen und Diskursen schien uns zu spannend, um es links liegen zu lassen. In der Umsetzung haben wir diese Entscheidung dann das eine oder andere Mal verflucht, aber ich denke, der Aufwand hat sich gelohnt. Die Installation hat eigentlich genauso funktioniert, wie wir uns das erhofft haben: Die Besucher sind spontan von einem der im Spiegelrahmen hängenden Objekte angezogen worden, haben gelesen, sind wieder zurückgetreten und auf das nächste Objekt zugegangen. So haben sie sich einen ganz eigenen Weg durch die Sammlung gebahnt. Und für Kenner der Materie war es vielleicht ein schönes Spiel zu raten, welcher Text sich hinter welchem Objekt verbirgt.

4. Was waren die größten Schwierigkeiten bei der Konzeption? Hat sich im Laufe der Arbeit an der Ausstellung an dieser etwas geändert?

Amelie Bendheim: Die größte Herausforderung war das für uns neue Konzept der »Dauerausstellung«. Das bedeutet, unser Anspruch, dem Besucher eigene Interaktionen mit den Texten und Installationen zu ermöglichen, musste damit verknüpft werden, dass wir die Objekte nicht ständig betreuen und anleiten konnten. Um Zugänglichkeit zu schaffen, war es notwendig, dass die Ausstellungsobjekte Kraft genug hatten, selbst zu sprechen und anzusprechen.

5. *Gab es weitere Entwürfe für andere Stationen, die dann im Laufe der Konzeption der Ausstellung verworfen wurden?*

Ina Weckop: Wir hatten lange noch die Station »A Sonnet a Day« in Planung, bei der man ein Sonett ziehen konnte und auf der Rückseite eine kleine Aufgabe finden sollte, die man den Tag über erledigen muss und die natürlich zum Inhalt des Sonetts passt. Damit wollten wir vor allem auch die Mitarbeiterinnen und Mitarbeiter der Akademie erreichen, die täglich an der Ausstellung vorbeigehen und sich ein neues Sonett ziehen können. Außerdem sind in dem Kurs der Hochschule noch viele kleinere, wundervolle Arbeiten entstanden, die wir aber aus Platzgründen leider nicht alle zeigen konnten.

Kerstin Rüther: Worauf wir aus Zeitgründen verzichten mussten, das war eine abstrakte Visualisierung der Sammlungsstruktur. Irgendwann war da eine Art Architekturmodell im Gespräch, bei dem verschiedene Themenbereiche und Diskursfelder auf Knopfdruck bunt aufgeleuchtet hätten.

6. *Wie unterschiedlich ist die Herangehensweise an ein bestimmtes Gedicht aus den verschiedenen Wissenschaftsdisziplinen heraus – was ist zum Beispiel der Unterschied zwischen der Sichtweise der Bühnenbildnerin, der Literaturwissenschaftlerin und dem Kommunikationsdesigner und wie wird das alles in einer Ausstellung zusammengeführt?*

Kerstin Rüther: Ich glaube, das ist gar nicht so unterschiedlich. Der Bühnenbildner umgibt Texte mit Bildern und stellt so eine Spannung her, die im Kopf des Betrachters produktiv wird. Der Literaturwissenschaftler umstellt Texte mit Texten, und am Ende sieht der Leser hoffentlich auch mehr in dem, was er eigentlich immer schon zu kennen glaubte. Kurzum: Wir treten in Dialog mit den Texten und versuchen, diesen Dialog mit unseren Lesern oder Zuschauern fortzuführen.

Es gibt aber natürlich diese Differenz, was praktische Fähigkeiten angeht, und ich denke, dass wir als Team extrem davon profitieren. Ich liebe es, was ein Kommunikationsdesigner optisch aus einem Text herausholen kann und wie er die Botschaft dabei auf der gestalterischen Ebene weiterführt. Und ein Profi wie Susanne Maier-Staufen kann einen Ort mit drei Handgriffen in etwas ganz Besonderes verwandeln. Dafür ist dann die sprachliche Gestaltung unser Ressort. Und natürlich packen wir am Ende alle mit an. Das ist eigentlich der schönste Part, bei dem man Dinge tut, die man vorher noch nie getan hat, zum Beispiel den verschlungenen Anweisungen eines Origamitutorials zu folgen…

7. Ist das gedruckte Wort überhaupt noch zeitgemäß oder ist heute die intermediale Umsetzung notwendig, um die Aufmerksamkeit auf Lyrik zu lenken?

Amelie Bendheim: Das gedruckte Wort ist wohl zeitgemäßer, als wir das oft denken, vergegenwärtigen wir uns nur einmal, dass wir heute mehr denn je schreiben und lesen. Zugleich überlesen wir bei der Flut an Informationen, die uns täglich erreicht, auch unwahrscheinlich viel. Eines unserer wesentlichen Ziele ist es daher, die Aufmerksamkeit des Besuchers zu bündeln, was wiederum nur über das geschriebene Wort hinaus gelingt – es scheint heute notwendig, andere Sinne mitanzusprechen, um den Geist in einem Umweg auf das Wort zurückzuführen.

Sie haben also Recht, letztlich haben sich unsere Aufnahmegewohnheiten geändert, und dies fordert auch uns auf, darauf zu reagieren, wenn wir die Menschen erreichen wollen.

Stephi Bigalke: Ich denke auch, dass Lyrik nach wie vor zeitgemäß ist. Ich finde eher, es ist die Sichtweise auf Lyrik, die nicht mehr zeitgemäß ist. Durch die Intermedialität kann man sich den Texten auf viele verschiedene Weisen nähern. Man kann nicht nur den Inhalt betrachten, sondern beispielsweise auch den Text selbst entdecken, wie es mit der Ausstellungsstation »Let it Bloom« möglich war.

8. Engt die bildliche Darstellung von Lyrik die Interpretation des Betrachters nicht auch ein?

Tina Rotzal: Natürlich entstehen vor dem geistigen Auge eines jeden Lesers unterschiedliche Bilder, das ist ja das Schöne daran. Und wie sehr regt man sich auf, wenn beispielsweise in einer Romanverfilmung alles ganz anders aussieht und die Charaktere anders gezeichnet sind, als man dachte. Dennoch kommt man darüber wieder ins Gespräch, liest den Text vielleicht noch einmal und entdeckt wieder etwas Neues. Gerade lyrische Texte, in denen verdichtet so viele Bilder und Themen stecken, laden dazu ein, immer wieder neu auf Entdeckungsreise zu gehen. Ich sehe bildliche oder auch performative Darstellungen von Lyrik weniger als eine Interpretation, die für mich alles vorwegnimmt, sondern eher als einen neuen Blickwinkel darauf.

9. Welche Altersgruppe wollten Sie mit der Ausstellung besonders ansprechen?

Susanne Maier-Staufen: Alle neugierigen, wachen und interessierten Menschen jedweden Alters.

10. Im Deutschen gibt es derzeit zirka 70 Übersetzungen des gesamten Sonett-Zyklus
und an die 200 Teilübersetzungen. In der Ausstellung werden – mit Ausnahme von
Station Acht, »Shall I Compare« – die Originaltexte präsentiert. Warum wollten Sie
keine der zahlreichen deutschen Übersetzungen vorgeben, die – gerade beim »Berg-
werk« – für den ein oder anderen Besucher das Textverständnis erleichtert hätte?

Tina Rotzal: Lyrische Texte leben von den sprachlich verdichteten Bildern, von der
Melodie, der sprachlich erzeugten Stimmung und teilweise auch von der Form.
Bei einer Übersetzung geht meines Erachtens nach immer etwas verloren (das war
auch die Ausgangsüberlegung für die Arbeit »Shall I Compare«). Es gibt viele sehr
gute deutsche Übersetzungen, aber eigentlich sind das fast schon wieder eigene Gedichte, die eher von Shakespeares Sonetten inspiriert wurden (für mich fallen zum
Beispiel die George-Übersetzungen in diese Kategorie). Übersetzungen schaffen es
meistens, die Themen zu transportieren, aber häufig auf Kosten der Bildwelten.
Manchmal weil es dafür einfach kein Synonym im gleichen Bildkontext in der Zielsprache gibt, manchmal weil dann die metrische Form nicht einzuhalten ist oder
aus zahlreichen anderen Gründen. Gerade bei einer Arbeit wie dem »Bergwerk« war
es uns aber wichtig, zu zeigen, welche Bildebenen Shakespeare verwendete. Innerhalb der Installation lagen Übersetzungen zu allen Sonetten aus, sodass man sich,
auch wenn man den englischen Originaltext nicht richtig versteht, den Text und
Spiegelkasten inhaltlich erschließen kann. Bei der gestalterischen Umsetzung ist mir
aber die Arbeit mit dem Originaltext wichtig. Ansonsten hätten wir zumindest die
»Bergwerk«-Installation anders konzipieren müssen: Vielleicht als »Übersetzungs-
Bergwerk«, das dann aber eben den Übersetzungen als eigenen Texten und nicht
Shakespeares Sonetten an sich gewidmet gewesen wäre.

11. In der achten Ausstellungsstation, »Shall I Compare«, ging es um vier ausgewähl-
te deutsche Übersetzungen von Sonett 18, nämlich um die von Dorothea Tieck
(1824/25), Stefan George (1909), Karl Kraus (1933) und die des GoogleTrans-
lators.[6] *Die Besucher konnten die einzelnen Übersetzungen nach den Kategorien*
Klang, Stimmung, Sinn und Bildlichkeit bewerten. Die einzelnen Bewertungen
wurden gesammelt und schließlich bildlich verarbeitet. Welche Rückschlüsse lassen
sich von der Graphik auf die verschiedenen Übersetzungen ziehen?

Stephi Bigalke: In erster Linie lässt sich aus den Graphiken, die aus allen Bewertungen entstanden, schließen, dass die Übersetzungen, gemessen an den vorgege-

---

6   Shakespeares Sonette in der Übersetzung Dorothea Tiecks. Kritisch hrsg. von Christa Jan-
    sohn. Tübingen 1992; Stefan George: Shakespeare: Sonette. Umdichtung. Vermehrt um
    einige Stücke aus dem Liebenden Pilgrim. Hrsg. von der Stefan George-Stiftung; bearb. von
    Ute Oelmann. Stuttgart 2008; Shakespeares Sonette. Nachdichtung von Karl Kraus. Wien
    und Leipzig 1933; sowie: translate.google.de/.

benen Parametern, sehr ausgeglichen sind. Die Raute symbolisiert das Ideal – also Shakespeares Originaltext. Bei den drei ernsthaften Übersetzungen ergab sich mit der Masse der Bewertungen eine relativ gleichförmige Raute, die jedoch in der Größe nicht an das Ideal heranreicht. Alle Übersetzer (Karl Kraus, Stefan George und Dorothea Tieck) schafften es – ausgehend von den Bewertungen der Ausstellungsbesucher – Stimmung, Klang, Bildlichkeit und Sinn gleichermaßen zu transportieren, aber eben nicht in der Qualität, die Shakespeare mit seinem Text vorgab.

Schaut man sich die Farbabstufungen innerhalb der Graphiken an, erkennt man sogar noch ein wenig mehr: An der groben Farbabstufung in der Graphik für den GoogleTranslator beispielsweise sieht man, dass die Meinungen der einzelnen Bewerter sehr unterschiedlich sind. Bei der Übersetzung von Karl Kraus hingegen sind die Abstufungen sehr fein, sodass sich ein fast linearer Farbverlauf ergibt. Diese Übersetzung wurde von allen sehr ähnlich bewertet.

Eindeutige Stärken einer Übersetzung lassen sich nur grob anhand der Graphiken erahnen.

12. Gibt es eine bestimmte Botschaft, die die Ausstellung dem Besucher vermitteln soll?

Susanne Maier-Staufen: Ach, Botschaft? … Lust soll die Ausstellung machen auf alte wie neue lyrische Texte, auf Shakespeare und seine Zeit und auf alle Arten von Gestaltung. Und anregen wollen wir zum Querdenken, zum kreativen Diskurs, zur Freiheit im künstlerischen Denken. Wohlgemerkt DENKEN!

13. Hat sich durch die Ausstellung Ihr Verhältnis zu Shakespeares Sonetten geändert? Wenn ja, in welcher Weise?

Dominik Schuh: Es hat sich zweifellos intensiviert. Die Texte sind von Werkbestandteilen, Teilen von Literaturgeschichte, Exemplaren einer bestimmten Gattung zu eigenständigen und an sich wertvollen Gedichten geworden. Erst die intensive Auseinandersetzung und der Versuch, diese Texte und unsere Auseinandersetzung damit sichtbar zu machen, hat ihnen einen eigenen Wert verliehen, ihre Ästhetik deutlich in meinem Bewusstsein wahrnehmbar werden lassen.

14. Was sind Ihre nächsten Projekte?

Ina Weckop: Da haben wir jede Menge Ideen: Brunnenlesungen, Spukhäuser, lyrische Zoos … Jetzt gilt es nur noch, sich auf eine zu einigen. Was es auch wird, ich bin sicher, dass wir auch dabei wieder jede Menge Spaß haben werden.

Thomas Efer, Gerhard Heyer, Jürgen Jost

›Text Mining‹ am Beispiel der Dramen Shakespeares. Welche neuen Erkenntnisse können moderne formale Methoden liefern?

I. Einleitung

Warum sind Shakespeares Werke so einzigartig? Was zeichnet sie aus gegenüber den Werken seiner Zeitgenossen? Wie entwickeln sich Vokabular, Schreibstil und Dramenstruktur über seine Schaffenszeit hinweg? Dies sind natürlich grundlegende Fragen für die literarische und wissenschaftliche Beschäftigung mit Shakespeare. Aber was können Informatiker und Mathematiker dazu beitragen?

In diesem Beitrag wollen wir Methoden der Informatik und Konzepte der Mathematik zur formalen Untersuchung der Sprach- und Handlungsstruktur in den Dramen Shakespeares entwickeln, vorstellen und anwenden. Wir wollen dabei sowohl theoretische Konzepte herausarbeiten als auch neue praktische Verfahren einsetzen. Wir hoffen, damit auch der Literaturwissenschaft neue Anregungen geben und Fragestellungen eröffnen zu können, und dass dies letztlich zu vertieften Einsichten in den sprachlichen und dramatischen Aufbau der Werke Shakespeares führt und die literarische Entwicklung im Schaffen Shakespeares auch durch formale Kriterien belegen und Unterschiede zwischen Shakespeare und anderen Dramatikern anhand quantitativer Kriterien aufweisen kann.

Methodisch bewegen wir uns dabei also im Gebiet der eHumanities, also der geisteswissenschaftlich orientierten Teildisziplin der Informatik, und genauer im Bereich des ›Text Mining‹.[1] ›Text Mining‹ untersucht Datenstrukturen unter Berücksichtigung der Besonderheiten textueller Daten (zum Beispiel Wortverteilungen nach dem Zipf'schen Gesetz) mit formalen Verfahren und nach formalen Kriterien. Durch einen solchen Einsatz formaler Verfahren und Kriterien lassen sich sowohl quantitative Maße zum Vergleich verschiedener Texte oder handlungstra-

---

1   Zu vielen der von uns benutzten informatischen Fachbegriffe gibt es noch keine etablierte und akzeptierte deutsche Übersetzung. Die sprachschöpferische Kraft des Englischen ist seit den Tagen Shakespeares ungebrochen, während die sprachlichen Ausdrucksmöglichkeiten von Schlegel, Tieck und den anderen seinerzeitigen Shakespeareübersetzern kein modernes Äquivalent im Deutschen zu besitzen scheinen.

gender oder sprachlicher Strukturen innerhalb eines Textes gewinnen als auch Eigentümlichkeiten von Texten oder bestimmter struktureller Merkmale entdecken.

Bemerkenswerterweise wurden digitale Werkzeuge für die Geisteswissenschaften schon in den Anfangsjahren des Computers entwickelt. Roberto Busa begann schon in der Mitte der 1940er-Jahre, in Kooperation mit IBM an einem automatisch erstellten lemmatisierten Suchindex zu den Werken des Thomas von Aquin zu arbeiten. In Deutschland entwickelte der Physiker Wilhelm Fucks seit den 50er-Jahren statistische Verfahren zum systematischen formalen Vergleich von Texten und damit auch von deren Autoren.[2] Die heutzutage fast unbegrenzt verfügbare Rechenleistung eröffnet den digitalen Geisteswissenschaften viele neue Möglichkeiten, bedarf aber natürlich der Fokussierung durch tragfähige inhaltliche Konzepte und der Lenkung durch profunde wissenschaftliche Methoden. Einige dieser Methoden sind in den letzten Jahren in der Mathematik entwickelt worden, insbesondere auch neue Maße zur Bewertung der Komplexität von Prozessen und Strukturen. Dabei gilt etwas als komplex, wenn es weder regellos, wirr, willkürlich, zufällig ist, noch einfachen und starren Regeln folgt, sondern wenn es eine reichhaltige innere Struktur besitzt, also etwas, was die Dramen Shakespeares in ganz besonderer Weise auszeichnet. Insbesondere greifen bei Shakespeare ein außergewöhnlich umfangreiches Vokabular, eine große sprachliche Ausdruckskraft und ein subtiler Handlungsaufbau ineinander, und dies sollte dann auch durch formale und quantitative Kriterien belegt und aufgeschlüsselt werden können.

Bevor wir allerdings dazu kommen, müssen erst einmal einige Vorarbeiten geleistet werden. Dies beginnt mit der Frage nach der digitalen Verfügbarkeit der Quellen und deren Prüfung auf Brauchbarkeit zum Einsatz formaler Methoden. Als Datengrundlage haben wir schließlich zum einen die populäre Moby-Edition ausgewählt, daneben auch die Folger Digital Texts, sowie *Hamlet*-Versionen des Shakespeare Quartos Archive. Die Berücksichtigung von Quartos erlaubt das Aufzeigen der großen Varianz innerhalb der noch zu Shakespeares Lebzeiten erschienenen Ausgaben und gleichzeitig eine Überprüfung der Robustheit der verwendeten beziehungsweise neu entwickelten Verfahren gegenüber dieser Art des textuellen ›Rauschens‹. Daneben wird versucht, über jüngere Bearbeitungen einen Brückenschlag von modernsprachlich etablierten ›Text-Mining‹-Verfahren, wie etwa Stimmungsanalysen, zum ›schwierigen‹ Shakespeare'schen Englisch durchzuführen. Für die deutschen Übersetzungen und die deutschen Dramen, die wir mit den Shakespeareübersetzungen vergleichen, haben wir die Texte des Projekt Gutenberg herangezogen. Insgesamt können aber die Verfügbarkeit und Qualität der für

---

2   Zusammenfassend siehe Wilhelm Fucks: Nach allen Regeln der Kunst. Stuttgart 1968. Solche Verfahren werden auch routinemäßig in der Shakespeareforschung eingesetzt, siehe zum Beispiel Hugh Craig: »Authorship«. In: Arthur E. Kinney (Hrsg.): The Oxford Handbook of Shakespeare. Oxford 2012, S. 15–30.

unser Projekt relevanten maschinenlesbaren Quellen noch nicht als befriedigend angesehen werden.

Konkret wird dann in unserem Beitrag unter der Prämisse einer explorativen Herangehensweise an die Textdaten beispielhaft eine Prozesskette für ›Drama Mining‹ vorgestellt. Durch eine klare Struktur der Einzelabläufe und ihrer Verknüpfung wird dabei die zur Einschätzung der Resultate notwendige methodische Transparenz gewährleistet:

– Konvertierung der verfügbaren Dramen in ein einheitliches Format auf Basis des TEI-Schemas unter Berücksichtigung der Editionsgeschichte der einzelnen Texte
– Definition verschiedener gebenenfalls parametrisierbarer Graph-Induktions-Verfahren zur Extraktion struktureller Merkmale (z. B. Redeabfolge, direkte Nennung von Charakteren, szenische Gliederung oder Regieanweisungen) und sekundärer Strukturen (zum Beispiel Kookkurrenzen von Personen) aus den TEI-Dateien
– Definition und Auswertung von textstatistischen, informationstheoretischen und konventionellen Maßen zur Charakterisierung der Texte mittels bestimmter Struktureinheiten (zum Beispiel Vokabulargröße einzelner Charaktere, Wortentropie in langen Monologen, verwendete Fragezeichen pro Szene)
– Formale Analyse des Aufbaus und der Handlungsstruktur anhand der Abfolge der auftretenden Personen und der Verweise in den Dia- und Monologen
– Systematische Bewertung von Komplexitäten mittels mathematisch definierter Maße
– Kombinierte Betrachtung von Strukturen und Maßen über die Dramen hinweg, und Ermittlung charakteristischer Kennwerte, mit denen sich a) ein Trend über Shakespeares gesamte Schaffenszeit oder b) eine eindeutige Abgrenzung gegenüber anderen Autoren erkennen lässt
– Abgleich der gefundenen (oder besser vermuteten) Erkenntnisse mit bisheriger Forschung

Als Resultat der Arbeiten werden neue Einsichten in den spezifischen Schreibstil und die besondere Strukturierung von Shakespeares dramatischen Werken erwartet. Einsichten, die selbstverständlich einer genauen fachwissenschaftlichen Deutung und Einordnung bedürfen. Es bleibt auch zu bemerken, dass eine maschinelle Verarbeitung literarischer Texte meist auch irgendwelche Artefakte produziert, die dann vom menschlichen Nutzer eliminiert werden müssen. Es geht also nicht darum, die Textanalyse durch Literaturwissenschaftler durch maschinelle Verfahren zu ersetzen, sondern es sollen die traditionellen Verfahren der Literaturwissenschaft durch neue Werkzeuge erweitert werden. Im Wechselspiel zwischen menschlichem Nutzer und rechnergestützten Verfahren sollen sich die jeweiligen Stärken ergänzen.

II. Literaturwissenschaftliche Einordnung

Literaturwissenschaft beschäftigt sich mit dem Verhältnis von Form und Inhalt, welches durchaus ein Spannungsverhältnis sein kann, literarischer Werke, mit der Einordnung dieser Werke in den biographischen, sozialen und kulturellen Kontext ihrer Autoren, mit der Wirkungsgeschichte und mit dem systematischen Vergleich ähnlicher oder unterschiedlicher Werke. Diese Spannbreite bedingt und erfordert einen methodischen Pluralismus. Es geht ihr implizit oder explizit auch um ästhetische Fragen, die Bewertung der Qualität literarischer Werke.

Wir wollen nun die Position unseres Ansatzes im Gesamtzusammenhang der Literaturwissenschaft skizzieren. Es ist eine alte Frage, ob die formale Gestalt eines Werkes als eine absichtliche, bewusst reflektierte Gestaltung durch dessen Schöpfer anzusehen ist oder ob künstlerische Intuition auf einer eher unterschwelligen Ebene wirkt. Letzteres schlägt sich in Begriffen wie demjenigen des Genies nieder, und kann vielleicht auch bis zu einem gewissen Grade mit hermeneutischen Ansätzen erahnt werden, ist aber mit den traditionellen Methoden der Literaturwissenschaft schwer zu präzisieren. Mit unserem formalen Ansatz wollen wir nun gerade solche Schichten der Komplexität von Werken freilegen und einer präzisen Analyse zugänglich machen, die wohl kaum auf bewussten Konstruktionen beruhen und die sich daher bisher auch der formalen Analyse entzogen haben.

Außerdem wollen wir Verfahren zum systematischen formalen Vergleich verschiedener Texte entwickeln. Durch die von uns vorgeschlagenen und eingesetzten Methoden des ›distant reading‹ können nicht nur formale Profile verschiedener Autoren, Stile oder Perioden entwickelt werden, sondern es können auch neue Erkenntnisse über literarische Entwicklungen und Einflüsse gewonnen werden.[3] Shakespeare ist dabei für unsere Zwecke besonders gut geeignet. Wir können nämlich nicht nur versuchen, die einzigartige Komplexität seiner Sprachverwendung und seines Handlungsaufbaus anhand neuer formaler Kriterien zu belegen, sondern wir können auch diese formalen Maße für seine Originaltexte mit denjenigen seiner deutschen Übersetzungen vergleichen. Wir können dann untersuchen, inwieweit sich die sprachliche Komplexität durch die Übersetzungsgeschichte hin entwickelt, von den frühen Übersetzungen von Wieland und Eschenburg über das Übersetzungswerk von August Wilhelm Schlegel und seine Weiterführung durch Dorothea Tieck und Wolf von Baudissin und die konkurrierenden Übersetzungen durch Johann Heinrich Voss und seine Söhne, die vielfältigen weiteren Übersetzungen des 19. Jahrhunderts bis zu denjenigen des 20. Jahrhunderts, wie der sprachlich eigenwilligen von Friedrich Gundolf oder der als sprachlich modern konzipierten von Erich Fried.[4]

---

3   Vgl. Franco Moretti: Distant Reading. London 2013.
4   Grundlegend zur Übersetzungsgeschichte Roger Paulin: The Critical Reception of Shakespeare in Germany 1682–1914. Native Literature and Foreign Genius. Hildesheim 2003.

Auch hinsichtlich der Analyse der Handlungsstruktur bieten die vielen Dramen Shakespeares reiches Material. Dabei lassen sich die Interaktionsstrukturen gut durch Graphen veranschaulichen. Auf diese Weise können wir auch moderne Methoden der Visualisierung zur Darstellung von Handlungsgefügen einsetzen. Dadurch können wir nicht nur die verschiedenen Dramen miteinander vergleichen und versuchen, einerseits durchgängige Grundmuster zu identifizieren und andererseits spezifische Eigenarten des Aufbaus einzelner Dramen herauszuarbeiten, sondern wir können auch erfassen, inwieweit die einzelnen Personen in den jeweiligen Dramen handlungstragend sind, und welches die charakteristischen Abfolgemuster der Handlungsstrukturen sind. Dass hierdurch wesentliche Einsichten in die dramatische Technik Shakespeares gewonnen werden können, hat schon August Wilhelm Schlegel gesehen; er schrieb: »In einem schon vor einer Anzahl von Jahren abgefaßten Versuch über *Romeo und Julia* habe ich die sämmtlichen Auftritte nach der Reihe durchgegangen und die innere Notwendigkeit eines jeden in Bezug auf das ganze geprüft«.[5] Wir wollen hier solche Versuche mit neuen formalen Methoden beginnen.

Die Beziehung zwischen den von uns entwickelten und eingesetzten formalen Maßen und ästhetischen Kriterien soll in diesem Beitrag allerdings nicht thematisiert und erörtert werden.[6]

III. Zum mathematischen Formalismus

Schon Claude Shannon, der Begründer der Informationstheorie, hat 1948 in seinem grundlegenden Werk *A Mathematical Theory of Communication* die Entropierate der englischen Sprache abgeschätzt.[7] Zunächst einmal kann man die Häufigkeitsverteilung von Buchstaben in einer Sprache oder einem Text untersuchen. Bekanntlich sind nicht alle Buchstaben gleich häufig vertreten, und im Deutschen gilt die Häufigkeitsreihenfolge E, R, N, I, S, T, U … Derartige Verteilungen folgen

5   Vgl. August Wilhelm Schlegel: Vorlesungen über dramatische Kunst und Literatur. Kritische Ausgabe. Hrsg. von Giovanni Vittorio Amoretti. Bonn u. a. 1923. Bd. 2, S. 132.

6   Der Vorschlag des Mathematikers George D. Birkhoff: »A Mathematical Approach to Aesthetics«, Scientia 50 (1931), S. 133–146, war vielleicht noch etwas amateurhaft, aber Max Bense: Einführung in die informationstheoretische Ästhetik. Grundlegung und Anwendung in der Texttheorie. Reinbek 1969, und Ders.: Programmierung des Schönen. Baden-Baden 1960, entwickelte ein seinerzeit einflussreiches ästhetisches Programm auf der Basis quantitativer informationstheoretischer Maße. Für weitere Referenzen vgl. Wolfgang Ebeling, Jan Freund und Frank Schweitzer: Komplexe Strukturen. Entropie und Information. Stuttgart 1998, dort Kapitel 6.

7   Claude Shannon: »A Mathematical Theory of Communication«, Bell System Technical Journal 27 (1948), S. 379–423 und S. 623–656; siehe auch Wolfgang Ebeling u. a.: Komplexe Strukturen (Anm. 6) für Weiterführungen dieses Ansatzes.

typischerweise einem Potenzgesetz. Oft spricht man von dem Zipf'schen Gesetz. Man kann dann auch analog die Häufigkeitsverteilungen von Buchstabenpaaren oder längeren Buchstabenketten feststellen. Wesentlich ist, dass die relative Häufigkeit eines Buchstabenpaares sich typischerweise von dem Produkt der Einzelhäufigkeiten der beteiligten Buchstaben unterscheidet. Shannon stellte daher die Frage, wieviel Information man aus der Kenntnis eines Blocks von *n* Buchstaben über die nachfolgenden Buchstaben gewinnt. Je mehr Buchstaben man kennt, umso leichter fällt es, die nachfolgenden zu erraten. Oder anders ausgedrückt, die Entropie von Buchstabenketten wächst langsamer als ihre Länge, und dies reflektiert die Struktur der Sprache.

Nun zielt dies allgemein auf die Struktur der englischen Sprache, und es wäre zu vermuten, dass sich hier nichts für Shakespeare Spezifisches ergibt. Die Methode lässt sich aber prinzipiell auch auf Wort- statt auf Buchstabenketten anwenden und liefert dann ein Verfahren zur Analyse der Komplexität literarischer Texte.

In den 50er- und 60er-Jahren hat Wilhelm Fucks ein systematisches Forschungsprogramm zu Wort- und Satzstatistiken durchgeführt, wie schon erwähnt (Anm. 2). Man kann beispielsweise die durchschnittliche Anzahl der Buchstaben oder Silben pro Wort oder die Anzahl der Buchstaben oder Wörter in einem Satz zählen. Hier stellt man schon fest, dass sich Prosatexte verschiedener Autoren hinsichtlich solcher Statistiken systematisch unterscheiden. Die quantitative Analyse deckt also gewisse stilistische Unterschiede auf.

Aber auch die Shannon'sche Analyse lässt sich natürlich auf Wortfolgen anwenden. Man geht wieder von der Häufigkeitsverteilung der Wörter in einem Text aus. Hierzu gibt es reichhaltiges Material, auch spezifisch für Shakespeare, und man kann dies auch auf verschiedenen entsprechend gestalteten Webseiten selber ausprobieren. Genauso kann man die Häufigkeit von Wortkombinationen bestimmen. Allerdings wird dies bei dem recht großen Wortschatz einer Sprache oder für unsere Zwecke eines Shakespearetextes schnell rechnerisch sehr aufwändig.

Ein etwas anderer Ansatz untersucht die Häufigkeit des gemeinsamen Vorkommens von Wörtern in einem Text oder Textabschnitt.[8] Zur Interpretation sind zunächst einmal die von de Saussure entwickelten Grundkonzepte der Sprachwissenschaft hilfreich.[9] Einerseits können Wörter in einer korrelierten (syntagmatischen) Beziehung zueinander stehen, wie ein Substantiv und ein Adjektiv, und daher typischerweise gemeinsam auftreten. Besonders prägnant ist dies bei idiomatischen oder autorentypischen Wendungen. So spricht Homer immer von der ›kuhäugigen Helena‹, das heißt, das Adjektiv ›kuhäugig‹ und das Substantiv ›Helena‹ treten sehr

---

8   Siehe Gerhard Heyer, Uwe Quasthoff und Thomas Wittig: Text Mining. Wissensrohstoff Text. Herdecke 2006.
9   Siehe Ferdinand de Saussure: Grundfragen der allgemeinen Sprachwissenschaft. Berlin ²1967.

häufig gemeinsam auf. Andererseits stehen Synonyme oft in einer komplementären (paradigmatischen) Beziehung, das heißt, weil sie sich gegenseitig ersetzen können, treten sie üblicherweise gerade nicht gemeinsam auf. Allerdings wird letztlich der de Saussure'sche Ansatz dann durch einen quantitativen Ansatz ersetzt, welcher auf relativen Häufigkeiten von Wortkombinationen beruht.

Wortkookkurrenzen lassen sich gut in Netzwerken darstellen und visualisieren, und diese Netzwerke lassen sich dann wiederum mit formalen Methoden analysieren.[10]

Für unsere Zwecke benötigen wir einige informationstheoretische Konzepte. Wir können diese hier nicht im Detail mathematisch entwickeln, sondern nur deren Zweck und Einsatzmöglichkeiten erläutern.[11] Die Shannon'sche Information bemisst, wie stark sich unsere Unsicherheit reduziert, wenn wir ein neues Zeichen sehen, wenn uns vorher nur die erwarteten Häufigkeiten verschiedener möglicher Zeichen bekannt waren, wir aber noch nicht wussten, welches konkrete Zeichen erscheinen würde. Dadurch, dass wir also ein bestimmtes aus einem Ensemble möglicher Zeichen sehen, gewinnen wir Information im Shannon'schen Sinne.

Daher kann auch quantifiziert werden, wieviel Information wir dazugewinnen, wenn wir statt N aufeinanderfolgende $N+1$ Symbole sehen. Dies kann sich abstrakt auf beliebige Zeichenketten beziehen, aber für unsere Zwecke handelt es sich bei den Symbolen um Wörter in einem Text. Mit wachsender Kettenlänge verringert sich natürlich der Informationsgewinn aus der Kenntnis eines weiteren Symbols. Diese Verringerung des zusätzlichen Informationsgewinn als Funktion der Kettenlänge N kann wiederum quantifiziert werden.[12] Wir messen daher in Texten diesen zusätzlichen Informationsgewinn und bestimmen erstens, bei welcher Kettenlänge diese Verringerung am größten wird, nach wievielen Wörtern uns also das nächste Wort die meiste Information liefert, und zweitens, bei welcher Kettenlänge dieser Informationsgewinn von einem Wort zum nächsten am stärksten abfällt. Des Weiteren beschreiben geeignete Größen, wieviel Information man über die Fortsetzung eines Textes zu weiteren n Wörtern schon aus der Kenntnis der letzten N Wörter besitzt. Dies sind die von uns verwandten Maße zur Analyse der sprachlichen Komplexität von Texten. Es wäre zu spekulieren, und wir wollen belegen,

10 Siehe zum Beispiel Mark Newman: Networks. Oxford 2010, oder Anirban Banerjee und Jürgen Jost: »Spectral Plot Properties. Towards a Qualitative Classification of Networks«, Networks Heterog Media 3 (2008), S. 395–411.

11 Siehe zum Beispiel Thomas M. Cover und Joy A. Thomas: Elements of Information Theory. New York ²2006, oder Jürgen Jost: Dynamical Systems. Examples of Complex Behaviour. Heidelberg 2005.

12 Vgl. Peter Grassberger: »Toward a Quantitative Theory of Self-Generated Complexity«, International Journal of Theoretical Physics 25 (1986), S. 907–938, siehe auch die Darstellung in Jürgen Jost: Dynamical Systems (Anm. 11).

dass bei Shakespeare manche dieser Informationsmaße höhere Werte erreichen als bei durchschnittlichen Autoren.

Die angedeuteten formalen Konzepte sind allgemein genug, um Vergleiche auf unterschiedlichen Skalen zu ermöglichen. Daher lassen sich diese Konzepte nicht nur auf Sprach-, sondern auch auf Handlungsstrukturen in Dramen anwenden. Statt der Abfolge der Wörter in einem Text betrachtet man die Folge der auftretenden und sprechenden Personen. Da die Anzahl der Personen in einem Drama im Vergleich zur Größe des Wortschatzes sehr klein ist, ist dies sogar rechnerisch erheblich einfacher. Die Kookkurrenzen (also: wer spricht mit wem?) geben schon Aufschlüsse über die Beziehungen zwischen den handelnden Personen. Die Übergangswahrscheinlichkeiten zwischen Akteuren, das heißt wer nach wem spricht, sollten schon Einiges über den Handlungsablauf verraten. Insbesondere Asymmetrien in diesen Übergangswahrscheinlichkeiten können aufschlussreich sein, wenn also A oft direkt nach B spricht, der umgekehrte Fall aber selten ist. Auch wer in einer Szene das letzte Wort behält, liefert schon wichtige Anhaltspunkte über den nachfolgenden Handlungsablauf. Das Auftreten der verschiedenen Personen werden wir auch durch Verlaufskurven darstellen.

Wie bei den Wortokkurrenzen lässt sich auch das gemeinsame Auftreten von Akteuren in einer Szene in einer Netzwerkstruktur darstellen und analysieren. Netzwerke sind inzwischen ein gängiges Werkzeug in den Sozialwissenschaften zur Repräsentation sozialer Interaktionsstrukturen.[13] Üblicherweise werden dort allerdings nur ungerichtete Netzwerke verwandt, da die Interaktionen typischerweise als symmetrisch angesehen werden; zum Beispiel werden Telefonate oder E-Mail-Wechsel zwischen Personen herangezogen. Im Unterschied dazu fassen wir ein Drama als einen Prozess auf, und die Reihenfolge des Auftretens verleiht den Kanten des Netzwerkes dann jeweils eine spezifische Richtung. In diesem Sinne ist unsere literarische Analyse genauer als die soziale Interaktionsanalyse.[14] Allgemeiner sollten durch solche formalen Analysen Anhaltspunkte für die Bewertung der Komplexität einer Handlungsstruktur gewonnen werden.

IV. Einige formale Punkte, die bei der Analyse beachtet werden müssen

Es ist wichtig, darauf zu achten, dass die formale Analyse nicht bei trivialen Aspekten stecken bleibt. Es ist offensichtlich, dass sich Sprach- und Interaktionsstruktur eines

---

13 Siehe Matthew Jackson: Social and Economic Networks. Princeton 2008.

14 Auch hier lässt sich an eine wichtige Beobachtung von August Wilhelm Schlegel: Vorlesungen über dramatische Kunst und Literatur (Anm. 5), S. 140 anknüpfen: »Wenn die Zeichnung seiner Charaktere, jeden einzeln betrachtet, schon unübertrefflich fest und richtig ist, so übertrifft er sich selbst noch in ihrer Zusammenstellung und gegenseitigen Einwirkung«.

Dramas von denjenigen eines Prosatextes oder eines lyrischen Gedichtes unterscheiden. Daher wird ein formaler Vergleich über verschiedene Textgattungen hinweg zunächst einmal keine wesentlichen Erkenntnisse produzieren. Auch können Dramen in Prosa, Blankversen oder verschiedenen gereimten Versmaßen verfasst werden. Shakespeare setzt diese verschiedenen Formen sehr flexibel ein.[15] Gerade bei den Shakespeareübersetzungen sind dann in dieser Hinsicht die verschiedensten formalen Ansätze zur Anwendung gekommen. Und um dies zu erkennen, ist natürlich kein neues formales Verfahren erforderlich. Auch können verschiedene Theaterbearbeitungen für praktische Zwecke systematische formale Anpassungen vornehmen. All dies zu berücksichtigen ist wichtig für die Interpretation der formalen Befunde.

Ein etwas subtilerer Aspekt ist, dass sich die Länge eines Textes auch als dominanter Effekt bei einer unreflektierten Anwendung von Komplexitätsmaßen herausstellen kann. Um diesen Effekt herauszurechnen, lassen sich unsere formalen Maße daher entweder durch die Anzahl der Wörter oder durch die Anzahl der verschiedenen Wörter normalisieren. Der Anwender kann dann entscheiden, welche Variante sinnvollere Ergebnisse liefert.

V. Einige Ergebnisse

Die nachstehenden Punkte werden jeweils durch die Abbildung mit der entsprechenden Nummer illustriert.

1) Wir haben die sprachliche Komplexität der verschiedenen Quartoausgaben der Werke von Shakespeare miteinander verglichen. In den letzten Lebensjahren Shakespeares und in den Jahren nach seinem Tode 1616 sind eine ganze Reihe von Ausgaben erschienen. Es stellt sich heraus, dass diese sich teilweise deutlich in der sprachlichen Komplexität unterscheiden, wobei allerdings die innerhalb des gleichen Jahres verlegten Ausgaben meist sehr ähnlich sind.

2) Bei den verschiedenen deutschen Übersetzungen haben wir die sprachliche Komplexität der 3. Szene des 1. Aktes aus Shakespeares *Othello* verglichen. Die ersten Übersetzungen von Wieland und Eschenburg sind noch weniger komplex, aber dann stellt sich ein Komplexitätsniveau ein, welches im weiteren Verlauf gehalten werden kann, bis einige neuere Übersetzungen dieses Niveau wieder verlieren. Einige neuere Theaterbearbeitungen können Abweichungen sowohl nach oben als auch nach unten zeigen.

---

15 Ebenda, S. 145 und S. 148 hebt August Wilhelm Schlegel dies als ein von Shakespeare mit besonderer Meisterschaft verwendetes Stilmittel hervor.

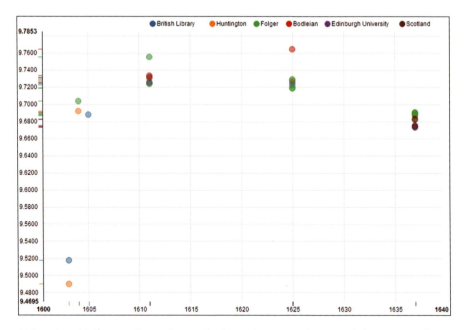

Abb. 1: Sprachliche Komplexität der verschiedenen Quartoausgaben von Shakespeares Werken

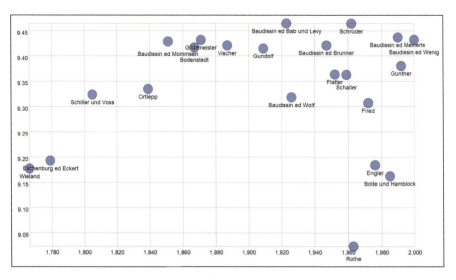

Abb. 2: Sprachliche Komplexität deutscher Übersetzungen von *Othello* 1.3

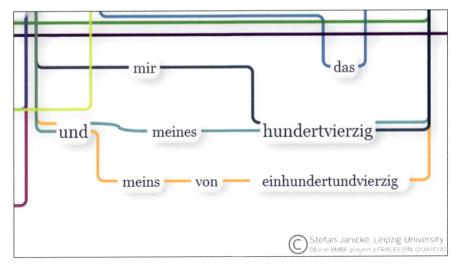

Abb. 3: Wortnutzung in den Übersetzungen am Beispiel von *Othello* 1.3

3) Wir haben dann die Wortnutzung in den Übersetzungen miteinander verglichen, also dargestellt, an welchen Stellen verschiedene Übersetzungen das gleiche Wort benutzen und wo unterschiedliche Wörter verwendet werden. Hier
zeigt sich gut das de Saussure'sche Wechselspiel zwischen paradigmatischen Alternativen und syntagmatischen Erfordernissen.[16]

4) Wir haben die sprachliche Komplexität der verschiedenen Akteure innerhalb
eines Stückes miteinander verglichen, um auf automatische Weise die wichtigsten Akteure anhand ihrer sprachlichen Komplexität identifizieren zu können. Hier ist natürlich eine Normalisierung nach der Textlänge der Akteure erforderlich, um zu einem sinnvollen Vergleich gelangen zu können.

5) Wir stellen die Verschlungenheit der Handlungsstruktur eines Dramas dadurch
dar, dass wir die Szenen des ersten und letzten Auftretens jedes Akteurs durch
eine für diesen Akteur farbspezifische Linie miteinander verbinden. Dies visu-
alisiert dann, welche Akteure über welche Zeiträume gemeinsam auftreten. Es
zeigen sich insbesondere systematische Unterschiede zwischen Tragödien und
Komödien.

---

16 Zur Erstellung dieser Abbildung wurde die von Stefan Jänicke, Annette Geßner, Marco Büch-
ler und Gerik Scheuermann: »Visualizations for Text Re-use«. In: Proceedings of the 5th International Conference on Information Visualization Theory and Applications, IVAPP 2014
(2014), S. 59–70 entwickelte Visualisierungmethode benutzt.

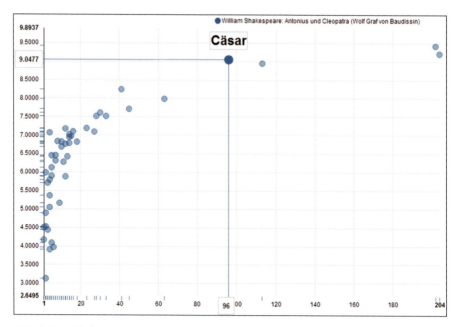

Abb. 4: Sprachliche Komplexität der Akteure am Beispiel von *Antonius und Cleoplatra*

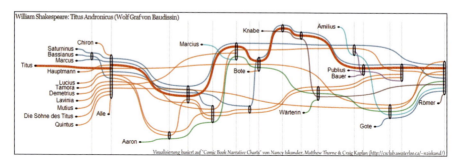

Abb. 5: Verschlungenheit der Handlungsstruktur am Beispiel von *Titus Andronicus*

6) Wir stellen die Interaktionsstruktur innerhalb eines Dramas durch einen Graphen dar, dessen Knoten die einzelnen Akteure repräsentieren und deren Kantendicke die Anzahl und Länge ihrer Wechselgespräche widerspiegelt. Für das Verständnis der Abbildungen ist es dabei wesentlich, dass die Position der Knoten keinerlei Bedeutung besitzt, sondern dass die wesentlichen Aussagen durch die Stärke und die Struktur der Kantenverbindungen kodiert sind. Die Dicke

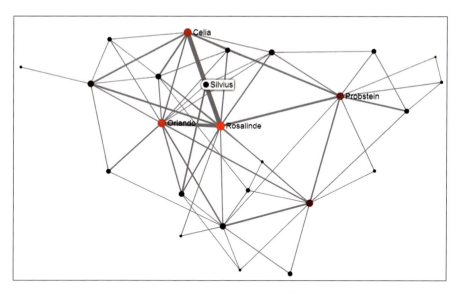

Abb. 6: Interaktionsstruktur innerhalb eines Dramas am Beispiel von *Wie es Euch gefällt*

der Punkte gibt noch die Quantität der Redebeiträge der betreffenden Person an. Durch Setzen oder Variation einer geeigneten Schwelle für die Anzahl der Interaktionen lässt sich dann auch das Zerfallen des Graphen in separate Handlungsstränge erfassen.

Peter W. Marx

Hamlets Reise nach Deutschland:
Von den Stationen und Wandlungen einer Wahlverwandtschaft

Die Beziehung der Deutschen zu Hamlet ist nicht erst seit Freiligraths legendär-
er Formel »Deutschland ist Hamlet!« manifest, vielmehr findet sie sich bereits im
18. Jahrhundert. Durchaus zur Überraschung mancher, wenn man etwa an jene
Runde denkt, die der Dramaturg und Gelegenheitsdramatiker Johann Friedrich
Schink[1] im Genre der ›Totengespräche‹ miteinander plaudern lässt. Wir treffen hier
auf Shakespeare, David Garrick, seinen legendären Interpreten auf der englischen
Bühne des 18. Jahrhunderts, sowie auf den französischen *Hamlet*-Übersetzer Jean-
François Ducis. Merkur, eben von einer Reise in die Welt der Lebenden zurück-
gekehrt, berichtet dem verdutzten Shakespeare von seinen jüngsten Erfahrungen:
»Ja, was Kopf und Fuß hat übersetzt und agirt deinen Hamlet. Hamlet ist jetzt der
Klepperhengst, auf dem alles was Hand und Maul hat, herum galoppirt, und dem
armen Schlucker die Seele aus dem Leib spornt. Ihr solltet den Specktakel einmal
mit ansehen, in Städten, in Marktflecken und Dörfern, in Pallästen und Sälen, in
bretternen Buden und Viehställen trageriert und harangiert alles deinem Hamlet.«[2]
Was hier 1780 in der Parodie *Schackspear in der Klemme oder Wir wollen doch
auch den Hamlet spielen* aufscheint, ist ein Reflex auf die *Hamlet*-Manie, die sich ab
1776 an der Aufführung des Stücks durch Friedrich Ludwig Schröder entfaltete.[3]
Schink, der sich verschiedentlich ernsthaft mit dem Stück und der Möglichkeit
seiner Inszenierung auseinandersetzte,[4] legte 1799 noch das Marionettenspiel *Prinz
Hamlet von Dännemark* auf, dessen Titelkupfer schon den parodistischen Charakter erkennen lässt. Deutlich das berühmte Kupfer von Daniel Chodowiecki, das

---

1 Leider ist die Forschung zu Schink immer noch in den Anfängen, einen guten Einstieg bietet
   immer noch Richard Bitterling: Joh. Fr. Schink. Ein Schüler Diderots und Lessings. Beitrag
   zur Literatur- und Theatergeschichte der deutschen Aufklärung. Hamburg u. a. 1911.
2 Johann Friedrich Schink: »Schackspear in der Klemme oder Wir wollen doch auch den
   Hamlet spielen [1780]«. In: Gerhard Müller-Schwefe (Hrsg.): Shakespeare im Narrenhaus.
   Deutschsprachige Shakespeare-Parodien aus zwei Jahrhunderten. Tübingen 1990, S. 123–
   134, hier S. 132.
3 Vgl. hierzu Peter W. Marx: »Enter GHOST and HAMLET. Zur Vielstimmigkeit des Hamburger Hamlet 1776«, DVjs 85 (2011), S. 508–523.
4 Es sei hier vor allem verwiesen auf Johann Friedrich Schink: Ueber Brockmanns Hamlet.
   Berlin 1778, und Ders.: Dramaturgische Fragmente. 4 Bde. Graz 1781/82.

Brockmann als Hamlet zeigt, zitierend tritt hier Hamlet einem schwergewichtigen Geist in Schlafrock und Schlafmützen-Krone gegenüber. Das seit Garrick legendäre Erschrecken vor dem Geist, dem Lichtenberg ein so beredtes Zeugnis gesetzt hatte, ist hier einer fast beiläufigen Vertrautheit gewichen, wenn es in der Unterschrift heißt: »Herr Vater eine Priese«.[5]

Neben dieser die theatrale Erfahrung umkreisenden Tradition der *Hamlet*-Begeisterung, deren Enthusiasmus auch noch in der Parodie erkennbar ist, entwickelt sich fast gleichzeitig eine alternative Linie der Rezeption, die kaum weniger symptomatisch ist. Friedrich Gundolf hat sie rückblickend in seiner einschlägigen Schrift *Shakespeare und der deutsche Geist* (1911) folgendermaßen entwickelt: Nachdem er eine, für den Zeitpunkt des Erscheinens der Studie erstaunlich umfassende und profunde, Darstellung zur Präsenz der Englischen Komödianten im deutschsprachigen Raum gegeben hat, wischt er diese Theatertradition mit der Bemerkung »hier haben nur Hanswurste Platz«[6] weg und setzt an ihre Stelle ein »düsteres Selbstgespräch des leidenschaftlichen Schöpferherzens, des Allwissenden, der sich mit einer beschränkten, von ihm durchschauten, verachteten Welt auseinandersetzen mußte, um aus seinem Leid und Wesen Nutzen zu schlagen.«[7]

Programmatisch setzt Gundolf das *Sprach-* gegen das *Theater*-Erlebnis und bestimmt Goethes Wilhelm Meister als idealtypische Seelenvereinigung Deutschlands und Hamlets. Ich möchte im Folgenden diskutieren, inwiefern die von Gundolf aufgezeigte, kategoriale Gegenüberstellung von Theater und Literatur/Sprache als ein gedanklicher Horizont genutzt werden kann, um die Wahlverwandtschaft Deutschlands und Hamlets über die von ihm gewählten Beispiele hinaus näher zu beleuchten.

Um sich dieser Frage nähern zu können, ist es wichtig, einige zentrale methodische Grundannahmen zu klären, die sich hinter der scheinbar selbstevidenten Formulierung von ›Hamlets Reise nach Deutschland‹ verbergen.

Marjorie Garber hat in *Shakespeare and Modern Culture* die Beziehung der modernen, westlichen Gesellschaften mit Deleuze als jene zu einem »sujet supposé savoir« beschrieben.[8] Damit reformuliert sie einen Zusammenhang, den Harold Bloom in seinem Weltbestseller *Shakespeare – The Invention of the Human* als »Shakespeare's Universalism« bezeichnet hat: »He has become the first universal author, replacing the Bible in the secularized context. [...] Demystification is a weak

---

5 Johann Friedrich Schink: Prinz Hamlet von Dännemark. Zweite verb. Auflage mit einem Kupfer. Berlin 1800, Unterschrift des Kupferstichs, o. S.

6 Friedrich Gundolf: Shakespeare und der deutsche Geist [1911]. München [11]1959, S. 42.

7 Ebenda, S. 40.

8 Marjorie Garber: Shakespeare and Modern Culture. New York 2008, S. XXIX.

technique to exercise upon one writer who truly seems to have become himself only by representing other selves.«[9]

Blooms Formulierung, die sich in seinen hoch suggestiv geschriebenen Essays entfaltet, attribuiert Shakespeare eine fast gottgleiche Qualität, nicht nur in seiner kulturell-sozialen Wirkung, sondern auch in seiner Verfasstheit, in dem Entdecken einer Persönlichkeit im Spiegelbild der vielen Figuren. Damit setzt Bloom – ohne dies theoretisch zu problematisieren – ein Paradigma der Innerlichkeit zentral, das auf eine Essenzialisierung der Figuren als Chiffren einer seelischen Wirklichkeit hinausläuft. In vergleichbarer Weise hat auch Gundolf die Beziehung zwischen Deutschland und Hamlet als eine solche seelische Nähe interpretiert:

> Der deutsche Geist mußte genug erlebt haben, genug Schicksale haben, um in seiner Sprache die Seelenwerte auszubilden, welche denen Shakespeares nach Tiefe und Umfang entsprachen. […] In Goethe endlich war eine so umfassende Seele erstanden, daß sie die ganze Breite und Tiefe der deutschen Sprache mit ihrem Leben durchdrang, ihre starre Vergangenheit wieder lebendig machte und ihr eine grenzenlose Zukunft verbürgte. Jetzt erst hatte der deutsche Geist einen Dichter, dessen Sprache mit der Shakespeares wetteifern konnte […].[10]

Im Umkehrschluss ist wiederum bemerkenswert, dass sich bei Bloom durchaus auch eine Denkfigur finden lässt, die man als Analogon zu Gundolfs Ablehnung des Theaters lesen kann: So wendet sich auch Bloom gegen die »theatrical fashion«,[11] die der Komplexität Shakespeares nicht gerecht werden könne. Diese Ablehnung des Theaters aber ist nicht nur eine Frage der Ordnung der Künste, sondern verweist auf eine je unterschiedliche Konzeption über die Erkenntnispotenziale der Figuren als literarische Größen im Gegensatz zu jenen des Theaters.

Wenn wir also verstehen wollen, was es mit der deutschen Shakespeare- bzw. Hamlet-Obsession auf sich hat, dann müssen wir zunächst einmal methodisch-begrifflich den Status der dramatischen Figur(en) für diese Prozesse kollektiver Selbst-Vergewisserung verstehen. Dies aber ist nicht allein mit semiotischen oder poetologischen Konzepten zu leisten, sondern kann nur mit Blick auf die spezifische Verortung – den ›Sitz im Leben‹ – bestimmt werden. Mir scheint es sinnvoll, – gerade auch im Hinblick auf das Orientierungspotenzial der Figuren – dies durch einen Seitenblick auf das von Hans Blumenberg entwickelte Konzept der absoluten Metapher zu tun. Blumenberg hatte dieses Konzept schon in seinen 1960 erstmals erschienenen *Paradigmen zu einer Metaphorologie* skizziert. Der Begriff zielt auf eine (bei Blumenberg allerdings nur sprachlich gefasste) Figur, die sich dadurch aus-

---

9 Harold Bloom: Shakespeare. The Invention of the Human [1998]. New York 1999, S. 10f.
10 Friedrich Gundolf: Shakespeare und der deutsche Geist (Anm. 6), S. 304.
11 Harold Bloom: Shakespeare. The Invention of the Human (Anm. 9), S. 10.

zeichnet, dass sie eben nicht in die Abstraktheit eines theoretischen Begriffs überführt werden kann:

> Der Aufweis absoluter Metaphern müßte uns wohl überhaupt veranlassen,
> das Verhältnis von Phantasie und Logos neu zu überdenken, und zwar in dem
> Sinne, den Bereich der Phantasie nicht nur als Substrat für Transformationen
> ins Begriffliche zu nehmen – wobei sozusagen Element für Element aufgearbei-
> tet und umgewandelt werden könnte bis zum Aufbrauch des Bildervorrats –,
> sondern als eine katalysatorische Sphäre, an der sich zwar ständig die Begriffs-
> welt bereichert, aber ohne diesen fundierenden Bestand dabei umzuwandeln
> und aufzuzehren.[12]

Eingebettet in Blumenbergs anthropologisches Projekt, das sich allerdings in den
meisten Büchern nur im Hintergrund erkennen lässt, ist dieses Konzept, das un-
zweifelhaft in genealogischer Beziehung zu Ernst Cassirer, Hans Jonas oder etwa
auch in Anklängen an Aby Warburg steht, eine Möglichkeit, das epistemologische
Potenzial von Figuren und Denkfiguren zu bedenken, ohne sie im Sinne einer posi-
tivistischen Motivgeschichte bloß zu inventarisieren. Blumenberg plädiert für eine
radikale Hinwendung zur sprachlichen Figur selbst, die er nicht (mehr) als Vorstufe
zum abstrakten Denken begreift, sondern in ihrer Qualität als »Störung im Text« als
produktive Widerständigkeit definiert.[13] Es ist diese Unauflöslichkeit der Metapher,
in der sich für Blumenberg der kulturelle Ort der Metapher bestimmt. Durch sie
wird die Metapher zur »katalysatorischen Sphäre«, die eine produktive Neu-Erzäh-
lung ermöglicht. Dabei sind es zwei Merkmale, die Blumenberg an der absoluten
Metapher besonders hervorhebt.

I. Die Metapher und das Ästhetische

Obgleich Blumenberg in den meisten seiner Schriften sich – vermutlich auch im
Bewusstsein um den ›Mainstream‹ der Philosophie seiner Zeit – nachgerade programmatisch von aller Ästhetischen Theorie freihält, taucht das Thema sehr prominent in der postum erschienenen *Theorie der Unbegrifflichkeit* auf. Blumenberg
bestimmt den Begriff hier als Kennzeichen der anthropologisch zentral gesetzten
Denkfigur der ›actio per distans‹:[14] »Der Begriff, das Instrument der Entlastung,
der entspannten Vergegenwärtigung des Nicht-Anwesenden, ist zugleich das In-

---

12 Hans Blumenberg: Paradigmen zu einer Metaphorologie [1960]. Frankfurt am Main 1998,
    S. 11.

13 Hans Blumenberg: Theorie der Unbegrifflichkeit. Aus dem Nachlaß hrsg. von Anselm Haver-
    kamp. Frankfurt am Main 2007, S. 97.

14 Ebenda, S. 11.

strument einer Anwartschaft auf neue Gegenwärtigkeit, neue Anschauung – aber diesmal einer nicht aufgezwungenen, sondern aufgesuchten. Der Genuß fordert die Rückkehr zur vollen Sinnlichkeit unter den Bedingungen des Rückkehrenden.«[15]

Die Metapher besteht aus jener unhintergehbaren Sinnlichkeit, die nun zum Kern eines ästhetischen Vergnügens werden kann: »Die Metapher ist gerade deshalb auch ein ästhetisches Medium, weil sie sowohl in der Ursprungssphäre des Begriffs beheimatet ist als auch für die Unzulänglichkeit des Begriffs und seine Leistungsgrenzen noch fortwährend einzustehen hat.«[16]

Während im Begriff die Abstraktion als Leistung im Vordergrund entsteht, rückt in der Metapher die spezifische sinnliche, d. h. materielle Qualität ins Zentrum – sowohl in ihrer epistemologischen Leistungsfähigkeit als auch in ihrer ästhetischen Dimension. Die ›Vergegenwärtigung des Nicht-Anwesenden‹ wird hier zu einer delektierbaren Qualität, die die spezifische kulturelle Position von Kunst (Ästhetik) markiert.

II. Die Historizität der Metapher

Die Unübersetzbarkeit der absoluten Metapher lässt auch eine zweite Qualität scharf hervortreten, nämlich die Historizität der Metapher: Während der Begriff eine ewige oder doch wenigstens eine ahistorische Wahrheit für sich reklamiert, ist die Metapher durch ihre Sinnlichkeit in einem radikalen Sinne zeitgebunden:

> Auch absolute Metaphern haben daher *Geschichte*. Sie haben Geschichte in einem radikaleren Sinn als Begriffe, denn der historische Wandel einer Metapher bringt die Metakinetik geschichtlicher Sinnhorizonte und Sichtweisen selbst zum Vorschein, innerhalb deren Begriffe ihre Modifikationen erfahren.[17]

So wendet sich Blumenberg durch die Betonung der Historizität gegen die Ansprüche ›ewiger Gültigkeit‹ und rückt die Metaphern wiederum als Symptom historischer Prozesse in den Vordergrund.

III. Die Bedingung der Geschichte als Mittel der Welt-Erkenntnis

Indem schließlich der (Ver-)Lauf von Geschichte in den tektonischen Verschiebungen des sinnlichen Materials zur Erkenntnis kommt, entwickelt Blumenberg

---

15 Ebenda, S. 27.
16 Ebenda, S. 28.
17 Hans Blumenberg: Paradigmen zu einer Metaphorologie (Anm. 12), S. 13.

eine völlig neue, kulturwissenschaftlich fokussierte Blickrichtung, die nicht mehr auf die ›Gültigkeit‹ von Erklärungen zielt, sondern auf deren kontinuierliche Aktualisierung:

> Aus der Nacht kann alles an Grauenhaftem und Ungestaltem hervortreten, um die Ränder des Abgrunds zu besetzen, damit der Blick nicht in die Leere geht. Wenn alles aus allem hergeleitet werden kann, dann eben wird nicht erklärt und nicht nach Erklärung verlangt. Es wird eben nur erzählt. Ein spätes Vorurteil will, dies leiste nichts Befriedigendes. Geschichten brauchen nicht bis ans Letzte vorzustoßen. Sie stehen nur unter einer Anforderung: sie dürfen nicht ausgehen.[18]

Beziehen wir diese Überlegungen auf das Verhältnis von Hamlet und Deutschland, so tritt an die Stelle der Suche nach einer verborgenen Wahrheit die Vielstimmigkeit kultureller Überlieferungen und ihrer Fortschreibungen.

Vor dem Hintergrund dieser Überlegungen wird deutlich, dass die Abwendung vom Theater bei Gundolf u. a. eine symptomatische bzw. programmatische Bedeutung hat: Da dem Theater schon aufgrund seiner semiotischen Konstitution eine spezifische Spannung zwischen Textualität und Performativität eignet, steht im Zentrum des theatralen Erzählens per definitionem das Moment permanenter Aktualisierung. Im Sinne von Blumenbergs *Arbeit am Mythos* ist das theatrale Erzählen damit das Paradigma eines Erzählens, das eben nicht auf die Enthüllung/Fixierung einer grundsätzlichen Wahrheit zielt, sondern um die Anforderung kreist, ›nicht auszugehen‹.

In ebendiesem Sinne ist die im Titel aufgeführte Reise nicht als eine rein bildliche Beschreibung, sondern als eine programmatische Feststellung zu lesen: Im Gegensatz zu einer motivgeschichtlichen Lektüre, die auf die Kontinuität der Form fokussierte und die ›Entfaltung‹ eines überzeitlichen ›Nukleus‹ zu ihrem Gegenstand wählte, verfolgt der hier umrissene Ansatz gerade das Mäandern und die Veränderlichkeit, weil sich in ihr die kulturelle Wirksamkeit artikuliert. Hamlet und Deutschland stehen nicht in einer Wahlverwandtschaft, weil *Hamlet* eine ewiggültige, menschliche Wahrheit in sich trüge oder gar die Artikulation einer nationalen Eigenschaft darstellte, sondern weil sich im Prozess des Wieder-und-Wieder-Erzählens nationale Identität artikuliert.

Um auf die Ausgangsthese zurückzukommen: Schon im 18. Jahrhundert bilden sich zwei Grundlinien dieser Auseinandersetzung mit Hamlet aus, die für das Wechselverhältnis von Hamlet und Deutschland konstitutiv sind:

– die innerliche Hamlet-Werdung; hierfür figuriert Hamlet als Maske des Selbsts, die an- aber auch abgelegt werden kann, in einem mithin auch nur metapho-

---

18 Hans Blumenberg: Arbeit am Mythos [1979]. Frankfurt am Main 1996, S. 143.

rischen Spiel, das auf die Entwicklung des eigenen ICH zielt. Paradigmatisch für diese Tradition ist Goethes *Wilhelm Meister*-Roman, für dessen Titelfigur die theatrale Aneignung von Hamlet nachgerade ein ›rite de passage‹ ist. Liest man dies im Kontext der biographischen Aussagen Goethes, so wird deutlich, dass Goethe hier implizit auf eine generationelle Erfahrung verweist, die von ihm dezidiert als eine nicht-theatrale beschrieben wird: »Hamlet und seine Monologen blieben Gespenster, die durch alle jungen Gemüter ihren Spuk trieben. Die Hauptstellen wußte ein Jeder auswendig und rezitierte sie gern, und Jedermann glaubte, er dürfe ebenso melancholisch sein als der Prinz von Dänemark, ob er gleich keinen Geist gesehn und keinen königlichen Vater zu rächen hatte.«[19] So wie Wilhelm Meister so hat auch Goethe Hamlet nicht als eine Bühnenfigur, sondern als eine verinnerlichte literarische Erscheinung kennengelernt.

Bedenkt man in diesem Kontext, dass Wilhelm Voßkamp darauf hingewiesen hat, dass Goethes epochaler Bildungsroman der »(verweltlichten) Tradition protestantisch-pietistischen Denkens« verpflichtet ist,[20] so wird deutlich, dass diese Theater-Ferne eine durchaus tiefgreifende, epistemologische Bedeutung hat, die letztlich in einer protestantisch geprägten Theaterfeindschaft ihren Grund findet.

– Das zweite Modell setzt im Gegensatz zum ersten das Dispositiv des Theaters und des Rollenspiels zentral: Hierbei werden jene Elemente, die von Gundolf u. a. negativ apostrophiert werden, zum zentralen Referenzpunkt. Im Zentrum stehen der Wechsel und die Wechselhaftigkeit, das Maskenspiel und die ostentative Wechselhaftigkeit. Im Lichte von Wilhelm Voßkamps genealogischer Analyse erscheint es als nachgerade symptomatisch, dass sich dieses zweite Modell beispielhaft in Wien finden lässt, dessen Volkstheater bis ins 19. Jahrhundert Spuren eines (wie auch immer gebrochenen) katholischen und vor- bzw. gegenbürgerlichen Weltbilds trägt.[21]

Versucht man mit Hilfe dieser Gegenüberstellung, die Koordinaten von ›Hamlets Reise nach Deutschland‹ zu umreißen, so darf man diese Gegenüberstellung nicht als eine verbindliche Taxonomie missverstehen. Vielmehr möchte ich versuchen, die beiden Formen – die man hilfsweise mit den Metaphern von *Spiegel* (innerliche Hamlet-Werdung) vs. *Maske* (theatrales Spiel) beschreiben kann – als ein Hilfsmit-

---

19 Johann Wolfgang Goethe: Sämtliche Werke nach Epochen seines Schaffens. Münchner Ausgabe. Hrsg. von Karl Richter u. a. Bd. 16: Dichtung und Wahrheit. Hrsg. von Peter Sprengel. München 1985, S. 616.

20 Wilhem Voßkamp: »Wilhelm Meisters ›Theatralische Sendung‹ und dessen ›Lehrjahre‹ im 20. Jh. bei Botho Strauß und Thomas Bernhard«, Goethe-Jahrbuch 116 (1999), S. 168–177, hier S. 170.

21 Vgl. hierzu Friedemann Kreuder: Spielräume der Identität in Theaterformen des 18. Jahrhunderts. Tübingen 2010, der dies ausführlich am Beispiel des Felix von Kurz gen. Bernardon diskutiert.

tel zu nutzen, um der Versuchung scheinbar allzu selbstevidenter Entwicklungslinien zu entgehen. Gleichzeitig gerät so die Vielstimmigkeit des Theaters bzw.
der theatralen Prozesse selbst in den Blick, deren Unterschiedlichkeit durchaus im
historischen Sinne symptomatisch ist.

Die im Folgenden gegebenen Beispiele sind dabei nicht als vollständig gezeich-
nete Entwicklungslinien im Sinn einer enzyklopädischen Übersicht oder als Gip-
felpunkte einer ›Höhenkammgeschichte‹ zu verstehen, sondern vielmehr Wende-
punkte und Wegmarken, als historisch je kontingente Phänomene, die durchaus
eine symptomatische Bedeutsamkeit beanspruchen können.

IV. Die innerliche Hamlet-Werdung

Es mag auf den ersten Blick erstaunen, dass dieses Verständnis, das vor allem auf
die Innerlichkeit der Figur zielt, mitnichten auf das 18. Jahrhundert oder das sich
anschließende Verständnis der Romantik beschränkt ist, sondern dass es sich auch
im Kontext der Nationalisierung der Hamlet-Figur nach 1871 finden lässt. War
Freiligraths legendäre Formel »Deutschland ist Hamlet!« bekanntermaßen als eine
satirische Spitze gegen die Untätigkeit deutscher Intellektueller gemeint, so ver-
änderte sich die Wahrnehmung ab 1871, wie auch Zeitgenossen bemerkten: »Die
Kräfte, welche das neue Reich geschaffen, machen ihre Macht auch dieser Gestalt
gegenüber geltend, in der man, ironisch wie lobpreisend, ein Bild von Deutschland
selbst gesehen hatte.«[22]

Dabei verschiebt sich hier die von Gundolf skizzierte Blicklinie, die ja die Öffnung der Hamlet-Figur hin zu einer kollektiven Denkfigur im intimen Prozess von
Schreiben bzw. Lesen verortet hatte, hin zum theatralen Erlebnis. Es ist der Schauspieler Josef Kainz (1858–1910), der für das deutschsprachige Publikum um 1900
zum Ideal dieser kollektiven Verkörperung wird. So schreibt Otto Brahm in einer
Rezension, die schon in ihren sprachlichen Bezügen ein Panorama der intellektuellen Verfasstheit um 1900 entfaltet: »Kein melancholischer Neurastheniker, kein
am Lebensmark verkürzter Enkel eines großen Geschlechts mit Merkmalen der
Dekadenz, keine ›problematische Natur‹, sondern ein kraftvoller Willensmensch,
den nicht der Mangel an Energie hemmt, sondern das Zuviel des Vorhabens, die
angestrebte Vollkommenheit der Tat.«[23]

Brahm sieht in Kainz' Hamlet die Vorausdeutung auf eine Figur kollektiver
Identität, aus deren inneren Zentrum (»kraftvoller Willensmensch«) heraus die

---

22 Alexander von Weilen: Hamlet auf der deutschen Bühne bis zur Gegenwart. Berlin 1908,
    S. 178.
23 Otto Brahm zitiert nach Heinz Kindermann: »Josef Kainz in seinen Shakespearerollen«,
    Deutsche Shakespeare-Gesellschaft West. Jahrbuch (1973), 62–77, hier S. 70.

Bühnenfigur ein Vehikel der kollektiven Selbst-Bestimmung werden kann. Konrad Falke hat dies in seiner kleinen Schrift *Kainz als Hamlet* (1911) auch unmittelbar in der einleitenden Passage artikuliert, wenn sich die beiden sokratischen Dialog-sprecher bekennen: »Es ist mir tatsächlich, als müsste meine Sehnsucht und die Sehnsucht aller Gestalt annehmen und zu sprechen anfangen; und wir sind doch beide dem Alter der Theaterschwärmerei längst entwachsen.«[24]

Wie sehr diese Sehnsucht als eine kollektive Sehnsucht sich über den Tod des Protagonisten hinaus fortschreibt, kann man an dem Denkmal erkennen, dass die Wiener Josef Kainz gesetzt haben – obgleich er in vielen verschiedenen Rollen dem Publikum bekannt und beliebt war, scheint es nach seinem Tod keine lange Dis-kussion gegeben zu haben, dass man ihn angemessen und würdig nur in der Pose Hamlets erinnern und ehren könne.

Das Potenzial der Figur, Ausdruck, Verhandlungsort und Vehikel im Prozess der Selbst-Verständigung sein zu können/wollen, trat unter der Herrschaft der Na-tionalsozialisten in eine neue Phase. Mit unmissverständlichen Ansprüchen artiku-lierte dies der Gauleiter Joseph Wagner in einem Beitrag zum *Shakespeare-Jahrbuch*, wenn er 1938 schreibt:

> Das deutsche Theater der Gegenwart ist ein Theater der nationalen und völ-kischen Verpflichtung. Es kann sich nicht in mimischer Schaustellung und bil-liger Feierabendunterhaltung erschöpfen, vielmehr muß es Ausdruck unseres deutschen Wesens, der ewigen deutschen Sehnsucht sein.[25]

Dass ausgerechnet Gustaf Gründgens (1899–1963) zur Zentralbesetzung dieser Fi-gur wurde, entbehrt nicht einer gewissen Ironie und so ließe sich allein aus der Affä-re um die Angriffe auf Gründgens, die der *Völkische Beobachter* 1936 mit kaum ver-stellten Hinweisen auf seine Homosexualität machte, eine eigene Betrachtung über die unterschiedlichen Entwicklungsphasen dieser Aneignung machen.[26] Hier aber soll die Inszenierung selbst im Vordergrund stehen: Gründgens bzw. sein Regisseur Lothar Müthel übersetzen das Stück in einem Bühnenbild von Rochus Gliese, das das Übermächtige des Raumes betont, in ein Drama um, das um das Moment der inneren Verwandlung zur Tat kreist, wie man etwa in der Rezension von Paul Fech-ter lesen kann:

> Das tritt auch in der Szene mit dem Geist des Vaters hervor. Er trägt jetzt den Mantel und die runde, flache Kappe der Uta von Naumburg; er empfindet tief

---

24 Konrad Falke: Kainz als Hamlet. Ein Abend im Theater. Zürich 1911, S. 2.

25 Joseph Wagner: »Was ist uns Shakespeare?«, *Shakespeare-Jahrbuch* 74 (1938), S. 13–19, hier S. 17.

26 Vgl. Günther Rühle: Theater in Deutschland, 1887–1945. Seine Ereignisse – seine Men-schen. Frankfurt am Main 2007, S. 794f.

das Auszeichnende in der besonderen Beziehung des Geistes zu ihm und spielt infolgedessen die Szene des Schwörens mit aller Eleganz großen Schauspiels. Die Regie setzt das ›Hic et ubique‹ ins Bildhafte um: der Geist erscheint auf einmal hier, da, dort gleichzeitig – Hamlet ist etwas wie der überlegene Zauberer des mitternächtigen Spuks, der flüsternde Meister der Dämonen, die er mit allen Kräften der Beschwörung, vom Schrei bis zum lächelnd gen Himmel gereckten Schwurfinger zum Befolgen seines Rufes und seiner Lockung zwingt. Hier löst sich die erste bewußte Szene seines inneren Schauspiels aus dem Verband der Wirklichkeit: die Beziehung zum Jenseits wird ihm großartiges, metaphysisches Theater, er selbst der halb jenseitige Held dieses Spiels: was in der Welt geschieht, wird von diesem Augenblick an Realität zweiten Grades.[27]

Gründgens selbst beschreibt dies in Fechters Artikel folgendermaßen: »Ich glaube, sagen zu wollen: Wenn der Vorhang aufgeht, will ich den Hamlet nicht spielen, sondern ich will nach Wittenberg zurück. [...] Es ist wirklich ein Fluch, zu denken, daß ich geboren bin, die aus den Fugen geratene Welt wieder einzurenken.«[28] Diese Entschlossenheit zur Tat aber verwindet sich mit dem heldischen Ideal des Nationalsozialismus.

Es ist für die intellektuelle Situation der frühen Bundesrepublik durchaus symptomatisch, dass Gründgens 1949 zu seinem fünfzigsten Geburtstag in Düsseldorf zu dieser Rolle – immerhin der meistgespielte *Hamlet* der NS-Zeit – zurückkehrt, *ohne* diese doch auch biographisch so zentrale Verbindung zu problematisieren. Stattdessen bedient er die ›Unfähigkeit zu trauern‹, indem er bewusst in Interviews davon spricht, er habe den Hamlet seinem Publikum *neu* schenken wollen. Man mag schon in der Besetzung eine solche Ausflucht aus der eigenen Biographie erkennen, denn die Rolle der Gertrude besetzt er mit Marianne Hoppe, mit der er bis 1946 verheiratet war.[29]

Hamlet lässt sich aber nicht zu einer nationalistisch-völkischen Figur verkürzen – vielmehr spiegeln sich die politischen Auseinandersetzungen auch in der Deutungsdifferenz um diese Figur. So schreibt Klaus Mann in *Mephisto* (1936) einen Dialog zwischen dem Schauspieler Hendrik Höfgen und Hamlet, der ihm als Geist in einer Probenpause erscheint:

Diese Rolle bereitete ihm Schwierigkeiten, auf die er nicht gefaßt gewesen war. [...] Der Dänenprinz [...] war spröde, er verweigerte sich. Hendrik kämpfte um

---

27 Paul Fechter: »Deutsche Shakespeare-Darsteller. I. Gründgens als Hamlet«, Shakespeare-Jahrbuch 77 (1941), S. 123–137, hier S. 126.

28 Zitiert nach ebenda, S. 132.

29 Vgl. zu diesem Komplex Peter W. Marx: »Janus-Faced Hamlets of the German Stage: Fritz Kortner and Gustaf Gründgens«. In: Ruth Owen (Hrsg.): The Hamlet Zone. Reworking Hamlet for European Cultures. Newcastle upon Tyne 2012, S. 115–128.

ihn. »Ich lasse dich nicht!« rief der Schauspieler. Hamlet jedoch antwortete ihm
– abgewendet, traurig, spöttisch, unendlich hochmütig –: »Du gleichst dem
Geist, den du begreifst – nicht mir.« […]
»Du bist nicht Hamlet!« versicherte ihm, nun aus weiter Ferne, die fremde
hochmütige Stimme. –
Er war nicht Hamlet, aber er spielte ihn, seine Routine ließ ihn nicht im Stich.[30]

So ›rettet‹ Klaus Mann Hamlet vor der über-eindeutigen Vereinnahmung und versucht – in einer Situation unmittelbarer politischer Konfrontation – die Shake-
speare-Figur für die eigene Sichtweise zu reklamieren. Höfgens-Gründgens figuriert
hier als Inbegriff einer mangelnden Innerlichkeit, für deren Zurückweisung Mann
den intertextuellen Verweis auf die Erdgeist-Szene aus Goethes *Faust* bemüht, um
durch die Verschränkung zweier mythischer National-Figuren der Distanzierung
zusätzliche Autorität zu verleihen.

Die hier aufgezeigte Linie der Auseinandersetzung ließe sich leichthin weiter-
führen: Sie ist gekennzeichnet durch eine Widerständigkeit gegen das Theater im
Sinne eines Maskenspiels; der Bühnenraum soll vornehmlich als ein Raum des Inneren gedeutet werden. Als ein Hinweis auf die fortgesetzte Lebendigkeit dieser
Deutungslinie mag hier der Verweis auf Luk Percevals *Hamlet*-Inszenierung von
2010 genügen: Während Perceval schon durch die Abdunkelung des Raumes die
Szene in eine Undeutlichkeit und gleichzeitig Intimität überführt, wird die Fokussierung der Inszenierung auf das Innenleben Hamlets durch die Streichung von
Horatio überdeutlich. Stattdessen verdoppelt Perceval die Hamlet-Besetzung, so
dass am Ende tatsächlich eine doppelköpfige Hamlet-Gestalt entsteht, durch die
das dialogische Moment, das im Drama durch Horatio repräsentiert wird, in eine
innere Zwiesprache überführt wird.

V. Hamlet als Maske

Während die oben skizzierten Beispiele sich durch eine explizite Ablehnung des
Theaters bzw. des Theatralischen auszeichnen, ist die zweite Linie komplementär
durch eine lustvolle Multiplikation der Masken und der Möglichkeiten des The-
aters gekennzeichnet: Abgesehen von den Wandertruppen und Puppentheater-
Fassungen von *Hamlet*, die auch Gundolf bis ins 19. Jahrhundert führt, ist es etwa
Karl Gutzkow, der in seinem Dramolett *Hamlet in Wittenberg* (1835) Hamlet nicht
einfach nur (wie als ›Prequel‹ zu Shakespeare) in Wittenberg zeigt, sondern in der
Begegnung von Faust, Mephisto und Hamlet sowie einer eindrücklichen Traumvi-

---

30 Klaus Mann: Mephisto. Roman einer Karriere [1936]. Reinbek bei Hamburg 1981, S. 330–
    332.

sion ein Bild von Theater entwirft, das sich weniger am Maßstab innerer Wahrhaf-tigkeit, sondern am bunten Spiegel wechselseitiger Bezüge messen lässt. Gutzkow ›verortet‹ damit nicht nur Hamlet in Deutschland, sondern er schafft in einer fast rauschhaften Szene der Überblendung eine Gleichzeitigkeit von Kernfiguren natio-naler Imagination, für die Hamlet gleichermaßen Objekt wie Katalysator ist.

Im Widerstreit der beiden hier skizzierten Aneignungsstrategien gerät die deutschsprachige Bühne ins Hintertreffen, denn während die franko- und anglo-phonen Bühnen lustvoll zwischen ›sweet‹ und ›power Hamlet‹, zwischen weiblichen und männlichen Hamlets variieren, stellt sich die deutsche Inanspruchnahme Ham-lets als kollektive Denkfigur zunehmend als ein Ausschlussdiskurs im Sinne Fou-caults dar. Experimente vertragen sich nur bedingt mit dem Anspruch, Ausdruck innerer Verfasstheit eines Kollektivs sein zu wollen/sollen. So ist die Geschichte der maskenhaften Hamlets über weite Strecken auch eine der Zurückweisung bzw. harschen Auseinandersetzung.

Leopold Jessner (Regie) und Fritz Kortner (Hamlet) haben 1926 in einer Insze-nierung am Preußischen Staatstheater Berlin bewusst diese nationale Verengung in den Blick genommen, indem sie schon im Bühnenbild von Caspar Neher, das den Innenraum des Staatstheaters in der ›mouse-trap-scene‹ nachstellte, programma-tisch die Maskenhaftigkeit historischer Bezüge herausstrichen.

Kortner selbst, der in scheinbar wörtlichem Gehorsam gegenüber völkischen Erwartungen (und einer entsprechenden Bemerkung bei Goethe) die Rolle mit ei-ner blonden Perücke, die Alfred Polgar als »rechtes Idiotendach«[31] bezeichnet hat, spielte, war eine deutliche Provokation für ein nationalistisch-völkisches Publikum. Die Inszenierung endete denn auch in einem entsprechenden Eklat.

Jessner und Kortner haben bewusst die Theatralität ihrer Inszenierung nach au-ßen gekehrt, die Maskenhaftigkeit des Hamlets im Sinne einer erkennbar äußeren Kunst-Identität ausgestellt, um die deutsche Gesellschaft im Übergang zwischen dem autoritären Regime der Kaiserzeit und einer neuen demokratischen Verfasst-heit in künstlerischer Reflexion zu begleiten. Insofern ist es bezeichnend, wenn die *Vossische Zeitung* in einem Artikel über den nachfolgenden Eklat schreibt: »Ham-let vor dem Parlament« und Jessner selbst sich mit einem Aufsatz verteidigt, der mit »Hamlet der Republikaner« überschrieben ist. Die Karikatur aber, die beide in Konfrontation mit dem überlebensgroßen Gespenst Shakespeares zeigt, macht auch deutlich, mit welchen Geistern die beiden hier zu kämpfen hatten.[32]

Während bei Jessner/Kortner der Aspekt des Theatralischen eher implizit eine Rolle spielte, machte Heiner Müller in seiner *Hamletmaschine* (1977) das Theatrale

---

31 Alfred Polgar: »Hamlet, Prinz von Gerolstein«. 1926.

32 Vgl. hierzu Peter W. Marx: »Challenging the Ghosts: Leopold Jessner's ›Hamlet‹«, Theatre Research International 30 (2005), S. 72–87.

bzw. Gespielte zum Ausgangspunkt seiner Aneignung von *Hamlet*, wenn er den Hamlet-Darsteller sagen lässt: »Ich war Hamlet«.[33] Hier wird deutlich, dass das Ich letztlich Produkt und nicht Ausgangspunkt von Identitätspolitik ist. In Müllers monumentaler Inszenierung von 1990 am Deutschen Theater Berlin figurierte der Text als ein Interludium, das das Spielerische als Leitmotiv des Stückes unterstrich und die Prozesse der Selbst-Inszenierung damit selbst zum Gegenstand der Reflexion machte.

Die Hinwendung zum Theatral-Maskenhaften hat im Zeichen der Postmoderne bzw. des Postdramatischen eine neue Konjunktur erfahren: Vor dem Hintergrund einer ästhetischen Philosophie, für die das Spiel der Zeichen, die ostentative Kopie und Verstellung adäquate Mittel der Darstellung gegen die Übermacht einer allzu oft als kanonisch verehrten Vergangenheit sind, musste auch ein Stück wie *Hamlet* als Paradebeispiel im Zentrum einer ästhetischen Neu-Formierung stehen. Der Theaterwissenschaftler Dennis Kennedy hat dies ironisch aufgegriffen, wenn er stöhnt: »I would like to forget *Hamlet*. The endless quotations, the burden of references, the three texts, ›memorial reconstruction‹, the stories not completed, the phantom presences endlessly returning. […] I am not a spectator, I am a museum of *Hamlet*.«[34]

Nicolas Stemann hat in einer viel beachteten Inszenierung am Staatstheater Hannover aus dem Jahr 2001 ebendieses Motiv des Theaterhaften mehrfach ausgenutzt: So sehen wir etwa Hamlet, der sich um einen Fernsehbildschirm schlängelt, in dem in einem scheinbar endlosen Videoloop Ausschnitte aus Laurence Oliviers legendärem *Hamlet*-Film (1948) zu sehen sind. Die Geste mit dem Schädel – ikonisches Zitat aller Hamlets – ist für diesen keine aus seinem inneren Gestus kommende Haltung, sondern die Probe eines Zitats. Die zeitgeschichtliche Dimension der Inszenierung eröffnet sich in einem Bildtableau, das sich scheinbar zufällig ergibt, aber doch markant den Fluss der Inszenierung unterbricht und zum Stillstand gerinnt. Die Figuren stellen sich plötzlich nackt mit dem Rücken zum Publikum in einer Reihe auf und bilden damit ein Zitat jenes legendären Fotos der Kommune 1, das zur Ikone der 1968er-Bewegung wurde. Hamlet erscheint hierbei bis in die Körperhaltung hinein als der Wiedergänger jenes kleinen Jungen, der als einziger in die Kamera blickt. So wird das Stück bzw. seine Inszenierung zu einer Chiffre für die in ihrer Anfangsphase von Schröder und Fischer geprägte Berliner Republik, in der die 68er die gesellschaftlichen und kulturellen Zentralstellen übernommen haben und mit ihrem vermeintlich unerschöpflichen Verständnis und ihrem Anspruch auf

---

33 Heiner Müller: »Die Hamletmaschine«. In: Ders.: Werke 4. Die Stücke 2. Hrsg. von Frank Hörnigk. Frankfurt am Main 2001, S. 543–557, hier S. 545.
34 Dennis Kennedy: The Spectator and the Spectacle. Audiences in Modernity and Postmodernity. Cambridge 2009, S. 200.

nicht enden wollende Jugendlichkeit Hamlet in eine unentrinnbar ewige Pubertät zwingen.

Im selben Jahr hat Christoph Schlingensief das Schauspielhaus Zürich zum Zentrum einer weitreichenden Empörung gemacht mit einer Inszenierung, an der nicht nur aussteigewillige Neo-Nazis beteiligt waren, sondern die vor allem durch eine die gesamte Aufführung strukturierende Einspielung von Gründgens letzter *Hamlet*-Inszenierung (1963) die fortdauernd-geisterhafte Präsenz einer in ihren Wurzeln bis in die Nazi-Zeit zurückgehenden Ästhetik problematisieren wollte. Schlingensief selbst taucht in nachgeahmter SS-Uniform als Spielmacher auf, der das Publikum in einem Monolog ›ad spectatores‹ über die komplexen historischen Referenzlinien aufklärt.

Im Paradigma der Maskenhaftigkeit haben sich freilich längst ganz andere/neue Bühnen herausgebildet: So hat etwa Herbert Fritsch unter dem Titel *hamlet_X* den Shakespeare'schen Text in 111 Teile zergliedert, die in insgesamt 222 Kurzfilmen präsentiert werden sollen. Hier hat sich die vormalige Einheit des Textes in eine Vielheit der Teile und Präsentationsformen aufgelöst.

Das Spiel mit dem Theatralen hat aber längst den engen Rahmen des Kunsttheaters verlassen: Im Jahr 2001 hat Harald Schmidt in seiner *Harald-Schmidt-Show* eine Spielzeugversion von *Hamlet* in Szene gesetzt. Hier wird konsequent die Welt der Populärkultur als Horizont für eine Aneignung des Shakespeare'schen Textes in Anspruch genommen: Der Geist ist ein Mischwesen zwischen einem Spielzeugroboter und dem Kopf einer Diddl-Maus; Hamlet selbst wiederum wird durch die Actionfigur von Neo, dem Protagonisten aus der Science-Fiction-Filmreihe *Matrix*, ›verkörpert‹. »Sein oder Nicht-Sein« schließlich wird als Karaoke mit einem Freiwilligen aus dem Publikum durchgeführt. Es erscheint etwas wohlfeil, hier Gundolfs Verdikt, »hier haben nur Hanswurste Platz« zu zitieren. Vielmehr belegt diese ironische Präsenz Hamlets, dass die Figur auch jenseits des bildungsbürgerlichen Kanons und seiner Institutionen einen Platz als zentrale Denkfigur kollektiver Identität behauptet.

Das vorstehende, notwendigerweise nur schemenhafte Panorama der Deutungslinien von Hamlet in Deutschland war ein Versuch aufzuzeigen, dass sich die entscheidenden Momente kultureller Aushandlung nicht in der Entfaltung einer Kontinuität offenbaren, sondern in jenem Mäandern durch die Zeiten, Künste und Medien.

Goethe hingegen hatte in *Shakespeare und kein Ende* (1813–1816) ein fundamental anderes Modell entworfen:

> Fragen wir aber nach diesen Mitteln, so scheint es, als arbeite er für unsre Augen; aber wir sind getäuscht. *Shakespear's* Werke sind nicht für die Augen des Leibes. […] Betrachtet man die *Shakespear'schen* Stücke genau, so enthalten sie viel weniger sinnliche Tat, als geistiges Wort. Er läßt geschehen, was sich leicht

imaginieren läßt, ja was besser imaginiert als gesehen wird. […] Alle solche Dinge gehen beim Lesen leicht und gehörig an uns vorbei, da sie bei der Vorstellung lasten und störend, ja widerlich erscheinen.[35]

Die von Goethe imaginierte Reinheit des Blicks basiert auf der völligen Negierung des Leibes – so aber wird die von ihm aufgerufene Bildwelt der literarischen Figuren zu einer aseptischen, sauerstoffarmen Zone, in der sich zwar vielleicht Kontinuität erkennen lässt, aber keine Spuren menschlichen Lebens mehr. Hamlets Reise nach Deutschland aber – so der hier vorgestellte Versuch – zielt nicht auf jene vollkommene Innerlichkeit, sondern bedarf der »Augen des Leibes«, um gerade das jeweils sich formierende historische Moment erkennen zu können.

---

35 Johann Wolfgang Goethe: »Shakespeare und kein Ende [1815/1816]«. In: Ders.: Sämtliche Werke nach Epochen seines Schaffens. Münchner Ausgabe. Hrsg. von Karl Richter u. a. Bd. 11.2: Divan-Jahre 1814–1819. Hrsg. von Johannes John u. a. München 1994, S. 173–186, hier S. 174f.

STEFFAN DAVIES

Hamlet versus *Lear*

Die Shakespeare-Rezeption Alfred Döblins

Im Dezember 1949 berichtete Alfred Döblin im Südwestfunk von der Gründung der Mainzer Akademie, zu deren ersten Vizepräsidenten er gehörte. Er stellte sich die Frage, wie die Klasse der Literatur mit den beiden größeren wissenschaftlichen Klassen der Akademie zusammenpasse, und was der Gegenstand ihrer Arbeit sei, und er antwortete:

> Wir haben auch viele Objekte zu betrachten, aber unser aller Thema bleibt der Mensch, und so sind wir seit Homer und Sophokles geblieben, und das hat Dante fortgesetzt im Mittelalter, und dann gab es Molière und Shakespeare und Goethe, und das ist immer der Mensch und das eine und dasselbe Lied von ihm.[1]

»[I]mmer der Mensch und das eine und dasselbe Lied von ihm«: Shakespeare bot Döblin wiederholt die Möglichkeit, »[den] historisch sich wandelnde[n] Zusammenhang zwischen Lebensformen, gesellschaftlichem Material und künstlerischer Darstellungsweise«, der ihn »zeitlebens fasziniert[e] und beschäftigt[e]«, zu erproben.[2] Vorwegnehmend sei darauf hingewiesen, dass er die Dramen Shakespeares seit dem Gymnasium kannte und daraus regelmäßig ›geflügelte Worte‹ zitierte. Über dieses Allgemeinbild hinaus soll hier erstens Döblins Beschäftigung mit Shakespeare als Theaterrezensent in den frühen zwanziger Jahren[3] und zweitens sein Roman *Hamlet oder Die lange Nacht nimmt ein Ende* untersucht werden, um Shakespeares Stellenwert in Döblins Literaturbegriff näher zu erläutern. Da *Hamlet*, 1945 im kalifornischen Exil begonnen, 1946/47 in Baden-Baden abgeschlossen, erst aber 1956 in Ostberlin veröffentlicht, nicht nur Shakespeares Hamlet-Figur einsetzt, sondern

---

1 SWF-Reihe »Kritik der Zeit«, Sendung vom 11. Dezember 1949. Alfred Döblin: Kritik der Zeit. Rundfunkbeiträge 1946–1952. Hrsg. von Alexandra Birkert. Düsseldorf 1992, S. 261.

2 Erich Kleinschmidt: »Döblin-Studien. I: Depersonale Poetik«, Jahrbuch der Deutschen Schillergesellschaft 26 (1982), S. 383–401, hier S. 383.

3 Döblins Rezensionen werden hier nach den ›Ausgewählten Werken in Einzelausgaben‹ zitiert; Alfred Döblin: Kleine Schriften I [im Weiteren: KS 1]. Hrsg. von Anthony W. Riley. Olten 1985, und Alfred Döblin: Kleine Schriften II [im Weiteren: KS 2]. Hrsg. von Anthony W. Riley. Olten 1990.

auch eine eigene Version des *King Lear* erzählt,[4] wird in diesem zweiten Teil die im Titel angedeutete Studie von R. A. Foakes aufgegriffen, *Hamlet versus Lear: Cultural Politics and Shakespeare's Art.*[5] Foakes konstatiert für den angelsächsischen Raum nach dem Zweiten Weltkrieg einen Wandel von *Hamlet* zu *King Lear* hin als dem Drama, das auf der Bühne und nach Auffassung der Literaturkritiker den Geist des Zeitalters am ehesten angesprochen habe. Im Schatten des Holocausts und der Atombombe verdeutlichte etwa Peter Brooks *Lear*-Inszenierung (1962) die Hoffnungslosigkeit in diesem Trauerspiel, die auch Jan Kott in seinem einflussreichen *Shakespeare heute* hervorhob.[6] In den Shakespeare-Kritiken der zwanziger Jahre maß Döblin die Kunst an ihrer Lebensnähe und weitete damit seinen Begriff der Realität in der Literatur durch Shakespeare herantastend auf das Drama aus; sein Nachkriegsroman setzte Shakespeare in einer Sondierung der »Schuld am Kriege« (H, S. 32) ein. Beiden Vorhaben gemeinsam ist die beständige Auseinandersetzung mit der Aktualität der Literatur einerseits und ihrer Besonderheit als Dichtung andererseits, die auch Foakes' Untersuchung von ›Shakespeares Kunst‹ anhand des zeitgebundenen Wandels der Kritik zu Grunde liegt.

Durch ihre Bezeichnung als »Provokationen«[7] oder als »Dokumente des ersten Blicks, des geschärften Urteils, der überschießenden Laune und der heiteren Verliebtheit in die eigenen Formulierungskünste«[8] sind Döblins Theaterrezensionen nur einseitig beschrieben. Freilich bewegten ihn finanzielle Gründe, vor allem die Honorierung in Devisen, vom November 1921 bis zum September 1924 im *Prager Tagblatt* (teils auch, und bis Dezember 1924, im *Leipziger Tageblatt*) über die Berliner Bühnen zu berichten, und er schlägt hier denselben spielerischen Ton an wie in den ›Linke Poot‹-Glossen der *Neuen Rundschau*. Am Anfang wie am Ende seiner Rezensionstätigkeit unterhöhlt er ironisierend sein eigenes Vorhaben: »Ich habe wirklich nicht vor, über Theater zu schreiben. Ich wüßte nicht, was mich bewegen könnte, über Theater zu schreiben« (KS 1, S. 334 [20. November 1921]). Hier aber sollen die Rezensionen als Beiträge zu Döblins Ästhetik ernstgenommen werden,[9] sind doch alle seine poetologischen Texte eher »offene Überlegungen« als

---

4   Alfred Döblin: Hamlet oder Die lange Nacht nimmt ein Ende [im Weiteren: H]. Frankfurt am Main 2008.

5   R. A. Foakes: Hamlet versus Lear. Cultural Politics and Shakespeare's Art. Cambridge 1993.

6   Jan Kott: Shakespeare heute. München 1964, S. 163f. Zur *Lear*-Rezeption angelsächsischer Kritiker in den 1940er-Jahren siehe R. A. Foakes: Hamlet versus Lear (Anm. 5), S. 50–54.

7   Wulf Köpke: »Döblins Theaterprovokationen«. In: Yvonne Wolf (Hrsg.): Alfred Döblin zwischen Institution und Provokation. Bern u. a. 2007, S. 65–80.

8   Wilfried F. Schoeller: Alfred Döblin. Eine Biographie. München 2011, S. 261.

9   So auch Liselotte Grevel: »»Mensch, det ist knorke‹ – oder: Kunst ist nicht heilig. Alfred Döblin als Kunst- und Theaterkritiker«. In: Hartmut Eggert und Gabriele Prauß (Hrsg.): Alfred Döblin und die künstlerische Avantgarde. Bern u. a. 2003, S. 77–95; Dies.: »Alfred Döblin critico teatrale (1921–1924)«, Cultura Tedesca 44 (2013), S. 67–93. Zum politischen

Bestandteile einer systematischen Theorie.[10] Döblin spielt hier zwar, so Wulf Köpke, »die Rolle des Nicht-Gebildeten, der ohne den Kodex der höheren Bildung und Eingeweihtheit ins Theater geht, einfach so, zur Unterhaltung«,[11] konkretisiert aber auch in gattungseigenen Überlegungen zum Drama die Poetik des Realen, die er bekanntlich in anderen Vorträgen und Essays für den Roman entwickelte. Auch wenn er in erster Linie als Epiker bekannt ist, und sich auch so ansah, war Döblin gerade in den zwanziger Jahren nicht nur Romanautor, sondern auch Dramatiker.

Döblin versuchte, systematisch über die eingleisige Konzentration auf die ›großen Bühnen‹ und den Kanon hinauszugehen.[12] Seine Verachtung der deutschen Klassiker hört man sowohl aus dem Text der Rezensionen heraus als auch aus dem ›Verpassen‹ etwa von Schillers *Wallenstein* – dessen vermeintlichen Fatalismus ›Linke Poot‹ als »eitel Quarkkäse«[13] angeprangert hatte – in Leopold Jessners Inszenierung von 1922. Obgleich bisher nicht festgestellt werden konnte, inwiefern er Shakespeare außerhalb seiner Rezensententätigkeit im Theater erlebte – ob er etwa Max Reinhardts *Hamlet* 1910 oder Jessners *Hamlet* 1926 sah –, scheint Döblin allerdings alle Shakespeare-Inszenierungen rezensiert zu haben, die zu seiner ›Amtszeit‹ in Berlin uraufgeführt wurden.[14] Döblin sah in Shakespeare sowohl einen Träger als auch einen Herausforderer des klassischen Erbes, und die offene Haltung, die sich daraus ergab, lässt viel stärker Nuancen seines Kunstverständnisses erkennen als das Polemisieren gegen Goethe und Schiller. Mit dem Bild »Williams des Großen« (KS 2, S. 202 [20. Januar 1923]) hat er höchstens ironisierend zu tun, doch ist Shakespeare für ihn ein Klassiker, der als fortschrittlich angesehen werden kann und die besonderen Lasten der deutschen Klassik nicht trägt. Die Widersprüche seines Shakespeare-Bildes führen also nicht nur in die Komplexitäten seines eigenen poetologischen Verständnisses ein, sondern sie bilden auch stellvertretend die

---

Hintergrund der Rezensionen siehe weiter Manfred Beyer: »Über Döblins Theaterberichte«. In: Alfred Döblin: Ein Kerl muß seine Meinung haben. Berichte und Kritiken 1921–1924. Hrsg. von Manfred Beyer. Olten 1976, S. 5–14.

10 Erich Kleinschmidt: »Nachwort«. In: Alfred Döblin: Schriften zu Ästhetik, Poetik und Literatur [im Weiteren: SÄPL]. Hrsg. von Erich Kleinschmidt. Olten 1989, S. 740–754, hier S. 740.

11 Wulf Köpke: »Döblins Theaterprovokationen« (Anm. 7), S. 78.

12 Liselotte Grevel: »Alfred Döblin critico teatrale« (Anm. 9), S. 70–74.

13 Linke Poot [Alfred Döblin]: »Überfließend von Ekel [1920]«. In: Alfred Döblin: Der deutsche Maskenball von Linke Poot. Wissen und Verändern! Hrsg. von Heinz Graber. Olten 1972, S. 106–114, hier S. 112.

14 Vgl. Shakespeare und das deutsche Theater. Eine Dokumentation der Deutschen Shakespeare-Gesellschaft West, des Kurpfälzischen Museums der Stadt Heidelberg und des Instituts für Theaterwissenschaft der Universität Köln. Köln 1964, S. 38–48. Jessners *Othello*, am 11. November 1921 kurz vor Döblins erster Rezension (vom 20. November 1921) uraufgeführt, besprach Döblin allerdings nicht.

Anspannungen der Shakespeare-Rezeption in der Weimarer Republik ab, die Hans
Rothe im Kontext seiner kontroversen ›elisabethanischen‹ Shakespeare-Versionen
als »Kampf um Shakespeare« etikettierte.[15]

An Shakespeare wie an keinem anderen Klassiker hebt Döblin Lebensnähe
hervor und macht somit das althergebrachte Bild des ›lebendigen‹ Shakespeare
für eine neue Poetik produktiv. »Ihm ist das Leben und Sichauswirken der Einzel-
seele, ihr Zusammentreffen mit anderen freien Einzelseelen alles«, urteilt Döblin,
»[s]eine Figuren sprechen viel und theoretisieren auch gelegentlich, aber nur oben-
hin: im Grunde sind sie sich ihrer selbst zu sicher, und sie kümmern sich nur darum, was im Augenblick gerade zu tun ist« (KS 2, S. 154 [19. November 1922]). Er
schließt damit an einen Topos der Shakespeare-Rezeption an, der seit Herder und
Goethe bestand und den Gundolf in *Shakespeare und der deutsche Geist* (1911) erneut bekräftigt hatte. Döblins Schriften zur Ästhetik, freilich in erster Linie auf die
Wirksamkeit der Prosa angelegt, beschäftigen sich wiederholt mit dem ›Leben‹ als
Mittelpunkt der Literatur. 1913 beklagt er im ›Berliner Programm‹: »Der Künstler
hat sich zum Handlanger dürftiger Gelehrter degradiert, sich geblendet, den Kunst-
freund und Leser entwöhnt, in den Reichtum des Lebens zu blicken«, 1917 begehrt
er in den *Bemerkungen zum Roman* gegen die Künstlichkeit der Kunst auf: »Das
Leben dichtet unübertrefflich, Kunst hinzufügen ist da meist überflüssig« (SÄPL,
S. 122 und S. 126).

Döblin lehnt nicht nur die mimetische Abbildung der Realität ab – »[d]as Erzählen selbst«, so Erich Kleinschmidt, »erscheint als die Wirklichkeit, um die es
geht« (SÄPL, S. 747) – sondern auch die gesellschaftliche Isolation des modernen
Autors und die Individuation der Romanpersonen und des Lesers. Besteht er 1917
darauf, dass es »verkehrt« sei »anzunehmen und unter dieser Annahme zu arbeiten
und zu lesen: der Mensch sei Gegenstand des Dramas oder des Romans« (SÄPL,
S. 125), so widerspricht er damit nicht dem späteren Anliegen, der »Frage nach
dem Menschen« dichterisch nachzugehen (SÄPL, S. 487 [1947]). Vielmehr betont
er, dass die Kunst nicht auf ein abstrahiertes Ich, sondern heran an die menschliche
Realität führen soll, die das Ich begründet und bewohnt. Der Epiker, behauptet
Döblin im Vortrag *Der Bau des epischen Werks* (1928), »muß ganz nah an die Realität heran, an ihre Sachlichkeit, ihr Blut, ihren Geruch, und dann hat er die Sache
zu durchstoßen« (SÄPL, S. 219). Durch den Zusammenschluss von Wahrnehmung
und Wahrgenommenem im Epos soll sich das Subjekt erübrigen.[16] Weiter die *Bemerkungen* von 1917: Drama und Roman haben »mit der Wichtigkeit eines einzel-

---

15 Vgl. Wilhelm Hortmann: Shakespeare und das deutsche Theater im XX. Jahrhundert. Berlin
    2001, S. 94–109; Hans Rothe: Der Kampf um Shakespeare. Ein Bericht. Leipzig 1936.
16 Erich Kleinschmidt: »Nachwort« (Anm. 10), S. 751; weiter David Midgley: »Metaphysical
    Speculation and the Fascination of the Real. On the Connections between Döblin's Phi-
    losophical Writings and His Fiction before Berlin Alexanderplatz«. In: Steffan Davies und

nen Helden oder seiner Probleme [nichts] zu tun« (SÄPL, S. 125). Shakespeares
Dramen sind hier musterhaft, denn ihre Zeit ist die Vormoderne, »nicht die der
Massen, der wirtschaftlichen Kräfte, sondern der Einzelpersonen«. Seine Figuren
sind aus der Gegebenheit ihrer Epoche »Einzelseelen, uneingespannt in den Rahmen der Gesellschaft«, und damit einerseits für das Drama geeignet, andererseits
nicht Ausdruck der Individuation (KS 2, S. 154 [19. November 1922]). »Zur alt-
elisabethanischen Zeit«, meint Döblin, war das Theater noch nicht von der Literatur bedingt, »die Schauspieler [waren] selbständig, Improvisation und festes Gerüst
die dramatisch-theatralischen Elemente« (KS 2, S. 236 [11. April 1923]). Später
sollte Herbert Ihering in seiner Diagnose einer »Krise der klassischen Darstellungs-
form« über Shakespeare ähnlich urteilen: Während Goethe-Aufführungen fortwährend zur Identifizierung »mit fremden Privatschicksalen« führten, sei Shakespeare
für das »objektiv[e] Drama« einsetzbar, da der »Kern« seiner Werke ihre Fabel sei,
die »bis zu einem Grade unabhängig von der Krise« darstellbar sei, »die die geistige
und gefühlsmäßige Haltung seiner Stücke durchmachen«.[17] Dass Döblin allerdings
mit dieser Einordnung nicht ganz zufrieden blieb, bezeugt eine spätere Erwiderung
(1931) auf den Kritiker Alfred Kerr: Dort ist Shakespeares Drama mit seinen »großen elementaren Individuen […] ein Drama der eben angebrochenen […] indivi-
dualistischen Epoche«, das »chorische« Drama des Aischylos hingegen entspreche
»stärker der Zeit, deren Anbruch wir erleben«.[18]

Konkret auf seine Rezensionstätigkeit angewandt bedeutet Döblins Auffassung
der ›Realität‹ die Hochschätzung von Erlebnisintensität auf dem Theater. Dies verortet Liselotte Grevel überzeugend in der Nähe von Diltheys Lebensphilosophie,[19]
doch geht es Döblin hier letztlich um die Beteiligung des Rezipienten an der literarischen ›Realität‹ und um die Vermeidung der ästhetischen Schau, die einen
»eisernen Vorhang« zwischen Bühne und Publikum entstehen lässt (SÄPL, S. 225).
Döblin misst die Aufführungen an ihrer Wirkung, und zwar mit unverblümter Sub-
jektivität. Rückblickend auf die Wintersaison 1921/22 nennt er die drei Stücke, von
Henrik Ibsen, Georg Hirschfeld und Hermann Bahr, die »nachklingen«: »Sie tragen
weiter, drängen, fördern, oder sind selbst – Enthüllungen von mir, und darum fallen
sie nicht von mir herunter« (KS 2, S. 66 [28. April 1922]). Das leichte Paradoxon,
dass die »Depersonation« in der Kunst (SÄPL, S. 123) immerhin subjektiv rezipiert

Ernest Schonfield (Hrsg.): Alfred Döblin. Paradigms of Modernism. Berlin 2009, S. 7–27,
hier S. 21.

17　Herbert Ihering: »Reinhardt, Jessner, Piscator oder Klassikertod? [1929]«. In: Ders.: Der
Kampf ums Theater und andere Streitschriften 1918 bis 1933. Hrsg. von der Akademie der
Künste der DDR. Berlin 1974, S. 303–324, hier S. 305 und S. 314f.

18　Alfred Döblin: »›Die Ehe‹ und ein Krr-itiker«. In: Ders.: Kleine Schriften III. Hrsg. von Anthony W. Riley. Zürich 1999, S. 265–273, hier S. 270.

19　Liselotte Grevel: »Mensch, det ist knorke« (Anm. 9), S. 94f.

wird, zeigt Döblins ambivalente Beurteilung von *Richard II* in der Inszenierung von Berthold Viertel: Richard, gespielt von Alexander Moissi, gebe das Beispiel eines »in Hochmut und Selbstbetrachtung eingehüllte[n] schlanke[n] Wesen[s]« ab, das die Ereignisse auf Distanz halten möchte, sie aber von sich nicht fernhalten kann. Sein Gegenspieler Bolingbroke vertrete die unvermeidliche, »zerschmetternde Realwelt«, diesen jedoch habe Heinrich George »kalt, allzu kalt« gespielt (KS 2, S. 154f. [19. November 1922]).

Shakespeare steht hier als Vorfahr eines positiv bewertbaren Naturalismus, zu dem sich der Avantgardist Döblin 1920 wider Erwarten ›bekannte‹ (KS 1, S. 291). Der Naturalismus mochte jetzt überholt erscheinen, sei jedoch zu seiner Zeit eine Befreiung gewesen (KS 2, S. 26 [3. Februar 1922]), entscheidend war die »seelen-prägende Kraft« der Kunst und die Möglichkeit, die der Naturalismus barg, »im engsten Andrang an die Natur, an die herumliegenden und mit mir wachsenden Realitäten selber [zu] wachsen« (KS 1, S. 293f.). Döblins stetiges Meckern über Gerhart Hauptmann lag zum Teil daran, dass er ihm (wie Goethe und Schiller) den Prominentenstatus missgönnte, vor allem aber nervte ihn im Jubiläumsjahr 1922, dass »seine Verbindung mit dieser Epoche […] sehr äußerlich« geworden sei (KS 2, S. 120 [13. September 1922]). Hauptmanns frühere Werke – *Die Weber*, *Rose Bernd*, *Die Ratten* – beurteilte Döblin günstig, freilich im Kontext eines Ver-risses von *Kaiser Karls Geisel* in der Neuinszenierung von Felix Hollaender (KS 2, S. 203 [30. Januar 1923]).[20] Ibsen und – gewissermaßen – Strindberg fanden ebenfalls das Lob des Kritikers, der im September 1922 auf eine Rundfrage zum »neuen Naturalismus« antwortete: »Wir haben keine Kunstprodukte, sondern Lebensäu-ßerungen nötig« und forderte, zu »zeigen, wie auch immer, daß man ist und was man ist« (KS 2, S. 135f.; vgl. zu Strindbergs *Ostern* KS 1, S. 341 [24. November 1921]). Sind Hauptmanns Werke zu lose in ihrer Welt verankert, so tragen Shake-speares Könige hingegen »das Gesicht seiner Zeit, die Wende des längst vergange-nen 16. Jahrhunderts; man läßt sie vorübergehen und weiß, daß so menschliche Stärke und Sicherheit aussieht« (KS 2, S. 152 [19. November 1922]). Döblin hält Strindbergs Geschichtsdramen für vorhersehbar, aus der versuchten Objektivität seien »unverdaute Geschichtsbrocken« geworden, »sie gehen Strindberg nichts an, gehen uns nichts an« (KS 2, S. 172 [19. Dezember 1922]). Der *Totentanz*, ein Stück des »noch […] unabgeschwächte[n] Strindberg«, sei als Analyse angelegt, sein Schluss sei deshalb »unwahr und vergebliches Bemühen« (KS 2, S. 113 [30. August 1922]). Dahingegen: »Wie ist Shakespeare! Falstaff, Percy, die Richarde, Heinrichs, was für durchgefühltes Leben, neugewachsenes, vor uns wachsendes Leben!« (KS 2, S. 172). Shakespeares *Wintermärchen* (inszeniert von Heinz Hilpert an der Volks-bühne) sei zwar nicht sein stärkstes Stück, »vieles klingt konventionell und imitiert

---

20 Ausführlicher hierzu Liselotte Grevel: »Mensch, det ist knorke« (Anm. 9), S. 84.

Shakespeare«, und es zeige die »Depression« von Shakespeares reifem Alter. Jedoch verfalle es nie »in die Perversionen strindbergscher Art«, denn Shakespeare zweifle dort an der Frau, »aber kehrt zu ihr wieder« zurück (KS 2, S. 204 [20. Januar 1923]). Noch einmal aber hing das Urteil grundsätzlich nicht vom Dramatiker, sondern von dem Eindruck der Inszenierung ab. In der Woche, in der er *König Lear* im Großen Schauspielhaus (inszeniert von Bernhard Reich) und *Wie es euch gefällt* im Lessing-Theater (inszeniert von Lutz Weltmann) sah, machte auf ihn Ibsens *John Gabriel Borkmann*, von Berthold Viertel inszeniert, den »stärksten Eindruck«. Diesmal also galt Shakespeare als überschätzt: »wie arm ist die Erde; links und rechts spielt man diesen Mann; andere kommen fast nur aushilfsweise ran. Und dabei kann man gar nicht sagen, es ist Unrecht«. Ibsens Werke hingegen trügen »das Blut der noch lebenden Menschen in sich« (KS 2, S. 244 und S. 246 [6. Mai 1923]).

Mit der Betonung des Theatererlebnisses knüpfte Döblin an Hugo von Hofmannsthal an, der 1905 im Festvortrag *Shakespeares Könige und große Herren* die »Atmosphäre« der Dramen heraufbeschwor.[21] Döblin machte allerdings einen entscheidenden Schritt weiter, indem er die Wirksamkeit dieses ›lebendigen‹ Dramas über die geschlossene Welt der Bühne bzw. des phantasievollen Lesens hinaus betonte, und schnitt damit Shakespeares Potenzial in der Entwicklung einer theatralischen Epik an. In Anlehnung an Döblin fasste Bertolt Brecht dieselben Möglichkeiten 1927 in seiner *Vorrede zu »Macbeth«* zusammen. Shakespeares Stücke zeigten:

daß es irgendwann ein Theater gegeben hat, das mit dem Leben in einem ganz anderen Kontakt stand. In einem Gespräch erhob der große Epiker Alfred Döblin gegen das Drama den vernichtenden Einwand, diese Kunstgattung könne das Leben überhaupt nicht wahr darstellen. Das Drama sei ein mehr künstliches als künstlerisches Erzeugnis, es stecke keine unmittelbare Wahrheit darin, und man könne aus einem Drama niemals das Leben, sondern nur den Geisteszustand des Dramatikers erfahren. […] Das Drama Shakespeares jedoch […] war der Form zumindest sehr nahe, die jene Wahrheit des Lebens selbst konservieren kann. Durch jenes epische Element, das in den Stücken des Shakespeare steckt und das die theatralische Wiedergabe dieser Stücke so erschwert, war Shakespeare imstande, diese Wahrheit einzufangen.[22]

Döblin, der schließlich Anfang der 1930er-Jahre im Zuge weiterer Gespräche im Kreis mit Bertolt Brecht, Fritz Sternberg und Erwin Piscator mit einem eigenen ›epischen‹ Theaterstück, *Die Ehe*, experimentierte, machte einerseits die Vereinnah-

---

21 Hugo von Hofmannsthal: Gesammelte Werke in zehn Einzelbänden. Hrsg. von Bernd Schoeller. Frankfurt 1979. Bd. 8: Reden und Aufsätze I, S. 44–50.

22 Bertolt Brecht: Werke. Große kommentierte Berliner und Frankfurter Ausgabe. Hrsg. von Werner Knecht u. a. 30 Bde. Berlin 1988–2000. Bd. 24: Texte zu Stücken (1991), S. 54.

mung Shakespeares für das Epische Theater mit, andererseits beharrte er konsequent auf die Trennlinie zwischen Epos und Drama, die er in seinen Schriften zur Prosa zog. In der Beschreibung der Simultanbühne, die Carl Meinhard und Rudolf Bernauer im Theater in der Königgrätzer Straße für Bernauers Kreisler-Operetten entwickelten, bezeichnet er die Einheit des Ortes im klassischen Drama als »Manko«, das aus bühnentechnischer Notwendigkeit entstanden sei: »[Es] erzwang ungeheure Verfeinerungen. Shakespeare, der Heros, war an das Manko nicht gebunden: bei ihm [so Döblin!] gab es Schilder für den Ort; er konnte die fatalen kleinen Szenen machen, sechzig in einem Akt; er war also dramatischer Erzähler«. Mit der Simultanbühne eröffne sich erneut die Möglichkeit der ›dramatischen Erzählung‹: »man wird anders dramatisch dichten können, also müssen. Die Einheit des Orts gilt nur für die Provinzbühne« (KS 2, S. 237f. [11. April 1923]). Als Döblin 1917 gegen »erzählte Dramen« in Romanform donnerte, merkte er auch an, »daß im Beginn nicht einmal das Drama [mit Handlung] etwas zu tun hatte, und es ist fraglich, ob das Drama gut tat, sich so fest zu legen«. Hauptgegenstand des Dramas sei ursprünglich »die große pathetische Szene« gewesen, die erst später durch den Anteil an der psychologischen Entwicklung der Helden ersetzt wurde (SÄPL, S. 124f.). In *Der Bau des epischen Werks* behauptet er, Shakespeare habe die Dialoghandlung gesprengt, indem er sich epischer Mittel bediente: »Verschämterweise läßt auch [er] gelegentlich eine Person vor den Vorhang treten und läßt erzählen. So ist es richtig« (SÄPL, S. 225).

Der Grundüberzeugung entsprechend, dass das Dramatische im Epos fehl am Platz sei, sah Döblin andererseits auch ein, dass das Epische dem klassischen Drama nicht passt. Bekanntlich rang auch Brecht beständig mit der »Verwendbarkeit« Shakespeares, wie sich Döblin nach Brechts Tod in einem Brief an Johannes R. Becher noch erinnerte.[23] In der Besprechung von Edmond Rostands *Cyrano de Bergerac* bemerkte Döblin, dass *Hamlet* ein Gegenbeispiel der gelungenen Übersetzung von Erzählung ins Drama abgebe: »sein Dichter war mehr als Theatermann und poetischer Dramaturg, nämlich Dramatiker: vom ersten Satz an sind wir in der Tragödie« (KS 2, S. 54 [30. März 1922]). Über Hilperts *Wintermärchen* urteilte er: »Man soll die Stücke des Engländers nicht in zu viel Bilder zerlegen. Die französische Theorie von der Einheit des Ortes hatte ihre bühnentechnischen, aber auch psychologischen Gründe: Die Handlung zerbröckelt zu leicht, ein Drama ist kein schwedisches Gabelfrühstück mit zehn kleinen Bissen« (KS 2, S. 204 [30. Januar 1923]).

Zudem: Wenngleich die Simultanbühne die Bühne revolutionierte, so barg sie auch den gefährlichen ›Sieg der Technik‹ über den Text. Wenige Wochen nach dem

---

23 Brief Döblins an Becher vom 10. September 1956; Alfred Döblin: Briefe. Hrsg. von Heinz Graber. Olten 1970, S. 476.

Besuch in der Königgrätzer Straße besprach Döblin Reichs *Lear*-Inszenierung und beschrieb ein Stück mit zwar »herrlichem« Anfang, das aber anschließend durch das Überwiegen der Technik verdorben sei. Das starke und teils gelungene Bühnenkonzept des Architekten Hans Poelzig sei zu Lasten der Akustik betont worden: »Überkluge fingersaugende Bühnentheoretiker haben aus hundert Gründen das Große Schauspielhaus verdammt. Ich nur aus einem Grund: weil ich nämlich nichts hören kann« (KS 2, S. 243f. [6. Mai 1923]). In der Kritik, mit der Döblin im Dezember 1924 im *Leipziger Tageblatt* seine Rezensionstätigkeit abschloss, drückte er noch einmal Skepsis über die ›episierende‹ Inszenierung elisabethanischer Dramen aus. Gegenstand der Rezension war Christopher Marlowes *Edward II* in der Bearbeitung von Brecht, ein Stück, das bewusst als Gegengewicht zu den gängigen Shakespeare-Inszenierungen konzipiert war und in der Theatergeschichtsschreibung als früher Meilenstein der epischen Form gilt.[24] Laut Ihering, der in Shakespeare einen Weg zum ›objektiven‹ Theater gesehen hatte, stellte Brechts *Leben Eduards des Zweiten von England* »[den] Dreh- und Wendepunkt des klassischen Theaters« dar.[25] Döblin sah das Stück freilich nicht unter Brechts Regie in München, sondern in der weniger gelungenen Inszenierung Jürgen Fehlings im Berliner Staatstheater. Sein Urteil fiel gemischt aus. Erstens zur Vorlage: Marlowes *Doctor Faustus* liege »der heutigen Zeit in vielen Teilen besser als Goethes sehr sanfter, humanistischer« (KS 2, S. 433 [21. Dezember 1924]), den *Edward* hatte Döblin allerdings im Vorjahr schon abgeurteilt als »eins von den schrecklichen und langweiligen Engländerstücken, in denen es von Yorks, Lancasters, Peers wimmelt [...] zuviel Verbrauchtes, Totes« (KS 2, S. 331f. [11. November 1923]). Unter Brechts und Fehlings Händen habe das Stück allerdings »viel von seiner Farbe verloren«, indem ausschließlich der politische Inhalt hervorgehoben wurde, »der Kampf des Königs [...] gegen seine Adeligen«. Brecht habe gelungene Kriegsszenen geschmiedet und »famose Einzelreden« gebracht, nur aber in Details theatralisch zu überzeugen vermocht. Im Allgemeinen sei der Rezensent »ermüdet« und das Publikum »nur ab und zu mitgenommen und im ganzen sehr angestrengt« gewesen (KS 2, S. 433 [21. Dezember 1924]).

An den Shakespeare-Rezensionen wird klar, dass Döblin, der ohnehin am Wert der Zugehörigkeit zu einer ›Bewegung‹ zweifelte (SÄPL, S. 127–136), das Theater über die grobe Kategorisierung hinaus nuanciert beurteilte. Auch die Poetik des Dramas definiert er nicht systematisch, sondern durch seine ambivalenten Haltungen zu den Stücken, die er auf dem Theater sieht. Seine Bemerkungen zu Jessners Klassiker-Inszenierungen insbesondere bringen seine zentrale poetologische Kategorie des ›Realen‹ auf den Punkt. Jessners *Richard III* (1920) brach mit dem Stil und den Illusionsprinzipien Max Reinhardts und machte aus Richard »ein Symbol

---

24 John Willett: The Theatre of the Weimar Republic. New York 1988, S. 90.
25 Herbert Ihering: »Reinhardt, Jessner, Piscator oder Klassikertod?« (Anm. 17), S. 317.

für absolute Blut- und Schreckensherrschaft schlechthin«.[26] Das Theater, so Jessner 1923, solle dem Zuschauer nicht »die sogenannte Wirklichkeit, [...] dargestellt durch Pappe und Schminke« vortäuschen, sondern dem Menschen »das Leben, das er selbst durchlebt, in den *monumentalen Zeichen der Idee und der Vision* zeigen«.[27] Dementsprechend vereinfachte er die Bühne und kürzte die Texte radikal auf eine Kernidee hin; in der *Richard*-Inszenierung führte er chorische Momente ein, die »kontemplativ das Geschehen begleitete[n] und damit die episch-balladeske Form unterstrich[en]«.[28] Augenscheinlich wären hier Gemeinsamkeiten mit Döblins Begriff der »Überrealität« im Roman zu suchen, der den realistischen Schein ablehnte und von der »Sprengung« traditioneller Grundformen absah, um die Dichtung auf eine tieferliegende Wirklichkeit zu führen (SÄPL, S. 215 und S. 227). Döblin lobt Jessners straffende »Bearbeitung« von Schillers »deutlich verbaut[em]« *Don Karlos*, in der das Familiendrama zu Gunsten der politischen Motivierung Posas ausgespart wurde (KS 2, S. 33 [21. Februar 1922]).[29] Er scheint sich auch sehr wohl zum selben Vorgehen in seiner Rezension von Schillers *Fiesco* zu »bekennen«,[30] genauer gelesen aber übt er dort Kritik. Jessner habe »abstrahiert«, indem er kürzt, wohl zu Recht »unterscheidet [er] Hauptsachen, Nebensachen«, aber das Weggelassene war »schön, blühend, lebendig, fleischig«. »Die Realität, etwa Genua«, urteilt Döblin, »hat ihm zu viele Nebensachen«, die Technik gewinnt über »de[n] Marktplatz, de[n] Ballsaal, de[n] Festsaal, die wimmelnde Volksmasse« die Oberhand (KS 1, S. 338 [24. November 1921]). Jessners *Macbeth*, der den Kritikern im Allgemeinen missfiel, war nach Döblins Urteil derselbe Fehler wie seinem *Fiesco* unterlaufen. »Jessner zerlegte das Stück gar zu sehr; die dem Epischen nahen kurzen Szenen sind für die moderne Bühne gefährlich«. Ähnlich sollte er später über Hilperts *Wintermärchen* urteilen; bei *Macbeth* kam die misslungene Betonung des Erotischen – »dem ängstlichen Träumen Maeterlincks nahe« – hinzu (KS 2, S. 155f. [19. November 1922]). In der Bezeichnung der Inszenierung als »Ballade« schließt sich Döblin nicht nur einer Mehrheitsstimme der *Macbeth*-Rezensenten an,[31] sondern bahnt auch den Weg zu seiner Kritik an Brechts *Eduard II.* (KS 2, S. 433: »allerhand Balladeskes«). Wie in seinem Aufsatz über Otto Flakes *Stadt des Hirns* hätte er von Jessners *Macbeth* behaupten können, »[er] nimmt uns die Spannung nur zu einem schlechten Zweck«

26 Matthias Heilmann: Leopold Jessner – Intendant der Republik. Der Weg eines deutsch-jüdischen Regisseurs aus Ostpreußen. Tübingen 2005, S. 188.

27 Leopold Jessner: »Variationen über das Thema ›Volksbühne‹ [1923]«. In: Ders.: Schriften. Theater der zwanziger Jahre. Hrsg. von Hugo Fetting. Berlin 1979, S. 64–67, hier S. 65f.

28 Matthias Heilmann: Leopold Jessner (Anm. 26), S. 198.

29 Vgl. ebenda, S. 259–262.

30 Ebenda, S. 223.

31 Andreas Höfele: »Leopold Jessner's Shakespeare Productions 1920–1930«, Theatre History Studies 12 (1992), S. 139-155, hier S. 148f.

(SÄPL, S. 151 [1919]). Jessners Regietheater grenzte nach Döblins Ermessen zu nah an ein realitätsfernes *l'art pour l'art*, das zu stark auf das eigene Können anstatt auf das ›Scenenprägende‹ der Kunst einging. Nennt Döblin die Übersetzungsvariante »im Anfang war das Wort« als Jessners Motto für seinen *Faust I* (KS 2, S. 241 [21. April 1923]),[32] so beschreibt er die Kluft, die diesen Regisseur von dem Epiker trenne, der mittels der Sprache »[d]ichter heran […] an das Leben« kommen wollte (SÄPL, S. 115).

Im kulturellen Leben der Nachkriegszeit hatte Shakespeare erneut Konjunktur. Mit dem schnellen Wiederherstellen eines Theaterlebens wurde er sofort wieder gespielt: Schauspieler und Regisseure hatten ihn im Repertoire, und während er den Besatzungsmächten als unbedenklich galt, bot er den Theaterbesuchern die Vertrautheit eines Klassikers an. »Niemand konnte ernstlich etwas dagegen haben«, bemerkte Hanns Braun 1955 im Rückblick auf das vergangene Jahrzehnt, »wenn die wiedererstehenden deutschen Bühnen diesem zeit-überlegenen, alle Zeiten durchdringenden Dramatiker wie eh und je einen Ehrenplatz einräumten«.[33] Dienten die Komödien nach wie vor zur Unterhaltung und Ablenkung, so sprachen die Tragödien das tiefere Bedürfnis an, das Vergangene zu verstehen, wobei es, so Wilhelm Hortmann, »weniger um Fragen von Ursachen und Wirkung ging als um die spirituelle Dimension«.[34] *Richard III* wurde dementsprechend erst 1953 wieder gespielt, *Hamlet* hingegen schon bis Ende 1949 in den Westzonen bzw. der neuen Bundesrepublik 38 Mal neu inszeniert.[35] *Hamlets* Potenzial als Identifikationspunkt – dem Celler Regisseur Hannes Razum zufolge traf die Klage »die Zeit ist aus den Fugen« »tief[-]« in den Mittelpunkt unserer Welt«[36] – stellte hohe Anforderungen an die Aufführungen: Das Stück zu spielen sei, so die *Aachener Volkszeitung* 1952,

---

32 Vgl. Fausts endgültige Übersetzung von ›logos‹ mit »im Anfang war die *Tat*!«; Johann Wolfgang von Goethe: Faust. Hrsg. von Albrecht Schöne. Frankfurt 2005, Studierzimmer [I], Vers 1224–1237.

33 Hanns Braun: »Shakespeare auf süddeutschen Bühnen nach dem Krieg«, Shakespeare-Jahrbuch 91 (1955), S. 260–267, hier S. 260.

34 Wilhelm Hortmann: Shakespeare und das deutsche Theater (Anm. 15), S. 199.

35 Wolfgang Stroedel: »Bühnenbericht 1953«, Shakespeare-Jahrbuch 90 (1954), S. 290–294, hier S. 290; Shakespeare und das deutsche Theater. Eine Dokumentation (Anm. 14), S. 62; Michael Bachmann: »*Hamlet* in den Westzonen und der BRD bis zur Wiedervereinigung (1945–1990)«. In: Peter W. Marx (Hrsg.): *Hamlet*-Handbuch. Stoffe, Aneignungen, Deutungen. Stuttgart 2014, S. 173–190, hier S. 74.

36 Hamlet (1.5.89); Hannes Razum: »Probleme der Shakespeare-Regie«, Shakespeare-Jahrbuch 91 (1955), S. 225–232, hier S. 228. Shakespeares Dramen werden nach folgenden Ausgaben zitiert: auf Englisch nach William Shakespeare: The Complete Works. Hrsg. von Stanley Wells und Gary Taylor. Oxford 1986, in deutscher Übersetzung nach William Shakespeare: Sämtliche Werke in vier Bänden. Hrsg. von Anselm Schlösser. Berlin 1964.

»als eine geistige Aufgabe und nicht nur als eine theatralische« zu begreifen.[37] Die
Vielzahl der Inszenierungen und die Tatsache, dass solche Erwartungen nicht immer erfüllt werden konnten, führten zu kritischer Reflexion. Hatte Shakespeare
zunächst Kontinuität geboten, so wurde allmählich stattdessen der Ruf nach zeit-
gemäßen Interpretationen laut. In seinem Festvortrag vor der Shakespeare-Gesellschaft 1951 beantwortete der Theaterwissenschaftler Joseph Gregor die Frage »Was
ist uns Hamlet?« mit der Andeutung, dass er »notwendig wäre, um unsere Epoche
zu begreifen«.[38] Razum forderte 1955:

> Ein Zeitalter, das wie das unsere den Zusammenbruch des überlieferten Bildes
> vom Menschen erlebt hat, [...] muß zu dem großen Menschengestalter ein an-
> deres Verhältnis haben als das unserer Väter. Es ist der schicksalhafte, dämo-
> nische, apokalyptische Shakespeare, der uns unmittelbar nahe ist und den wir
> aus der Not unserer Zeit um Rat und Hilfe befragen. [...] Selten waren die
> Schicksale der Menschen so exemplarisch, so unmittelbar auf den Grund des
> Daseins gestellt wie heute, selten haben die exemplarischen Schicksale Hamlets,
> Macbeths, Prosperos, Richards und Lears eine solche Aktualität besessen wie
> heute.[39]

Im Gegensatz zu *Hamlet* wurde der hier genannte *King Lear*, dessen »allzer-
schmetternde[r] Schluss« laut Gundolf beim deutschen Publikum seit dem 17. Jahrhundert angestoßen war,[40] wenig gespielt. Anders als in *Hamlet* befindet sich in *Lear*
kein Ausweg aus der Zerstörung; das »Hauptproblem«, mit dem Gustav von Wangenheim seine *Hamlet*-Inszenierung am Deutschen Theater 1945 versah – »Entschieden handeln!« –[41] bietet sich dort nicht erst an. Das Verlangen nach einem
»[die] Not unserer Zeit« umfassenden Shakespeare leitete aber wie in der englischsprachigen Rezeption eine Aufwertung *King Lears* ein. Schon 1946 verband Paul
Meißner in einem Aufsatz im *Shakespeare-Jahrbuch* den »Schicksalsgedanken« in
Hamlet, *King Lear* und *Macbeth* und behauptete von *Lear*: »Die erschütternde Erkenntnis von der Sinnlosigkeit alles Geschehens bildet die Voraussetzung, von der
aus die Welt dieses Dramas verstanden werden muß«.[42] Hermann Heuer behaupte-

---

37 Zitiert nach Michael Bachmann: »*Hamlet* in den Westzonen und der BRD« (Anm. 35),
    S. 175.
38 Joseph Gregor: »Was ist uns Hamlet?«, Shakespeare-Jahrbuch 87/88 (1952), S. 9–25, hier
    S. 23.
39 Hannes Razum: »Probleme der Shakespeare-Regie« (Anm. 36), S. 227.
40 Friedrich Gundolf: Shakespeare und der deutsche Geist. Berlin ⁵1920, S. 21f.
41 Gustav von Wangenheim: »Über meine *Hamlet*-Inszenierung. Ansprache an die jugendlichen
    Zuschauer«. In: Helmut Kreuzer und Karl-Wilhelm Schmidt (Hrsg.): Dramaturgie in der
    DDR (1945–1990). Band I: 1945–1969. Heidelberg 1998, S. 7–11, hier S. 11.
42 Paul Meißner: »Gestaltung und Deutung des Tragischen bei Shakespeare«, Shakespeare-
    Jahrbuch 80/81 (1946), S. 12–30, hier S. 23f. Zu den Aufsätzen im *Shakespeare-Jahrbuch*

te vor der Shakespeare-Gesellschaft 1948: »Kaum ein Stück zeigt […] wie *King Lear* […] die Bedrohung des natürlichen Kosmos durch die Macht von Ruin und Chaos«.[43] Der Bühnenbericht des *Shakespeare-Jahrbuchs* konstatierte für den Anfang der fünfziger Jahre das allmähliche Vorbeigehen der »*Hamlet-*›Konjunktur‹« und die zunehmende Beachtung von *King Lear*. Während das Gastspiel des Londoner Old Vic-Theaters 1952 in Deutschland mit *Lear* »das Spiel einer alten Begebenheit brachte«, brachten die drei deutschen Aufführungen der Jahre 1950–1952 »in den Vordergrund […], daß das auf der Bühne gezeigte Geschehen ein von Raum und Zeit unabhängiger Vorgang ist, der in jedes einzelnen Menschen Leben sich in irgend einer Weise vollzieht«.[44]

Die Tendenz, in Shakespeares Dramen Ausdrücke der Aktualität zu finden, machte Döblin nach der Rückkehr aus dem Exil mit, auch wenn er Shakespeare vorwiegend am Rande erwähnt. In der von ihm in der französischen Besatzungszone herausgegebenen Zeitschrift *Das Goldene Tor* ließ er nach Aufsätzen zum »Faustischen Trieb« des deutschen Volkes zwei Beiträge zu Shakespeares Prospero veröffentlichen, den er einleitend als »den nichtdeutschen Faust« bezeichnete: Der Engländer Shakespeare sei »nicht von den Stürmen der Technik fortgerissen, auch nicht in dem düsteren Gefilde brodelnder deutscher Leidenschaft«, und lasse Prospero daher zum Schluss »Mantel, Stab und Buch beiseite[legen]«.[45] In seiner Rundfunksendung *Kritik der Zeit* schloss er sich 1947 dem Misstrauen der Alliierten gegenüber *Coriolanus* an, der auch noch nach dem Krieg in einer Verteidigung der preußischen Geschichte angeführt worden war.[46] Am ausführlichsten aber kam Döblin auf Shakespeare in der Rede *Die Dichtung, ihre Natur und ihre Rolle* zu sprechen, gehalten 1950 vor der Mainzer Akademie. Hier fasste er die Anliegen seiner früheren poetologischen Schriften für das zerstörte Deutschland neu zusammen: Wie kann die Kunst – die keineswegs zur Weltflucht verhelfen darf – nicht nur auf die Realität hinweisen, sondern Realität sein? Döblin legte wie in der Weimarer Republik dar, dass die Literatur nicht an der »Politik und [den] Tagesding[en]« teilzunehmen habe: Letzteres hieße, »[der Dichter] soll als Dichter abdanken« (SÄPL,

---

unmittelbar nach 1945 siehe Silke Meyer: Checkpoint Shakespeare. Shakespeare-Rezeption in Deutschland als deutsche Nationsgeschichte 1945–1990. Düsseldorf 2006, S. 331–347.

43 Hermann Heuer: »Der Geist und seine Ordnung bei Shakespeare«, Shakespeare-Jahrbuch 84–86 (1950), S. 40–63, hier S. 59.

44 Wolfgang Stroedel: »Bühnenbericht 1950-1952«, Shakespeare-Jahrbuch 87/88 (1952), S. 174–180, hier S. 175f.

45 Alfred Döblin: Kleine Schriften IV. Hrsg. von Anthony W. Riley und Christina Althen. Düsseldorf 2005, S. 284 und S. 286.

46 Sendung vom 4. Mai 1947. Alfred Döblin: Schriften zur Politik und Gesellschaft. Hrsg. von Heinz Graber. Olten 1972, S. 443; vgl. Wilhelm Hortmann: Shakespeare und das deutsche Theater (Anm. 15), S. 199. Ohne ihn zu nennen, zielt Döblin hier auf Bernhard Guttmann: »Preußens Ausgang«, Die Gegenwart 2 (1947), H. 5/6, S. 7–9.

S. 501). Schon kurz nach der Rückkehr aus Kalifornien hatte er eingesehen, dass der Zustand der deutschen Bevölkerung eine direkte Auseinandersetzung mit der jüngsten Vergangenheit – das Sprechen über Krieg und Holocaust – nicht zulasse. »Sie wissen alles«, schrieb er an die Mit-Exilantin Gertrud Isolani, »man bringe ihnen etwas und quäle sie nicht noch mehr«.[47] In der Mainzer Rede bestand er auf den Wert der Dichtung, »die in einer solchen Zeit, wie auch immer, das Licht reflektiert, das in uns alle gefallen ist und es nicht spielerisch reflektiert, sondern in das Menschenleben hineinwirft. Das ist Politik, das ist unsere Politik« (SÄPL, S. 508f.). Shakespeare gebe auch jetzt ein Muster ab:

> Profilieren [S]ie den Dichter, den Künstler, gegen den Politiker, den Heiligen. Erkennen [S]ie seine Bemühungen, die Menschenwelt in dieser Ära vorwärts-zutreiben, den Menschen dieser Ära zu der wahren und wirklichen und aktivie-renden Aufklärung zu verhelfen.
>
> Da stellt er als Shakespeare einen blutgierigen Richard III. hin und läßt ihn all die Bosheiten und Grausamkeiten ausführen, die in seiner Brust schlummern, und dann ist es geschehen […] er ist nicht einmal von seinen bösen Trieben befreit worden, aber wenigstens das ist geschehen, er hat öffentlich bekannt vor aller Welt, und tausend und aber tausend Menschen, die es sehen und hören, haben es bekannt, und es steht nun klarer in ihrem Bewußtsein. […] Und dann spaziert träumerisch Hamlet über den dänischen Königshof […] es ist tabula rasa gemacht, das Ende vom Lied, und die Welt und der Mensch sehen nachher genau so aus wie vorher. Es ist eine Tragödie, weil man ja so nichts ändern kann. Keine Tragödie kann etwas ändern, keine Dichtung ändert etwas. Aber sie er-hellt, sie steht lockend und erschütternd vor uns, sie mahnt und erinnert, und zugleich lobt sie. (SÄPL, S. 504f.)

Als zentrales Thema wird in Döblins *Hamlet* das Bestreben, mittels erzählter Fikti-onen politische und psychologische Traumata auszusprechen und zu bewältigen, auf den Prüfstand gestellt.[48] Es geht um die Selbstidentifizierung der Figuren in und mit der Kunst: Hamlets vielzitierte Aufforderung an die Schauspieler, »der Natur gleich-sam den Spiegel vorzuhalten« (3.2.24f.), legt Döblin, leicht abgewandelt, auch seiner Hamlet-Figur Edward Allison in den Mund (H, S. 146). Edward, ein englischer Armeeoffizier, kehrt physisch und seelisch verwundet aus dem Zweiten Weltkrieg zurück und sucht in der Heimat nach der ›Wahrheit‹ zur Kriegsschuld. Zu seiner Therapie gehört, dass die Familie sich regelmäßig zu Erzählabenden versammelt. Dort bittet Edward seinen Onkel James Mackenzie, der Familie einen »Hamlet un-

---

47 Brief Döblins an Isolani vom 18. April 1946: Alfred Döblin: Briefe II. Hrsg. von Helmut F. Pfanner. Düsseldorf 2001, S. 213.

48 Hierzu weiter Steffan Davies: »›Vergangenheitsbewältigung‹ and Memory Contests in Döblin's *Hamlet*«, Modern Language Review 108 (2013), S. 898–920.

ter heutigen Umständen« vorzutragen, »Hamlet – ohne das Erscheinen des Geists«, der vom väterlichen Verbrechen nicht »weiß«, sondern »ahnt« (H, S. 220f.). Edwards Suchen deckt jedoch nur immer mehr unbequeme Wahrheiten in der Geschichte der eigenen Familie auf: »Man braucht keine Expeditionen in fremde Länder zu machen, um diesen Krieg zu führen. Man braucht nicht einmal ins Kino dafür zu gehen: man findet alles bequem zu Hause« (H, S. 435). Er wird dadurch, so bemerkte Döblin 1948, »ein *Hamlet*, der seine Umgebung befragt«.[49] Er glaubt, dass es ihm »auferlegt« sei, »den Hamlet zu leben« (H, S. 469) und vor allem, die vermeintliche »Schändung« seiner Mutter durch seinen Vater aufzudecken (H, S. 221).

Edwards »Hamlet-Spuk« (H, S. 604) ist im Roman kein Einzelfall, sondern gehört zu einer Reihe solcher teils irreführender Selbstidentitäten: etwa die Selbstidentifizierung seiner Mutter mit Richard Strauss' Salome und die mehrlagigen Identitäten seines Vaters Gordon, eines Schriftstellers, der ursprünglich Charles hieß, sich aber nach dem General Gordon, dem »Helden von Karthum« (H, S. 458) nennt und nach der Hauptfigur einer frühen Erzählung den Spitznamen »Lord Crenshaw« erhalten hat. Edward wiederum inszeniert ein ›Spiel im Spiel‹ um die mysteriöse Gestalt ›Crenshaws‹ zum Geburtstag seines Vaters und denkt ihn dabei »zu erschüttern, zu entlarven« (H, S. 434). Kurz wird auch ein Vergleich mit *The Taming of the Shrew* angedeutet: Edwards Schwester Kathleen geht mit ihrem Verlobten in das Stück, das nach dem Krieg in Deutschland schnell erneute Popularität fand. In der ›Zähmung‹ von Shakespeares Katherine durch harte Mittel kann eine Widerspiegelung der Ehe der Allisons gedeutet werden, die wiederum die »selig blind[e]« Verliebtheit von Kathleen Allisons Verlobtem ins Ironische treibt: Sie kennt die Ehe von einer düsteren Seite und wirft Edward deshalb »einen kleinen Blick zu, der hieß: Ich hab ihn gern, aber was ist er für ein Dummkopf« (H, S. 520). Davor wird in einer Binnenerzählung die Heilige Theodora von Alexandrien von ihrem zweiten Ehemann Titus gedemütigt und dadurch auch »zahm« gemacht (H, S. 410f.). Darüber hinaus deutet das Spiel im Spiel in Shakespeares Komödie noch einmal auf die praktische, sogar therapeutische Funktion der Kunst hin – vorgeblich soll das Spiel die »Melancholie« des betrunkenen Christopher Sly heilen –[50] und das Spiel wie der Rahmen basieren auf vertauschten Rollen und verwechselten Identitäten.

Die Tragfähigkeit von Edwards Selbstidentifizierung mit Hamlet wurde in der Forschung bereits mehrfach besprochen.[51] Kurz zusammengefasst: Edward ist einer-

49 Alfred Döblin: Schriften zu Leben und Werk. Hrsg. von Erich Kleinschmidt. Olten 1986, S. 318.

50 The Taming of the Shrew, Induction 2.127–131: »Your honour's players, hearing your amendment, | Are come to play a pleasant comedy; | For so your doctors hold it very meet, | Seeing too much sadness has congealed your blood, | And melancholy is the nurse of frenzy«.

51 Vgl. André Lorant: »Shakespeare et Döblin: A propos de *Hamlet oder die lange Nacht nimmt ein Ende*«, Arcadia 18 (1983), S. 158–178; Franz Loquai: Hamlet und Deutschland. Zur lite-

seits der ›hamletisierende‹ Hamlet, der grübelt anstatt zu handeln und der letztlich, als er handelt, den Falschen trifft: den Vater statt der Mutter, Polonius statt Claudius. Edward liest die Vorlage selektiv, er möchte einen Hamlet »ohne das Erscheinen des Geistes«, der anders als Shakespeares Hamlet, aber genauso wie er selber, vom Verbrechen nicht weiß, sondern »ahnt«. Die »lange Nacht« des Romantitels endet nur, indem Edward den »Spuk« ein für allemal »beseitigt« (H, S. 605). 1951 legte Döblin im Rundfunk die freudianische Hamlet-Deutung des Psychologen Ernest Jones dar, die auch auf Edward passt – Hamlet wird durch seine »besondere Liebe an die Mutter« sowohl getrieben als auch gehemmt – schloss jedoch distanzierend ab: »Wir lassen uns diese Auslegung gefallen, vielleicht auch nicht, sie macht einfach, Person und Stück flach«.[52] Andererseits: Jessners politisch starke *Hamlet*-Inszenierung oder Brechts Hamlet-Bild am Schluss der zwanziger Jahre lassen auf eine stärkere Gewichtung des Hamlet schließen, der dadurch handelt, indem er Einsichten in den ›faulen Staat Dänemark‹ tut. Mit der ›Aktualisierung‹ Shakespeares wurde Hamlet nach dem Krieg ähnlich interpretiert: 1947 deutete ihn Karl Jaspers als Wahrheitssuchenden, dessen ständige Aktivität »auf das Ziel der Wahrheit und des wahrheitsgemäßen Handelns hin« in einer »radikal unwahren Welt« als Untätigkeit getarnt werden muss.[53] Im selben Jahr berichtete Ernst Leopold Stahl, dass in den neuen *Hamlet*-Inszenierungen »[d]er lodernde, aktiv gespannte, sprungbereite Hamlet, mit der Hand am Degen sozusagen, [uns] begegnet […] während das melancholische Element der Hamlet-Gestalt jenen Zügen gegenüber zurücktritt«.[54] An Jaspers anschließend sprach Benno von Wiese 1952 von einem Hamlet, der tätig ist indem er denkt – »Denken *ist* Tun, Tun *ist* Denken – und der Macht des Königs die Tugend des Gewissens entgegensetzt.[55] In dem neuen Romanschluss, den Döblin 1955 auf Anforderung seines Ostberliner Verlegers diktierte, wartet Edward nicht auf die Ablösung durch Fortinbras, auf den sich Julius Bab 1913 als mahnenden »Realisten« berufen hatte,[56] noch geht er, nach Hamlets Anweisung an Ophelia, »in ein Kloster« (3.1.124), wie Döblin ursprünglich vorgesehen hatte, sondern sein

---

rarischen Shakespeare-Rezeption im 20. Jahrhundert. Stuttgart 1993, S. 115–128; und Josef Quack: Diskurs der Redlichkeit. Döblins Hamlet-Roman. Würzburg 2011, S. 57–64.

52 Südwestfunk-Reihe »Aus Literatur und Wissenschaft« vom 19. August 1951; Alfred Döblin: Kritik der Zeit (Anm. 1), S. 304. Döblins Edward und Freuds Hamlet-Deutung vergleicht weiter Ingrid Maaß: Regression und Individuation. Alfred Döblins Naturphilosophie und späte Romane vor dem Hintergrund einer Affinität zu Freuds Metapsychologie. Frankfurt am Main 1997, S. 140–145.

53 Karl Jaspers: Philosophische Logik. Erster Band: Von der Wahrheit. München 1947, S. 938.

54 Ernst Leopold Stahl: Shakespeare und das deutsche Theater. Stuttgart 1947, S. 732.

55 Benno von Wiese: »Gestaltungen des Bösen in Shakespeares dramatischem Werk [Festvortrag 1952]«, Shakespeare-Jahrbuch 89 (1953), S. 51–71, hier S. 67f.

56 Julius Bab: Fortinbras oder Der Kampf des 19. Jahrhunderts mit dem Geiste der Romantik. Sechs Reden. Berlin ³1921, S. 16.

»neues Leben« beginnt mitten in der »wimmelnde[n] und geräuschvolle[n] Stadt« (H, S. 603-605). So verstanden bedeutet Hamlet »ohne das Erscheinen des Geistes« nicht introvertiertes Nachgrübeln, sondern den »Hamlet unter heutigen Umständen« (H, S. 220), den sich Edward erzählen lassen will.

Geht es bei Edwards ›Hamlet-Spuk‹ um die ambivalente Aneignung der Kunst, so befasst sich die lange Binnenerzählung zu *Lear* mit der Frage, wie die Illusion überhaupt erst zustande kommt. Foakes merkt an, dass Shakespeares *Hamlet* im Zeichen der Vergangenheit und der Erinnerung steht, im *Lear* hingegen das Gedächtnis fast gänzlich fehlt.[57] Noch einmal sei an Döblins Mahnung erinnert: »Man bringe ihnen etwas und quäle sie nicht mehr«. James Mackenzie weigert sich, die Hamlet-Geschichte zu schildern und erzählt stattdessen von Lear, nicht aber von dem König, der »alt und blöd geworden ist« in der Geschichte, »die uns Shakespeare serviert« (H, S. 229). Vorerst geht er in die keltische Mythologie zurück, erzählt vom Sieg des in Pferdeform erschienenen Gottes Mod im Kampf gegen einen Wildeber Hermindran und anschließend von einem jüngeren König Lear, der in seinem Willen zur Vernichtung dem Wildeber – und damit wiederum den Allisons – gleicht.[58] Dieser Lear jagt »maßlos« und »wütend« über seine Territorien, bis ihm unerwartet eine Dame widersteht, Imogen Persh, die ihn eine Zeitlang auf ihrem Gut gefangen hält. Aus der einerseits gefährlichen, andererseits peinlichen Situation wird ein Spiel, in dem beide der Reihe nach so tun, als ob sie den anderen nicht erkannt hätten. Lear lädt eine Schauspieltruppe auf seinen Hof ein, die er damit beauftragt, anstatt ihre Stücke zu spielen, zu Imogen zu fahren und sie hinterlistig zu entführen. Kaum ist die Entführung gelungen, so muss Lear aus Geldnot sein Reich teilen, um einen großen Schuldenberg an seine Töchter abzutreten. Imogen kommt frei, und Lear zieht von einer undankbaren Tochter zur nächsten durch das Land. Die Schauspieler tauchen wieder auf: Ihr Direktor, Jack Johnson, schlägt ein Propagandastück vor, das aufzeigen soll, wie schlecht der König behandelt wird. Johnson wird dafür geadelt und nimmt den Namen »William Shakespeare« an. So entsteht der *King Lear*, den wir kennen:

> Das Stück fängt dann mit der grandios edelmütigen Familienszene, der Aufteilung des Reiches, an. Shakespeares Phantasie ist da gewaltig, aber sie muß auch hier darum besonders gewaltig sein, ja gewalttätig, weil sie das leistet, was sie will, nämlich die Wahrheit auf den Kopf stellen. Die Zauberkraft der Phantasie, wie sie verändert, verwandelt, […] das belegt großartig der *König Lear* selber.

---

57 R. A. Foakes: Hamlet versus Lear (Anm. 5), S. 181.

58 Zu Döblins Quellen siehe Anthony W. Riley: »Ein deutscher Lear? Zu einigen Quellen in Alfred Döblins ›Erzählung vom König Lear‹ in seinem Hamlet-Roman«. In: Leonard Forster (Hrsg.): Akten des 5. Internationalen Germanisten-Kongresses. Bd. 3. Bern 1976, S. 475–482, hier S. 476–479.

Johnson-Shakespeare legte alles an, wie es ihm in seinen Kram paßte. Das Tollste leistete er sich in der Weltuntergangsszene auf der Heide […]. Die rührende Cordeliaszene gab es in dem Propagandastück natürlich noch nicht. (H, S. 286f.)

Zu guter Letzt berichtet Mackenzie, dass im Anschluss daran ein weiterer Schauspieler bei Johnson abgeschrieben und das Stück »für heutige Bühnen zurechtgemacht« habe. »Der Mann, der meinetwegen Smith hieß, nannte sich dann selbst Shakespeare, schrieb selber viele Stücke und benutzte fremde Arbeit« (H, S. 288).

Döblin wusste aus der Temple-Ausgabe, die er benutzte, dass es Vorversionen und Umarbeitungen von Shakespeares *Lear* gab, vor allem die Version Nahum Tates mit glücklichem Ausgang. 1941 hatte Döblin in Hollywood eine »heitere Variation des alten Learstoffes« als Filmerzählung unter dem Titel *Queen Lear* entworfen, in der er Lears skandalöse Verführung durch eine Edeldame und die Erfindung von *King Lear* als »Propagandafeldzug« durch seinen Hofdichter bereits vorsah.[59] Auch im Roman wird *Lear*, im Gegensatz zu *Hamlet*, zu einer Komödie, die immerhin den düsteren Grundton seines Vorgängers beibehält. Der wütende, rachsüchtige König missbraucht seine Macht, um seine niedrigsten Triebe hemmungslos zu befriedigen, und obgleich er nicht »alt und blöd« wird, verblasst er wie Shakespeares Figur letzten Endes zur Schablone.[60] Mackenzies Lear-Geschichte soll seinem Neffen Einsicht geben in das Wesen von Macht und Gewalt. In einer in die Erstausgabe nicht aufgenommenen Variante wird der Wildeber mit Hitler verglichen und es wird bedauert, dass die ›Appeasement‹-Politiker der 1930er-Jahre diese Lear-Geschichte nicht kannten.[61] Mackenzie weigert sich nicht aus Weltfremdheit, Shakespeares *Hamlet* zu erzählen, sondern weil er weiß, dass *Hamlet* in Wirklichkeit als ein allzu eindeutiges Gleichnis von den »heutigen Umständen« ablenken und die gesuchte »Wahrheit« verdunkeln würde: »So einfach [wie in Shakespeares *Hamlet*] ging es hier nicht«, erklärte Döblin im *Journal 1952/53*.[62] *Lear* hingegen kann im Sinne der Mainzer Rede »aufklären«, indem er aus einer fernen Vergangenheit her reales menschliches Verhalten verdeutlicht.

Seit seiner *Lear*-Rezension von 1923 war Döblin von Shakespeares erster Szene fasziniert: »[O]ben das Weißhaupt, Lear. Die Reichsverteilung. Welch herrlicher Stoff. Was für ein Dichter, Shakespeare. Es flaute nachher ab.« Er war von der Figur

---

59 Stefan Keppler und Gabriele Sander: »›Mühsamer als Romanschreiben‹. Alfred Döblin als Filmschriftsteller und sein Projekt ›Queen Lear‹«, Jahrbuch der Deutschen Schillergesellschaft 52 (2008), S. 163–190, hier S. 171; zu »Queen Lear« in den Vorarbeiten zu *Hamlet* vgl. Anthony W. Riley: »Ein deutscher Lear?« (Anm. 58), S. 475f.

60 R. A. Foakes: Hamlet versus Lear (Anm. 5), S. 213.

61 Anthony W. Riley: »Ein deutscher Lear?« (Anm. 58), S. 479.

62 Alfred Döblin: Schriften zu Leben und Werk (Anm. 49), S. 404.

Lear ergriffen: »Grundmotiv« des Stücks – das der Regisseur verkannt habe – sei »de[r] Vater, seine Schändung, sein[-] Zorn« (KS 2, S. 243f. [6. Mai 1923]).[63] An diesem Bild dichtete er nach eigener erprobter Technik weiter: Das Moment der Reichsverteilung, aber keine andere Stelle aus Shakespeares *Lear*, kommt mehrere Jahre später explizit in Döblins Lear-Erzählung vor und wird in der fiktiven Entstehungsgeschichte von Shakespeares Stück besonders hervorgehoben. Liest man jene erste Szene genau, so fällt auf, wie viele von Döblins Romanthemen schon dort vorhanden sind: nicht nur die komplizierten Verhältnisse zwischen Vätern und Kindern, sondern auch Geheimnisse, Schuld und Entlastung – Lear will »zum Grab entbürdet wanken« (1.1.43). Bezeichnend geht es aber auch schon hier um das helle Sehen, das Lear und Edward Allison in gleichem Maße fehlt. Cordelias Abschiedsworte an ihre Schwestern: »Ich kenn' euch wohl« – »I know you what you are« (1.1.268) – bieten einen Zugang zur Deutung von Shakespeares *King Lear*, von Döblins *Hamlet*, und schließlich auch von Döblins Forderungen an die Dichtung schlechthin.

---

63 So greift Döblin eine langjährige Tradition in der Bühnengeschichte auf, in der der Vater Lear statt des Königs betont wird; vgl. R. A. Foakes: »Introduction«. In: William Shakespeare: King Lear. Hrsg. von R. A. Foakes. London 1997, S. 1–151, hier S. 23–29.

ANJA WAGNER

Hinkender Massenmörder und durchtriebener Clown:

Shakespeares *Richard III.* auf Berliner Bühnen
im ›Dritten Reich‹ und zu DDR-Zeiten

I. Theater als und im Spiegel der Zeit – eine thematische Einführung

Seit in *Hamlet* der Zweck des Schauspiels definiert wurde, »wie einst so heut [...] der Natur sozusagen den Spiegel vorzuhalten«,[1] geistert der Topos des Theaters als ›Spiegel der Zeit‹ durch die Geschichte. »Was der Erdkreis lehret, wird stets im Spiegel hier gesehen und gehöret.«[2] Dieser Anspruch, den 1758 der Schauspieler Conrad von Ekhof an die Schaubühne stellte, verlor auch in den verschiedenen Epochen staatlicher Verfasstheit im Deutschland des 20. Jahrhunderts nichts an seiner Gültigkeit.

So beschrieb etwa Kurt Raeck den Theaterbetrieb 1928 allgemein als einen »außerordentlich feinnervige[n] Organismus, der auf unendlich viele bedeutende und unbedeutende, offen und geheim wirkende Einflüsse des politischen, sozialen, literarischen und anderen Zeitgeschehens bald stärker, bald schwächer reagiert, der die mannigfaltigsten Anregungen aufnimmt und diese bald äußerlich leicht erkennbar, bald latent spiegelt.«[3] Zur gleichen Zeit resümierte der kommunistische Theatermacher Erwin Piscator, dass sich »in allen Zeiten [...] das Leben der Menschen und

---

1 Vgl. Hamlet, 3.2.20–24: »For anything so o'verdone is from the purpose of playing, whose end, both at the first and now, was and is to hold, as 'twere the mirror up to nature; to show virtue her own feature, scorn her own image and the very age and body of the time his form and pressure«. Die deutsche Übersetzung lautet: »Denn alles so Übertriebene ist gegen das Ziel der Schauspielerei deren Zweck wie einst so heut es war und ist, der Natur sozusagen den Spiegel vorzuhalten; der Tugend ihr Gesicht, dem Verächtlichen sein Abbild zu zeigen, und dem eigenen Zeitalter und Wesen der Gegenwart seine Gestalt und Prägung«. Zitiert nach: William Shakespeare: Hamlet. Zweisprachige Ausgabe. Deutsch von Frank Günther. Cadolzburg 1995.
2 Conrad von Ekhof zur Eröffnungsrede der Koch'schen Schauspielergesellschaft in Lübeck 1758. Zitiert nach Rolf Kabel (Hrsg.): Solch ein Volk nennt sich nun Künstler. Schauspielererinnerungen des 18. und 19. Jahrhunderts. Berlin 1983, S. 6.
3 Kurt Raeck: Das Deutsche Theater zu Berlin unter der Direktion Adolph L'Arronge. Beiträge zu seiner Geschichte und Charakteristik. Berlin 1928, S. 127f.

Völker im dramatischen Spiel gespiegelt« habe.[4] Als nicht einmal fünf Jahre darauf die Weimarer Republik aufhörte zu existieren und der Regisseur und langjährige Theaterintendant Max Reinhardt aus Deutschland fliehen musste, schrieb er, die Geschichte seines Hauses rekapitulierend, dass dessen Tradition »auch der künftigen Leitung des Deutschen Theaters auferlege[], nach Shakespeares Wort der Spiegel ihrer Zeit zu sein und deren künstlerische Ausstrahlung in seinem Brennpunkt zu sammeln«.[5] Nichts anderes – wenngleich unter anderen Vorzeichen – planten die neuen Machthaber. In seiner Propagandaschrift *Theater des deutschen Volkes* führte der Weimarer Theaterintendant und NS-Funktionär Hans-Severus Ziegler aus, die Bühne wolle »dem Menschen den Spiegel des Lebens vorhalten.«[6] Sprach er von der gleichen Bühne, wie der von den Nazis diffamierte Max Reinhardt?

II. Theater im ›Dritten Reich‹: Jürgen Fehlings *Richard III.* 1937 im Berliner Staatstheater

In der Nacht vom 27. auf den 28. Februar 1933 hatte der Reichstag gebrannt. Am 10. Mai brannten auf dem Berliner Bebelplatz die Bücher unliebsam gewordener Autoren. Shakespeare gehörte nicht dazu. Zwar erklärte eine Minderheit nationalsozialistischer Kommentare ihn für ›undeutsch‹, die Mehrheit aber feierte ihn als ›nordischen‹ Dichter par excellence. Als propagiertem Vertreter ›biozentristischer‹ Literatur mit ›graecogermanischen‹ Wurzeln kam ihm auf den deutschen Bühnen eine exponierte Stellung zu. Seine Dramen führten in den 1930er-Jahren nicht seltener als in den Jahrzehnten zuvor die Spielpläne an.[7]

In schärfster Abgrenzung zu dem als »marxistisch-gelenkt«, »verjudet« und »entartet« diffamierten Theater der Weimarer Republik setzten die Nationalsozialisten auf die politische Erziehungsfunktion des Theaters zur Förderung der ›völ-

---

4   Erwin Piscator: Das Politische Theater, neubearbeitet von Felix Gasbarra. Reinbek bei Hamburg 1963, S. 120.

5   Max Reinhardt: »Ich verliere meine Heimat. Brief an die Nationalsozialistische Regierung Deutschlands (16. Juni 1933)«. In: Renate Seydel (Hrsg.): Verweile doch. Erinnerungen von Schauspielern des Deutschen Theaters Berlin. Berlin 1985, S. 543–548, hier S. 546.

6   Hans-Severus Ziegler: Das Theater des deutschen Volkes. Ein Beitrag zur Volkserziehung und Propaganda. Leipzig 1933, S. 8.

7   Zu dieser ideologischen Einordnung Shakespeares durch die Nationalsozialisten vgl. Bernhard Zeller in: Deutsche Schillergesellschaft (Hrsg.): Klassiker in finsteren Zeiten. 1933–1945. Eine Ausstellung des Deutschen Literaturarchivs im Schiller-Nationalmuseum. Marbach am Neckar 1983, Bd. 1, S. 302f. und Markus Moninger: Shakespeare inszeniert. Das westdeutsche Regietheater und die Theatertradition des ›dritten deutschen Klassikers‹. Tübingen 1996, S. 61f.

kischen Gemeinschaft‹.[8] Da das »Endziel der deutschen Erziehung« letztlich »der deutsche Mensch« sei,[9] so der hessische Ministerpräsident Ferdinand Werner im Juni 1933, sollte im Theater ein Menschentypus auf die Bühne gebracht werden, der, als Vorbildfigur für das Publikum, die Werte des ›neuen Deutschen‹ vertrat: Opfer, Mut, Tapferkeit, Treue, Glaube und Heroismus.[10]

Eine offen nationalsozialistische Deutung der Klassiker, wie man sie, mit Blick auf die Entwicklungen in der Literatur(-wissenschaft) im Dritten Reich für die Bühne hätte vermuten können, war von den Machthabern dagegen nicht gefordert. Im Gegenteil: Das Propagandaministerium verlangte traditionelle, »werktreue« Inszenierungen und warnte eindringlich vor unmittelbaren Aktualisierungen, die den »Ewigkeitswert« der Werke gefährden könnten.[11] Texttreue wurde die neue Basis des Verstehens und ein Inszenierungsstil zur Norm, der mit seiner statischen Deklamation und den illusionistischen oder gequaderten Bühnenbildern an die überwundenen Formen des Hoftheaters erinnerte. In Hitlers Augen die letzten Bollwerke gegen die Prostituierung der Kunst.[12]

Unter den deutschen Bühnen stünde es dem Staatstheater auf dem Gendarmenmarkt »als gehorsamem Staatsinstrument am natürlichsten an, sich in den neuen Kurs zu fügen und zu gewöhnen.«[13] Dies hatte im Juni 1933 die *Dramatische Rundschau* verkündet. Am 2. März 1937 kam hier unter der Intendanz von Gustaf Gründgens und der Regie Jürgen Fehlings *Richard III.* zur Premiere. Das vierte Königsdrama aus Shakespeares York-Tetralogie: Die hundertjährige Fehde der Häuser Lancaster und York, der weißen und der roten Rose, wird beendet mit Richard, der in mörderischem Amoklauf die Stützen des englischen Hochadels hinrafft, sich selbst einbegriffen. Ein brisanter, um nicht zu sagen gefährlicher Stoff, vor allem,

---

8 Vgl. Hans-Severus Ziegler: Beitrag zur Volkserziehung (Anm. 6), S. 4.

9 Ferdinand Werner: »Männer des Staates«, Theater-Tageblatt (10. Juni 1933), zitiert nach: Deutsche Schiller-Gesellschaft (Hrsg.): Klassiker in finsteren Zeiten (Anm. 7), S. 393.

10 Vgl. Günther Rühle: Theater in Deutschland. 1887–1945. Seine Ereignisse, seine Menschen. Frankfurt am Main 2007, S. 774f.

11 Vgl. Joseph Goebbels: »Zum Deutschen Nationaltheater«. In: Frankfurter Theater-Almanach 20 (1937), S. 14–16, hier S. 15f. Die Nationalsozialisten wandten sich in erster Linie gegen die Bühne als »Schauplatz intellektueller Spielereien, psychologischer, medizinischer und soziologischer Auseinandersetzungen, wo naturalistische Alltäglichkeiten und ›interessantes‹ Außenseitertum systematisch verklärt wurden, wo übersinnliche Werte wie Gott, Sitte, Nation nur noch als historische Begriffe auftraten«, so etwa Wolfgang Nufer: Erneuerungen des Spielplans, Deutsche Bühne 1:3 (1933), S. 75–76, hier S. 75.

12 Vgl. Adolf Hitler: Mein Kampf. München 1935, S. 284. Vgl. Günther Rühle: Theater in Deutschland (Anm. 10), S. 772f.

13 Friedrich Düsel: »Dramatische Rundschau«, Westermanns Monatshefte 77:6 (1933), S. 377–381, hier S. 377f.

wenn man sich die kaum verhüllbare Ähnlichkeit des klumpfüßigen, großmanns-
süchtigen Richard mit einem der Großen im Reich vor Augen führt.

Nur ein von beinahe selbstmörderischer Bedenkenlosigkeit erfüllter Regisseur
konnte sich von solchen Parallelen nicht irritieren lassen. Jürgen Fehling war so
einer. Ein Künstler der niemals bereit gewesen war, ein Blatt vor den Mund zu
nehmen« und nun daran ging, den Stoff mit einer Selbstverständlichkeit umzusetzen, als lebe er nicht in Berlin, sondern etwa im neutralen Zürich.[14] Auf den ersten
Blick freilich entsprach die Inszenierung den Vorgaben der Nationalsozialisten: der
Vorhang öffnete den Blick auf eine original leere Globe-Theater-Bühne. Auf dieser
riesigen leeren Bühne erschien der Herzog von Gloster, der nachmalige Richard, gespielt von Werner Krauß: »Fahl, bleiern und unheimlich erschien [er] in der unendlichen Tiefe der Bühne und füllte ein kahles, gigantisches Rechteck mit dem Grauen
und den Verbrechen einer aus den Fugen gegangenen gigantischen Zeit. Die Sprache stieg auf wie ein apokalyptisches Ungeheuer. Sie belebte mit den Bildern des
Schreckens einen mathematischen Raum. Aus den Worten stieg die blutgetränkte
Landschaft der Schlachtfelder auf.«[15] Gestützt auf einen riesigen Zweihänder, der
seine Gestalt zwergenhaft erscheinen ließ, angetan jedoch in historistisch ritterlicher
Gewandung stand dieser Richard, leicht aber nicht übertrieben hinkend, auf der
Bühne und erklärte, bald im einschmeichelnden Biederton, bald schrill kreischend,
kalt befehlend, dann wieder lebensgefährlich liebenswürdig, dass er, weil er nicht
dazu tauge, seine Langeweile mit Liebe zu verkürzen, gewillt sei, ein Bösewicht zu
werden (1.1).[16] Fehling ließ den Text in der Fassung von August Wilhelm Schlegel
beinahe ungekürzt spielen. Der Abend dauerte fünf Stunden und Franz Köppen
schrieb am nächsten Tag in der *Berliner Börsen-Zeitung*, dass er diese Tragödie in
einer solchen Totalität noch nie und nirgends erlebt habe.[17]

Also alles im Sinne der Machthaber? Mitnichten. Der Reichsdramaturg Rainer Schlösser verließ die Aufführung bereits in der Pause und sprach empört von
»Kulturbolschewismus«.[18]

---

14   Vgl. Curt Riess: Gustaf Gründgens. Eine Biographie. Unter Verwendung bisher unveröffent-
      lichter Dokumente aus dem Nachlass. Hamburg 1965, S. 213.
15   Herbert Ihering: Regie. Berlin 1943, S. 18f.
16   Vgl. William Shakespeare: König Richard III. Deutsch von August Wilhelm Schlegel. Berlin
      [1932], S. 4. Die Ausgabe enthält links den Originaltext, rechts Schlegels Übersetzung aber
      keine Versangaben. Vgl. Hans-Thies Lehmann: »Richard der Dritte, 1937. Eine Skizze«. In:
      Gerhard Ahrens (Hrsg.): Das Theater des deutschen Regisseurs Jürgen Fehling. Berlin 1985,
      S. 172–183, hier S. 174.
17   Franz Köppen: »Ein neuer großer Erfolg des Staatstheaters. *Richard III.* in Fehlings Inszenie-
      rung«, Abendausgabe der Berliner Börsen-Zeitung (3. März 1937), S. 2.
18   Heinrich Goertz: Gustaf Gründgens in Selbstzeugnissen und Bilddokumenten. Reinbek bei
      Hamburg 1982, S. 67.

Nach dem Ende des Zweiten Weltkrieges wollten viele Fehlings Produktion, die Gründgens als Intendant zu verantworten hatte, als Anti-Nazi-Stück von eindeutiger antifaschistischer Tendenz verstanden wissen. So betonte etwa Heinrich Goertz: »Jede einzelne Szene bedeutete eine Entlarvung der Gewalthaber, Bloßlegung ihrer Methoden, Verlogenheit, ihres Brutalismus. Das gegenseitige Verleugnen und Anschwärzen, Verfolgen und Kopfabschlagen, Machtstreben und Machtmißbrauchen, […] das Verhöhnen der Opfer verkörperte, zusammengefaßt, dieser hinkende Richard, dargestellt von Werner Krauß. […] In dieser Inszenierung war das Stück von 1592 eine Abrechnung mit den Nazis, mehr noch, ein Angriff auf sie.«[19]

Fehlings Inszenierung: ein Akt des Widerstandes? Unwidersprochen bleibt der Eindruck des Zeitzeugen Karl Heinrich Ruppel, der rückblickend berichtete: »Als die Mörder des Clarence im Kerker ihre Mäntel abwarfen und mit Koppel und Schulterriemen dastanden wie die Totschläger der SA, stockte den Zuschauern der Herzschlag.«[20]

Da von dieser Szene kein Fotomaterial vorhanden ist, kann nur gemutmaßt werden, wie klar sich die historische Kostümierung an der aktuellen Uniformierung orientierte. An den Rüstungen der Leibgardisten Richards, die, wie sich Krauß später erinnerte »zicke-zacke, zicke-zacke – immer hinter mir her waren, in Schwarz und Silber mit Stiefeln«, wurden Koppel und Schulterriemen sichtbar, sobald sie dem Publikum den Rücken zuwandten.[21]

Hans-Thies Lehmann Recht zu geben, der 1985 in seiner Untersuchung der Inszenierung die Ende des dritten Aktes im Schlosshof aufgestellten, »mit stacheligen Auswüchsen bewehrten dicken Holzbalken« als »ein nur schwach durch das Material verfremdetes überdimensionales Signal für Stacheldraht«[22] interpretierte, würde jedoch zu weit führen. Handelte es sich bei diesen ›Spanischen Reitern‹ doch um die Kulisse einer Wehranlage wie sie im Mittelalter durchaus gebräuchlich war. Mit Kettenpanzern und Hellebarden hielt sich die Inszenierung kostümlich und dekorativ, trotz den beschriebenen Parallelen zur zeitgenössischen Uniformierung, in der Vorstellungswelt Shakespeares.

Hinein-interpretierter bzw. hinein-inszenierter Bezüge bedurfte es auch gar nicht, um den Zuschauern an diesem Abend den Spiegel vorzuhalten – freilich anders, als sich die Machthaber dies vorgestellt hatten. Hier ist etwa der an und für sich kleine Auftritt eines Kanzlisten kurz vor der Pause zu nennen. Eine Soloszene von einer knappen Minute auf der großen, weiten, leeren Bühne. Der Kanzlist zeigte dem Publikum »die Klageschrift wider Lord Hastings, den wackeren Mann«,

---

19 Ebenda, S. 67f.

20 Zitiert nach Curt Riess: Gründgens. Eine Biographie (Anm. 14), S. 213.

21 Zitiert nach Hans-Thies Lehmann: »Richard der Dritte« (Anm. 16), S. 177. In diesem Artikel findet sich umfangreiches Fotomaterial zur Inszenierung.

22 Ebenda, S. 179.

das Todesurteil, das zu verfassen und ins Reine zu schreiben 22 Stunden bean-
sprucht hatte, aber »vor fünf Stunden lebte Hastings doch noch unbescholten, un-
verhört, in Freiheit. Das ist 'ne schöne Welt! – Wer ist so blöd und sieht nicht diesen
greiflichen Betrug? Und wer so kühn und sagt, daß er ihn sieht?« Der Kanzlist, ein
kleiner, gequetschter Mann, gespielt von Walter Tarrach, glühte vor Empörung und
schrie das Publikum an: »Schlimm ist die Welt, sie muß zugrunde geh'n wenn man
muß schweigend solche Ränke seh'n« (3.6, Anm. 16, S. 97). Als er hierauf von der
Bühne rannte brach Applaus los.[23]

　　»Der Geist der Renaissance hat dieses ungeheure Gedicht hervorgebracht«,
schrieb Karl Ruppel in seiner Rezension zum Stück. »Nicht nur in dem Sinn, daß
sich in dem Charakter Richards alle Züge nachweisen lassen, die das Bild des Re-
naissance-Tyrannen formen: die ungehemmte Machtgier, die völlige Skrupellosig-
keit, die berechnende Verschlagenheit.«[24]

　　»Das gegenseitige Verleugnen und Anschwärzen, Verfolgen und Kopfabschlagen, Machtstreben und Machtmißbrauchen, […] das Verhöhnen der Opfer«[25] – das
generierten nicht Fehling und seine Inszenierung. Das war Shakespeare! Die Aktualität entsprang dem zeitlosen Text. Doch es war der Gesinnung des Regisseurs und
des Ensembles sowie der Souveränität des Intendanten zu verdanken, dass er den
Zuschauern ungebrochen zu Ohren gebracht wurde.

　　Ungebrochen? Nicht ganz. Je näher die Premiere rückte, desto nervöser wurde
das Ensemble und auch Gründgens war sich der Gefahr bewusst. Er nutzte eine
Meinungsverschiedenheit zwischen dem Hauptdarsteller Krauß und dem Regisseur
Fehling, die dazu führte, dass der Regisseur die Generalprobe wutentbrannt verließ,
um in letzter Minute zumindest jene Passagen zu streichen, die potentiell lebensgefährlich waren.

　　Trotzdem wurde Fehling der Reisepass abgenommen und Göring forderte die
Entlassung des untragbar gewordenen Regisseurs. Curt Riess verbürgt sich in seiner
Gründgens-Biographie, dass der Staatstheater-Intendant den Ministerpräsidenten
bei der nächsten Premiere abpasste und die Rücknahme der Entlassung verlangte:
»Göring, außer sich vor Wut, riß Gründgens an der Krawatte hoch und stieß ihn
gegen die Wand. Der wurde leichenblaß. Es sah so aus, als wolle Göring seinen
Revolver ziehen und ihn erschießen. Indessen begnügte er sich damit, Gründgens
anzuschreien: ›Wenn Sie Fehling nicht entlassen, bringe ich Sie um!‹ Und Gründ-

---

23　Ebenda, S. 177.
24　Karl H. Ruppel: Die Zeit und maßlose Dämonenwelt [Rezension aus der Kölnischen Zeitung
　　vom April 1933]. In: Ders.: Großes Berliner Theater. Gründgens, Fehling, Müthel, Hilpert,
　　Engel. Hannover 1962, S. 11–16, hier S. 11.
25　Heinrich Goertz: Gustaf Gründgens in Selbstzeugnissen und Bilddokumenten, (Anm. 18) S.
　　67.

gens, sehr beherrscht: ›Herr Ministerpräsident, wenn Sie Fehling entlassen, bin ich Ihr Intendant gewesen.‹ Da war es an Göring, zu erblassen.«[26]

So ist es letztlich nicht, wie schlimmsten Falles zu befürchten, der Opportunismus der Zeit, der sich in der Staatstheater-Inszenierung *Richards III.* widerspiegelte, aber es ist auch nicht der verschlüsselte Widerstand, der angesichts der Publikumsreaktion vielleicht zu erwarten gewesen wäre. Es ist die Furcht, die als Signatur der Zeit ihre Spuren in dieser Klassiker-Inszenierung hinterlassen hat, und nicht nur in dieser. Gründgens war nicht der einzige, der Selbstzensur übte, um den zu befürchtenden Beifallsstürmen aus dem Publikum keinen Vorschub zu leisten. Zu viel stand auf dem Spiel. Eine Unvorsichtigkeit konnte die »Kunst-Insel«, die er in seinem Theater geschaffen hatte, zerstören und den Intendanten mit seinem Ensemble, zu dem auch Schauspieler mit jüdischen Ehefrauen gehörten, ins Fadenkreuz des erbarmungslosen Machtapparates geraten lassen.

Die Auseinandersetzung mit dem Theater der NS-Zeit legt offen, wie schmal der Grat zwischen Opportunismus und Werktreue, Mut und Leichtsinn, Verantwortungsbewusstsein und Feigheit war. Die Reaktion des Publikums zeigt aber auch, dass es keiner bewussten Interpretation klassischer Werke bedurfte, um Klassiker-Inszenierungen zum Spiegel des Tagesgeschehens werden zu lassen. Wenn das Publikum einen Zeitbezug herstellte, so lag es weniger in der Art der Inszenierung als vielmehr in Shakespeares klassischem Werk, einem Werk, dass, wie Hans-Georg Gadamer 1960 Hegels Klassiker-Definition präzisierte, »sich selber bedeutet und sich selber deutet« und dadurch ohne äußeres Zutun »der jeweiligen Gegenwart etwas so sagt, als sei es eigens ihr gesagt.«[27] So konnte während des Zweiten Weltkrieges auch ein so harmloses Stück wie Schillers *Parasit* zu einem hochaktuellen Zeitstück werden, weil das Publikum die Stellen von dem korrupten Minister und der Gerechtigkeit, die sich vom Leben auf die Bühne geflüchtet habe, mit demonstrativen Zurufen beantwortete. Dies berichtet Gustaf Gründgens Jahre später, gab aber gleichzeitig zu bedenken: »Dies alles ist nicht zu überschätzen und hat nicht verhindert, daß der Krieg im Herzen Berlins endete.«[28]

---

26 Curt Riess: Gründgens. Eine Biographie (Anm. 14), S. 214.

27 Hans-Georg Gadamer: Gesammelte Werke. Bd. 1: Wahrheit und Methode. Grundzüge einer philosophischen Hermeneutik. Tübingen 1990, S. 294f.

28 Gustaf Gründgens: »Ein Treuloser bekennt sich zu Berlin«. In: Herbert Ihering (Hrsg.): Theaterstadt Berlin. Berlin 1948, S. 66–72, hier S. 68.

III. Theater im ›Geteilten Deutschland‹: Manfred Wekwerths *Leben und Tod Richard des Dritten* 1972 im Deutschen Theater

Der Kriegslärm war kaum verstummt, da erwachte beiderseits der Sektorengrenzen der Gedanke, mit dem »klassischen Erbe« diejenige ideelle Ressource in Händen zu halten, mit der eine Wiedergeburt Deutschlands in die Wege zu leiten sei. Mancherorts sprach Shakespeare »das allererste gewichtige Wort auf einer deutschen Szene […], noch ehe da und dort Goethes Appell an die Humanität aus dem Munde Iphigenies und anderer beziehungsvolle Worte der deutschen Klassik erklungen waren«, hob Ernst Leopold Stahl in seinem 1947 erschienen Werk *Shakespeare und das Deutsche Theater* nachdrücklich hervor.[29] In der im Spätsommer 1945 von der amerikanischen Besatzungsbehörde herausgegebenen Liste besonders empfohlener Werke des internationalen klassischen und modernen Schauspielplans waren neben den Komödien Shakespeares auch einige seiner Dramen verzeichnet: *Hamlet, Macbeth, König Lear* und *Richard III.*[30] In der nunmehr geteilten Hauptstadt dauerte es dennoch 27 Jahre, bevor mit Manfred Wekwerths *Leben und Tod König Richard des Dritten* am 22. März 1972 eine Neuinszenierung des Werkes die Bühne betrat.

　　In der BRD hatte sich das Theater der Adenauer-Ära als Musentempel, als »Fluchtburg gegen eine not- und schuldbeladene Realität« restauriert.[31] Eine Situation, die sich erst in den 1960er-Jahren mit dem gesamtgesellschaftlichen Klima zu wandeln begann, als eine neue Generation Theaterschaffender, unter ihnen Peter Zadek, Hansgünther Heyme und Peter Palitzsch, mit einer neuen, zeitbezogen-experimentellen Aufführungspraxis das Regietheater auf den westdeutschen Bühnen etablierte.[32] Während das Theater in der Bundesrepublik infolgedessen auch in den 1970er-Jahren noch damit befasst war, eine Balance zwischen origineller und originaler Klassikerinszenierung zu finden, hatte sich in der DDR seit Beginn der 1950er-Jahre der politisch belastete Begriff ›Klassikertreue‹ auf dem Theater immer einengender durchzusetzen begonnen, der im Sinne der ›Vollstreckertheorie‹ im Marxismus die einzig adäquate Bewahrung und korrekte Deutung des humanistischen Erbes propagierte.[33] Vom (Bühnen-)Künstler, ob Regisseur, Schauspielerin

---

29　Ernst L. Stahl: Shakespeare und das Deutsche Theater. Wanderung und Wandlung seines Werkes in dreieinhalb Jahrhunderten. Stuttgart 1947, S. 731.

30　Ebenda, S. 732 wurden dagegen *Julius Caesar* und *Coriolan* wegen »Verherrlichung von Diktatur und Führerschaft« auf einer angefügten Schwarzen Liste als derzeit ungeeignet für das deutsche Publikum bezeichnet.

31　Bernd Waldmann: ›Schiller ist gut – Schiller muß sein‹. Grundlagen und Funktion der Schiller-Rezeption des westdeutschen Theaters der fünfziger Jahre. Frankfurt am Main 1993, S. 273.

32　Zur Shakespeare-Rezeption auf den bundesdeutschen Bühnen dieser Zeit vgl. Markus Moninger: Shakespeare inszeniert (Anm. 7).

33　Vgl. Karl R. Mandelkow: »Der ›restaurierte‹ Goethe. Klassikerrezeption in Westdeutschland nach 1945 und ihre Vorgeschichte seit 1870«. In: Axel Schildt und Arnold Sywottek (Hrsg.):

oder Bühnenbildner wurde eine Gestaltung des Kunstwerks im Sinne des sozialistischen Realismus gefordert, um damit »Millionen zu fortschrittlichen Menschen zu erziehen.«[34]

Doch der zur Staatsdoktrin gehörende, allgemein propagierte Konsens zwischen Bevölkerung und Regierung, von Künstlern und Politikern entlarvte sich gegen Ende der 1960er-Jahre mehr und mehr als Fiktion. »Es gab in der DDR Verbote, Absetzungen, Verhinderungen, Verstümmelungen von Kunst, aber es gab sie nicht öffentlich,« berichtete rückblickend der Regisseur Adolf Dresen. »Die wenigen Skandale waren dann um so auffallender und erregten die Öffentlichkeit in einem heute kaum noch vorstellbaren Maß.«[35] Dresen sprach aus Erfahrung. 1968 hatte er zusammen mit Wolfgang Heinz am Deutschen Theater Berlin einen aufsehenerregenden *Faust I* inszeniert, der mit Ironie und einer frischen Interpretation die bisherige Rezeption des Klassikers sprengte und den dritten und letzten großen Theaterskandal der DDR-Geschichte auslöste.[36]

Vier Jahre später trat am gleichen Haus – der wichtigsten Bühne für Klassikerinszenierungen in der DDR – Brechts Meisterschüler Manfred Wekwerth an, um Shakespeares *Richard III.* nicht nur in eigener Bühnenfassung, sondern auch Übersetzung zu inszenieren. Als nach Leopold Jessner (1920)[37] und Jürgen Fehling (1937) erst dritter Regisseur, der Shakespeares viertes Königsdrama seit der Jahrhundertwende in der (Theater-)Hauptstadt Berlin auf die Bühne brachte – selbst Max Reinhardt, der während seiner Direktion am Deutschen Theater 22 Shakespeare-Stücke in nicht weniger als 2527 Vorstellungen zur Aufführung brachte, hat-

Modernisierung im Wiederaufbau. Die westdeutsche Gesellschaft der 50er Jahre. Bonn 1993, S. 541–550, hier S. 550.

34 Walter Ulbricht: »Die gegenwärtige Lage und die neuen Aufgaben der SED«, Neues Deutschland (11. Juli 1952), S. 4f., hier S. 5.

35 Adolf Dresen: »Der Fall Faust. Zu dem Berliner Theaterskandal 1968. Rede im Leipziger Schauspielhaus«. In: Ders.: Wie viel Freiheit braucht die Kunst? Reden, Briefe, Verse, Spiele 1964 bis 1999. Hrsg. von Maik Hamburger. Berlin 2000, S. 75–102, hier S. 77.

36 Ebenda, S. 79. Die vorausgehenden Skandale waren Brecht/Dessaus *Verhör des Lukullus* von 1951 und das von Wolfgang Langhoff unterstützte Stück Peter Hacks' *Die Sorgen und die Macht* von 1962 gewesen.

37 Jessners nach *Wilhelm Tell* zweite Klassiker-Produktion am Preußischen Staatstheater (Premiere: 5. November 1920) – nicht weniger umstritten als die erste – zeigte im Raumkonzept einer »Baukunstphantasie« die viel kritisierte »Jessner-Treppe« als »Aufmarschgebiet, Schlachtfeld, Nachtlager« und am Schluss Ort von Richards sinnbildlichem Sturz aus steiler Höhe. Vital trotz aller Stilisierung verkörperte Fritz Kortner Richard III.: »Er hatte die Mißgestalt die durch Kraft bewältigte, den teuflischen Blick, der verblüfft, die Siegesgewalt der heuchlerischen Miene und das dämonische Feuer, das sich der Weiber bemächtigt«, schreibt Alfred Klaar: »Richard III. Neuinszeniert im Staatstheater«, Beilage zur Morgenausgabe der Vossischen Zeitung (7. November 1920). Allgemein zu Jessners Inszenierung von *Richard III.* vgl. Ernst L. Stahl: Shakespeare und das Deutsche Theater (Anm. 29), S. 608f.

te *Richard III.* ausgespart –,[38] musste sich Wekwerth die Frage »nach dem Nutzen einer Richard-Inszenierung heute für uns« gefallen lassen. »Warum Richard III.?«, fragte Werner Heinitz den Regisseur im Interview.[39] Wekwerth begründet seine Entscheidung ideologisch:

> Hier werden Machtfragen als Klassenfragen sichtbar. Bedient sich Richard eines neuen Denkverhaltens, um zur Krone zu kommen, muß er es aus seinem Kopf verbannen, sobald er die Krone auf seinem Kopf hat. Richard denunziert am Anfang die Feudalmacht als das, was sie ist: von Menschen gemacht. Aber, einmal an die Macht gekommen wird er Opfer seiner eigenen Machenschaften und will als das gelten, was er zerstört hat: als von Gott eingesetzt. Dies ist eine große Botschaft Shakespeares. Es betrifft die Machtausübung der Ausbeuter gegen die Ausgebeuteten, besonders da, wo sich Ausbeuter ›vernünftiger Züge‹ bedienen wollen. Wenn sie zum Beispiel Teile der Weltanschauung der Ausgebeuteten übernehmen, um die Ausbeutung zu festigen. Vergeblich versucht heute der Imperialismus bis ins Detail seiner Ökonomie hinein Methoden der Planwirtschaft zu übernehmen. Macht ist nie unbegrenzt. Sie endet da, wo die Klassenschranke dessen liegt, der sie ausübt. Daß man nicht über seinen Schatten springen kann, gilt besonders für die große Historie.[40]

Einen planmäßig tötenden, blutigen Schlächter auf die Bretter zu stellen, der gleichzeitig Protagonist und intelligenter Motor des Stückes war, sah Wekwerth aus zwei Gründen nicht als problembehaftet an. Einerseits, weil sich Richard als Exponent »der untergehenden mittelalterlichen Feudaltyrannei« in einer »verrottete[n] Umwelt« bewegt, »die das Töten zur Existenzweise hat«,[41] andererseits, weil er in der Figur des Richard die Züge des Vice, einer bekannten englischen Volksfigur wieder zu erkennen glaubte:

> Eigentlich teilt sich die Figur in den ›echten‹ König Richard, der mit einem Staatsstreich die Macht und die Krone erlangt, und in den ›Spielmeister und Spaßmacher‹, der im alten englischen Volkstheater einen Buckel hatte und

---

38 Vgl. Arthur Kahane: »Theaterschau. Max Reinhardt's Shakespeare-Zyklus im Deutschen Theater Berlin«, Shakespeare Jahrbuch 25 (1914), S. 107–120, hier S. 107. Shakespeare bestritt in Reinhardts Spielplan mehr als das Doppelte der Aufführungen gegenüber den an zweiter und dritter Stelle meistgespielten Dichtern. Vgl. Ernst L. Stahl: Shakespeare und das Deutsche Theater (Anm. 29), S. 573.

39 Werner Heinitz: »Richard der Dritte 1972 aus der Sicht des Regisseurs. Interview mit Manfred Wekwerth für das Programmheft des Deutschen Theaters Berlin«. In: William Shakespeare: Leben und Tod König Richard des Dritten. Übersetzung und Fassung von Manfred Wekwerth. Berlin 1972, S. 143–150, S. 149.

40 Ebenda, S. 150.

41 Ebenda, S. 143.

hinkte: der VICE, die Figur des Lasters. [...] Er wendet sich in seinen Monologen [...] direkt an das Publikum und macht es für die Dauer der Vorführung
zu seinem Bundesgenossen, der eingeladen ist, das Experiment mitzumachen
ohne seinen gesunden plebejischen Standpunkt aufzugeben.[42]

Soweit Wekwerths Konzeption eines *Richard III.* als unterhaltsam-pädagogisches
Volkstheater ganz im Sinne sozialistischer Kulturpolitik. Dass das Stück »für die
Gegenwart rezipierbar [werde] ohne Shakespeare Gewalt anzutun, d. h. mit Mitteln, die seiner Dramenstruktur inhärent sind, ohne erzwungene Gegenwärtigkeit«,
stand dabei nicht nur für den Regisseur, sondern auch für Brigitte Thurm außer
Frage, welche die Inszenierung für *Theater der Zeit* rezensierte.[43] Da im Gegensatz
zu Fehlings Inszenierung, die sich, wie angeführt, eng an Schlegels Übersetzung
hielt, die in Zusammenarbeit mit dem renommierten Shakespeare-Kenner und
Theaterwissenschaftler Robert Weimann entstandene Textfassung Manfred Wekwerths erhalten ist, kann und soll diese Aussage geprüft werden. Tatsächlich zeigt
ein Abgleich der Wekwerth'schen Bearbeitung mit dem englischen Original und
Schlegels Übertragung, wie leicht es im Zuge der Übersetzung fiel – womöglich
in bester Absicht – durch kleinste Umformulierungen des Originals Indizien dafür herauszuarbeiten, dass Shakespeare »das tyrannische und überalterte System des
Partikularismus und Gottesgnadentums zu denunzieren« beabsichtigte. Ein Beispiel
mag zur Verdeutlichung genügen:

August Wilhelm Schlegel übersetzte Glosters Gesprochenes (1.3)

> But then I sigh; and, with a piece of Scripture,
> Tell them that God bids us do good for evil
> And thus I clothe my naked villany
> With old odd ends stol'n out of Holy Writ;
> And seem a saint, when most I play the devil

mit

> Dann seufz' ich, und nach einem Spruch der Bibel
> Sag' ich, Gott heiße Gutes tun für Böses
> Und so bekleid' ich meine nackte Bosheit
> Mit alten Fetzen, aus der Schrift gestohlen,
> Und schein' ein Heiliger, wo ich ein Teufel bin![44]

---

42 Ebenda, S. 143f.

43 Brigitte Thurm: »Analyse und Höllenspektakel. *Leben und Tod König Richard des Dritten von
Shakespeare* am Deutschen Theater Berlin«, Theater der Zeit (1972), H. 7, S. 15–18, hier
S. 15.

44 William Shakespeare: König Richard III. (Anm. 16), S. 36.

Wekwerth übersetzt zugunsten einer neuen Welt- und Wertvorstellung mit einem Seitenhieb auf die Heilige Schrift:

> Nun, ich seufze
> Und lasse mir was aus der Bibel einfallen
> Zum Beispiel, Gotte vergelte Böses nur
> Mit Gutem und stehe da: ein Haufen Schlechtigkeit
> Bemäntelt mit 'nem alten Fetzen, wie ihn
> So überzeugend nur die Bibel liefert.
> Und siehe, ich bin da besonders heilig
> Wo ich am allermeisten Teufel spiele.[45]

Die Tagespresse lobte Wekwerths von »romantische[m] Schmuck und Putz« befreite und durch Umgangssprache und Jargon auch für ein theatergängerisch unbedarftes Publikum verständliche Textfassung,[46] die an einigen Stellen durchaus überzeugende Lösungen bereithielt.[47] Erst gegen Ende der zweiten Hälfte fielen Wekwerths Kürzungen stärker ins Gewicht, entfernte sich seine Fassung vom Original: Im fünften Akt entfielen die Simultanszenen, die Richard und seinen Kontrahenten Richmond einander gegenüberstellen. Stattdessen wurde auf einem herabgelassenen Transparent der historische Kampfverlauf geschildert.[48]

Von seinen Gefolgsleuten alleingelassen starb Richard nicht im Zweikampf durch Richmond, sondern wurde, unbeweglich in seiner schweren goldenen Rüstung, von einem Haufen einfacher Soldaten erschlagen. Erst als dies geschehen war, wagte sich Richmond in Wekwerths Stückfassung aus dem Versteck. Sein Ruf: »Freunde und Sieger, lobt den Herrgott und | Lobt eure Waffen: Tot ist dieser

---

45 William Shakespeare: Leben und Tod König Richard des Dritten (Anm. 39), S. 35.

46 Ernst Schumacher: »Spektakulärer Richard. Zur Inszenierung der Historie im Deutschen Theater«, Berliner Zeitung (28. März 1972), S. 6.

47 Der Wunsch von Buckingham vor einem Ja zur Ermordung der Prinzen, im Original (4.2.): »Give me some breath, some little pause, my lord, | Before I positively speak herein« überträgt Schlegel (Anm. 16, S. 114) mit »Laßt mich ein Weilchen Atem schöpfen, Herr | Eh' ich bestimmt in dieser Sache rede«. Bei Wekwerth (Anm. 39, S. 109) wünscht Buckingham dagegen, sprachbildlich passender, eine »Atempause« worauf Richard zu sich selbst statt »Und muß nun Atem schöpfen? Wohl, es sei!« (Anm. 16, S. 115) sagt: »Der Buckingham wird tiefmoralisch und ein bißchen schlau. [...] Jetzt will er eine Atempause. Bitte!« (Anm. 39, S. 109) Eine Formulierung die der Doppeldeutigkeit des Originals: »And stops he now for breath? Well, be it so« sehr viel näher kommt.

48 William Shakespeare: Leben und Tod König Richard des Dritten (Anm. 39), S. 140. Dass dieser Schriftvorgang »Richard, den eben noch ›Abgebauten‹, als tapferen Mann dar[stellt], der mutig kämpfend unterging«, wirkte auf Brigitte Thurm: »Analyse und Höllenspektakel« (Anm. 43), S. 18 »in seiner ›Objektivierung‹ eher verwirrend als klärend«.

Bluthund!«[49] wirkte dadurch nicht wie der Siegesruf eines Helden, sondern ein Ruf der Erleichterung von einem zuvor beinahe in die Flucht Geschlagenen, der sich nun Richards schmutzige Krone aufs Haupt drückt, nachdem das Volk für ihn die Drecksarbeit gemacht hat.[50]

Einmütig in ihrer Anerkennung der künstlerischen Leistung, insbesondere jener des Richard-Darstellers Hilmar Thate und der gelungenen historischen Ausstattung,[51] gerieten die Rezensenten angesichts dieses Schlusses in Zwiespalt. Blieb das Lob Rainer Kerndls (*Neues Deutschland*) und Helmut Ulrichs (*Neue Zeit*) ungebrochen,[52] bezweifelte Brigitte Thurm, ob der finale »Bruch mit dem bis dahin Gezeigten« von einem nicht speziell vorgebildeten Publikum überhaupt rezipierbar sei, da der Schluss »dem Vorangegangenen zuwider« laufe.[53] Ernst Schumacher, Rezensent der *Berliner Zeitung*, bestätigte in seinem Fazit diese Einschätzung:

---

49 Anm. 39, S. 141; bei Schlegel (Anm. 16, S. 168): »Preis Gott und euren Waffen, Freunde, Sieger! | Das Feld ist unser und der Bluthund tot.«, im Original: »God and your arms by prais's, victorious friends! | The day is ours, the bloody dog is dead«.

50 Die Übergabe der Krone, nicht weniger als Richmonds Abschlussmonolog wirken bei Wekwerth beinahe ironisch (Anm. 39, S. 141f.): »STANLEY. Mutiger Richmond, das war die Bewährung. Sieh, hier, das ist die lang beschmutzte Krone. | Ich riß sie von der Stirn des blutigen | Verbrechers, daß sie nun auf deinen Kopf kommt. | Trag sie, bring sie dir Freude. Mach was daraus. ALLE. Amen! […] RICHMOND. Der Krieg ist aus. In England herrscht der Frieden. | Er bleibe uns für alle Zeit beschieden«. Zum Abgleich Stanleys Ansprache bei Schlegel (Anm. 16, S. 168): »Wohl hast du dich gelöst, beherzter Richmond. | Sieh hier, dies lang beraubte Königskleinod | Hab' ich von des Elenden toten Schläfen | Gerissen, deine Stirn damit zu zieren. | Trag' es, genieß' es, bring' es hoch damit!«, und Shakespeare: »Courageous Richmond, well hast thou acquit thee. | Lo, here, this long-usurped royalty | From the dead temples of this bloody wretch | Have I pluck'd off, to grace thy brows withal: | Wear it, enjoy it, and make much of it.«

51 Brigitte Thurm: »Analyse und Höllenspektakel« (Anm. 43), S. 16 und S. 18 findet: »Richard ist nicht nur majestätischer Bösewicht […], sondern genauso durchtriebener Clown, der mal in die Rolle hineinspringt und dann wieder heraus. Abstandnehmende Demonstration, Anti-Heroisierung konnten wechseln mit starkem Affekt. […] Hilmar Thate brachte physisch und psychisch außergewöhnliche Leistung. Sie sollte gesondert beschrieben werden. Vor allem: man muss sie sehen«. Rainer Kerndl: »Ein Ganove in Kettenhemd und Königsmantel. Shakespeares *Leben und Tod König Richard des Dritten* im Deutschen Theater«, Neues Deutschland (29. März 1972), S. 4 schreibt »Vor fahlweißem Horizont recken sich beidseitig Galgen, Richtblöcke und aufgesteckte Räder empor, schreckliche Silhouette auch ohne die leibhaftigen Opfer […] [Andreas] Reinhardt hat, gemeinsam mit Kostümbildnerin Johanna Kieling, die Szenerie dieses großen, gewalttätigen, so wüsten wie atemberaubenden Shakespeare-Dramas vom *Leben und Tod König Richard des Dritten* optisch ausgestattet«.

52 Helmut Ullrich: »Der Richtplatz als Schauplatz. Manfred Wekwerths inszenierte *Richard III.* am Deutschen Theater«, Neue Zeit (26. März 1972), S. 4: »Hier wird Shakespeares dramatische Wucht ungebrochen lebendig. Die theoretische Fundierung der Konzeption ist vollständig ins Unmittelbare des Kunstvorgangs Theater umgesetzt«.

53 Brigitte Thurm: »Analyse und Höllenspektakel« (Anm. 43), S. 16.

Shakespeare hat denn auch folgerichtig im Schlußakt den historischen Gegenspieler Richards, den Grafen Richmond, nachmaligen Heinrich VII. unmittelbar ins Spiel gebracht. [...] Richard hat [in Wekwerths Inszenierung] seinen
schrecklichen Traum, bei dem die von ihm Ermordeten wie Pilze aus der nächt-
lichen Erde wachsen, aber daß er kein durchschlagendes Programm hat, bleibt
unverständlich, weil der Gegenspieler keine Gelegenheit bekommt, das seine
plausibel zu entwickeln. Es kommt zur theatralisch wirksamen Katastrophe, in
der Richard in goldener Rüstung von bäuerischen Soldaten wie ein Eber er-
legt wird, aber die Veranschaulichung der progressiven Gegenkräfte, damit das
Einsichtigmachen, daß auch die perfekteste Tyrannei ihre Grenzen hat, wenn
sich eine breite Front bildet, die sogar zeitweilige Anhänger einschließen kann,
fehlt [...], so daß der Eindruck entstehen muß, Macht sei in jedem Fall ver-
derbt, es gebe keinen geschichtlichen Fortschritt. [...] Alles in allem gibt es also
spektakuläres Theater, darstellerische Ausdruckskraft, ungehemmtes Ausspielen
leidenschaftlicher Gefühle und Gedanken, aber auch eine auffällige Ungestaltet-
heit der gesellschaftlichen Hintergründe und Perspektive.[54]

Als Klassiker zeichnet Shakespeares Werke aus, dass sie sich selber deuten, um der
jeweiligen Gegenwart etwas so sagen zu können, »als sei es eigens ihr gesagt«.[55]
Sie sind von keiner Deutung durch Regie oder Dramaturgie abhängig. Vielleicht
aus gerade diesem Grunde aber ist es in der deutschen Theatergeschichte gar nicht
selten der Fall, dass Klassikerinszenierungen die durch bewusste interpretative Eingriffe im Verlauf des Produktionsprozesses eine Reflexion aktueller Themen im
Drama bewirken sollen, wie Wekwerths Fassung von *Richard III.*, diese Wirkung
verfehlen, den Unmut der Presse und das Unverständnis des Publikums auf sich
laden. Andererseits macht dieses Beispiel deutlich, dass die Reflexionswirkung, die
ein Klassiker auf der Bühne zu entfalten vermag, keine Frage der Konzeption ist
und nicht erzwungen werden kann. Dass sie sich andererseits auch nicht unterbin-
den, nicht verbieten lässt, hat die Betrachtung von Jürgen Fehlings Inszenierung
von *Richard III.* im ›Dritten Reich‹ bezeugt. In der Welt des Scheins konnte sich
abhängig vom Tagesgeschehen unvermittelt jene des Seins spiegeln und zu einer
solch leidenschaftlichen Demonstration des Publikums führen, dass Ensemble und
Regisseur, wie Gustaf Gründgens rückblickend berichtete, mehr gefährdet wurden,
als den Beifallspendenden womöglich bewusst war.[56]

---

54 Ernst Schumacher: »Spektakulärer Richard‹ (Anm. 46), S. 6.
55 Hans-Georg Gadamer: Wahrheit und Methode (Anm. 27), S. 295.
56 Vgl. Gustaf Gründgens: »Ein Treuloser bekennt sich zu Berlin«. In: Herbert Jhering (Hrsg.):
    Theaterstadt Berlin (Anm. 28), S. 69.

IV. Theater als Spiegel der Epoche – ein Ausblick

Die weitere Entwicklung der Klassiker-Rezeption im geteilten Deutschland bezeichnete Karl Robert Mandelkow als »spiegelverkehrte Gleichzeitigkeit des Ungleichzeitigen.«[57] Denn während sich in der Bundesrepublik mit dem Abklingen der gesellschaftlichen Protestbewegung eine zunehmend resignative Stimmung ausbreitete, die Klassiker-Inszenierungen in einer Mischung aus »Italo-Western und Psychodrama« zeitigte,[58] wurde in der DDR phasenverschoben der lange unterdrückte Prozess einer Integration moderner und experimenteller Rezeptionsformen nachgeholt.[59]

Im Verlauf der 1980er-Jahre mündeten die einst heftigen west-östlichen Kontroversen und Anschuldigungen (nicht nur) im Hinblick auf die Klassiker-Rezeption in ein »spannungsloses und tolerantes Geltenlassen« –[60] ein Indiz dafür, dass der ideologische Ost-West-Gegensatz der herrschenden Machtblöcke – und nicht nur dieser – in Auflösung begriffen war.

Ohne die Umbrüche von 1989/90 voraussagen zu können, hatte Heiner Müller bereits 1986, es war der 9. November, zur Eröffnung der Ausstellung ›Berliner Theater‹ im DDR-Kulturzentrum das Medium des Theaters mit einem Meer verglichen, das Gezeiten habe, wie die Nordsee:

> Seine Geschichte ist mit der Geschichte der Staaten und Gesellschaften, die es aushalten [in zweifacher Bedeutung des Wortes], nicht ohne weiteres auf einen Nenner zu bringen, die Wellenlängen sind verschieden. Auf das Weitere, auf die zarte Differenz, wie Goethe es genannt hat, kommt es wahrscheinlich an, wenn man den hellen oder dunklen Schein der Gegenwart, der das Theater ist, in die Zukunft verlängert. Manchmal greift das Theater dem Gesellschaftsplan vor, das ist die Zeit der Wirkungen. Wenn das Publikum die Bühne einholt, ist die Zeit des Erfolges gekommen, der die Wirkungen aufhebt. Dann braucht das Theater den Schritt ins nächste Unbekannte. Wenn es zu lange zögert, weil es an seiner (sozialen) Funktion unsicher wird, werden Dekor und Kostüm hypertroph: Selbstdarstellung des Theaters auf Kosten seines Gegenstands. Wenn aus der Geschichte des Theaters in der DDR etwas gelernt werden kann, so ist es die Binsenwahrheit, daß Theater sich aus den Kämpfen der Zeit nicht heraushalten kann, auch aus den Scheinkämpfen nicht, die manchmal länger dauern und, auf

---

57 Karl R. Mandelkow: »Goetherezeption im Zeichen der Wiedervereinigung [1991]«. In: Ders.: Gesammelte Aufsätze und Vorträge zur Klassik- und Romantikrezeption in Deutschland. Frankfurt am Main u. a. 2001, S. 123–131, hier S. 130.

58 Claudia Albert: »Schiller im 20. Jahrhundert«. In: Helmut Koopmann (Hrsg.): Schiller-Handbuch. Stuttgart 1998, S. 773–794, hier S. 788.

59 Karl R. Mandelkow: »Goetherezeption« (Anm. 57), S. 130.

60 Ebenda, S. 131.

dem Feld der Kunst, mehr Opfer fordern: der Spiegel der Epoche bildet auch die Dummheit ab.[61]

---

61 Zitiert nach Thomas Irmer, Thomas und Matthias Schmidt: Die Bühnenrepublik. Theater in der DDR. Ein kurzer Abriß mit längeren Interviews. Berlin 2003, S. 309–311, hier S. 309.

Emily Oliver

Shakespeare und die Wende:
Heiner Müllers *Hamlet/Maschine*

»[…] die Zeiten, in denen das Theater auf die Katastrophen der deutschen Geschichte mit aufsehenerregenden Inszenierungen von Shakespearedramen antwortete, sind vorüber. Über Heiner Müllers *Hamlet/Maschine* von 1990 führt kein Weg hinaus.«[1] – So Wilhelm Hortmanns Fazit am Ende seines Bands *Shakespeare und das deutsche Theater im 20. Jahrhundert*. Laut Hortmann markiert Müllers *Hamlet* einen Wendepunkt in der deutschen Theatergeschichte des zwanzigsten Jahrhunderts: Nach einem Jahrhundert massiver politischer Krisen und Umwälzungen reagierte das Theater im Jahre 1990 zum letzten Mal mit einer gigantischen Shakespeare-Inszenierung auf die vorläufig letzte Erscheinungsform des deutschen Staates. Wenn wir dieser These Glauben schenken, endete mit der Wende zugleich der politische Wirkungsanspruch deutscher Shakespeare-Inszenierungen.

Glaubt man der englischsprachigen Forschung zum Thema, so hatten Shakespeare-Inszenierungen in der DDR sogar maßgeblich zur Wende beigetragen. Im bislang einzigen Sammelband zu Shakespeare in der DDR behaupten die Herausgeber, Lawrence Guntner und Andrew McLean, das Publikum habe erwartet und Parteifunktionäre hätten allmählich Verdacht geschöpft, »that Shakespeare productions might just contain gift-wrapped critiques of the GDR's socialist system«.[2] Auch Dennis Kennedy vertritt die These eines subversiven Shakespeares jenseits des Eisernen Vorhangs: »[…] the plays were used in postwar eastern Europe and the Soviet Union as dissident texts. If new plays and films critical of a repressive regime are regularly censored, producers are sometimes tempted to make the classics into coded messages about the present: Shakespeare thus became a secret agent under deep cover.«[3]

Für Kennedy wird Shakespeare also zum ›Undercoveragent‹ in geheimer Mission. Guntner und McLean gehen sogar einen Schritt weiter, indem sie behaup-

---

1 Wilhelm Hortmann: Shakespeare und das deutsche Theater im 20. Jahrhundert. Berlin 2001, S. 522.

2 J. Lawrence Guntner und Andrew M. McLean (Hrsg.): Redefining Shakespeare. Literary Theory and Theater Practice in the German Democratic Republic. Newark 1998, S. 13.

3 Dennis Kennedy: »Introduction: Shakespeare without his Language«. In: Ders. (Hrsg.): Foreign Shakespeare. Contemporary Performance. Cambridge 1993, S. 1–18, hier S. 3f.

ten, Shakespeare-Inszenierungen hätten den Wandel des politischen Klimas in der
DDR herbeigeführt: »Shakespeare performance became instrumental in shaping a
political awareness and new self-confidence among the people that led to the 1989
bloodless revolution and the fall of the Berlin Wall.«[4] Zum ›undercover‹ Shakespeare gesellt sich in dieser Formulierung der ›eingreifende‹ Shakespeare hinzu, der
direkten Einfluss auf politische Ereignisse nimmt. Laut Guntner und McLean wären der Mauerfall und die deutsche Wiedervereinigung ohne Shakespeare also kaum
denkbar gewesen.

Eine mögliche Erklärung für diese Faszination mit Shakespeare als Geheimagent
ist der Eindruck, dass Shakespeare im westlichen Theater uninteressant und unge-
fährlich geworden ist. In einer liberalen, demokratischen Gesellschaft wird es für
Regisseure immer schwieriger, das Publikum oder gar die Regierung zu verstören.
Kennedy bedauert dieses Problem der »Anglo-American tradition, where greater
political stability has robbed Shakespeare of some of the danger and force that other
countries have (re)discovered in his texts.«[5] Kurz nach dem Fall der Mauer hatte
Kennedy begeistert vom Besuch einer Ostberliner *Hamlet*-Inszenierung im Oktober
1989 berichtet,[6] bei der er sich am Bahnhof Friedrichstraße einer besonders gründ-
lichen Passkontrolle unterziehen musste: »I can't remember any other time when
personal experience, political circumstance, and an evening at the theatre aligned
in such a way. This is exactly what we usually miss in the theatre in the West, where
politics never seem to matter [...].«[7] In diesen Einschätzungen schwingt vielleicht
sogar ein wenig Neid mit: Glücklich der Regisseur, der unter einem Unrechtsregime
inszenieren durfte und sich auf ein besonders aufmerksames und entschlüsselungs-
freudiges Publikum verlassen konnte.

Es scheint angemessen, diesen Bewertungen ein wenig Skepsis entgegenzubrin-
gen. Sicherlich ist den Autoren bewusst, dass nicht jede Shakespeare-Inszenierung
in der DDR automatisch subversiv war und dass Shakespeare nicht eigenmächtig
den Mauerfall herbeigeführt hat. So schreibt zum Beispiel Lawrence Guntner sechs
Jahre nach der Veröffentlichung seines *Redefining Shakespeare*: »It was not the performance itself but the historical and ideological backdrop against which the player
performed and the particular audience for which he was performing that made
Shakespeare at specific times and places a highly political critique of official cultural

---

4   J. Lawrence Guntner und Andrew M. McLean (Hrsg.): Redefining Shakespeare (Anm. 2),
    S. 13.
5   Dennis Kennedy: »Introduction: Shakespeare without his Language« (Anm. 3), S. 5.
6   Es handelte sich um die *Hamlet*-Inszenierung von Siegfried Höchst an der Volksbühne (Pre-
    miere: 10. Februar 1989).
7   Dennis Kennedy: »Ich bin ein (Ost) Berliner: Hamlet at the Volksbühne«, Western European
    Stages 2 (1990), S. 11–14, hier S. 13.

politics, ideological falsehood, and political suppression.«[8] In diesem kurzen Beitrag ist es leider unmöglich, die vielen ›großen‹ und ›kleinen‹ Shakespeare-Inszenierungen aus vierzig Jahren DDR-Geschichte zu analysieren.[9] Stattdessen beschränkt sich der vorliegende Artikel auf Heiner Müllers eingangs erwähnte *Hamlet*-Inszenierung, da diese mittlerweile eine Art Kultstatus in der deutschen Theatergeschichte des zwanzigsten Jahrhunderts eingenommen hat. Wie kam diese imposante, achtstündige Antwort auf die politischen Ereignisse im Herbst 1989 zustande? Wie wirkte sich das Wechselspiel von Politik und Theater auf die Inszenierung aus? Um diese Fragen genauer zu erörtern, soll die Probenarbeit von 1989/1990 vor dem Hintergrund der politischen Umwälzungen zu dieser Zeit analysiert werden.

Müller war sich der Tragweite seiner Inszenierung offenbar bewusst. Er hielt den *Hamlet*-Stoff für besonders aktuell, denn es handelte sich seiner Meinung nach um »ein Stück über eine Staatskrise, über einen Riß zwischen zwei Epochen und einen Intellektuellen, der in diesem Riß untergeht.«[10] Den Intellektuellen verkörperte Ulrich Mühe. Die Staatskrise gesellte sich pünktlich zum Beginn der Proben im August 1989 hinzu. Es folgt ein kurzer Überblick über die Ereignisse von Probenbeginn bis zur Premiere.

Am 10. September öffnete Ungarn seine Westgrenze und bis zum Monatsende strömten über 25.000 Flüchtlinge auf diesem Wege in die Bundesrepublik. Am 25. September forderte die Künstlergewerkschaft des Deutschen Theaters in einem offenen Brief an den Vorsitzenden des Ministerrats, Willi Stoph, unzensierte Medien und eine offene Debatte über die Auswanderungskrise.[11] Am 4. Oktober rollten die ersten Sonderzüge aus Prag durch das Gebiet der DDR nach Westen und es kam zu gewaltsamen Ausschreitungen rund um den Dresdner Hauptbahnhof. Am selben Tag verlas das Ensemble des Dresdner Staatsschauspiels erstmals seine Erklärung: »Wir treten aus unseren Rollen heraus. Die Situation in unserem Land zwingt uns dazu.«[12] In den folgenden Tagen und Wochen schlossen sich mehrere DDR-Theater dieser Erklärung an. Am 7. Oktober kam es am Rande des Festakts zum 40. Geburtstag der DDR zu gewaltsamen Auseinandersetzungen zwischen De-

8 Lawrence Guntner: »In Search of a Socialist Shakespeare. *Hamlet* on East German Stages«. In: Irena R. Makaryk und Joseph G. Price (Hrsg.): Shakespeare in the Worlds of Communism and Socialism. Toronto 2006, S. 177–204, hier S. 197f.

9 Siehe hierzu Emily Oliver: Shakespeare and German Reunification. The Interface of Politics and Performance. Birmingham 2013 (Ph.D.-Dissertation).

10 Heiner Müller nach der wörtlichen Transkription der Rundfunk-Sendung von Dieter Kranz im Berliner Rundfunk am 8. Mai 1990; Inszenierungsdokumentation 677a, S. 1–15, hier S. 1 (Archiv Akademie der Künste, Berlin).

11 Siehe Angela Kuberski (Hrsg.): Wir treten aus unseren Rollen heraus: Dokumente des Aufbruchs Herbst '89. Berlin 1990, S. 29.

12 Der Text wurde (in leicht abgeänderter Form) jeden Abend vom 4. Oktober bis zum 9. November 1989 verlesen. Ebenda, S. 16.

monstranten und der Polizei in Ostberlin. Eine Woche später fand im Deutschen Theater ein Treffen statt, auf dem unter anderem beschlossen wurde, für den 4. November eine Großdemonstration anzumelden und zu organisieren. Mittlerweile war die Teilnehmerzahl auf den Leipziger Montagsdemonstrationen von anfänglichen 5.000 (September 1989) auf rund 150.000 angestiegen.[13] Am 18. Oktober trat Erich Honecker zurück. Zehn Tage später hielt Ulrich Mühe im Deutschen Theater eine völlig ausverkaufte Lesung aus Walter Jankas (in der DDR verbotenem) Werk *Schwierigkeiten mit der Wahrheit*. Am 4. November nahmen Mühe und seine Kollegen auf dem Alexanderplatz an der größten behördlich genehmigten Demonstration in der Geschichte der DDR teil und sprachen öffentlich zu hunderttausenden von Demonstranten. Fünf Tage später fiel die Mauer. Im März des neuen Jahres fanden die ersten freien und geheimen Wahlen in der DDR statt. Am selben Tag führte Mühe ein Fernsehinterview mit Interimspräsident Hans Modrow, in dem er mehrere Parallelen zwischen der Wende und dem *Hamlet*-Stoff aufzeigte.[14] Schließlich, eine Woche später und nach neun Monaten Probenzeit, feierte *Hamlet/Maschine* Premiere im Deutschen Theater. Sieben Monate später feierte man die offizielle Wiedervereinigung der DDR mit der Bundesrepublik.

Das schwindelerregende Tempo der politischen und sozialen Veränderungen im Herbst 1989 wirkte sich auch auf die *Hamlet*-Proben aus. Zum einen wurden von Oktober bis November kaum Fortschritte gemacht, da viele Ensemblemitglieder damit beschäftigt waren, Protestaktionen zu koordinieren. Zum anderen warf die politische Situation grundsätzliche Fragen zu Relevanz und Wirksamkeit des Theaters auf, mit denen das gesamte Ensemble haderte. Spätestens mit dem Fall der Mauer sah Heiner Müller ein, dass er sich in einem Wettlauf mit politischen Ereignissen befand, den seine Inszenierung unmöglich gewinnen konnte. Während der Proben am 9. November behauptete Müller: »das Wichtigste wird sein, zum Zeitpunkt der Premiere […],Wirtschaft, Horatio, Wirtschaft.«[15]

Obwohl Müller anfangs mehrere explizite Parallelen zwischen *Hamlet* und der DDR gezogen hatte, scheint er von diesem Punkt an seine bisherige Regie-Intention aufgegeben zu haben. Laut David Barnett handelte es sich dabei um eine bewusste Strategie, mit der Müller das Absinken der Inszenierung auf das Niveau

---

13 Siehe Christian Joppke: »Why Leipzig? ›Exit‹ and ›Voice‹ in the East German Revolution«, German Politics 2 (1993), S. 393–414, hier S. 407.

14 Siehe die wörtliche Transkription des Gesprächs von Ulrich Mühe mit Hans Modrow über HAMLET am 18. März 1990 (Wahl zur Volkskammer); Inszenierungsdokumentation 677a (Archiv Akademie der Künste, Berlin).

15 Stephan Suschke: Probennotat, 9. November 1989; Inszenierungsdokumentation 677a (Archiv Akademie der Künste, Berlin). Müllers Entscheidung, ›thrift‹ mit ›Wirtschaft‹ statt mit ›Sparsamkeit‹ zu übersetzen, eröffnete in diesem Fall politische Parallelen, die im englischen Text (wenn überhaupt) nur subtil angedeutet werden.

einer Meta-Allegorie verhindern wollte.[16] Probennotate vom 17. November zeigen deutlich Müllers Überzeugung, dass eine Eins-zu-eins-Illustration der politischen Vorgänge aussichtslos sei: »[…] jede ›DDR-Übersetzung‹ wäre der Tod; es gibt keine DDR mehr, die man zitieren könnte oder irgendwie verfremden, bis zur Premiere wäre alles überholt.«[17] Müller schlug, laut Barnett, einen Kurs der ›strategischen Unwissenheit‹ während der Proben ein, indem er sich weigerte, als Regisseur eine Szene zu deuten, um stattdessen durch Improvisation das Aufeinanderschichten verschiedener kreativer Impulse zu ermöglichen.[18] Er bot übergreifende Ideen an, aber es blieb den Schauspielern selbst überlassen, diese in eine konkrete Spielweise umzusetzen.

Obwohl Barnett behauptet, Müller habe mit dieser Art zu inszenieren eine zusammenhängende, bewusste Strategie verfolgt, erwies sich die Arbeitsweise als extrem verwirrend und frustrierend für die Schauspieler – und führte mehrmals fast zum Abbruch der gesamten Arbeit am Stück. Ulrich Mühe berichtete später über die Probenarbeit mit Müller: »[…] das ist für den Schauspieler immer irgendwie 'ne Art von Folterbank […] was Heiner an Regievorschlägen macht, die ja meist irgendwie in einer Art von politischem Witz kommen. Dann kann ich etwas damit anfangen oder nicht.«[19] Sein Kollege Jörg-Michael Koerbl, der in dieser Inszenierung den Horatio spielte, schloss sich Mühes Meinung an, indem er resümierte: »Die Proben waren oft sehr langweilig. Das liegt daran, dass bei Heiner Müller Schauspieler oft Maschine sein müssen.«[20]

Die Probennotate dokumentieren diesen quälenden Prozess, der immer stärkere Spannungen zwischen Regisseur und Schauspielensemble verursachte. Nach einer langen Probe zur Szene zwischen Hamlet und Gertrud im dritten Akt notierte Regieassistent Stephan Suschke: »während der Probe hat Müller kaum etwas gesagt, trotzdem ist viel Material entstanden: Aktivität durch mangelnde Anleitung.«[21] Nachdem die Szene zehn Tage später wieder in Angriff genommen wurde, findet sich folgende Notiz: »nach vielen Versuchen mit vielen verschiedenen Mitteln fragt

---

16 Siehe David Barnett: »Resisting the Revolution: Heiner Müller's *Hamlet/Hamletmaschine* at the Deutsches Theater, Berlin, March 1990«, Theatre Research International 31 (2006), 188-200, hier S. 193.

17 Thomas Martin: Probennotat, 17. November 1989; Inszenierungsdokumentation 677a (Archiv Akademie der Künste, Berlin).

18 David Barnett: »Resisting the Revolution« (Anm. 16), S. 190f.: »[S]trategic ignorance«.

19 Ulrich Mühe im Berliner Rundfunk (Anm. 10), S. 10.

20 Jörg-Michael Koerbl in: Christoph Rüter (Regie): Die Zeit ist aus den Fugen. Heiner Müller, die Hamletmaschine und der Mauerfall. Berlin 1990. Ausgestrahlt vom WDR am 20. August 1991.

21 Stephan Suschke: Probennotat, 12. Oktober 1989; Inszenierungsdokumentation 677a (Archiv Akademie der Künste, Berlin).

Uli Mühe Müller nach einer Spielweise, nach einer Ästhetik. Müller schweigt …«[22]
Trotz Frust im Ensemble führte Müller diesen Kurs über mehrere Monate weiter.
Er zwang dabei seine Schauspieler, Unmengen von Material zu kreieren, weigerte
sich aber konsequent, Entscheidungen über die endgültige Version einer Szene zu
treffen.[23] Nach dem ersten Durchlauf im Dezember 1989 hielt Assistent Thomas
Martin die Schwierigkeiten der Schauspieler mit dieser Arbeitsweise fest: »Da kaum
beschrieben wird, was sichtbar, was erlebbar wird, ist es für die Schauspieler schwer
Erreichtes zu fixieren, was zu Unsicherheiten führt.«[24] Jörg Gudzuhn, der Müllers
Claudius verkörperte, fasste am Ende der Durchlaufprobe zusammen: »Ich hatte
siebzig Proben und komme mir vor, wie nach sieben.«[25]

Zusätzliche Probleme für die Schauspieler verursachte die große Menge an ver-
wirrendem Lesestoff zur Vorbereitung[26] sowie die ständige Anwesenheit eines riesigen Produktionsapparats auf den Proben. Eine Woche nach dem Mauerfall kenn-
zeichnete Thomas Martin die soeben beendete Probe als »bisherige[n] Tiefpunkt
der Inszenierung«.[27] Die Schauspieler beklagten, dass »der riesige Apparat auf den
Proben […] eine tödliche Atmosphäre« schaffe und dass »zwischen Bühne und Par-
kett […] keine Konzentration« herrsche.[28] Während einer Aussprache vermischten
sich künstlerische und politische Unsicherheiten, wie Martin notierte: »Zusätzlicher
Terror durch Öffnung der Grenzen; Verlust der Privilegien, Knacks im Elitebe-
wußtsein, erneute Bestätigung, dass das Volk (wer ist das noch) dumm ist.«[29]

Diese politische Desillusionierung äußerte sich rasch in Feindseligkeiten und
Streitereien innerhalb des Ensembles. So begann die Probe am 23. November mit
einem »Positionsgerangel der Assistenten und des Dramaturgs« und endete mit
einer besonders gehässigen Notiz von Thomas Martin: »Rosencrantz = Assistent
Suschke mit seinen sozialmarktwirtschaftlichen Anpassungsversuchen«.[30] Das Pro-

---

22 Stephan Suschke: Probennotat, 23. Oktober 1989; Inszenierungsdokumentation 677a (Ar-
    chiv Akademie der Künste, Berlin).
23 Siehe Thomas Martin: Probennotat, 11./12. Dezember 1989; Inszenierungsdokumentation
    677a (Archiv Akademie der Künste, Berlin).
24 Ebenda.
25 Ebenda.
26 Das Vorbereitungsmaterial umfasste u. a. einen *Spiegel*-Artikel über die Gefahren des Ozon-
    lochs, mehrere Aufsätze von Müller, die *Historica Danica* des Saxo Grammaticus, Ferdinand
    Freiligraths Gedicht »Deutschland ist Hamlet« (1844), einen Auszug aus Friedrich Nietzsches
    »Die Geburt der Tragödie«, ein Gedicht von W. B. Yeats sowie einen Aufsatz zur Soziologie
    von Norbert Elias. Siehe Inszenierungsdokumentation 677a (Archiv Akademie der Künste,
    Berlin).
27 Thomas Martin: Probennotat, 17. November 1989; 677a, (Anm. 17).
28 Ebenda.
29 Ebenda.
30 Thomas Martin: Probennotat, 23. November 1989; Inszenierungsdokumentation 677a (Ar-
    chiv Akademie der Künste, Berlin).

blem der fehlenden Kommunikation zwischen Schauspielern, Regisseur und Produktionsapparat wurde offenbar nie wirklich gelöst. Mitte Dezember war Müllers Ophelia-Darstellerin (Margarita Broich) nach wie vor überzeugt, der Apparat sitze lediglich unproduktiv herum, »wie ein fetter reaktionsloser Klumpen«.[31]

Im Gegensatz zu Behauptungen, Müllers *Hamlet/Maschine* habe die Vorgänge des Herbstes 1989 produktiv umgesetzt,[32] beschwerten sich die Schauspieler weiterhin, die politischen Ereignisse und ihre Wirkung auf individuelle Menschen fänden in Müllers Inszenierung keinen Platz. Nach Öffnung der Grenzen kämpften viele Ensemblemitglieder mit der enttäuschenden Einsicht, ihr Protest habe genau das Gegenteil dessen erreicht, wofür sie sich ursprünglich eingesetzt hatten. Die Utopie eines reformierten sozialistischen Staates, eines ›Dritten Weges‹, war dem Ziel einer möglichst schnellen, wirtschaftlich motivierten Wiedervereinigung mit der Bundesrepublik gewichen. Im Januar 1990 gestand Jörg Gudzuhn seine Unsicherheit und Enttäuschung über die Vorgänge:

> Dieser 9. November, bzw. die Dinge, die da im Nachhinein hochgekommen sind, die haben mich in eine Lethargie versetzt, weil ich mich so benutzt sehe [...]. Ich sehe, daß ich absolut den Clown gemacht habe, oder Leuten auf den Leim gegangen bin mit ihren Sprüchen, die ich geglaubt habe [...] das ist ein sehr deprimierender Einschnitt in meinem Leben, für mein Schauspielerdasein und hat auch verheerende Folgen für diese Probenarbeit. [...] Ich habe das Gefühl, ich erfülle eine Form, ohne so recht zu wissen, warum.[33]

Die Gertrud-Darstellerin Dagmar Manzel schloss sich Gudzuhns Aussagen an und behauptete, die für alle deprimierende Situation könne für die Probenarbeit nützlich sein. Sie bedauerte aber, »daß man genau an diesem Punkt schweigt voreinander [...] man meidet den Konflikt, einen Konflikt, der produktiv sein könnte.«[34] Anstatt Kreativität zu fördern, scheint Müllers Strategie des ›Nicht-Inszenierens‹ offenbar hauptsächlich Schweigen und Unsicherheit hervorgerufen zu haben.

---

31 Thomas Martin: Probennotat, 11./12. Dezember 1989, (Anm. 23).

32 Siehe zum Beispiel Marna King: »Viewer Beware. Reception of East German Theatre«, Contemporary Theatre Review 4 (1995), S. 159–172, hier S. 164; Dieter Kranz: »Die Kunst der Stunde«. In: Peter von Becker, Michael Merschmeier und Henning Rischbieter (Hrsg.): Theater 1995. Zürich 1995, S. 87f.; Ruth von Ledebur: »Shakespeare's *Coriolanus* as Staged in Heiner Müller's *Germania 3*«. In: Ros King und Paul J. C. M. Franssen (Hrsg.): Shakespeare and War. Basingstoke 2008, S. 138–152, hier S. 141; Denise Varney (Hrsg.): Theatre in the Berlin Republic. German Drama since Reunification. Oxford 2008, S. 9.

33 Stephan Suschke: Gespräch mit Dagmar Manzel und Jörg Gudzuhn, später dazu Heiner Müller, 17. Januar 1990; Inszenierungsdokumentation 677a (Archiv Akademie der Künste, Berlin).

34 Ebenda.

In dieser bereits sehr angespannten Probensituation traf das Einfügen von Müllers neunseitigem Fragment *Die Hamletmaschine* (1977) auf besonders heftigen Widerstand. Da die Schauspieler in diesem Szenario nicht einmal mehr eine Handlungsstruktur zur Orientierung hatten, erschienen ihnen Müllers Einfälle immer willkürlicher. Während einer Krisensitzung zwischen Müller und den weiblichen Ensemblemitgliedern im Februar 1990 protestierte Manzel: »Ich kann doch nicht alles da oben machen und nicht darüber nachdenken.«[35] Sie behauptete weiter, Müllers Inszenierung marginalisiere die Frauenfiguren: »Der Text wird von Männern gestaltet und wir haben eine ganz passive, umrahmende Rolle und das ist mein Grundproblem.«[36] Müllers einzige Antwort auf diese und andere Einwände lautete: »Na, dann bietet doch mal was an«, woraufhin seine Ophelia und seine Gertrud drohten, endgültig aus dem Projekt auszusteigen.[37]

In diesem Fall hatten die Schauspielerinnen mit ihrer Skepsis gegenüber Müllers Stück vielleicht sogar Recht, da das Einfügen der *Hamletmaschine* in fast allen Rezensionen auf Kritik stieß. Viele Rezensenten empfanden diesen Teil der Inszenierung als orientierungslos und schlecht integriert.[38] Letztendlich wurde Müllers Stück, das jahrzehntelang nicht in der DDR gespielt werden konnte, eher aus politischen als aus künstlerischen Gründen beibehalten. Dies kann als Versuch des Deutschen Theaters gedeutet werden, aus der Mode für zeitgenössische DDR-Dramatik in den späten Achtzigerjahren Kapital zu schlagen. Da viele von Müllers Stücken vor kurzem ihre DDR-Uraufführung erlebt hatten, wäre es für das Theater ein bedeutender Coup gewesen, eines der berühmtesten Stücke des Dramatikers in seiner eigenen Regie zur Aufführung zu bringen. Allerdings zweifelte Müller drei Wochen vor der Premiere selbst an dieser Idee: »Es wird also die erste DDR-Aufführung sein. Aber es ist wie immer alles, entweder zu spät oder zu früh. Vielleicht ist es schon zu

---

35 Stephan Suschke: Gespräch zu *Hamletmaschine* am 14.2. nach der Vormittagsprobe mit Bärbel Bolle, Margit Bendokat, Margarita Broich, Dagmar Manzel, Heiner Müller, Petra Segtrop, Stephan Suschke, Margarete Taudte, Alexander Weigel; Inszenierungsdokumentation 677a (Archiv Akademie der Künste, Berlin).

36 Ebenda.

37 Ebenda.

38 Siehe zum Beispiel Peter Hans Göpfert: »Der Dänenprinz im Spitzelland«, Die Welt (26. März 1990); Maik Hamburger: »*Hamlet* at World's End. Heiner Müller's Production in East Berlin«. In: Tetsuo Kishi, Roger Pringle und Stanley Wells (Hrsg.): Shakespeare and Cultural Traditions. The Selected Proceedings of the International Shakespeare Association World Congress. Tokyo, 1991. Newark 1994, S. 280–284, hier 283f.; Benjamin Henrichs: »Acht Stunden sind kein Theater«, Die Zeit (30. März 1990); Sophie Hoffmann: »Der Mühe war es wert«, Berliner Wochenpost (20. April 1990); Wilfried Mommert: »Götterdämmerung mit ›anständiger Beerdigung‹ der DDR«, Münchner Merkur (26. März 1990); Ingrid Seidenfaden: »Das Abendland brüstet sich – zum Tode hin«, Münchner Abendzeitung (26. März 1990); Esther Slevogt: »Müller's Last Game«, taz (28. März 1990); und C. Bernd Sucher: »Acht Stunden in Helsingör«, Süddeutsche Zeitung (26. März 1990).

spät, das muß man sehen.«[39] Wieder einmal war die Politik schneller als das etwas schwerfällige deutsche Theatersystem: Zum Zeitpunkt der Uraufführung waren sowohl die ehemalige Staatsform als auch ihre Zensurpraxis hoffnungslos überholt.

Müllers gigantische *Hamlet*-Inszenierung sagt letztendlich wahrscheinlich mehr aus über den Einfluss politischer Ereignisse auf einzelne Theaterleute als über den Einfluss Shakespeares auf die Wende. Wenn wir Müllers Regieansatz tatsächlich als Strategie betrachten, so kann diese bestenfalls als gewagt, schlimmstenfalls als unbeholfen im Umgang mit Schauspielern gelten. Einige der politisch aktiven Ensemblemitglieder empfanden es als naiv, überhaupt weiter Theater zu spielen, während auf der Straße eine Revolution stattfand, und mehrere Schauspieler drohten aufgrund Müllers Regiestils aus dem Projekt auszusteigen. Der spätere Intendant des Deutschen Theaters, Thomas Langhoff, berichtete, es sei hauptsächlich Ulrich Mühes Professionalität zu verdanken, dass *Hamlet/Maschine* überhaupt zur Aufführung kam. Laut Langhoff fungierte Mühe als eine Art »Mannschaftskapitän«, der zwischen Schauspielern und Regisseur vermittelte, »weil dem Heiner Müller die […] Regiesprache eben gefehlt hat.«[40] Ohne Mühes beherztes Eingreifen wäre einer der berühmtesten *Hamlet*s des zwanzigsten Jahrhunderts vielleicht nie zur Aufführung gekommen.

Warum aber nimmt gerade dieser *Hamlet* eine so außergewöhnliche Stellung in der deutschen Theatergeschichte ein? Und warum geht man davon aus, diese Inszenierung und einzelne Ensemblemitglieder hätten großen Einfluss auf die Ereignisse des Herbstes 1989 ausgeübt? Diese Zusammenhänge lassen sich zumindest teilweise erklären durch die Art, auf die wir uns an die Wende erinnern, und vor allem durch die Medien, die zu diesem Erinnerungsprozess beitragen.

Die Proteste von 1989 waren letztlich erfolgreich, weil sie sich in eine Massenbewegung verwandelten. Dies bedeutete aber auch, dass es sich hierbei um eine ›gesichtslose‹ Bewegung handelte. Wolf Lepenies schreibt über den Herbst 1989:

> Die Revolution in der DDR wurde weder von einer Gewerkschaft erkämpft noch von Intellektuellen vorbedacht. Die Helden dieser Revolution waren Hunderte, schließlich Tausende von Menschen, die voller Verzweiflung aus einem diktatorischen Regime in die Botschaften von Prag und Budapest flohen. Die Helden dieser Revolution waren Tausende und schließlich Hunderttausende, die sich beharrlich und ohne Anwendung von Gewalt auf den Straßen von

---

39 Stephan Suschke: Protokoll einer Zusammenkunft der Arbeitsgruppe Theaterkritik im Verband der Theaterschaffenden der DDR mit Heiner Müller und Alexander Weigel nach Durchlaufprobe *Hamletmaschine* am 5.3.1990; Inszenierungsdokumentation 677a (Archiv Akademie der Künste, Berlin).

40 Thomas Langhoff in: Christoph Rüter (Regie): »Jetzt bin ich allein«. Der Schauspieler Ulrich Mühe. Berlin 2008. Ausgestrahlt von Arte am 29. September 2008.

Leipzig und Dresden versammelten. Die Helden dieser Revolution waren, mit
wenigen Ausnahmen in Kirchenkreisen, keine Intellektuellen.[41]

Obwohl es sich also um eine Bewegung ohne Anführer handelte, hoben sich die
Theaterleute auf entscheidende Weise von der Masse der Demonstranten ab. Nachdem sie sich der Protestbewegung angeschlossen hatten, konnten die Theaterleute
(sowie andere Künstler und Intellektuelle) als Redner und Interviewpartner mit
Wiedererkennungswert identifiziert werden. In diesem Sinne gaben sie der Protestbewegung nachträglich ein Gesicht.

Wenngleich ein paar Aufnahmen von früheren illegalen Demonstrationen erhalten sind, so handelt es sich doch bei den besonders prägnanten Medienbildern,
die ständig im deutschen Fernsehen zirkulieren, hauptsächlich um Aufnahmen der
Demonstration am 4. November, sowie der Öffnung der Berliner Mauer fünf Tage
später. Da die Demonstration am 4. November behördlich genehmigt war, konnte
sie bedenkenlos gefilmt und ausgestrahlt werden. Fernsehbilder von Mühe, Müller
und Anderen, die zu den Demonstranten sprechen, hinterlassen somit den Eindruck, dies seien die Anführer der Bewegung gewesen. Im Gegensatz zu den Hunderttausenden von ›gewöhnlichen‹ Demonstranten, deren Beteiligung keine Spuren
hinterließ, wurden alle Protestschreiben der DDR-Theater kurz nach der Wende
in einem Sammelband zusammengefasst.[42] Darüber hinaus drehte der Regisseur
Christoph Rüter zwei Dokumentarfilme zum Thema Wende und Theater, die sich
ausgiebig mit Müllers *Hamlet*-Inszenierung befassen.[43] Diese Filme schneiden Aufnahmen der *Hamlet*-Proben mit Interviews und Demonstrationen derart zusammen, dass sie eine enge Verbindung zwischen den Handlungen der Theaterleute
innerhalb und außerhalb der Theatermauern suggerieren. Das Medium Film spielt
eine wichtige Rolle im Erinnerungsprozess, wie Anna Saunders und Debbie Pinfold erläutern. In ihrem Band zur Erinnerungskultur im vereinigten Deutschland
erklären die Autorinnen, dass »media are not mere transparent vessels, but help
condition the form of memory produced.«[44] Da Theaterleute in vielen Videoauf-
zeichnungen der politischen Aktivitäten während der Wende dominieren, liegt der
Schluss nahe, ihre Arbeit im Theater habe zu diesem Ergebnis geführt. In diesem

---

41 Wolf Lepenies: Aufstieg und Fall der Intellektuellen in Europa. Frankfurt am Main 1992,
    S. 58.
42 Siehe Anm. 11.
43 Christoph Rüter (Regie): Die Zeit ist aus den Fugen: Heiner Müller, die Hamletmaschine
    und der Mauerfall. Berlin 1990; ausgestrahlt vom WDR am 20. August 1991 und Ders.
    (Regie): »Jetzt bin ich allein«: Der Schauspieler Ulrich Mühe. Berlin 2008; ausgestrahlt von
    Arte am 29. September 2008.
44 Anna Saunders und Debbie Pinfold: »Introduction: ›Wissen, wie es war‹«. In: Dies. (Hrsg.):
    Remembering and Rethinking the GDR. Multiple Perspectives and Plural Authenticities.
    Houndmills 2013, S. 1–18, hier S. 5.

Sinne profitierten die Theaterschaffenden in der DDR von den sehr verschiedenen Vorzügen des Theaters und des Films: Einerseits war ihr politisches Engagement auf dem stabilen Medium Film konserviert. Andererseits konnten sie gleichzeitig behaupten, ihre Arbeit im instabilen Medium Theater sei stets subversiv gewesen, da dies im Nachhinein nicht nachprüfbar war.

Die angloamerikanische These des ›eingreifenden‹ Shakespeare-Geheimagenten mit Einfluss auf die deutsche Geschichte hält einer eingehenden Prüfung in diesem Falle nicht stand. Die vorliegende Analyse warnt daher vor ›post-propter‹-Interpretationen, die im Rückblick ein geschichtliches Ereignis in Beziehung zu einer zeitgleichen Inszenierung bringen, um dadurch einen Kausalzusammenhang zwischen subversivem Theater und politischen Umwälzungen herzustellen. Obwohl im Nachhinein der Eindruck entstanden sein mag, Hamlet sei im Herbst 1989 ›unter die Deutschen‹ gegangen, um aktiv an ihrem Schicksal mitzuwirken, blieb er tatsächlich auch in diesem Fall hinter dicken Theatermauern verschanzt.

CHRISTA JANSOHN

»you played in the university«:
Shakespeare auf der deutschen Studentenbühne

> HAMLET: … [*to Corambis*] My lord, you played in the university.
> CORAMBIS: That I did, my lord, and I was accounted a good actor.
> HAMLET: What did you enact there?
> CORAMBIS: My lord, I did act Julius Caesar. I was killed
> in the Capitol. Brutus killed me.
>
> *Hamlet*, 9.67–73[1]

I. Allgemeine Einführung und Überblick

Einen der frühesten Hinweise, dass Shakespeares *Hamlet* vermutlich auch in den Universitätsstädten Cambridge und Oxford gespielt wurde, bietet die *First Quarto* (*Q1*, 1603), die gemeinhin als Theaterskript angesehen wird. Dort heißt es auf dem Titelblatt: »THE Tragicall Historie of HAMLET Prince of Denmarke By William Shake-speare. As it hath beene diuerse times acted by his Highnesse seruants in the Cittie of London: as also in the two Vniuersities of Cambridge and Oxford, and else-where«. Ob man diese Hinweise ausschließlich unter werbewirksamen Aspekten interpretieren sollte oder tatsächlich auf konkrete Aufführungen verwiesen wird, bleibt aufgrund fehlender Dokumente im Bereich der Spekulation.[2] Auf alle Fälle stehen sie im deutlichen Kontrast zu einigen deutschen Kommentaren aus dem 18. Jahrhundert, die sich ausführlich mit der Frage beschäftigen, ob »eine Schaubühne einer Universität nachteilig oder vorteilhaft« sei. Sie wird eindeutig und eloquent unter der Prämisse beantwortet, dass eine Universität »eine Schule der

---

1   Zitiert nach der First Quarto (1603) von Hamlet. The Texts of 1603 and 1623. Hrsg. von Ann Thompson und Neil Taylor (The Arden Shakespeare: Third Series). London 2006.
2   Hierzu die Einleitung zur Second Quarto (Q2, 1604–1605) in: Hamlet. Hrsg. von Ann Thompson und Neil Taylor (The Arden Shakespeare: Third Series). London 2006, S. 55–56. In *Q2* befindet sich der Dialog in: 3.2.94–100. Konkrete Angaben haben wir indes über Aufführungen von Jurastudenten am Inner Temple (z.B. 1561 von Thomas Nortons und Thomas Sackvilles *Gorboduc*). Vgl. auch Peter Holland: »Campus, Shakespeare: fragments of a history, fragments of a concept«. In: Andrew Hartley (Hrsg.): Shakespeare on the University Campus. Cambridge 2015, S. 10–26, hier S. 11–12.

edelsten, wahrsten Menschenbildung« sei und deshalb Schaubühnen nicht in der Nähe dieser Bildungsstätten etabliert werden sollten, da

> sie den Aufwand der Studirenden vermehren; – daß sie Zeitversäumniß verur-
> sachen; – daß sie durch den stärkern Reiz der schönen Redekünste vom Studi-
> um der ernstern, trockenern Wissenschaften abziehen; – daß sie die Sittlichkeit
> der Jünglinge in Gefahr setzen, theils durch die Stücke, welche oft aufgeführt
> werden, theils durch die Personen, welche sie aufführen; – und endlich, daß sie
> überhaupt allerlei neue Gelegenheiten zu Ungezogenheiten mancher Musen-
> söhne geben.[3]

Trotz dieser Bedenken, die man freilich auch gegen »unmäßiges Romanlesen …
in der Einsamkeit« äußerte, sieht der Verfasser auch Vorteile in der universitären
Schaubühne, vorausgesetzt, dass »der Eifer für die trockenern, so genannten Brod-
wissenschaften« nicht erkalte.[4] Durch hohe Eintrittspreise soll ferner die Versuchung eines Theaterbesuchs niedrig gehalten und die Wahl der Stücke streng kon-
trolliert werden, »[u]m die Bedenklichkeiten wegen der Gefahr für die Sittlichkeit
zu entfernen. […] Drei bis vier rechtschaffene, verständige Professoren bilden einen
Ausschuß, ohne dessen Einwilligung kein Stück aufgeführt werden darf. […] sie
werden offenbar anstößige, sittenlose, pöbelhafte Stücke untersagen.«[5] Ähnliches
kennt man von späteren Shakespeare-Ausgaben für Familien oder Shakespeare-
Florilegien.[6]

Nur wenige Jahre später ist es Christian Gottfried Körner, der gegenüber Friedrich Schiller die Meinung vertritt, dass es eigentlich nur noch die Studenten seien,
von denen »man die meiste Empfänglichkeit für das Poetische zu erwarten hat«, zumal sie »[d]urch die Verhältnisse der wirklichen Welt […] noch nicht abgestumpft«
seien. Zudem sei »[d]as eigentliche Burschenleben […] ein immerwährendes Fest,
und eine festliche Stimmung ist eine Hauptbedingung des höhern Kunstgenusses.«[7]
Ob sich hinter dieser Aussage auch eine implizite Kritik an den vielen privaten

---

3   Hierzu der anonyme Beitrag: »Ist eine Schaubühne einer Universität nachteilig oder vor-
     teilhaft?«, Der Kosmopolit, eine Monathsschrift zur Beförderung wahrer und allgemeiner
     Humanität, Siebentes Stück. Julius 1797, S. 1–8, hier S. 2–3.
4   Ebenda, S. 4–5.
5   Ebenda, S. 6–7.
6   Vgl. zum Beispiel: Oscar Ludwig Bernhard Wolff (Hrsg.): Familien-Shakspeare. Eine zusam-
     menhängende Auswahl aus Shakspeare's Werken in deutscher metrischer Übertragung. Ein
     Buch für Schule und Haus, namentlich für die deutsche Frauenwelt und die reifere Jugend.
     Leipzig 1849, und: Shakspeare-Blüthen als Festgabe zur dreihundertjährigen Gedächtnisfeier
     des grossen brittischen Dichters. Gesammelt von W. A. Ahne. Prag 1864.
7   Brief von Christian Gottfried Körner an Schiller vom 23. April 1803. In: Briefwechsel zwi-
     schen Schiller und Körner. Hrsg. und kommentiert von Klaus L. Berghahn. München 1973,
     S. 329.

Theatern verbirgt, darf vermutet werden. Wichtiger ist, dass diese Kritik an anderer Stelle explizit geäußert wird, wie ein anonymer Ratgeber für Mitglieder von Privattheatern verdeutlicht. Nach Meinung des Verfassers tummelten sich zu viele eifrige Dilettanten aller Stände auf der Bühne, während sie ihre eigentlichen Pflichten versäumten und oft gar die Wirklichkeit mit der Theaterillusion verwechselten. Darüber hinaus käme es häufig zu fatalen Fehleinschätzungen der eigenen schauspielerischen Leistungen und oft auch zum »Rollenneid«, und beim Spiel sei zu oft eine völlig falsche »Mimik und Deklamation« festzustellen, zumal es für den Laien leichter sei »eine grelle Arabeske zu liefern als eine natürliche Pose […] es ist leichter den Hamlet zu rasen, den Oberförster zu vergrobianen, den Belton zu veraffenschwanzen, als sie dazustellen.«[8]

Leider geht aus diesem ausführlichen Vademecum nicht hervor, ob auch Studenten angesprochen werden sollten. Bekanntlich gab es seit dem frühen 15. Jahrhundert Theateraufführungen an den Universitäten, über deren Konzeption, die genauen Spielpläne, Programme, Kritiken usw. wenig bekannt ist. Dasselbe gilt im besonderen Maße auch für studentische Shakespeare-Aufführungen. Auch hier wird ihre Geschichte aufgrund verlorener Quellen und Dokumente nur fragmentarisch bleiben, obgleich solche Laienaufführungen einen bedeutenden Anteil an der lebendigen Shakespeare-Rezeption haben, wozu sicherlich auch andere Amateuraufführungen – etwa im schulischen Bereich – gehören, wie etwa die ›Shakespeare Players‹ von der Friedrich-Ebert-Oberschule in Berlin-Wilmersdorf, die seit 2000 jedes Jahr im Juni ein Shakespeare-Stück im Original inszenieren und sowohl nach England als auch zu den Shakespeare-Tagen der Deutschen Shakespeare-Gesellschaft eingeladen wurden. Für einen Sammelband, der 2016 in den USA erscheinen wird, wurden fünf ihrer Poster ausgewählt.[9]

---

8   Anon.: Nützliche Erinnerungen für Mitglieder von Privattheatern. Nebst vier Lustspielen für Liebhabertheater. Halberstadt 1798, S. 1–2 und S. 25. Vgl. auch den Ratgeber von Carl Eduard Mannsfeld: Taschenbuch für Freunde des Privattheaters: enthaltend Andeutungen über Bildung einer Theater-Gesellschaft, den Bau eines Privattheaters … nebst einem Wörterbuche der gebräuchlichsten theatralischen Ausdrücke. Weimar 1839.

9   Ziel der 16- bis 18-jährigen Schüler/innen ist es, »viele Menschen (und besonders Schüler) für Shakespeares Werke zu begeistern. Deswegen sorgen wir für eine Textfassung, die sprachlich etwas entlastet ist, ohne das Original zu verwässern oder zu vereinfachen und spielen mit Leidenschaft so, wie man es auf englischen Bühnen mit Shakespeares Dramen macht.« (http://www.shakespeare-players.com/ueber-uns/unsere-theatertruppe/). Folgende Dramen wurden bisher aufgeführt: 2014: *Richard III*, 2013: *Romeo and Juliet*, 2012: *Hamlet*, 2011: *Pericles*, 2010: *Love's Labour's Lost*, 2009: *The Taming of the Shrew*, 2008: *The Comedy of Errors*, 2007: *The Tempest*, 2006: *The Winter's Tale*, 2005: *As You Like It*, 2004: *The Merry Wives of Windsor*, 2003: *Much Ado About Nothing*, 2002: *Twelfth Night*, 2001: *A Midsummer Night's Dream*. Für Juni 2015 ist *Measure for Measure* geplant. Vgl. http://www.shakespeare-players.com/auff%C3%BChrungen/. Vgl. auch den Beitrag von Martina Baasner, die als Lehrerin die Truppe betreut: »Roar!! – Die Berliner Shakespeare Players«, http://shakespeare-gesellschaft.

Der vorliegende Beitrag möchte teilweise diese Lücke füllen, kann sich aber aus Platzgründen nur auf einen kleinen Teilaspekt beschränken, und zwar ausschließlich auf Shakespeare-Inszenierungen studentischer Theatertruppen an anglistischen Instituten in Deutschland. Er möchte einen ersten groben Überblick über dieses bisher noch nicht bearbeitete Thema bieten und auf weitere mögliche Forschungsaufgaben zu »Shakespeare unter den Deutschen« verweisen.[10]

Es sei freilich noch einmal betont, dass es eine vollständige Geschichte über studentische Shakespeare-Aufführungen in Deutschland nie geben wird, dafür ist die Überlieferung zu unvollständig und die überlieferten Details oft zu rudimentär, wie eine von mir 2013 durchgeführte Umfrage mit Vertreter/innen der insgesamt 64 Anglistik-Institute in Deutschland ergab. Zehn Institute (z. B. Bayreuth, Düsseldorf, Eichstätt, Gießen, Koblenz, Leipzig, Vechta) haben derzeit überhaupt keine studentische Theatertruppe und konnten auch keine Informationen von eventuell früheren Inszenierungen liefern, während andere Institute bisher kein Shakespeare-Drama auf die Bühne brachten oder überhaupt nicht auf die Anfrage reagierten. Eine charakteristische E-Mail des Kollegen Roy Sommer aus Wuppertal vom 1. Juni 2013 soll hier stellvertretend für die zahlreichen Negativmeldungen angeführt werden, da sie gut und knapp die möglichen Gründe für die fehlenden Quellen zusammenfasst:

> Leider haben wir in dieser Zeit, die bei uns exakt mit dem Beginn der Modularisierung des Studiums zusammenfällt (vielleicht ein Grund für das mangelnde

---

de/publikationen/feature/feature05.html. Zugriff aller in diesem Artikel zitierten Websites: 21. Oktober 2014.

10 Der vorliegende Beitrag ist eine aktualisierte und erweiterte Fassung meines Beitrags »Shakespeare isn't just for the professionals: Shakespeare on the German campus«. In: Andrew Hartley (Hrsg.): Shakespeare on the University Campus (Anm. 2), S. 126–152. Ich danke Cambridge University Press für die Genehmigung, meine englische Version für den vorliegenden Tagungsband zu benutzen. Zudem danke ich allen Kollegen und Kolleginnen der anglistischen Institute in Deutschland, die sich an einer von mir initiierten Umfrage beteiligt und auch teilweise wertvolles Material zur Verfügung gestellt haben. Dasselbe gilt für die Mitarbeiter der Shakespeare-Bibliothek in München und der Theatersammlung an der Universität Köln. Ferner danke ich folgenden Mitgliedern der ehemaligen Kölner Truppe ›Countercheck Quarrelsome‹ (CCQ) – besonders Angela Ritter – für ausführliche Hinweise und Gespräche: Elmar Goerden, Roman Kurtz, Bernhard Paffrath, Andrea Roxborough und Thomas Wißmann; ferner Carl Brunn, Angela Ritter und Sabine Würich für die Bereitstellung einiger Aufführungsfotos. Ebenso gilt mein Dank den Mitgliedern der ›Bonn University Shakespeare Company‹ (BUSC), allen voran Thilo Veenema für die Überlassung der Dokumente aus der Gründungsphase der BUSC, die er zusammen mit Magnus Huber (seit 2005 Professor für Englische Sprachwissenschaft und Geschichte der englischen Sprache an der Universität Gießen) ideenreich und engagiert mitgestaltete. Andree Oehm, Peter Schild und Jan Stephan Schmieding versorgten mich ebenfalls großzügig und engagiert mit Fotomaterial und weiteren Informationen zur BUSC.

Interesse der Studierenden?), keine Theatergruppe mehr gehabt, sondern nur noch Exkursionen (u. a. zum Fringe Festival nach Edinburgh) und Theaterbesuche angeboten.

Da es wohl in den 1990er Jahren eine aktive Theatergruppe gab, habe ich versucht, bei den emeritierten Kollegen nachzufragen, aber leider ohne Erfolg. Es sind auch keine Flyer etc. aufzufinden, und die Website ist seither mehrfach neu strukturiert worden, so dass auch elektronisch nichts mehr aktiviert ist.

Ihr Projekt hat mir damit schon jetzt gezeigt, wie leicht gute Traditionen verloren gehen … vielleicht ein Ansporn, wieder etwas Neues entstehen zu lassen.

Immerhin konnten dennoch 22 Institute Material (Programmhefte, Ankündigungen, Fotos) zu ihren Shakespeare-Aufführungen und zwar vornehmlich aus dem Zeitraum zwischen 1977 und 2013 zur Verfügung stellen, wobei die Materialien vor 1995 äußerst lückenhaft sind und auch nicht durch die sehr wenigen Theaterkritiken, die sich in der 1964 eröffneten Shakespeare-Bibliothek in München und in der Theatersammlung der Kölner Universität befinden, ergänzt werden konnten, wo wiederum die dazugehörigen Soufflierbücher, Programme usw. fehlen. Etwas besser ist die Überlieferung der letzten Jahre, da viele Theatertruppen das Internet als Plattform für ihre Aufführungen nutzen und so eine kontinuierliche Archivierung offensichtlich leichter fällt.

Auf der Grundlage dieser Informationen lässt sich eine vorsichtige Aussage über die Auswahl der Shakespeare-Dramen machen: So scheint auf der Beliebtheitsskala aller studentischen Theatertruppen (wie übrigens auch auf der deutschen Profi-Bühne) *A Midsummer Night's Dream* an oberster Stelle zu stehen, gefolgt von *Twelfth Night*, *Taming of the Shrew* und *As You Like It*; bei den Historien ist *Richard III* am populärsten, während *Macbeth* und *Hamlet* wesentlich seltener inszeniert werden. Aufgrund der schlechten Quellenbasis können diese Angaben freilich nur Tendenzen aufzeigen, eine exakte Statistik wird man nicht erstellen können. Bei Truppen, die bereits länger existieren und wo zirka 20 Inszenierungen mehr oder weniger schlecht archiviert sind, entfällt eine ganz unterschiedliche Anzahl auf Shakespeare-Inszenierungen, wobei die soeben genannten Stücke aber meist dabei sind. Zu nennen wären hier die ›University Players‹ der Universität Hamburg, die seit 1980 existieren und bisher 18 Shakespeare-Dramen inszenierten, darunter *Richard III* (2008) als einzige Historie und nur drei Tragödien: *Romeo and Juliet* (2003), *Macbeth* (2005) und *Hamlet* (2012) sowie ein »problem play« (*Troilus and Cressida*, 1997), dafür bereits zweimal *The Merchant of Venice* (1980 und 1989), *As You Like It* (1982 und 2000) und *Taming of the Shrew* (1990 und 2011).[11] Zur Geschichte der Truppe heißt es:

---

11 Eine sehr ähnliche Auswahl findet man bei der ›English Theatre Group‹ der Universität Hannover (http://www.engsem.uni-hannover.de/history.html). Unter den elf Shakespeare-Insze-

Die UNIVERSITY PLAYERS wurden 1980 von Prof. Dietrich Schwanitz am englischen Seminar der Universität Hamburg (heute Institut für Anglistik und Amerikanistik) ins Leben gerufen. Mit vielseitigen, englischsprachigen Theaterprojekten, die Witz und Seriosität miteinander verbinden, begeistern sie seitdem nicht nur Anhänger anglo-amerikanischen Kulturguts, sondern auch im zunehmenden Maße Liebhaber des guten Sprechtheaters. Dabei bemühen sie sich stets, sowohl die Klassiker des englischen und amerikanischen Theaters zu bedienen als auch moderne Autoren zu Wort kommen zu lassen.[12]

Wie diese Selbstdarstellung nahelegt, müsste man für eine Gesamtbeurteilung der Truppen darüber hinaus auch die anderen nicht-Shakespeareschen Stücke berücksichtigen. So spielen deutsche Studentenbühnen besonders gerne J. M. Barries *Quality Street*, Caryl Churchills *Top Girls*, Arthur Millers *The Crucible*, Thornton Wilders *Our Town*, Oscar Wildes *The Importance of Being Earnest*; aber auch Christopher Marlowes *Dr Faustus*, Ben Jonsons *Volpone* und Szenen aus *Monty Python* kehren auf den Programmen wieder.

Oft werden die studentischen Truppen von englischsprachigen Lektoren und Lektorinnen mitgetragen, wie etwa in Aachen[13] oder an der Julius-Maximilians-Universität Würzburg, wo das anglistische Institut 1975 sogar eigens einen Lektor für das Theaterspiel anstellte.[14] Universitäre Schauspielensembles können aber auch ausschließlich auf studentische Aktivitäten zurückgehen oder durch englische

nierungen sind die selten von Studierenden gespielten Stücke *Pericles* (1996), *Love's Labour's Lost* (1997), *The Two Gentlemen of Verona* (1998) und *King Lear* (2007). Für das Shakespeare-Jubiläumsjahr wurde im Januar 2014 *Romeo and Juliet* geboten. Die sehr kurzen Programmzettel geben keine weiteren Informationen.

12　http://www.universityplayers.de/uber-uns/.

13　So führt die Theatertruppe des anglistischen Instituts in Aachen an: »Als wissenschaftliche Mitarbeiterin am Institut für Anglistik, RWTH Aachen, wollte Mollie Jackson ihren Studenten einen Sprachkurs anbieten, der etwas anders war als die anderen. Und, weil schon das erste Stück so einen großen Spaß gemacht hatte, folgten für Mollie und ihre Studenten noch ein zweites und ein drittes...«. http://www.actorsnausea.de/ueber_uns.htm. Von den zwanzig Inszenierungen zwischen 2000 und 2014 entfallen zwei auf Shakespeare, und zwar *The Tempest* (Sommer 2010) und *A Midsummer Night's Dream* (Winter 2009/2010). Zu den anderen Produktionen (u. a. *Dead White Males*, *Death on the Mississippi*, *Robin Hood*, *Death Actually*, *Alice's Adventures in Wonderland*, *Lysistrata*, *Metamorphoses*, *Dear Octopus*, *Pride and Prejudice*, *The Crucible* usw.) vgl. die Liste (teilweise mit Aufführungsfotos) unter: http://www.actorsnausea.de/stuecke.htm.

14　»The ENGLISH DRAMA GROUP at the University of Würzburg was founded in 1975 when a new lecturer, Chris Swanton, was appointed to the English Department specifically to set up a theatre group to regularly perform plays in English. The EDG has performed every semester (bar one!) since winter 1975–76: [...] As well as these full scale productions, there have been a number of other successful initiatives, including tours, revues, social and fundraising events.« http://www.edg.anglistik.uni-wuerzburg.de/index-Dateien/history.htm.

Gastinszenierungen britischer Kulturinstitute (z. B. dem British Council) bzw. Stratford-Besuche inspiriert worden sein.

Die meisten Theatertruppen sind von der Konzeption her ähnlich strukturiert, sie bilden eine attraktive Ergänzung zum normalen Lehrangebot und geben Gelegenheit, die eigene Sprachkompetenz im Englischen zu verbessern sowie praktische und soziale Erfahrungen zu sammeln, die eventuell für spätere Berufe im kulturellen Bereich wichtig sein können. Nur wenige machen aus ihrer Leidenschaft dann auch tatsächlich einen Beruf oder hängen dafür sogar ihr Studium an den Nagel, wie etwa die heute international renommierte Theaterintendantin Karin Beier (geb. 1965) oder der prominente Schauspieler und Kabarettist Urban Priol (geb. 1961) aus der Würzburger ›English Drama Group‹. Letztere wurde 1975 gegründet und unter den mehr als siebzig Inszenierungen lassen sich immerhin sieben Shakespeare-Dramen nachweisen, und zwar: *Shakespeare's Love Scenes* (1978), *Twelfth Night* (1983/84 und 2005), *All's Well that Ends Well* (1986), *A Midsummer Night's Dream* (1991), *Romeo and Juliet* (1994), *The Tempest* (1996).[15] Urban Priol, der in Würzburg ein Studium mit den Fächern Englisch, Russisch und Geschichte (Lehramt) begann, es jedoch kurz vor dem Examen abbrach, um sich ganz seiner professionellen Kabarett-Karriere zu widmen,[16] war in den frühen Achtzigern parallel zu seinen öffentlichen Auftritten als Kabarettist auch aktives Mitglied der Würzburger Theatertruppe und brillierte zum Beispiel in einer im Februar 1984 auf die Bühne gebrachten Inszenierung von *Twelfth Night*. Gerühmt wurde die »tolle Ensembleleistung«, aber allen voran der »(Narren-)König des Stücks: Urban Priol, mit seinen gekonnten Tänzen zwischen Melancholie und Klamauk.«[17] Und in der *Mainpost* vom 16. Februar 1984 heißt es: »Er [Urban Priol] erfreut nicht nur mit seinen sehr melodischen Liedern, sondern er hält auch allen den Spiegel der Wahrheit vor.«

Im Mittelpunkt scheint seit den 80ern bei den meisten Truppen die gemeinsame Freude am Theaterspielen zu sein. Ihre Arbeit beabsichtigt nicht »ideologiezerstörend« zu wirken, wie man es von studentischen Laientruppen noch in den 60ern vehement forderte. Damals lehnte man sehr häufig »das Spiel um des Spielens willen« ab und forderte den »kritischen Intellekt« der Studierenden, mit dem man

---

15 Vgl. http://www.edg.anglistik.uni-wuerzburg.de/index-Dateien/Contactus.html.

16 Vgl. http://www.munzinger.de/search/portrait/Urban+Priol/0/26050.html. Ein wichtiger Schritt in Priols Karriere war die Eröffnung seiner ersten eigenen Kleinkunstbühne, die ›Kochsmühle‹ im bayerischen Obernburg am Main im Jahr 1988; 1998 folgte dann das Kabarett im Hofgarten in Aschaffenburg. Seit 2014 sendet das ZDF mit Urban Priol *Ein Fall fürs All* (gemeinsam mit Emmanuel Peterfalvi alias Alfons).

17 AW: »Hanswurstiaden beim Adel«, Augsburger Allgemeine (23. Februar 1984).

neue theatralische Formen suchen sollte. Nur das mache das »unverwechselbare Studententheater« aus.[18]

Eines der wenigen überlieferten Beispiele für diesen kritischen Umgang mit einem Shakespeare-Drama liefert eine Bearbeitung von *Much Ado About Nothing*, die 1978 von der Universität Osnabrück ganz im Sinne Brechts »experimentierend« erarbeitet und unter dem Titel *Calico* auf die Bühne gebracht wurde. Wie die ausführliche Dokumentation suggeriert, folgte man illustren Vorbildern, etwa Brechts Bearbeitung von *Coriolan* oder dessen Bearbeitung von Jacob Michael Reinhold Lenz' *Der Hofmeister oder Vorteile der Privaterziehung. Eine Kömödie*.[19] Hinter dem Titel *Calico* verbirgt sich eine radikale Umarbeitung in deutscher Sprache von Shakespeares Komödie, die von einem Kollektiv unter Führung des Anglisten Tilmann Westphalen und dem Theaterwissenschaftler Michael Thiele in zwei Jahren (1976–78) vorbereitet wurde. Es wird vor allem ein neues Szenario und eine neue Handlungszeit geschaffen: »die bei Shakespeare angelegten sozialkritischen Züge, Emanzipation der Frau, Rolle der Dienerschaft in einer feudalistischen Gesellschaft, [werden] deutlich herausgearbeitet.«[20] Dafür transponiert man das Geschehen in den Wilden Westen des Jahres 1853 kurz nach Ende des Grenzkrieges zwischen den USA und Mexiko. Die Handlung dauert exakt 14 Tage. Aus Messina wird Calico, eine heutige Geisterstadt in Kalifornien. Die Personennamen aus *Much Ado About Nothing* werden weitgehend übernommen: Der Herzog wird zum reichen Ranchbesitzer, die Gefolgsleute zu Cowboys, »die Figuren sind nun handfeste Schurken, macht- und geldgierig, Mitgiftjäger, Diebe und Mörder«.[21] Auch die Guckkastenbühne wird aufgehoben und die Zuschauer können am Geschehen partizipieren. Beim Shakespeare-Western-Spektakel konnte auf gelungene Weise Sozialkritik und Theaterspaß verbunden werden.

Im Gegensatz zu dem zweijährigen intensiven Engagement der beiden Hochschullehrer bei diesem ambitionierten Theaterprojekt sind heutzutage die akademischen Lehrer/innen und auch die Lektoren meist zurückhaltender in ihrer Beteiligung an studentischen Theateraufführungen. Dennoch geht häufig die Initialzündung für eine Inszenierung aus Shakespeare-Seminaren oder gemeinsamen Theaterbesuchen und Exkursionen hervor. Dies bedeutet dann oft, dass die Studierenden – im Vergleich zu vielen Profi-Schauspielern – historisch-kritische Ausgaben benutzen, die mit ihren umfangreichen, oft bühnenorientierten Anmerkungen

---

18 Karlheinz Braun: »Die kleinen von den meinen: Studentenbühnen«, Theater heute (September 1961), S. 23–25, hier S. 24–25.

19 So auch im Programmheft, abgedruckt in Michael Thiele (Hrsg.): Dokumentation zu *Calico*, ehemals Shakespeares *Viel Lärm um Nichts*. Regensburg 2004, S. 168.

20 »NDR-Interview« mit Tilmann Westphalen. In: Michael Thiele (Hrsg.): Dokumentation zu *Calico* (Anm. 19), S. 149–151, hier S. 149.

21 Heinrich Mohr: »Rundum ein Erfolg«, Betrifft: Universität Osnabrück (3. Juli 1978).

hilfreich (manchmal freilich auch hemmend) für die Realisierung eigener origineller Vorstellungen sein können, vor allem aber sehr nützlich sind für die Zusammenstellung der Programmhefte, die von Truppe zu Truppe allerdings sehr stark variieren: Manche präsentieren ihre Theaterankündigungen in Form von Flyern mit den üblichen, oft sehr knappen Angaben zu den Schauspielern, Spielstätten usw. Häufig findet man auch eine kurze deutsche oder englische Zusammenfassung der Handlung (z. B. in Trier und Hannover). Andere Programme sind mit bis zu 100 Seiten ausgesprochen ausführlich (z. B. in Bonn, Hamburg, Köln) und reflektieren häufig den Einfluss des akademischen Unterrichts oder basieren vom Aufbau her auf Theaterprogrammen professioneller Bühnen. Besonders beliebt ist dabei ein Faksimile des Titelblatts einer *Quarto*-Ausgabe des Stücks oder der *First Folio* sowie Informationen zur Textüberlieferung, Aufführungsgeschichte usw.

Oft wird pro Semester – meist zwei Wochen vor Semesterende – ein Drama zwischen zwei- und sechsmal auf die Bühne gebracht, welches während des Semesters und häufig an arbeitsintensiven Probenwochenenden einstudiert wird. Wegen des schnellen Personalwechsels innerhalb der studentischen Theatertruppen kommt es nur sehr selten zur Wiederaufnahme eines Stückes. Über die Truppengröße kann man sehr schlecht allgemeine Angaben machen; sie bewegt sich häufig um die 30– 35 Studierende und ist natürlich sowohl vom Stück als auch von den zur Verfügung stehenden interessierten Studierenden abhängig. Da in Deutschland zirka 80 Prozent der Anglistikstudierenden weiblich sind, werden männliche Rollen nicht selten entweder mit Studentinnen besetzt oder oft rekrutiert man die fehlenden Männer auch aus Studentenkreisen außerhalb der Anglistik. Beliebt ist hierbei auch die Einbeziehung englischsprachiger Gaststudenten.

Die Finanzierung der Inszenierung erfolgt meist durch die Eintrittskarten, Werbeanzeigen im Programmheft oder Mitgliedsbeiträge; gelegentlich erhalten die Truppen Spenden oder Zuschüsse des eigenen Instituts oder der Universität. Je nach Ort können Kostüme usw. vom städtischen Theater ausgeliehen werden, was aber eher selten der Fall ist; meist werden sie selbst angefertigt, wobei die Lagerung der Requisiten ein weiteres, nicht zu unterschätzendes Problem darstellt. Auch sonst arbeiten die Truppen weitgehend mit eigenen Mitteln: So werden Kostüm, Maske, Bühnenbild und Musik von den Studierenden gestaltet, ebenfalls die Ankündigungsposter und Programme.

Außer den anglistischen Theatertruppen existieren oft auch institutsübergreifende Laientruppen oder Truppen aus theaterwissenschaftlichen Instituten. Diese produzieren ihre Stücke fast ausschließlich auf Deutsch, die dann häufig Gegenstand intensiver theoretischer sowie praktischer Analyse innerhalb eines gleichzeitig

stattfindenden Seminars sind,[22] oder die Inszenierungen reflektieren einen ideologischen Zugang wie zum Beispiel die *Sommernachtstraum*-Aufführung der Studierenden der Alanus-Hochschule der musischen und bildenden Künste in Alfter
(Nähe Bonn), die ganz aus dem anthroposophischen Geiste Rudolf Steiners heraus
inszeniert wurde. So wurden alle Elfenszenen im Geiste der ›Eurythmie‹ ausgestaltet
und die rednerische Diktion wurde ebenfalls angepasst: »Jedes ›R‹ wurde da gerollt,
jede Silbe, jeder Konsonant mit gleicher Schärfe und Deutlichkeit ausgesprochen,
gleichviel, ob die Darsteller selber deklamierten, oder Stimmen unsichtbarer Sprecher ertönten.«[23] Die Wahl der deutschen Übersetzung und oft auch die reizvolle
Kombination aus alten und neuen deutschen Versionen schaffen zudem ganz andere Möglichkeiten, dem Drama Shakespeares zu begegnen als eine Inszenierung des
Originals.

Dass gerade das Original auch ein Hinderungsgrund sein kann, ein Shakespeare-
Stück auf die Bühne zu bringen, bemerkt eine Kollegin aus Potsdam: »Die derzeitige
Zurückhaltung in der Aufführung von Shakespeare-Stücken hängt insbesondere
mit der Befürchtung zusammen, es gäbe eine zu hohe Sprachbarriere zwischen den
Dramen und unserem Publikum.«[24] Diese Zurückhaltung hängt sicherlich auch
damit zusammen, dass in unserer globalen Finanzwelt die gymnasialen Lehrpläne
nur noch selten die Literatur der Renaissance zumindest in Auszügen im Unterricht
berücksichtigt[25] und viel mehr Wert darauf gelegt wird, durch Gesprächssituationen
und moderne Medien die heranwachsenden jungen Menschen zum »fremdspra-
chigen Handeln in interkulturellen Verstehens- und Verständigungssituationen« zu

---

22 Vgl. auch den Beitrag von Erika Stephan: »Studenten in Shakespeares ›Sommernachtstraum‹
    am Deutschen Theater Berlin«, Shakespeare-Jahrbuch 120 (1984), S. 174–179. Dieser Be-
    richt behandelt die Einstudierung des *Midsummer Night's Dream* mit Studierenden des zwei-
    ten Studienjahres am Deutschen Theater Berlin. So soll zum Beispiel durch den vorherigen
    Besuch der *Midsummer Night's Dream*-Aufführung in der Regie von Alexander Lang eingeübt
    werden, »schauspielerische Vorgänge konkret zu beobachten und nach Möglichkeit zu be-
    schreiben. Diese spontanen Wahrnehmungen dienten als Grundlage, die Rolle der Subjekti-
    vität der Produzenten – des Regisseurs und der Schauspieler – und die durch sie bestimmte
    Widerspiegelung aktueller Erfahrungen herauszufinden und die Spezifik ihrer Wirkungsstra-
    tegie zu entdecken.« In einem weiteren Schritt wurde dann versucht, die »wesentliche[n]
    Aneignungsversuche des ›Sommernachtstraums‹ in der Geschichte des DDR-Theaters zu
    rekonstruieren und diese einzubeziehen, um zu Aussagen über Konzeptionen und Wirkungs-
    absichten und deren möglicher Veränderungen zu kommen.« (S. 175)
23 Dirk Richerdt: »Szenen mit viel Ausdruckstanz gestaltet«, Bonner Rundschau (7. Juli 1983).
24 E-Mail von Miriam Nowigk vom 30. Mai 2013.
25 Unter der Rubrik ›Literatur‹ ist zu lesen: »Begegnung mit dem elisabethanischen Weltbild an-
    hand von Auszügen aus dem Werk Shakespeares, wenn möglich in Verbindung mit Theaterauf-
    führungen und Verfilmungen«. Vgl. http://www.isb-gym8-lehrplan.de/contentserv/3.1.neu/
    g8.de/index.php?StoryID=26513&PHPSESSID=dc5b003f28c86952e72386640a6c9032.

befähigen.[26] Konkret heißt dies, dass mittlerweile ein recht hoher prozentualer Anteil der Erstsemester ohne oder oft mit sehr rudimentären Shakespeare-Kenntnissen an die Universitäten kommt und meistens – wenn überhaupt – Shakespeare-Stücke über erfolgreiche Kinofilme kennt, etwa durch Baz Luhrmanns *Romeo and Juliet* (1996), der offensichtlich nicht eine eigene studentische Inszenierung der Tragödie nach sich zog, aber eventuell das Interesse an Shakespeare dennoch weckte. Noch Ende des 20. Jahrhunderts konnte man durchaus damit rechnen, dass Studierende zumindest ein paar der bekanntesten Sonette kannten (z. B. 18 und 116) sowie *Macbeth*, gefolgt von *A Midsummer Night's Dream*, *Romeo and Juliet*, *Merchant of Venice* und schließlich *Hamlet*, der gelegentlich in der Schule durchgenommen wurde. Ferner wird es zunehmend schwieriger, heutige Studierende für Aktivitäten außerhalb des Studiums zu begeistern. Dies bekräftigen auch zahlreiche Briefe von Kollegen und Kolleginnen, die im Zusammenhang der Erhebung mitgeschickt wurden. Viele sehen einen engen Zusammenhang zwischen den neuen modularisierten Studiengängen, die es zunehmend schwierig machen, »Produktionen auf die Bühne zu bringen, die einen so großen Aufwand wie eine Shakespeare-Inszenierung erfordern: der Stundenplan der Studierenden ist in der Regel sehr voll; größere Gruppen sind schwer zu koordinieren; die Studienzeit dauert nur drei Jahre, was die Kontinuität innerhalb der Theatergruppen erschwert.«[27] Ähnliches bemerkt auch Thomas Kullmann, Anglist an der Universität Osnabrück, in einer E-Mail vom 31. Mai 2013:

> Leider muss ich Ihre Anfrage mit einer Fehlanzeige beantworten: Eine studentische Theatergruppe haben wir an unserem kleinen Institut nicht.
>
> Bei unseren Studierenden ist die Annahme verbreitet, dass die straffe Studienorganisation der BA- und Masterprogramme für derartige Aktivitäten wenig Zeit lässt.
>
> In unregelmäßigen Abständen veranstalte ich mit den Teilnehmer(innen) meiner Shakespeare-Seminare szenische Lesungen (50–60 Min.) von ausgewählten Szenen eines Dramas. Hierzu wurde ich angeregt durch den Shakespeare-Marathon bei den Shakespeare-Tagen 1999 in Weimar.[28]

---

26 Thüringer Ministerium für Bildung, Wissenschaft und Kultur: Lehrplan für den Erwerb der allgemeinen Hochschulreife: Englisch (2011), hier S. 7.

27 E-Mail von Rudolf Beck (Universität Augsburg) vom 23. April 2013.

28 Hierzu vgl. Dieter Mehl: Eine historische Episode. Die Wiedervereinigung der Deutschen Shakespeare-Gesellschaft. Persönliche Erinnerungen. Münster 2013, S. 95: »Das Straßentheater wurde von 18 Schauspiel- und Theaterhochschulen aus dem deutschsprachigen Raum gestaltet. Studenten und Studentinnen hatten insgesamt 35 Szenen aus verschieden Shakespeare-Stücken erarbeitet und präsentierten sie in einem sechsstündigen Programm auf dem Theaterplatz, dem Markt und am Frauenplan. Da die Truppen von einer Bühne zur anderen wanderten, war an jedem Ort das volle Programm, wenn auch in einer anderen Reihenfolge, zu sehen. Meines Wissens trat hier die Deutsche Shakespeare-Gesellschaft das erste Mal aus

Mit diesen szenischen Shakespeare-Lesungen wird eine Tradition aufgegriffen, die im 19. Jahrhundert besonders in Leseclubs, aber auch an Universitäten, gepflegt wurde. So bot Karl Moritz Rapp (1803–1883), Extraordinarius für »ausländische Sprache und Literatur« an der Universität Tübingen, über die Grenzen der Universitätsstadt hinaus, »von ihm geleitete Studentenaufführungen shakespearescher und anderer Dramen (Szenen aus *Henry IV*, *Midsummer Night's Dream* etc.)« an, die er »zur Ausbildung und Veredelung des Geschmacks und des ästhetischen Verständnisses« durchführte.[29]

Auch der im Herbst 1864 gegründete studentische Shakespeare-Verein in Halle verschrieb sich von Anfang an zwei Aufgaben, nämlich »Shakespeare und Fidulität«, d. h. wissenschaftliche Vertiefung einerseits und Geselligkeit und Frohsinn andererseits.[30] Es wurde viel Shakespeare in verteilten Rollen gelesen, »der Vorsitzende wählte nach Gutdünken, den Einzelnen es überlassend, durch häuslichen Fleiß eine gründlichere Kenntnis Shakespeare's sich anzueignen; die geschichtlichen Dramen wechselten mit den übrigen Hauptwerken ab.«[31] Auch lernte man bei Vorträgen der eingeladenen Professoren weitere Einzelheiten über Leben und Werk des Dramatikers oder erhielt Anweisungen »für eine reine Aussprache englischer Eigennamen und Erklärung mancher sonst unverständlich gebliebenen Erscheinung in den Werken Shakespeares«.[32] Ein Mitglied erinnert sich:

Jetzt erst fühlte ich mich als Student. Allerdings blieb von meinen bisherigen wissenschaftlichen Studien manches liegen. Dafür lernte ich vieles andere Notwendige, Nützliche, Angenehme kennen, vor allem auch Shakespeare. Ihn lasen wir mit verteilten Rollen oder hörten einen Vortrag über ihn. Wiederholt förderten Professoren, wie Glogau,[33] Tschischwitz,[34] unsere Abende. Allmählich

---

ihren Vortrags- und Kolloquiumsräumen heraus, um mit der Weimarer Bevölkerung ›Shakespeare auf der Straße‹ zu feiern.« Das Programm ist abgedruckt auf S. 158f.

29 Konrad Schröder: Die Entwicklung des englischen Unterrichts an deutschsprachigen Universitäten bis zum Jahre 1850. Ratingen 1967, S. 258f.

30 [Anon.]: Geschichte des studentischen Shakespeare-Vereins in Halle a. S. während der Jahre 1864–1889. Festschrift zum fünfundzwanzigjährigen Stiftungsfeste am 23. bis 25. Juli 1889. Halle an der Saale 1889, S. 196.

31 Ebenda, S. 49.

32 Ebenda, S. 50 und S. 73f.

33 Professor Gustav Glogau (1844–1895) war deutscher Religionsphilosoph und Pädagoge. Nach einem Aufenthalt an der Technischen Hochschule Zürich in den Jahren 1881–1883 lehrte er als Privatdozent Philosophie und Pädagogik, anschließend als Ordinarius in den gleichen Fächern, danach war er Professor an den Universitäten von Halle und Kiel.

34 Benno Johann Friedrich Tschischwitz (1828–1890) war Oberlehrer in Halle (1852–1854; 1861–1872), danach Professor für englische Sprache und Literatur an der Universität Zürich. Er war als Übersetzer von Walter Scott und *Shakspere's Sonetten* (Halle an der Saale 1870) tätig und verfasste Beiträge über Shakespeares epische Gedichte und *Timon of Athens*, *Hamlet* etc.

lernten wir unsern Shakespeare gut kennen und erfuhren manche ästhetische und literarische Belehrung über den sonstigen Bildungskreis der Studenten hinaus.[35]

Shakespeare wurde nicht nur in verteilten Rollen gelesen, sondern auch szenisch während der Picknicke aufgeführt; ferner sind Shakespeare-Adaptionen und Inszenierungen ganzer Dramen belegt. So wurde 1883 anlässlich des 20jährigen Bestehens des Stiftungsfestes *Die lustigen Weiber von Windsor* in der Übersetzung von Schlegel/Tieck gegeben: »Die Aufführung zeichnete sich durch möglichst geschichtliche Treue aus. Einige Lords, die sich mit den Gründlingen (groundlings) im Parterre herumärgerten, bildeten die Coulissen. Däumich's Falstaff sowie auch die anmuthigen Frauen Flut und Page verschafften dem Stücke reichen Beifall.«[36]

II. Studentische Shakespeare-Aufführungen in der DDR

Während die Aktivitäten dieses studentischen Shakespeare-Clubs recht gut dokumentiert sind, konnten trotz intensiver Recherche nur sehr wenige detaillierte Hinweise über studentische Inszenierungen in der ehemaligen DDR (1949–1990) eruiert werden,[37] obgleich das Laienspiel innerhalb ganz unterschiedlicher Organisationen besonders gepflegt wurde, wie dies eine der wenigen knappen Ausführungen ebenso suggeriert, wie auch die Wahl von Rudolf Schallers Übersetzung,[38] für den die Dramen Shakespeares »für Bühne, Schule, Wissenschaft und Haus eine unteilbare Einheit« darstellten:

---

35 Curt Tietze: Geschichte der Burschenschaft Rhenania in Halle 1864–1936. Halle an der Saale 1937, S. 140.

36 Geschichte des studentischen Shakespeare-Vereins in Halle a. S. (Anm. 30), S. 84.

37 Vgl. Günther Klotz: »Die Shakespeare-Tage 1982 in Weimar«, Shakespeare-Jahrbuch 119 (1983), S. 194–204. Hierbei handelt es sich allerdings nicht um eine Studentenaufführung, sondern »*Romeo und Julia* [wurde] in der Übersetzung Rudolf Schallers vom Amateurtheater ›Studio 80‹ des VEB Sächsisches Serumwerk Dresden gespielt.« Ebenda, S. 200. Auf eine Studenten-Aufführung wird verwiesen im Beitrag von Günther Klotz: »Kontroverse und Dialog mit Shakespeare: Die Shakespeare-Tage 1989 in Weimar«, Shakespeare-Jahrbuch 125 (1989), S. 213–223, hier S. 218f.: »Im Weimarer Theater der Freundschaft gab es am 22. April nach längerer Pause wieder einmal eine Shakespeare-Aufführung durch Studenten, diesmal von der Sektion Sprachwissenschaft der Friedrich-Schiller-Universität Jena, und zwar mit *The Merchant of Venice*. Angeleitet und unterstützt von den englischen Gastlektoren David Mc-Queen (Leitung und Shylock), Nigel Price (u. a. Marokko) und Sarah Devonshire (Lancelot), spielten die Studenten eine 90-Minuten-Fassung, in der Marietta Lenz (Portia) und David McQueen gefielen.«

38 Zu Schaller vgl. Wolfgang Wicht: »Nekrolog: Rudolf Schaller 16.8.1891–25.3.1984«, Shakespeare-Jahrbuch 121 (1985), S. 215.

Nach einer bewährten Tradition der Shakespeare-Tage stand diesmal wieder eine Aufführung durch ein Laientheater auf dem Programm. Welch schöne Früchte die Arbeit junger Menschen mit Shakespeare trägt, bewies die mit dem Titel ›Hervorragendes Volkskunstkollektiv‹ ausgezeichnete Studentenbühne des Zentralen FDJ-Studentenklubs der Technischen Hochschule Dresden, die am 24. April im Haus ›Stadt Weimar‹ *Viel Lärm um nichts* in der Übersetzung von Rudolf Schaller zeigte. Dieses Stück hatte die Truppe bereits im Sommer 1979 in Urlaubszentren des Erzgebirges, mit dem Thespiskarren von Ort zu Ort ziehend, erfolgreich aufgeführt. Das lebendige und einfallsreich pointierte Spiel brachte die komödiantischen Züge des Stücks voll zum Tragen und vermochte auch das Publikum in Weimar zu begeistern.[39]

Einige Kollegen aus der ehemaligen DDR konnten sich zwar (ohne genaue Jahresangabe) an studentische Aufführungen erinnern (etwa *Much Ado About Nothing* in Weimar oder an eine *Midsummer Night's Dream*-Aufführung mit Leipziger Studierenden), darüber hinaus konnten sie aber keine differenzierteren Angaben machen, und auch die Programme zu den Shakespeare-Tagen liefern hier kaum Informationen.

Lediglich eine Aufführung in Weimar mit der Theatertruppe der Humboldt-Universität (Berlin) anlässlich des 400. Geburtstages Shakespeares und des 100-jährigen Bestehens der Deutschen Shakespeare-Gesellschaft ist ausreichend belegt. Die studentische Theatertruppe ›The President's Players‹[40] bot gleich dreimal ihre Aufführung von *The Taming of the Shrew* an. Gespielt wurde im Schloss Belvedere in englischer Sprache, und zwar am Mittwoch, 22. April (15 Uhr), Donnerstag, 23. April (19 Uhr) und am Freitag, 24. April 1964 (wiederum 15 Uhr), während ›The Young Elizabethans‹, eine britische Studententruppe aus London, an den dazwischenliegenden Tagen *Hamlet* auf die Bühne brachte (21. April und 25. April jeweils 14 Uhr, 26. April 18 Uhr).[41] Man erhielt finanzielle Unterstützung vom Ministerium und laut Programm wurden davon folgende Ausgaben bezahlt: »Costumes and furniture lent by the *Deutsche Staatsoper*. Setting built by the *Volksbuehne* Workshop and supervised by Herr Dressler. Swords from the Kostuemverleih Wiegert. For technical assistance the President's Players are indebted to the *Deutsches Theater*, the *Komische Oper*, the *Volksbuehne* and the *Staatliche Rundfunkkomitee*.«[42] Insgesamt waren 31 Studierende und Dozenten involviert, davon übernahmen einige

---

39 Günther Klotz: »Die Shakespeare-Tage 1980 in Weimar«, Shakespeare-Jahrbuch 117 (1981), S. 215–226, hier S. 225.

40 Ganz nach Usus der Theatertruppen zur Shakespearezeit wurde Martin Lehnert, Präsident der Shakespeare-Gesellschaft (1963–1985), zum Schutzpatron der Truppe, indem man sie ›The President's Players‹ nannte.

41 Vgl. das Programm ›Shakespeare Ehrung 1964 Weimar‹ (Privatbesitz: Jansohn).

42 Programm zur Aufführung von *The Taming of the Shrew* des ›English-American Institute of the Humboldt University‹ (Privatbesitz: Jansohn).

gleich mehrere Aufgaben. Regie führten Dr. Günter Walch (geb. 1933), damaliger Assistent des Präsidenten der Shakespeare-Gesellschaft, Professor Martin Lehnert (1910–1992), und der Lektor Dr. John B. Mitchell. Für Günter Walch, dem späteren Lehrstuhlinhaber an der Humboldt-Universität, war dies nicht die erste Herausforderung als Regisseur. Bereits während seiner Schulzeit spielte er intensiv Theater und war in Berlin, wo er seit 1952 Anglistik an der Humboldt-Universität studiert hatte und als Assistent tätig war, immer bei der Theatertruppe dabei, entweder als Schauspieler oder bald auch als Regisseur.[43] Für die Truppe, so Walch, schien eine Komödie am ehesten machbar, und auch die Frauenfiguren und natürlich der Konflikt schienen ihnen durchaus zeitrelevant. Zur Konzeption führt er weiter aus:

> Reizvoll war natürlich nicht zuletzt im Hinblick auf die recht selbstbewusst emanzipierten DDR-Frauen das heikle Problem der handfesten Zähmung Katharinas. Wir einigten uns auf den Versuch, die Protagonisten eine diskrete Komplizenschaft gegen eine spießige Umwelt spielen zu lassen. Gerade der letztgenannte Ansatz war in meinen Augen zeitgenössisch relevant. Diesen im Grunde dramaturgisch recht versöhnlichen Ansatz habe ich später öfter in Rezensionen professioneller Inszenierungen in Ost und West wieder gefunden, unserer war ein früher Versuch, ob der erste, weiß ich nicht zu sagen, ein früherer ist mir allerdings nicht bekannt.[44]

Die Aufführung war ein voller Erfolg. Sie wurde sogar ausführlich im DDR-Fernsehen zusammen mit den anderen Feierlichkeiten gewürdigt, und selbst in russischen Medien berichtete man über die *Taming*-Inszenierung, und so heißt es beim *Iswestija*-Rezensenten M. Chitrov am 27. April 1964:

> Wie jugendlich und begeistert war dieses Spiel! Da waren so viele lustige Einfälle, so viel dynamische Ungezwungenheit, so viel Geschmack, dass selbst strengste Maßstäbe ansetzende Zuschauer diesem bemerkenswerten Laien-Ensemble zehn Minuten Beifall zollten. Auch freute man sich tatsächlich nicht

---

43 Herrn Günter Walch danke ich für diese Auskünfte, die er mir in einem ausführlichen Schreiben vom 23. Juli 2013 mitteilte. Gespielt wurden Stücke von Shaw (*Press Cuttings*) und im März 1953 *The Dear Departed*, ein Einakter von Stanley Houghton. Shakespeare stand nur einmal auf dem Programm. Zu Shakespeare und der Renaissance veröffentlicht Walch bis heute noch zahlreiche Publikationen.

44 Ebenda. Hierzu vgl. auch die Ausführungen im Programmheft: »Why perform the *Taming of the Shrew* in the day of women's equality? True Katharina is a woman in a man's world, but for us it is the character that counts – What man in the play, is she not the equal of? What man in the play, with one possible exception, is her equal? Katharina is the rebel able only to ›be free, even to the uttermost … in words.‹ She uses this *small freedom* to hack her way to the *greatest freedom* she can achieve under the circumstances – a husband whom she can respect. So Katharina's last harangue should not be taken too literally. She like Petruchio is playing a part. Parts, and the changing of them is the *leitmotif* of the whole play: …«. (o. S.)

nur über dieses gute Studententheater, sondern auch über die junge Deutsche Demokratische Republik, wo das Gedankengut der Vergangenheit so intensiv und beständig geachtet und geehrt wird, dass es so klar in breiten Schichten der deutschen Jugend hervortreten kann.[45]

Trotz des enormen Erfolges blieb es die letzte Inszenierung der Berliner Truppe. »Zeitmangel war ein gewichtiger Grund. Meine damaligen Schwierigkeiten mit offiziellen und inoffiziellen Stellen ein anderer«, so der anglistische Kollege Günter Walch,[46] der später eine wichtige Rolle in der Deutschen Shakespeare-Gesellschaft, Sitz Weimar, und in der Shakespeare-Forschung der DDR spielen sollte, ebenfalls seine Gattin, Eva Walch, promovierte Anglistin, die 1985 Dramaturgin am Deutschen Theater in Berlin wurde und zudem Übersetzerin zahlreicher klassischer und moderner Werke aus dem Englischen und Französischen ist – etwa von George Farquhar, Arthur und Elisabeth Fauquez, Iain Heggie, Alfred Jarry, Molière, George Orwell, William Shakespeare, Richard B. Sheridan und John M. Synge – und mit ihrer 2010 verfassten Adaptation *Herr Lier nach Shakespeare* eine eigenständige Bearbeitung von *King Lear* verfasste.[47] Sie spielte in der Weimarer Aufführung die widerspenstige Kate. (Abb. 1)

Die ›President's Players‹ teilten sicherlich dieselbe Begeisterung für die Schauspielerei mit vielen heutigen studentischen Amateurtruppen. Im Folgenden sollen zwei dieser Ensembles genauer vorgestellt werden, die sich über mehrere Jahre und fast ausschließlich den Shakespeare-Dramen widmen bzw. gewidmet haben: Die eine ist die Kölner Studententruppe ›Countercheck Quarrelsome‹ (CCQ), welche zwischen 1986 und 1991 existierte; die andere die 1992 gegründete und heute noch bestehende ›Bonn University Shakespeare Company‹ (BUSC). Beide Truppen, die mit ihren Abkürzungen bereits selbstbewusst auf die RSC (Royal Shakespeare Company) in Stratford-upon-Avon als Vorbild verweisen, haben sich mit der Festlegung auf Shakespeare ein spezifisches Merkmal gegeben, mit dem sich die jeweiligen Mitglieder des Ensembles identifizieren und so auch von der Öffentlichkeit wahrgenommen werden. Unterstützt wird ihr unverwechselbares Erscheinungsbild durch ein Logo, durch T-Shirts mit aufgedruckten Slogans (CCQ) oder Shakespeare-Zitaten (BUSC) sowie durch Poster, so dass beide Truppen durch ihr ›corporate design‹ auch optisch als Shakespeare-Truppe wahrgenommen wurden bzw. werden. (Abb. 2 und 3) Mit ihrem eigenen Internetauftritt (www.busc.de) verschafft sich zudem die Bonner Truppe eine weitere wichtige Plattform für eine erfolgreiche und differenzierte Darstellung verschiedener Bereiche ihrer Theaterarbeit.

---

45 Übersetzung im Brief von Günter Walch (Anm. 43).

46 Ebenda.

47 Hierzu der biographische Eintrag unter: http://www.henschel-schauspiel.de/en/theater/autor/276/eva-walch.

III. ›Countercheck Quarrelsome‹ (CCQ) – Theater mit Shakespeare: »the only serious choice«

Eine weitere Besonderheit von ›Countercheck Quarrelsome‹ (CCQ) ist, dass sich aus dieser Theatertruppe sehr früh ein festes Ensemble gebildet hat, aus dem mehrere national und international bekannte Regisseure, Schauspieler und andere am Theater Tätige hervorgegangen sind, und zwar vor allem Karin Beier, Elmar Goerden, Tilo Keiner, Roman Kurtz und Thomas Wissmann. Viele der Gründungsmitglieder studierten damals Anglistik und Theaterwissenschaften an der Universität Köln und wurden durch Theater-Exkursionen nach Stratford-upon-Avon oder durch eigene Shakespeare-Inszenierungen in der Schule motiviert, 1986 eine eigene Truppe zu gründen, »wo wir mit Studenten Shakespeare im Original inszenierten – mit deutschem Akzent«, so die Mitbegründerin, Karin Beier (geb. 1965), seit 2013 Intendantin des Hamburger Schauspielhauses.[48] Bereits in der Schule inszenierte Karin Beier, Tochter einer Engländerin und eines Englischlehrers, *Macbeth*. Hier halfen ihr Schallplattenaufnahmen der Royal Shakespeare Company:

> Der Originaltext war für uns extrem schwer, wegen des Elisabethanischen Englisch. Mein Vater hatte aber eine Sammlung von Langspielplatten, auf denen Zusammenfassungen von Shakespeare-Stücken von Schauspielern der Royal Shakespeare Company gesprochen waren. Ich habe diese Langspielplatten immer wieder gehört, dauernd, bis ich sie mehr oder weniger auswendig konnte.[49]

---

48 Zu ihrer Laufbahn vgl. http://www.schauspielhaus.de/de_DE/ensemble/karin_beier.79603: »Geboren 1965 in Köln. Ab 1988 Hausregisseurin am Düsseldorfer Schauspielhaus. *Romeo und Julia* und *Sommernachtstraum* werden zum Berliner Theatertreffen eingeladen. Ab 1995 Inszenierungen in Hamburg, München, Hannover, Bonn, Bochum, Zürich und Köln. Fünf Jahre ist sie Hausregisseurin am Burgtheater Wien. Für ihre Inszenierungen erhält sie zahlreiche Preise, unter anderem werden *Die Schmutzigen, die Hässlichen und die Gemeinen* und *Das Werk / Im Bus / Ein Sturz* als beste Inszenierungen ausgezeichnet. 2007 übernimmt sie die Intendanz des Schauspiels Köln, das 2010 und 2011 von Kritikern der Theaterzeitschrift *Theater heute* zum Theater des Jahres gewählt wird. Seit der Spielzeit 2013/14 ist Karin Beier Intendantin des Deutschen SchauSpielHaus Hamburg. In der Spielzeit 2013/14 inszeniert Karin Beier den Antiken-Marathon *Die Rasenden* (*Iphigenie in Aulis* / *Die Troerinnen* / *Die Orestie*) nach Euripides, Sartre, Aischylos, von Hofmannsthal. Außerdem sind ihre Inszenierungen *Der Gott des Gemetzels* und *Das Goldene Vlies* im SchauSpielHaus zu sehen. In der Spielzeit 2014/15 bringt Karin Beier *Onkel Wanja* von Anton Tschechow auf die große Bühne und inszeniert im MalerSaal *Pfeffersäcke im Zuckerland & Strahlende Verfolger*. Zudem ist ab Herbst 2014 ihre preisgekrönte Inszenierung *Die Schmutzigen, die Hässlichen und die Gemeinen* im SchauSpielHaus zu sehen.« Vgl. auch Wilhelm Hortmann: »Karin Beier«. In: Ders.: Shakespeare on the German Stage. The Twentieth Century. Cambridge 1998, S. 468–475.

49 So Karin Beier im Interview mit Peter Clös: »Zu Gast: Karin Beier – Intendantin«, Kölner Talk-Gottesdienst (24. Februar 2008), http://www.lutherkirche-koeln.de/Karin_Beier.aspx.

Die andere treibende Kraft von ›Countercheck Quarrelsome‹ war Elmar Goerden
(geb. 1963), der von 2001 bis 2005 Oberspielleiter am Residenztheater in München (Bayrisches Staatsschauspiel) und von 2005/2006 bis 2009/2010 Intendant
des Bochumer Schauspielhauses war, danach folgten Operninszenierungen in Basel
von *Le Nozze di Figaro* (2010), *Wozzeck* (2011), *Manon* (2013) und *Hoffmanns
Erzählungen* (2014). Neben seiner Arbeit als freischaffender Theater- und Opern-
Regisseur ist Elmar Goerden auch als bildender Künstler tätig.[50]

Mit dem Namen des Truppe ›Countercheck Quarrelsome‹ – einem Zitat aus *As
You Like It* (5.4.79) – hatte man gleich das Motto der Theaterarbeit mitgeliefert –
man wollte »[s]treitsame Entgegnung, entschlossen erhobener Widerspruch gegen
ein Theater, das Shakespeare pflegt, nicht spielt, seziert, nicht zeigt, lehrt nicht lebt«,
so der Dramaturg, Elmar Goerden, im Konzeptionspapier der Truppe,[51] wo u. a. für
potentielle Sponsoren die Grundideen der Truppe, die ausschließlich Shakespeare
spielen wollte, zusammengefasst sind. Das heftige Widersprechen hatte man offensichtlich während der Theaterwoche in Stratford gelernt, wie sich Elmar Goerden
erinnert:

> Wir waren damals vollkommen auf das angelsächsische Theater fixiert […].
> Der Kern der CCQ-Truppe ging auf Exkursionen nach Stratford-upon-Avon,
> die meist zehn Tage dauerten, gemeinsam guckte man Aufführungen der Royal
> Shakespeare Company und traf sich täglich im Seminarraum. Auch wenn das
> englische Theater damals nicht besonders aufregend gewesen sei, »zum Davon-
> laufen eigentlich«, wie Karin Beier heute sagt, man habe geredet und gestritten
> nach Herzenslust. »Wir kamen nachhaltig angefixt wieder zurück nach Köln«.[52]

Neben der Aktualität der Themen, wie Leidenschaft, Wahnsinn, Eifersucht, Außenseitertum, Verliebtsein und Verrücktsein, sollte bei CCQ vor allem die Unterhaltung stehen: »Shakespeare atmen machen aber heißt für Countercheck Quarrelsome Begeisterung vor kaltem Realismus und analytischer Cleverness. Aus dieser
›Naivität‹ besteht die Gruppe. Es ist ihr Herzstück. Denn im Zweifelsfalle entscheidet die Wahrheit des Gefühls.«[53]

---

50 Vgl. seine Vita unter: http://www.theater-basel.ch/personal/?ID=BA77A887-E828-4575-
     6A53FB086FF906C9.
51 Elmar Goerden: Countercheck Quarrelsome. Theater mit Shakespeare [unpaginiertes und
     undatieres Faltblatt]. Köln c. 1989, [S. 2] (Privatbesitz: Jansohn). Hierzu vgl. auch Verena
     Schmidt: Die Studenten-Theater-Gruppe Countercheck Quarrelsome (1986–1991). Master-
     arbeit am Institut für Theater-, Film- und Fernsehwissenschaft: Universität Köln, Februar
     2010, S. 16–19. [unveröffentlicht].
52 Wolfgang Höbel: Karin Beier. Den Aufstand proben. Ein Theaterbuch. Köln 2013, S. 33.
53 Elmar Goerden: Countercheck Quarrelsome. Theater mit Shakespeare (Anm. 51), [S. 5].

Die intellektuelle Kopflastigkeit, die besonders das Theater der 60er- und 70er-Jahre dominierte, wird ausgetauscht durch die Leichtigkeit und Freude am Spiel, wobei die Suche nach neuen einfachen Bildern, die Kommunikation zwischen Zuschauern und Spielern sowie die Bedeutung des Raumes für ihre Inszenierungen besonders charakteristisch ist. Ebenso wichtig war zudem, Shakespeare im Original zu spielen, wie Elmar Goerden scharfsinnig und prägnant zusammengefasst hat:

> …: die Gruppe spielt Shakespeares Stücke ausschließlich in der Originalsprache. Der Verzicht auf eine deutsche Übersetzung mag wie ein vermeidbarer Umweg scheinen. Tatsächlich erweist sich jedoch Shakespeares Sprache, belassen in ihrem organischen Fluß aus Rhytmen (*sic*), Bildern, Tönen, Stimmen und denen, den sie gehören, als eigentliche Quelle seiner Faszination. Diese erschließt sich nicht zuletzt über den Klang. Dazu braucht es weniger ein anglistisch geschultes, als ein waches Ohr. Übersetzung wäre Verlust, Aderlaß am prallen Leib der Stücke.[54]

Charakteristisch und eher untypisch für eine studentische Theatertruppe ist sicherlich die Stückauswahl, die vornehmlich von Karin Beier getroffen wurde.[55] Für im Durchschnitt 12,00 DM (ca. 6.00 €) und 8,00 DM (ca. 4.00 €) für Studierende konnte man folgende Aufführungen besuchen, die jeweils zirka drei Stunden dauerten:

As You Like It	Premiere: 4. Februar 1987; 6 Aufführungen.
Henry IV, Part 1	Premiere: 8. Juli 1987; 5 Aufführungen.
Macbeth	Premiere: 3. Februar 1988; 7 Aufführungen.
A Midsummer Night's Dream	Premiere: 21. Juni 1988; 9 Aufführungen. (Abb. 4)
Measure for Measure	Premiere: 7. Februar 1989; 9 Aufführungen. (Abb. 5)
Richard III	Premiere: 14. Juni 1989; 11 Aufführungen.
Titus Andronicus	Premiere: 20. Juni 1990 (Voraufführung: 17. Juni); 11 Aufführungen (Eintritt: 18,00 DM und 12,00 DM) und eine Aufführung während der Tagung der Deutschen Shakespeare-Gesellschaft in Bochum.[56] (Abb. 6.)
The Merchant of Venice	Premiere: 14. Dezember 1989; 8 Aufführungen (Fahrt und Eintritt: 20,00 DM und 12,00 DM).
Romeo and Juliet	Premiere: 11. Mai 1991; 20 Aufführungen (Eintritt 19,00 DM und 13,00 DM).[57]

---

54 Ebenda, [S. 3].

55 Verena Schmidt: Countercheck Quarrelsome (Anm. 51), S. 20.

56 Sehr kurz erwähnt bei Raimund Borgmeier: »Geschäftsbericht«, Shakespeare-Jahrbuch 1992, S. 290–294, hier S. 293f.

57 Vgl. Verena Schmidt: Countercheck Quarrelsome (Anm. 51), S. 71–88; und Wolfgang Höbel: Karin Beier (Anm. 52), S. 187.

Die Anzahl der Aufführungen zeigt den wachsenden Erfolg der Truppe, aber auch die zunehmende Professionalität, die wegen des enormen Zeitaufwandes für Studierende – man probte oft täglich und an Wochenenden – eigentlich kaum zu leisten ist, aber offensichtlich doch geleistet wurde. Die Truppe war je nach Stück unterschiedlich groß und bestand teilweise auch aus Schauspielern und Schauspielerinnen außerhalb der Universität, so zum Beispiel bei *Romeo and Juliet*, wo Beier ganz bewusst die Rollen dem Alter entsprechend besetzte, und zwar die Titelfiguren mit einer 15-jährigen Schülerin und einem 15-jährigen Schüler, die älteren durch Mitglieder der Truppe oder auch Dozenten.[58] Den festen Kern der Theatertruppe bildeten sieben Studierende, einschließlich Karin Beier als Kopf der Truppe.[59] Insgesamt waren es ungefähr 125 Ensemblemitglieder, von denen mehr als die Hälfte bei mehreren Inszenierungen mitwirkten.[60] So waren bei der Produktion von *Measure for Measure* 14 Akteure beteiligt,[61] bei *Richard III* waren es 50 Personen, davon über 30 Schauspieler. Die Titelrolle wurde mit Roman Kurtz besetzt, der heute seit nunmehr fünfzehn Jahren als Schauspieler am Theater in Gießen engagiert und offensichtlich schon damals in der Presse aufgefallen ist: »Dass Roman Kurtz ein Laiendarsteller ist, mag man kaum glauben. Aus seinen Augen blitzt der Witz des gerissenen Intriganten, aber auch der Wahnsinn, der Richard treibt«.[62]

---

58 Verena Schmidt: Countercheck Quarrelsome (Anm. 51), S. 40f.

59 Vgl die Rückseite von Elmar Goerden: Countercheck Quarrelsome. Theater mit Shakespeare (Anm. 51): »Seit 1986 und nunmehr sechs Produktionen ist die junge Regisseurin Karin Beier Kopf von Countercheck Quarrelsome. Neben Karin Beier bilden die Schauspieler Kate und Simon Cox, Roman Kurtz, der Dramaturg Elmar Goerden, Andrea Hillers und Martin Wiesenhöfer den Kern der Gruppe, der umgeben wird von einem offenen Ensemble, das professionell unterrichtet wird.«.

60 Verena Schmidt: Countercheck Quarrelsome (Anm. 51), S. 55.

61 Willi Feldgen: »Shakespeare mit Talent und Mut«, Kölner Stadt-Anzeiger (11./12. Februar 1989): »Aus insgesamt 14 Akteuren besteht derzeit die Gruppe, und jeder ist nicht nur Schauspieler, sondern auch Techniker, Schreiner, Kartenverkäufer usw. Ganzer Einsatz ist also Voraussetzung und man fragt sich, ob die Studenten/Studentinnen daneben auch noch Zeit für ihr Studium finden können.«

62 Wif: »Blitzende Augen: Shakespeares ›Richard III.‹ – Regie: Karin Baier«, Kölner Stadt-Anzeiger (22. Juni 1989). Nach dem Abitur studierte Roman Kurtz Anglistik in Köln, an der Sorbonne in Paris und im kanadischen Toronto. Seine Promotion an der Universität Köln schrieb er über kanadische Literatur in englischer und französischer Sprache. Durch die Theatergruppe ›Countercheck Quarrelsome‹ entdeckte er seine Liebe zum Theater und zur Schauspielerei. Vgl. http://www.stadttheater-giessen.de/das-sind-wir/mitarbeiter/schauspielermitarbeiter/actor/kurtz.html. Dort werden auch seine bisherigen Rollen genannt: »Seit der Spielzeit 2000/2001 ist Roman Kurtz festes Ensemblemitglied am Stadttheater Gießen und war dort in zahlreichen Theaterstücken zu sehen, u. a. als Thescus/Oberon in EIN MITTSOMMERNACHTSTRAUM, als Professor Higgins in MY FAIR LADY, als Cyrano de Bergerac, als Tevje der Milchmann in ANATEVKA, Salieri in AMADEUS, Badearzt Tomas Stockmann im EIN VOLKSFEIND und als Kurfürst Friedrich in DER PRINZ VON

Die Truppe wuchs im Laufe der Jahre zu einem »ungemein homogenen Ensemble zusammen, dessen hohe Professionalität nicht nur an zahlreichen Schauspielerleistungen, sondern auch an kühnen Regiekonzepten abzulesen ist.«[63] Zu diesen ist sicherlich die Wahl der verschiedensten Spielstätten zu zählen, die zwar auch von anderen Laientruppen mangels eigener Bühne meist notgedrungen gewählt werden müssen, aber von Karin Beier ganz bewusst intendiert war: »Wir wollten kein Studententheater von Studenten für Studenten machen, sondern Theater für die ganze Stadt«,[64] weshalb man auch die universitären Spielstätten verließ. Ähnlich äußerte sie sich 1987 zu ihrer Inszenierung von *As You Like It*, die locker und unterhaltsam sei und vor allem Shakespeare jedem zugänglich machen sollte, um »die schlechten Erinnerungen an den trockenen Schulunterricht« zu verbannen.[65] Gespielt wurde z. B. im Urania-Theater, das im Herbst 1985 eröffnet wurde. Es war ein ehemaliges Kino fern vom Zentrum Kölns in einem alten Arbeiterviertel in Köln-Ehrenfeld und passte somit ideal zu Beiers Anliegen, ein Publikum außerhalb der akademischen Mauern anzusprechen. Die Orte waren aber auch noch mehr, wie Elmar Goerden im CCQ-Konzept deutlich macht. Für Countercheck Quarrelsome war der »klassische Theaterraum in seiner strengen Grenzbestimmung von Bühne und Zuschauerraum […] wesensfremd«, denn das

Theater der Gruppe ist ein Theater der Spielräume, in denen das Verhältnis von Raum und Spiel neu definiert wird.

Die Suche nach geeigneten Orten ist dabei die Suche nach einem Spielpartner, der dem jeweiligen Stück die Chance bietet, sich räumlich zu ereignen, statt sich kulissenhaft zu präsentieren. Das Stück wird dem Raum, der Raum dem Stück einverleibt. Die Bühne wächst sich aus zum Raum, der einschließt und verführt. Die Grenzbestimmung wird zur Gratwanderung zwischen Illusion und Realität. Zwischen den Schlachtfeldern von Shrewsbury und der Burgruine in Lechenich, zwischen dem Schloß von Dunsinane und einer entweihten Kirche vor den Toren Kölns, zwischen dem Athener Wald und dem Park des Wahner Schlosses. Im Verzicht auf den konventionellen Rahmen eines fertigen Theaters entdeckt Countercheck Quarrelsome für sich und sein Publikum eine

---

HOMBURG. In der vergangenen Spielzeit 2012/13 war er als Othello im gleichnamigen Werk von Shakespeare, als Georg Schatzschneider in EISENSTEIN, Dmitrij Sergejewitsch Wagin in KINDER DER SONNE und als Roland Boulanger in IHRE VERSION DES SPIELS zu sehen.«

63 Thomas Linden: »Wut und Trauer«, Kölner Stadt-Anzeiger (11./12. Februar 1989).

64 Wolfgang Höbel: »Widerspruch im Trotz«, Der Spiegel (8. April 2013): http://www.spiegel. de/spiegel/print/d-91871190.html.

65 Zitiert nach der anonymen Theaterkritik »Trockenen Schul-Shakespeare bei Narr und Bösewicht vergessen«, Kölnische Rundschau (17. Februar 1987).

Art Wandertheater, das seine Theater nicht fertig vorfindet, sondern sie sucht, baut, einrichtet und wieder verläßt.[66]

Die Orte mussten natürlich auch zu den Stücken passen und so inszenierte man *Macbeth* und *Measure for Measure* in Kirchen, *Richard III* spielte in einer alten Lagerhalle, die ein »düster-schmutziges Ambiente« bot, welches »reizvoll auf die mörderischen Intrigenspiele am englischen Hof einstimmt.«[67] Für *Titus Andronicus* fand man schließlich eine alte Autogarage, »die mit ihren verschmierten Kachelwänden und Eisenträgern leicht als Schlachthaus vorstellbar wäre.« Es war »genau das richtige Interieur für Shakespeares berserkerhaftes Actionstheater, [...] das Karin Beier bis in den letzten Winkel mit elektrisierendem Spiel« erfüllt. Und der Kritiker fährt fort:

> Countercheck Quarrelsome nimmt Shakespeare kompromisslos beim Wort, hier wird nicht nur der Originaltext gesprochen, sondern auch ein sinnlich-körperbezogenes Theater zelebriert. Dabei riskiert Karin Beier schockierenden Realismus, ohne das Spiel ihrer Darsteller an spekulative Effekte zu verkaufen. Archetypische Seelenzustände wie Wut und Trauer erschließen sich eben nur in einer vitalen Inszenierung. So gelingt denn auch das Unerwartete – das chaotische Gemetzel der Vorlage zergliedert sich in poetische Bilder.[68]

Bei der Inszenierung vom *Midsummer Night's Dream* entschied sich Karin Beier nicht für einen Bühnenwechsel, sondern für einen Ortswechsel, den das Publikum offensichtlich mit Freude mitmachte. Als Aufführungsort hatte man das Schloss Wahn in der Nähe von Köln gewählt: Der Park war Schauplatz für die Elfen, die Schlosstreppe symbolisierte den Hof. Für die Studierenden war die Treppe gleichfalls Teil ihrer realen Welt, zumal diese zur Theaterwissenschaftlichen Sammlung der Universität zu Köln führte.

Einen Ortswechsel besonderer Art gab es schließlich bei der *Merchant of Venice*-Aufführung. Hier wurde das Publikum mit einem Bus an der Kölner Universität abgeholt, der die Zuschauer und Zuschauerinnen zum Schauplatz des Geschehens brachte. Die Inszenierung war als gemeinschaftliches Reiseerlebnis konzipiert, wo es keine klare Trennung zwischen Publikum und Spielern gab. Dies wurde noch unterstrichen durch die explizite Aufforderung in Vorankündigungen, das Publikum solle in Abendkleidung erscheinen. Dass dann die originellsten Kleider mit Blumen prämiert wurden, zeigt nochmals die intendierte Selbstinszenierung der

---

66 Elmar Goerden: Countercheck Quarrelsome. Theater mit Shakespeare (Anm. 51), [S. 4].

67 Thomas Linden: »Party für Richard. Englisches Seminar spielt Shakespeare«, Kölnische Rundschau (17. Juni 1989). Zitiert nach Verena Schmidt: Countercheck Quarrelsome (Anm. 51), S. 47.

68 Thomas Linden: »Wut und Trauer«, Kölnische Rundschau (22. Juni 1990).

Zuschauer, die nicht Betrachter des Stückes sein sollten, sondern Mitakteure. Der gewählte Ort – das Schloss Drachenburg bei Königswinter – wird Venedig, und die Zuschauer repräsentieren die ausgelassene venezianische Gesellschaft. Das Schloss wird zum Spielort; Zuschauerraum und Bühne sind nicht mehr unterscheidbar, das »Stück wird somit nicht nur betrachtbar, sondern auch erlebbar und im Erleben verständlich, gefährlich nahe.«[69] Karin Beier und den Schauspielern gelingt es auf diese Weise, ohne üppiges Beiwerk ein Kunstwerk zu kreieren, das eine durchaus eigenständige Interpretation des Stückes schafft:

> Diese Welt der Glücklichen und Glückseligen ist in Karin Beiers Inszenierung Kontrast zur Einsamkeit des Antonio und des Shylock. Gespielt wird der Terror der Fröhlichen und Albernen gegen die Außenseiter. In einer wilden Jagd tobt grell kostümiert und maskiert das venezianische Jungvolk durch den Raum, fegt den verratenen Shylock beiseite. Abseits, mit unbewegtem Gesicht steht bis zum Ende Antonio, auch der niemals Mitspieler des Karnevals und der erotischen Verstrickungen von Belmont. Beide erwidern den Terror, sie versuchen, sich gegenseitig für etwas in Rechenschaft zu ziehen, das ihnen andere angetan haben. Der Antisemitismus ist hier kein Phänomen an sich, vielmehr nur eine Form der Unterdrückung unter vielen möglichen.[70]

Insgesamt war der Erfolg der neun Shakespeare-Inszenierungen so riesig, dass Karin Beier 1991 ihr Studium endgültig an den Nagel hing, und von Volker Canaris (1942–2012), dem damaligen Intendanten des Düsseldorfer Schauspielhauses, ins professionelle Theater geholt wurde: »›Für mich war einfach klar, als Regisseurin zu arbeiten und dafür braucht man dieses Studium nicht‹, erklärte sie. Heute ist sie fest davon überzeugt, dass es von großem Vorteil ist, so früh anzufangen. Man sei noch nicht so von Zweifeln geplagt. Diese ›grüne Präpotenz‹ habe ihr geholfen, die Behauptung aufzustellen, dass sie inszenieren kann.«[71] Elmar Goerden indes schrieb noch an der University of Rochester (N. Y.) seine Magisterarbeit über *Shylock on the German Stage* (1989; Betreuer: Professor Russ McDonald), hat aber seine Promotion zum selben Thema dann nicht mehr realisiert und führte aufgrund eigener Regieassistenzen an anderen Orten ebenfalls nicht die CCQ-Truppe weiter. So wurden

---

69 So Elmar Goerden im Programmheft zur Inszenierung von *Merchant of Venice* (1989).

70 Josef Schloßmacher: »Venedig als Fest für die Augen«, Kölner Stadt-Anzeiger (5. Januar 1990).

71 Karin Beier zitiert nach Karin Bäck: »Karin Beier. Von Publikum und Medien gefeiert«, http://www.business-on.de/koeln-bonn/karin-beier-jahre-auffuehrung-intendantin-duesseldorfer-schauspielhaus-_id20437_seite2.html. Vgl. auch Wolfgang Höbel: Karin Beier (Anm. 52), S 35f.

die im Konzeptionspapier von 1989 angekündigten Inszenierungen *The Taming of the Shrew* und *The Tempest* nicht mehr realisiert.[72]

Sehr gerne erinnern sich die Ensemblemitglieder an ihre ersten Theatererfahrungen während ihrer Studentenzeit, wie ein Schreiben von Thomas Wissmann (geb. 1965), der jetzt als Schauspieler, Sänger und Moderator arbeitet, deutlich macht:

> CCQ war klasse, weil – 1. Es gibt wenige Stücke-Schreiber, die so grandios sind wie Shakespeare. 2. Wir haben im Original gespielt. 3. Jedes Stück hatte seinen eigenen Spielort, den wir uns mit der Inszenierung erspielt und danach auch wieder verlassen haben. (Theater ist halt eine vergängliche Kunstform). 4. Es gab großartige Kollegen! 5. Und last but not least waren Karins Inszenierungen sehr direkt und sehr physisch, und haben schwer Spaß gemacht zu spielen.[73]

Offensichtlich hatte man dennoch recht früh geahnt, dass das erste Motto »we'll do them all«, welches man sich auf T-Shirts drucken ließ, nicht realisiert werden konnte, und man entschied sich zu einem neuen Aufdruck, das neben dem CCQ-Logo den Zusatz hatte: »Living Shakespeare«. Damit spielte man unmissverständlich auf die 1947 in New York gegründete Theatertruppe »Living Theatre« an, mit der CCQ die Ansichten über alternative Spielstätten teilte, eventuell auch die Einbeziehung des Publikums ins Bühnengeschehen,[74] aber sicherlich nicht deren politischen Impetus. Vielleicht hätte man besser den anderen Slogan, nämlich »the only serious choice«, welches auf der Rückseite des ersten T-Shirts stand, einfach auf die Vorderseite drucken lassen sollen.

IV. BUSC: »The play's the thing«

Die ›Bonn University Shakespeare Company‹ (BUSC) ging aus den von Dieter Mehl durchgeführten Exkursionen nach Stratford-upon-Avon hervor. Er war der erste deutsche Anglist, der 1980 damit begann, jährlich bis zu seiner Emeritierung im September 1999 Studierende aus seinem Oberseminar »Shakespeare from page

---

72 Elmar Goerden: Countercheck Quarrelsome. Theater mit Shakespeare (Anm. 51), [Rückseite].

73 E-Mail an Verfasserin vom 20. August 2013. Wissmann spielte Hastings in *Richard III*, Salerio in *Merchant of Venice*, in *Titus Andronicus* war er Bassianus und in *Romeo and Juliet* spielte er Escalus. Vgl. auch seine Website unter: http://www.thomas-wissmann.de/index.htm.

74 Ähnlich auch bei Verena Schmidt: Countercheck Quarrelsome (Anm. 51), S. 34. Zum Beispiel bei dem Improvisationsstück *Paradise Now*. Vermutlich kannten einige Mitglieder der CCQ-Truppe auch das Drama *The Dillen* von Ron Hutchinson und Angela Hewins, das 1983 in Stratford im Other Place begann, dann durch Stratford und Umgebung führte und die Geschichte des Stratforder Dillen während des Ersten Weltkrieges nachzeichnete.

to stage« zu einer einwöchigen Theaterexkursion nach Stratford zu begleiten und auch durch Gastvorträge britischer Kollegen und Kolleginnen, einen lebendigen Kontakt zu Shakespeare auf der Bühne zu schaffen. Viele seiner deutschen Kollegen eiferten ihm später mit den Exkursionen nach, dennoch ist außer der Kölner CCQ-Truppe keine weitere eigenständige studentische Shakespeare-Truppe an anderen anglistischen Instituten in Deutschland aus diesen Exkursionen hervorgegangen. Zwar spielen andere Truppen – vor allem an der Universität Erlangen und Hamburg – in unregelmäßigen Abständen Shakespeare, die BUSC ist freilich die einzige studentische Truppe in Deutschland, die Shakespeare auch im Namen trägt – in Anlehnung an die RSC, aber auch an die ›bremer shakespeare company‹,[75] mit der man schon früh Kontakt aufnahm, wie ein Schreiben von Norbert Kentrup vom 18. Juni 1993 bestätigt, in dem dieser seinen Wunsch nach Zusammenarbeit zum Ausdruck bringt.[76] Im Gegensatz zu CCQ verwies die BUSC im Namen auf ihre universitäre Herkunft, der die Truppe auch heute noch treu ist.

Als sich die studentische Theatergruppe des Englischen Seminars der Universität Bonn am 23. November 1992 formierte, war es Hauptanliegen der BUSC, die Zusammenarbeit zwischen Literaturwissenschaft und Theaterpraxis zu fördern und vor allem die Dramen Shakespeares (und einiger anderer englischsprachiger Autoren) im Köln-Bonner Raum in Originalsprache zur Aufführung zu bringen. Sie möchte ebenso wie CCQ ein möglichst breites Publikum ansprechen, das auch Schüler/innen und Nicht-Anglisten umfasst. So bot die BUSC besonders in den Anfangsjahren auch Einführungsveranstaltungen an Schulen in der Region an, was aber nur sehr mäßige Resonanz fand und später nicht mehr weiterverfolgt wurde. Auch die umfangreichen 60 bis 80 Seiten starken Programmhefte sollen systematisch die verschiedenen Aspekte des shakespeareschen Theaters und des gezeigten Dramas beleuchten. Mit zirka zwei Inszenierungen pro Jahr ist die BUSC mittlerweile zum festen Bestandteil des rheinischen Kulturlebens geworden und die durchweg positiven Resonanzen bestätigen das gut durchdachte Konzept dieser Theatergruppe.

---

75 Zur Geschichte heißt es: »Die bremer shakespeare company wurde in der Spielzeit 1983/84 von sieben Schauspielern und Schauspielerinnen gegründet. Sie versteht sich als ›Ein Theater für alle‹, das den Autor Shakespeare in den Mittelpunkt des künstlerischen Schaffens stellt und gleichzeitig dazu anregt, eigene Produktionen zu kreieren. Das Ensemble versteht den Theaterabend auch heute noch als gemeinsames Fest mit dem Publikum und setzt auf die Phantasie, auf die Lust am Denken und Mitfühlen im Zuschauerraum.« (http://www.shakespeare-company.com/company/).

76 Brief im Privatbesitz von Thilo Veenema, M.A., der 1992 zusammen mit anderen anglistischen Kommilitonen und Kommilitoninnen die Idee zur Gründung der Shakespeare-Truppe hatte. Thilo Veenema schloss im Juli 1995 sein Magisterexamen in der anglistischen Literaturwissenschaft ab und war seitdem bis heute in verschiedenen Stabs- und Leitungsfunktionen der IT / Telekommunikationsbranche tätig, u. a. heute als Seniorberater bei TMI (Training und Consulting GmbH, Bonn).

So schrieb der damalige britische Botschafter Sir Nigel Broomfield KCMG am 25. März 1993: »It is always good to hear of the interest shown in Shakespeare here in Germany and I am pleased to learn about your plans to perform some of his lesser known plays and to organize various teaching programmes.«[77] Schnell war auch eine Gruppe von zirka 30 ›Shakespeare-Freunde‹ zusammen, darunter die meisten Dozenten des Shakespeare Institute in Stratford (z. B. Russell Jackson, Robert Smallwood, Stanley Wells etc.) und viele Dozenten und Dozentinnen des Bonner Englischen Seminars, aber auch anderen Instituten der Universität. Es wurden aber auch berühmte britische Schauspieler angeschrieben, etwa Jeremy Irons, Derek Jacobi, Richard Pasco und Ian Richardson, die ebenfalls mit Begeisterung reagierten: »Your plans all sound exciting and of course I wish you all success in your mission of passing on the glories of Shakespeare to as many people as possible.«[78]

Anders als die CCQ, wo die Hauptakteure neben Anglistik meist auch Theaterwissenschaften studierten, waren die Mitglieder der BUSC fast ausschließlich Lehramts- bzw. Magister-Studierende der Anglistik.[79] Viele Bereiche der Theaterarbeit waren demnach für die meisten Neuland, welches systematisch erforscht werden musste. Bis heute gibt es in etwa die folgenden Arbeitsgruppen: Bühne/Technik, Kostüm/Maske, Publikation und Public Relations. Je ein Vertreter/eine Vertreterin dieser Gruppen ist auch im Vorstand der BUSC, dem u. a. auch der Regisseur/die Regisseurin der jeweiligen Produktion, ein Vertreter der Schauspieler/innen sowie der sogenannte Geschäftsführende Ausschuss angehört, der wiederum aus Schriftführer, Kassenwart und Vorsitzendem besteht. Der Vorstand betreut jede Produktion mit jeweils zwischen 5–6 Aufführungen, die ausschließlich aus jährlichen Mitgliedsbeiträgen (20.00 €), dem Erlös des Kartenverkaufs (10.00 € / 7.50 €; 12.00 € für die Premiere) sowie durch Werbeanzeigen und Spenden finanziert wird.

Die BUSC ist bei den Räumlichkeiten ihrer Aufführungen nicht festgelegt, spielt aber seit vielen Jahren in der ›Brotfabrik‹, die seit 1985 freien Bonner Kulturgruppen Probe- und Auftrittsräume bietet. Die Truppe spielte aber auch auf anderen Bühnen, etwa im Innenhof des Poppelsdorfer Schlosses oder in der Tiefgarage der Bonner Universität. Eingeladen wurde sie zudem vom damaligen Präsidenten Dieter Mehl zu den Shakespeare-Tagen nach Bochum (1994) und nach Gotha, wo die Truppe 1999 *The Merchant of Venice* im Ekhof-Theater, einem der ältesten europäischen Barocktheater aufführte.

Seit ihrer Gründung hat die BUSC bis 2015 nahezu fünfzig Stücke inszeniert, die jeweils vier bis fünf Mal am Ende eines Sommersemesters und eines Wintersemester aufgeführt werden. Zudem tritt die Truppe seit 2007 regelmäßig bei der

---

77 Brief im Privatbesitz von Thilo Veenema.
78 Undatierter Brief aus dem Jahr 1993 von Ian Richardson im Privatbesitz von Thilo Veenema.
79 An der Universität Bonn wird das Fach Theaterwissenschaft nicht angeboten.

Bonner Theaternacht auf, entweder mit Neuinszenierungen oder mit szenischen Aufführungen aus ihrem Repertoire. Wie die chronologische Aufstellung aller Inszenierungen im Anhang dieses Artikels zeigt, sind die Komödien bei der BUSC offensichtlich besonders beliebt: So kam es bis heute zu 16 Produktionen, davon wurden vier bisher jeweils zweimal inszeniert (*Measure for Measure*, *A Midsummer Night's Dream*, *The Taming of the Shrew* und *Twelfth Night or What You Will*), eine weitere fand im rheinischen Dialekt (*Vell Jedöhns wääje nüß* [*Much Ado About Nothing*]) statt. Die Tragödien wurden zehn Mal inszeniert, davon zwei jeweils zweimal (*Macbeth* und *Titus Andronicus*), wobei *Macbeth* einmal in gekürzter Version in einer Doppelproduktion (*Macbeth / Julius Caesar*) geboten wurde und *Troilus and Cressida* in einer Adaptation. Von den Historien wurden produziert: *Richard II*, *Richard III*, *Henry V* und *Henry VIII*. Daneben wurden ebenfalls wiederholt Zeitgenossen Shakespeares auf die Bühne gebracht (z. B. 1994 Marlowes *Doctor Faustus*), aber auch moderne Dramen wie Tony Kushners *Angels in America* (1996), Anthony Burgess' *A Clockwork Orange* (2009) und im Herbst 2013 Arthur Millers *Crucible*. Von Shakespeares Dramen wurden bisher nicht berücksichtigt:

1. *All's Well that Ends Well*
2. *As You Like It*
3. *Comedy of Errors*
4. *The Two Gentlemen of Verona*
5. *Love's Labour's Lost*
6. *Two Noble Kinsmen*
7. *Coriolanus*
8. *King Lear*
9. *King Henry the Sixth, Parts I, II, III*
10. *King John*
11. *Henry IV, Parts I, II*

Wie die Einladungen zur Bonner Theaternacht, des Globe Theaters in Neuss und der Deutschen Shakespeare-Gesellschaft suggerieren, wird mit der wachsenden Erfahrung sowie dem vermehrten Anspruch der BUSC und den daraus resultierenden Leistungen und Erfolgen die Trennlinie zwischen Amateur- und professionellem Theater immer unschärfer.[80] Dazu tragen auch eine Reihe origineller eigener Shakespeare-Adaptionen bei, wie die ins Rheinische übersetzte Version von *Much Ado About Nothing* (*Vell Jedöhns wääje nüß*, 2000) oder *TROILUSwahn und CRESSIDAtheater* (2008), eine Mischung aus Shakespeares Original und Werner Schwabs Kunstsprache, oder *Few but Roses* (Sommer 1996), eine szenische Darbietung von

---

80 Zur Problematik der komplexen Begriffe »Amateur« und »Professional« vgl. Michael Dobson: Shakespeare and Amateur Performance. A Cultural History. Cambridge 2013, bes. S. 2–21.

16 Sonetten, die in eine Rahmenhandlung integriert wurden: Dem am Schreibtisch eingenickten Barden erscheinen in einem Traum Figuren aus den Sonetten, wie etwa geliebte Frauen, Freunde und auch eine Schar von Elfen, die die Zuschauer im Hof des Poppelsdorfer Schlosses in einen Sommernachtstraum entführen.

Originellen Umgang und kreative Spielfreude zeichnen die meisten Inszenierungen der BUSC aus: So verlegte man *Measure for Measure* [Sommer 2013, Abb. 7] kurzerhand in den Wilden Westen: Aus Wien wird Vienna Gulch, wo nicht Fürsten und Edelleute leben, sondern Sheriffs, Halunken und Cowboys die Szenerie beherrschen.[81] Im Jubiläumsjahr 2014 huldigte man Anfang Juli 2014 dem Namensgeber der Truppe mit einer besonders schrillen Inszenierung von *Twelfth Night*,[82] welche bereits im Sommer 2000 auf ein begeistertes Publikum stieß. Sechs Monate später kam es Mitte Dezember 2014 zu einer weiteren Inszenierung mit fünf Aufführungen, und zwar von *Titus Andronicus*, die ebenfalls von der Truppe schon einmal auf die Bühne gebracht wurde (1999). Wie damals war auch dieses Mal die Presse recht positiv: »Wenn Sie *From Dusk Till Dawn* mögen, werden Sie *Titus Andronicus* lieben«, schreibt die Theaterkritikerin im *Bonner Generalanzeiger* und fährt fort:

> [R]oh geht es während der zwei Stunden auf der Bühne der Brotfabrik zu. Mit einem Schuss Ironie, die dem Stück spürbar guttut. [...] *Titus Andronicus* spielt im alten Rom, was das puristische Bühnenbild und die Kostüme zugleich betonen und transzendieren. Die Aufführung der BUSC im Dezember 1999 spielte seinerzeit bei der Mafia. Das rote Licht, das den Zuschauern entgegenstrahlt, wenn es auf der Bühne blutig zugeht, ist ein schlichtes, aber recht wirkungsvolles Instrument.[83]

Anders als bei CCQ gibt es keinen wirklich festen Ensemblestamm. So haben in den letzten zwanzig Jahren zirka 400 BUSC-Mitglieder aktiv an den Inszenierungen mitgewirkt, darunter auch zahlreiche Austauschstudierende aus Großbritannien, Italien, Russland, den USA usw., aber auch Lehrer/innen und Dozenten des Seminars. Nur wenige sind nach dem Studium beruflich dem Theater treu geblieben, die meisten unterrichten oder gehen anderen Berufen nach. Aufgrund dieser Diversität und auch aufgrund der sehr unterschiedlichen Regiekonzepte bei den einzelnen

---

81 Alle Produktionen (teilweise mit Aufführungsfotos) finden sich auf: http://busc.de/archiv/.

82 So Thomas Kölsch: »Shakespeare Company. Bonner University huldigt ihrem Namenspatron«, Bonner Generalanzeiger (1. Juli 2014). Fotos unter: http://busc.de/12th_night/. Aufgeführt wurde das Drama sechsmal (3., 5.–8. und 10. Juli 2014).

83 Ulrike Strauch: »Bonn University Shakespeare Company: Tarantino im alten Rom«, Bonner Generalanzeiger (13. Dezember 2014). Aufführungsfotos unter: http://busc.de/titusandronicus2014/.

Inszenierungen ist es viel schwerer als bei der Kölner CCQ-Truppe allgemeine Charakteristika der BUSC herauszustellen.

Kennzeichnend ist bei vielen Inszenierungen die eher schlichte Form, die dem Zuschauer Raum lässt für eigene Interpretationen und auch die Zeitlosigkeit Shakespeares unterstreicht, wie dies etwa die Inszenierung von *Henry V* (2001) zeigte. Hier reicht ein Thron als Sinnbild der Macht und Überlegenheit; Schreckschusspistolen bringen Realität ins Theater.[84] Auch bei *Julius Caesar* (1995) reduzierte man auf das Nötigste, um größte Ausdruckskraft zu erzielen:

> Die Kostüme waren einfach: schwarze Hose, weißes Hemd, schwarze Hosenträger – die Frauen in einfachen Roben, silber und golden. Auf der Mitte der Spielfläche ein Tisch, der immer dort stehenblieb; über ihn kriecht der auf den Tod verwundete Caesar, [...]. Lang zieht sich der Weg über den Tisch, unendlich lang, in absoluter, in entsetzter Stille. [...] Nach der Pause wurde das Licht vollständig heruntergefahren. Aus einzelnen Ecken des dunklen Raumes – ganz auf die Beeinträchtigung des Raumempfindens und auf das unheimliche Gefühl der Urangst, in einem solchen dunklen Raum ausgerichtet – erschollen in deutscher Sprache Hetzrufe, [...] bis in die Hetzrufe der schrille Todesschrei des Verfolgten brach [...]. Blendendes weißes Licht in voller Intensität traf unmittelbar darauf, den Schrei erstickend, die Zuschauer.[85]

Besonders erfolgreich war auch eine Inszenierung von *The Merchant of Venice* (1999, Abb. 8). Hier setzte man sich auch im Programmheft ausführlich mit der Frage auseinander, ob das Stück heute noch in Deutschland spielbar sei. Für die beiden Regisseure Jens Kerbel und Jan Stephan Schmieding war es aber gerade die »unauflösbare Problematik [des Stücks], aber auch sein großes komisches Potential«, welches sie kreativ auf der Bühne umsetzen wollten.[86] Die Handlung wurde in unsere unmittelbare Gegenwart übertragen, und man versuchte, die auch heute noch vorherrschenden, alltäglichen ethnischen Konflikte damit offenzulegen. Venedig wird symbolischer Handlungsort, der durch Reichtum und Handel bestimmt ist und wo der eskalierende Rassenhass vornehmlich auf Interessenskonflikten um wirtschaftliche Vormacht zwischen Antonio und Shylock beruht. Die Gegenwelt Belmont spielt dagegen in einem Hotel und die Atmosphäre Venedigs wird durch tratschende Barbieri ebenso unterstrichen wie durch Lancelot Gobbo, der als Gondoliere ziellos über die Bühne rudert und zur Erheiterung des Publikums beiträgt.[87] Die Inszenierung war so erfolgreich, dass das Stück während einer Veranstaltung

---

84 Swantje Karich: »Shakespeare: Aktueller geht es nicht: *Henry V.* in der Brotfabrik«, Bonner Generalanzeiger (6. Dezember 2001).

85 Axel Stähler: »*Julius Caesar*«. In: 20 Years of the BUSC [Bonn, o. J., unpubliziert].

86 »Looking for Shylock«, Programmheft 1998, S. 44–46, hier S. 45.

87 Martin Kuhnen: »The Merchant of Venice«. In: 20 Years of the BUSC (Anm. 85).

der Deutschen Shakespeare-Gesellschaft (Gotha 1999) aufgeführt wurde. Im April 2003 erhielt einer der Regisseure, Jan Stephan Schmieding (geb. 1975), für seine Magisterarbeit über »Tragical Mirth? Four Elizabethan & Jacobean Tragedies on the Stage of the New Globe Theatre in London« (Bonn 2002) den Martin Lehnert-Preis der Gesellschaft. Schmieding ist einer der wenigen aus der Buse, der heute am Theater tätig ist, und zwar als Dramaturg am Stadttheater Bern. Im April 2015 wird er mit seiner Inszenierung *Yellow Lines*, einem Stück von Juli Zeh und Charlotte Roos, in Bonn zu Gast sein; ab Herbst 2015 wird er als inszenierender Dramaturg zum Schauspielhaus in Graz wechseln.[88]

Die erfolgreichste Inszenierung der BUSC war sicherlich die Aufführung von *Much Ado About Nothing* (Herbst 2000, Abb. 9), eine der ganz wenigen Inszenierungen, die man nicht im Original aufführte, sondern im rheinischen Dialekt. Für die Übersetzung und Inszenierung erhielt im April 2001 Andree Oehm (geb. 1973), der heute Englisch und Geschichte an der Christophorusschule in Königswinter unterrichtet,[89] den Martin Lehnert-Preis der Deutschen Shakespeare-Gesellschaft. Während der zweimonatigen Arbeit an *Vell Jedöhns wääje nüß*, so der rheinische Titel, stellte der Übersetzer fest, dass die Mundart ihm einerseits das Leben leichter machte: »Sehr oft ist die rheinische Übersetzung näher am Sinn der englischen Wörter, als es das Hochdeutsch je sein könnte. Die Sprachen sind beide etwas älter, da gibt es Wortspiele, die funktionieren in der Mundart perfekt.« Andererseits verlange die rheinische Version eine ausgesprochen spontane Herangehensweise an den Text, da die Mundart insgesamt weniger fixiert sei als die Schriftsprache. Gegenüber einer englischsprachigen Aufführung hätte diese Inszenierung zudem den Vorteil, dass sie tatsächlich etwas ganz Neues bieten und dazu noch einen neuen Zuschauerkreis gewinnen könne. »Vielleicht« – so schreibt Andree Oehm im Programmheft – »würden wir auch einmal Leute in ein Stück von uns locken können, denen bisher die Sprachhürde etwas zu hoch war, oder die sich bisher einfach überhaupt nicht für Shakespeare interessiert hatten. Dass man ganz nebenbei einmal beweisen könnte, dass der Dialekt zu mehr taugt als zu simplen Volksstücken und Lustspielen, reizte natürlich auch.«[90]

Das Konzept hatte in der Tat vollen Erfolg. Alle fünf Aufführungen waren restlos ausverkauft, so dass man kurzentschlossen noch eine weitere anbot – auch hier waren die Karten im Nu verkauft. Wegen des großen Erfolgs (1600 Zuschauer in sechs Aufführungen) wurde für das darauffolgende Jahr eine Wiederaufnahme geplant. Mehrere Theaterstätten – darunter auch das renommierte Globe Theater in

---

88　Vgl. http://www.konzerttheaterbern.ch/archiv/archiv_0809/409-jan-stephan-schmieding.html. An dieser Stelle sei Jan Stephan Schmieding und Andree Oehm für vielerlei Hilfe herzlich gedankt.

89　http://www.cjd-koenigswinter.de/info/faecher/englisch.php.

90　Programmheft von *Vell Jedöhns wääje nüß*, S. 36.

Neuss – luden die BUSC zu einem Gastspiel ein und auch einige Schullehrer spielten die Oehm'sche Version von *Much Ado About Nothing* mit ihrer Klasse.

Der Erfolg dieser Inszenierung liegt sicherlich zum einen in der Übersetzungsleistung Andree Oehms, zum anderen in der Inszenierungsidee und Realisierung (ebenfalls Andree Oehm und Maike Christians). Shakespeare in Mundart aufzuführen, ist – wie Eveyln Stolberg im *Bonner Generalanzeiger* treffend bemerkt –, nicht nur ein »schwieriges, sondern auch ein gewagtes Unterfangen«, was der BUSC aber insgesamt ausgesprochen gut gelungen sei:

> Ohne ins Lächerliche zu rutschen, wird »op bönnsch« intrigiert, gestritten und verkuppelt. Um dem Stück einen rheinischen Charakter zu verleihen, versetzten die Regisseure Andree Oehm und Maike Christians *Viel Lärm um Nichts* ins Bonn der Kaiserzeit, in das Gasthaus »Beim Schilds Pitter«. Hier trifft man die bekannten Figuren wieder, die sich jetzt allerdings in derben Tönen »en Frikadell an et Ohr quatsche« oder über »Zahnping« klagen. In rasender Geschwindigkeit streiten sich die Helden Beatrix (Rebecca Zündorf) und Benedick (Andree Oehm) in reinstem Platt, dass es jedem Rheinländer warm ums Herz wird, um sich – nach einigen Umwegen – am Ende doch zu kriegen.
>
> Neu am *Jedöhns* ist neben der Zeit und der Sprache noch eine Figur, die dem Stück einen revuehaften Charakter verleiht: der Alleinunterhalter (Ralph Püttmann) mit Anzug und Zylinder belebt das Stück nicht nur durch rheinisches Liedgut, sondern ist auch für eine grandiose Tanznummer à la Hollywood zu haben. Und Polizeiwachmeister Kroppzeuch (Jens Kerbel), bei Shakespeare der Dogberry, verdreht auf Platt ebenfalls so manches Wort. Das kam beim Publikum an, wie es ankommen sollte. Schließlich entspricht das Stück der rheinischen Mentalität: Jeder Jeck is anders. Und überhaupt: Et kütt, wie et kütt.[91]

Etwas verhaltener wird indes die Aufführung im Neusser Globe Theater rezensiert, wo anscheinend einige Besucher des rheinischen Dialekts rasch überdrüssig wurden:

> Ins Kleinstädtchen Bonn während der Kaiserzeit und in die Kneipe von »Schilds Pitter« versetzt Oehm die Handlung und zeigt das Stück als »Buretheater«. Weil das nach eigenen Regeln funktioniert, auf filigranere Handlungsstränge verzichtet, völlig ohne innere Stimmigkeit oder Logik der Handlung auskommt, dafür seinen Reiz für Freunde der Mundart in der Wiedererkennung des eigenen, regionalen Idioms hat, wandten sich einige der treuen Festival-Besucher schon in der Pause dem Parkplatz zu, auch im zweiten Teil entschied sich manch einer für den frühen Heimweg.
>
> Wer blieb, ließ sich jeden Anachronismus geduldig gefallen, sei es, dass Fred Astaire mit Zylinder und Spazierstock plötzlich singend über die Bühne tanzte,

---

91 Evelyn Stolberg: »Et kütt, wie et kütt: Shakespeare op Bönnsch: *Vell Jedöhns wääje nüß* im Haus der Springmaus in Bonn«, Bonner Generalanzeiger (11. September 2000).

zur Liebesszene Stummfilmgeigen ertönten, ein törichter Polizist mit Hupen-bestückter Pickelhaube und Plastiklampe über die Bühne tölpelte oder es zwischendrin ein Shakespeare-Quiz mit rosa Plüschmonster gab. Hauptsache und tragendes Element war schließlich nicht die verwickelte Handlung voller Intrigen und Liebesirrungen, sondern das rheinische Platt – und das bereitete den Zuschauern gehörigen Spaß.[92]

Der frenetische Applaus in Bonn und schließlich auch in Neuss, das durchaus positive Presseecho und die spontanen Einladungen zu Gastspielen bestätigen den Erfolg dieser einzigartigen BUSC-Inszenierung. Aber auch die anderen Aufführungen fanden und finden stets großen Zuspruch beim Publikum, und so wird es diese studentische Theatertruppe sicherlich auch schaffen, bis zum nächsten runden Jubiläum die restlichen Komödien, Tragödien und Historien auf die Bühne zu bringen, die noch nicht zu ihrem Repertoire gehören. Als Antrieb möge den Mitgliedern des BUSC-Ensembles eine Bemerkung Peter Brooks dienen, die Elmar Goerden als Motto für die Kölner Truppe CCQ gewählt hatte.

> If a theatre were to take on the task of doing the entire work of Shakespeare, out of an absolute conviction that this is the greatest school of life that they know, that group would be an astonishing group in human terms.[93]

V. Zusammenfassung und Ausblick

Wie der kurze Überblick über Shakespeare-Aufführungen an anglistischen Instituten in Deutschland gezeigt hat, gibt es verschiedene Initialzündungen, um die Dramen aufzuführen: Zum einem zeigt die Liste der Inszenierungen auffällige Parallelen zu den Aufführungen an deutschen Theatern mit *A Midsummer Night's Dream*, *Romeo and Juliet*, *Hamlet* als beliebteste Stücke, die eventuell als Vorbild für einige studentische Theatertruppen dienten. Zum anderen ist es das Engagement der Studierenden selbst, aber auch die Heranführung an die Dramen durch besonders engagierte Professoren und englischsprachige Lektoren. Hier haben sicherlich Exkursionen nach Stratford zwei der wohl erfolgreichsten Theatertruppen hervorgebracht, und zwar die CCQ und BUSC, die bereits mit ihren Abkürzungen auf ihr großes Vorbild, die RSC, anspielen. Dass Theaterinszenierungen von Studierenden englischer Seminare im Original aufgeführt werden, ist eine Selbstverständlichkeit,

---

92 N.N.: »Die Bonn University Shakespeare Company: Mundart ließ Wortgefechte platt erscheinen«, Neuß-Grevenbroicher Zeitung (20. Juli 2003).
93 Peter Brook: »What is a Shakespeare«. In: Peter Brook: The Shifting Point. Forty Years of Theatrical Exploration 1946–1987. London 1988, S. 75–79, hier S. 79. Vgl. die Titelseite von: Elmar Goerden: Countercheck Quarrelsome. Theater mit Shakespeare (Anm. 51)..

weniger verständlich – und auch im Gegensatz zu vielen professionellen Truppen – ist oft die Auseinandersetzung mit historisch-kritischen Ausgaben, die aufgrund oftmals theaterorientierten Bühnenanweisungen hilfreiche Tipps für die eigene Inszenierungen geben. Dass die Studierenden meist nur ideelle Hilfe von ihrem eigenen Institut erhalten, hängt vielleicht mit der Tradition der deutschen Universität (und auch Schulausbildung) zusammen, wo das Laienspiel zwar gerne gesehen wird, wenn es aber um die Finanzierung und andere Hilfen geht (z. B. Lagerung von Requisiten), so sind hier die Studierenden oft auf sich selbst gestellt. Hier ist genauso viel Kreativität und Ausdauer notwendig wie für die Inszenierungen selbst. Beides verlangt Zeit, welche die Studierenden durch die Einführung der kürzeren Studienzeiten durch den Bologna-Prozess oft nicht mehr aufbringen möchten. Zudem ist in den meisten schulischen Curricula der deutschen Bundesländer Shakespeare nicht mehr als Pflichtlektüre vorgesehen, so dass der heutige Studierende Shakespeare eher auf der Leinwand begegnet oder über eine deutschsprachige Aufführung als über den Unterricht an Schule und Universität. Ferner werden Studienaufenthalte für deutsche Studierende aufgrund der hohen Studiengebühren in Großbritannien (bis zu £ 9.000; zirka 11.370,00 € pro Jahr) kaum mehr bezahlbar und auch die Theaterexkursionen nach Stratford-upon-Avon oder zum Globe Theatre nach London können sich heute weniger Studierende leisten als noch im 20. Jahrhundert, so dass ein lebendiger Theaterkontakt zur britischen Shakespeare-Szene immer weniger gepflegt werden kann. Folge ist – und dies ließ sich anhand der Fragebögen bereits ableiten –, dass die shakespeare'schen Dramen nicht mehr den Stellenwert im Repertoire studentischer Theatertruppen haben werden wie dies im 20. Jahrhundert der Fall gewesen zu sein scheint, und dass mittlerweile auch Theatertruppen ganz aus dem Leben eines Instituts sang- und klanglos verschwinden.

Eine detaillierte Geschichte studentischer Shakespeare-Inszenierungen kann man aber freilich erst dann schreiben, wenn die Materialbasis breit genug ist. Auf das fast komplette Fehlen von Dokumentationen studentischer Aufführungen in der ehemaligen DDR wurde bereits hingewiesen, nicht besser sieht es für das Studententheater im 19. und in der ersten Hälfte des 20. Jahrhunderts in Westdeutschland aus. Vornehmliche Aufgabe der Institute sollte es in Zukunft sein, diese – auch für die Geschichte der Anglistik – überaus wichtigen Dokumente sorgfältiger zu archivieren und der Forschung sowie der nächsten Studierendengeneration zur Verfügung zu stellen. Nur so kann ein weiterer wichtiger Aspekt zu Shakespeare unter den Deutschen bewahrt und an spätere Generationen tradiert werden.

Anhang

Übersicht über die Theaterproduktionen der BUSC: 1992 bis Sommer 2015

Jahr	Komödien	Tragödien	Historien	Stücke anderer Dramatiker, Shakespeare-Adaptionen
Winter 1993			*1. Richard II*	
Sommer 1994				*Doctor Faustus* (Christopher Marlowe)
Herbst 1994	*1. The Taming of the Shrew*			
Sommer 1995		*1. Macbeth / Julius Caesar*[1]		
Winter 1995	*2. Pericles, Prince of Tyre*			
Sommer 1996				*Few But Roses* (Shakespeare-Sonette) und *'Tis Pity She's a Whore* (John Ford)
Winter 1996				*Angels in America* (Tony Kushner)
Sommer 1997	*3. A Midsummer Night's Dream*			
Winter 1997	*4. The Winter's Tale*			
Sommer 1998				*The Importance of Being Earnest* (Oscar Wilde)
Winter 1998	*5. The Merchant of Venice*			
Frühjahr 1999	*6. Two Gentlemen of Verona*			

---

1 Hierbei handelt es sich um eine Doppelproduktion. Die beiden Tragödien boten sich »als geeignete Kombination an, da es viele Parallelen zwischen den beiden Protagonisten und vor allem auch den Handlungen gibt.« Zitiert nach dem »Vorwort« von Meike Wallbaum, im 96-seitigen Programmheft (1995), S. 2.

Sommer 1999	7. *The Tempest* 8. *The Merry Wives of Windsor*²			
Winter 1999		2. *Titus Andronicus*		
Sommer 2000	9. *Twelfth Night or What You Will*			
Herbst 2000				*Vell Jedöhns wääje nüß* (*Much Ado About Nothing*)
Winter 2000				*Murder in the Cathedral* (T. S. Eliot)
Sommer 2001	10. *Cymbeline*			
Winter 2001			2. *Henry V*	*Der kleine Horrorladen* (Alan Menken / Howard Ashman)
April 2002				*Romeo & Julia*³
Sommer 2002		3. *Hamlet*		
Winter 2002				10-jähriges Jubiläum der BUSC⁴
Sommer 2003		4. *Timon of Athens*		

2   In dieser Spielsaison wurden die beiden Dramen auf verschiedenen Bühnen gezeigt: *The Tempest* im Theatersaal der Brotfabrik (Bonn-Beuel), *Merry Wives of Windsor* als Freilichtaufführung im Garten der Brotfabrik. Vgl. das »Vorwort« im Programmheft (1999), S. 3. Dort wird auch die Auswahl des Ortes und des Dramas erklärt: »Die Cast für den Sturm stand fest, die Spieldaten und der Theatersaal als Aufführungsort waren ebenso vergeben. Da herum hieß es nun planen. Die Werkstatt war belegt, die Tiefgarage hatten wir bereits vor einigen Jahren zweckentfremdet, und der Innenhof wird diesen Sommer auch zur Spielstätte anderer Produktionen. Warum also nicht ein neues Brotfabrikgelände auftun: den Garten! [...] Mit Pool in der Mitte und dem kleinen Gärtchen hinter dem eigentlichen Garten drängten sich die ›Weiber‹ spielorttechnisch gesehen geradezu auf. Außerdem hätten wir auch mal ein Stück mit mehreren vernünftig großen Frauenrollen ...« (S. 58).

3   Hierzu vgl. die Erklärung auf der Website (http://busc.de/romeo-julia/): »Am 6. April 2002 veranstaltete das Deutsche Museum Bonn im Rahmen der Museumsnacht eine ›Liebesnacht‹. Auch die BUSC war geladen, zu diesem Themenabend beizutragen mit einer Performance von *Romeo und Julia*, extra für das anglophobe Publikum auf Deutsch, auf eine Stunde gekürzt und angepasst an die Rahmenbedingungen des Museums. Begleitet und kommentiert wurde die Darbietung der BUSC von einzelnen Beiträgen des Neurobiologen Prof. Dr. Rainer Landgraf, der die naturwissenschaftliche Seite des Liebeslebens der Capulets und Montagues unter die Lupe nahm.«

4   Mit diversen Theatercollagen, Rezitationen, Musikeinlagen und einer großen Party. Vgl. http://busc. de/10-jahre-busc/.

Winter 2003				The Changeling (Thomas Middleton and William Rowley)
Sommer 2004	11. A Midsummer Night's Dream			Our Country's Good (Timberlake Wertenbaker)
Winter 2004				The Country Wife (William Wycherly)
Sommer 2005		5. Othello		
Winter 2005				An Ideal Husband (Oscar Wilde)
Sommer 2006		6. Macbeth		
Winter 2006				One Flew Over The Cuckoo's Nest (Dale Wasserman)
Sommer 2007				Bonner Theaternacht 2007[5] und Les Liaisons Dangereuses (Christopher Hampton)
Winter 2007		7. Romeo and Juliet		But who comes here? 15 Jahre BUSC[6]
Sommer 2008				Bonner Theater nacht 2008[7]

---

5   Gespielt wurden Szenen aus: *Othello*, 3.3., *A Midsummer Night's Dream*, 2.1., *Macbeth*, 1.7., *The Merry Wives of Windsor*, 2.1.

6   Hierzu die Ankündigung unter http://busc.de/15-jahre-busc/: »15 Jahre ist es her, dass die BUSC das Licht der Welt erblickte. Grund genug, zu unserer Jubiläumsproduktion *Romeo & Juliet* auch mal die Vergangenheit Revue passieren zu lassen. Am 15. Dezember 2007 wird um 20 Uhr die Bühne der Brotfabrik zu einer Bühne der Reminiszenz und Wiedersehensfreude. Der Film *But Who Comes Here – 15 Jahre BUSC-Geschichte* bietet nicht nur Einblicke in vergangene Produktionen von *Richard II* bis hin zu den aktuellen Gassenhauern, sondern lässt auch die BUSC selbst zu Wort kommen – Schauspieler, Regisseure, Vorstandsmitglieder, Stage Manager und andere kommen zu Wort und untermalen eine Retrospektive der besonderen Art.«

7   Unter dem Titel *Watch & Listen – Shakespeare Art* wurden aufgeführt: *Troilus & Cressida*, 2.1., *Titus Andronicus*, 2.2., *Henry VI*, part 2, 4.3. Zudem wurden Lieder geboten: *The Tempest, Songs & Monologues*. Hierzu vgl. die Ankündigung unter http://busc.de/bonner-theaternacht-2008/: »Colourful spirits enjoy themselves. Singend umschiffen Prosperos Geister das Mobilar der Brotfabrik-Kneipe, deren Passagicre sowie berühmte Textpassagen aus Shakespeares musikalischem Spätwerk.« Und schließlich *Lull'd in these Flowers – Botany in Shakespeare*. Dazu heißt es: »Tauchen Sie im Knarzgang der Bonner Brotfabrik in einen Blumenteppich ein, lauschen Sie dort den Klangwelten und erforschen Sie die Naturmetaphorik in Shakespeares blumiger Sprache.«

Sommer 2008				*TROILUSwahn und CRESSIDAtheater* (Werner Schwab and William Shakespeare)[8]
Winter 2009				*The Roman Actor* (Philip Massinger); Aufführungen: 14.–20. Januar 2009
Sommer 2009				Bonner Theater nacht 2009: *Porcelain & Pink* (Francis Scott Fitzgerald). *A Clockwork Orange* (Anthony Burgess)
Winter 2009		*8. Antony and Cleopatra*		
Sommer 2010				Bonner Theater-nacht 2010: *Love's Labour's Lost*[9] *Man of the Moment* (Alan Ayckbourn)
Winter 2010			*3. Richard III*	
Sommer 2011	*12. The Taming of the Shrew*			Bonner Theater-nacht 2011: *The BUSC Harold Lloyd Experience – A silent film performance in theatre*[10] und *Shattered*[11]

8 Ebenda: »Die neue Inszenierung der Bonn University Shakespeare Company kombiniert das Englisch der Vorlage von William Shakespeare – das derbste, schrillste, das man von ihm kennt – mit dem ›Schwabischen‹, der sinnlich-expressiven Kunstsprache des österreichischen Autors Werner Schwab.«

9 http://busc.de/archiv/: Adaption mit sechs Charakteren: Ferdinand, Prince of Navarre, Biron, Longueville, Grace, Princess of France, Rosaline, Catherine.

10 Ebenda: »Können Sie sich vorstellen, in einer Kneipe zu sitzen? Mitten in einem Stummfilm? Und gleichzeitig auch noch ein kühles Bier zu trinken? Nein? Wir auch nicht… bis jetzt! Begleiten Sie die BUSC bei einem ungewöhnlichen Theater-Experiment, das Sie den umwerfenden Slapstick eines Harold Lloyd hautnah erleben lässt! Eine Original-Stummfilm-Szene im Harald Lloyd-Stil, zweimal in der Kneipe in der Brotfabrik.«

11 Ebenda: »Tell me about the night it happened … that night … it won't go away. Shattered Poster. Four chairs, four people, all connected by one night. Time moves forward and back, while relationships become pieces of the future and the past – fragments that can never really tell the truth. What does one hold onto and what must one forget? Words or deeds.«

Winter 2011			4. Henry VIII	
Sommer 2012				*Lady Windermere's Fan* (Oscar Wilde) Bonner Theaternacht 2012: *WALKIE. TALKIE*[12]
Winter 2012	*13. Measure for Measure* Aufführung: 16.– 20. Januar 2013			20 Jahre BUSC[13]
Sommer 2013				*The Crucible* (Arthur Miller)
Winter 2013				*Alice's Adventures in Wonderland*
Sommer 2014	*14. Twelfth Night, or What You Will*			Bonner Theaternacht 2014: *Lost … and Translations*[14] und *Nipplejesus* (Nick Hornby)
Winter 2014		*9. Titus Andronicus*		
Sommer 2015	*15. Measure for Measure*			

---

12 Ebenda: »(Theater in deutscher Sprache). Auf der Reise durch die Öffentlichkeit des Telefonierens. […] Smartphones, Bluetooth, Navi, Facebook. Überall erreichbar, überall wird uns das Leben anderer Leute um die Ohren geredet. Parallel dazu nimmt das echte miteinander reden ab. Kennen Sie das? Wir auch.«
13 http://busc.de/20-jahrebusc/#program.
14 Ebenda: »It's the year 2014. All the world speaks English – well, more or less. On their way through London, several tourists from all over the world lose their way and find themselves stranded in a bar. Thrown together by mutual fate and limited seating, they soon experience that every culture speaks its own English …«.

Abb.1: Premiere von *The Taming of the Shrew* der Berliner ›The President's Players‹ (Humboldt-Universität) im Schloss Belvedere am 22. April 1964 anlässlich des 400. Geburtstages Shakespeares und des 100-jährigen Bestehens der Deutschen Shakespeare-Gesellschaft. Foto: © (Privatbesitz: Jansohn)

Abb. 2: CCQ-T-Shirt.
© Grafik und Foto: Angela Ritter

Abb. 3: Logo der Bonn University Company
(BUSC). © Foto: BUSC

Abb. 4: Tilo Keiner als Handwerker in *A Midsummer Night's Dream* (CCQ, 1988)
vor den Treppen der Theatersammlung (Köln-Wahn) der Universität Köln.
© Foto: Carl Brunn (Aachen)

Abb. 5: *Measure for Measure* (CCQ, 1989 in der Kartäuserkirche) mit Kate Cox
und Roman Kurtz. © Foto: Susanne Würich (Berlin)

Abb. 6: Tilo Keiner als Titus und Iris Fois
als Lavinia in *Titus Andronicus* (1990).
© Foto: Carl Brunn (Aachen)

Abb. 7: *Measure for Measure* (BUSC, 2013). © Foto: BUSC

Abb. 8: *Merchant of Venice* mit Jan Stephan Schmieding in der Hauptrolle (BUSC, 1999).
© Foto: BUSC

Abb. 9: *Vell Jedöhns wääje nüß* (*Much Ado About Nothing*) (BUSC, 2000). © Foto: BUSC

Abbildungsnachweis

Mitarbeiterinnen und Mitarbeiter des Bandes

Dr. Steffan Davies
School of Modern Languages, University of Bristol; 21 Woodland Rd, Clifton,
Bristol BS8 1TE; E-Mail: steffan.davies@bristol.ac.uk

PD Dr. Mark-Georg Dehrmann
Deutsches Seminar, Leibniz-Universität Hannover; Königswörther Platz 1,
30167 Hannover. E-Mail: mark.dehrmann@germanistik.uni-hannover.de

Nicolas Detering, M.A., M.St. (Oxon.)
Deutsches Seminar, Albert-Ludwigs-Universität Freiburg; Platz der Universität 3,
79085 Freiburg. E-Mail: nicolas.detering@germanistik.uni-freiburg.de

Thomas Efer, M.Sc.
Institut für Informatik, Universität Leipzig; Augustusplatz 10, 04109 Leipzig.
E-Mail: efer@informatik.uni-leipzig.de

Prof. Dr. Jens Malte Fischer
Institut für Theaterwissenschaft, Ludwig-Maximilians-Universität München;
Georgenstr. 11, 80799 München. E-Mail: twm.sekretariatat@lrz.uni-muenchen.de

Matthias Grüne
Institut für Germanistik, Universität Leipzig; Beethovenstraße 15, 04107 Leipzig.
E-Mail: matthias.gruene@gmx.de

Prof. Dr. Werner Habicht
Neuphilologisches Institut, Moderne Fremdsprachen, Anglistik/Amerikanistik,
Julius-Maximilians-Universität Würzburg; Am Hubland, 97074 Würzburg.
E-Mail: whabicht@t-online.de

Elisabeth Julie Herrmann, M.A.
LIT Verlag, Grevener Str./Fresnostr. 2, 48159 Münster.
E-Mail: elisabeth-herrmann@gmx.net

Prof. Dr. Gerhard Heyer
Institut für Informatik, Universität Leipzig; Augustusplatz 10, 04109 Leipzig.
E-Mail: heyer@informatik.uni-leipzig.de

Prof. Dr. Christa Jansohn
Lehrstuhl für Britische Kultur, Otto-Friedrich-Universität Bamberg,
Kapuzinerstr. 16, 96047 Bamberg. E-Mail: christa.jansohn@uni-bamberg.de

Prof. Dr. Jürgen Jost
Max-Planck-Institut für Mathematik in den Naturwissenschaften Leipzig;
Inselstr. 22, 04103 Leipzig. E-Mail: jjost@mis.mpg.de

LyrikLabor e. V.: Weintorstraße 24, 55116 Mainz.
E-Mail: kontakt@lyriklabor.de

Dr. Stefan Knödler
Deutsches Seminar, Universität Tübingen; Wilhelmstr. 50, 72074 Tübingen.
E-Mail: stefan.knoedler@uni-tuebingen.de

Prof. Dr. Peter W. Marx
Institut für Medienkultur und Theater, Universität zu Köln;
Meister-Ekkehart-Str. 11. E-Mail: peter.marx@uni-koeln.de

Prof. Dr. Dieter Mehl
Institut für Anglistik und Keltologie, Rheinische Friedrich-Wilhelms-Universität
Bonn; Regina-Pacis-Weg 5, 53113 Bonn. E-Mail: DieterMehl@web.de

Dr. Emily Oliver
Department of English, King's College London; Virginia Woolf Building, Strand,
London WC2B 6NR. E-Mail: emily.oliver@kcl.ac.uk

Prof. Dr. Ernst Osterkamp
Institut für Deutsche Literatur, Humboldt-Universität zu Berlin;
Unter den Linden 6, 10099 Berlin. E-Mail: ernst.osterkamp@rz.hu-berlin.de

Prof. Dr. Dirk von Petersdorff
Institut für Germanistische Literaturwissenschaft, Friedrich-Schiller-Universität
Jena; Fürstengraben 18, 07737 Jena. E-Mail: dirk.von-petersdorff@uni-jena.de

Philipp Redl
Rektorat, Albert-Ludwigs-Universität Freiburg; Fahnenbergplatz, 79085 Freiburg.
E-Mail: philipp.redl@zv.uni-freiburg.de

Prof. Dr. Albrecht Riethmüller
Institut für Theaterwissenschaften, Freie Universität Berlin; Grunewaldstr. 35,
12165 Berlin. E-Mail: albrieth@zedat.fu-berlin.de

Prof. Dr. Wolfram Steinbeck
Musikwissenschaftliches Institut, Universität zu Köln; Albertus-Magnus-Platz,
50923 Köln. E-Mail: w.steinbeck@uni-koeln.de

Dr. des. Anja Wagner
Frankfurter Allee 86B, 10247 Berlin. E-Mail: anja_wellenreich@gmx.de

Shakespeare-Album

In Kooperation mit Bibliotheken und Archiven präsentiert die Akademie der Wissenschaften und Literatur anlässlich des 450sten Geburtstags von William Shakespeare (1564–1616) ein prächtig gestaltetes Fotoalbum mit 109 Porträts und Autogrammen von Persönlichkeiten, die sich um die Vermittlung und Pflege Shakespeares in Deutschland verdient gemacht haben.

Das Fotoalbum, biographische Einträge zu den Persönlichkeiten (in Deutsch und Englisch) sowie der Beitrag »Bildnisse aus der Geschichte: Ein Album in Birmingham« von Werner Habicht wurden im Laufe des Jahres 2013 von Mitarbeitern der Akademie, des Lehrstuhls für Britische Kultur (Bamberg) und der Theatersammlung der Universität Köln bearbeitet und digitalisiert.

Das Shakespeare-Album ist abrufbar unter:
http://www.shakespearealbum.de